참고정보서비스론
(전면개정판)

역자 소개

장 혜 란

▷ **약력**
- 서강대학교 사학과 졸업 학사
- St. John's University 대학원 문헌정보학 석사
- 연세대학교 대학원 문헌정보학 박사
- 한국과학기술정보센터 자료부 근무
- ㈜데이컴 데이터베이스사업부 근무
- 한국정보관리학회 회장
- 상명대학교 문헌정보학과 교수
- 상명대학교 문헌정보학과 명예교수(현)

▷ **저·역서**
- 도서관서비스평가론 1990
- 정보학의 실제(공저) 1995
- 정보와 사회 1997
- 색인 초록의 이론과 실제 1999
- IFLA 공공도서관 서비스 가이드라인 2002/2011
- 디지털 시대의 정보 표현과 실제 2006/2011
- 도서관 성과 측정과 품질관리 2009
- 참고정보서비스론 2014

참고정보서비스론
(전면개정판)

초 판 | 2014년 2월 28일
개 정 | 2022년 2월 25일

편   자 | Melissa A. Wong and Laura Saunders
역   자 | 장혜란
펴낸이 | 이동주
펴낸곳 | 조은글터
등   록 | 제301-2011-148호(2002. 3. 25.)
주   소 | 서울시 중구 초동 1-3번지 한도빌딩 403호
전   화 | 02-2269-1481
팩   스 | 0505-390-1417

ISBN 979-11-89656-30-0 93020

정가 25,000원

- 이 도서의 무단 전재 및 복제를 금합니다.
- 파본은 구입하신 서점에서 교환하여 드립니다.
- 저자와의 협의 하에 인지는 붙이지 않습니다.

참고정보서비스론
(전면개정판)

Melissa A. Wong and Laura Saunders
장혜란 옮김

조은글터

Translated from Part 1 of the English Language edition of *Reference and Information Services: An Introduction*, by Melissa A. Wong and Laura Saunders, Editors, originally published by Libraries Unlimited, an imprint of ABC-CLIO, LLC, Santa Barbara, CA, USA. Copyright © 2020 by ABC-CLIO, LLC. Translated into and published in the Korean language by arrangement with ABC-CLIO, LLC. All rights reserved.

No part of this book may be reproduced or transmitted in any form or by any means electronic or mechanical including photocopying, reprinting, or on any information storage or retrieval system, without permission in writing from ABC-CLIO, LLC.

역자 서문

이 책은 2020년에 출판된 『Reference and Information Services: An Introduction』 6차 개정판의 Part I : Concepts and Processes를 우리말로 옮긴 것이다.

문헌정보학과 교수들과 다양한 관종의 실무자들로 구성된 저자들의 협업으로 완성된 이 책의 원서는, 20여 년 전 Library and Information Science Text Series의 하나로 초판이 발행된 이후 개정을 거듭하였으며, 미국 문헌정보학 대학원에서 참고정보서비스론 과목의 주교재로 널리 이용되고 있다.

이 책이 상당한 호응을 받게 된 것은 참고서비스의 개념과 이론과 실제를 이해할 수 있도록 포괄적으로 서술하고 있을 뿐만 아니라, 시의성 있는 개정을 통해 변화된 정보세계를 반영하고, 문헌정보전문직들이 당면한 문제해결에 도움을 줄 수 있기 때문일 것이다. 또한 내용이 독특하고 흥미롭게 편집되어 독자들로 하여금 본문을 통해 필수적 기본 지식을 습득할 수 있게 하며, 삽입되어 있는 박스는 핵심 개념을 강조하거나 토론을 위한 시나리오를 제공하고 주요 문서에 직접 접근하도록 되어 있다. 추가로 각 장의 말미에 제시되어 있는 풍부한 참고문헌은 관심 주제를 계속 추구할 독자들에게 유용한 길잡이가 된다.

본 6차 개정판은 전면 개정의 특징을 가지고 있다. 내용 전체가 최신성 있게 수정 보완되었으며, 편집진이 모두 교체되었고, 참고서비스의 역사와 기능에 대한 첫 챕터를 제외한 거의 모든 챕터를 새로운 집필진이 담당하였다. 우리나라 독자들에게 번역 소개되었던 4차 개정판과 내용 구성을 비교해 보면, 특정 인구집단에 대한 서비스는 아동과 청소년 대상 서비스와 다양한 인구집단에 대한 서비스로 챕터가 나뉘었으며, 컨소시엄과 도서관 협동, 참고서비스 모델, 참고서비스 마케팅에 대한 내용이 독립 챕터로 개편되었다.

우리말로 옮기면서, 저자들의 서술 양식에 차이가 있어 약간의 어려움이 있었으나, 책 전체를 통해 통일성을 기하고자 노력하였다. 인명, 기관명, 서비스명 등의 고유명사는 가급적 원어로 표기하였고, 기술적인 용어는 통용되는 발음으로 표기하였으며, 일부 전문용어에 대하여는 필요시 이해를 돕기 위해 원어를 병기하였다. 내용에 대한 보다 많은 접근점을 제공하기 위하여 목차를 상세하게 작성하였다.

    6차 개정판을 국내에 소개하면서, 오랜 세월 변함없이 전통을 이어가는 원서의 편집자, 저자, 출판사의 꾸준한 노력에 찬사와 경의를 표하고 싶다. 또한 이 책이 많이 활용되어, 참고정보서비스 제공에 필요한 새로운 사고와 방법을 독자들이 이해하고, 문헌정보학 교육과 도서관 서비스 발전에 기여할 수 있기를 기대하며, 계속해서 책의 출판을 기꺼이 맡아주신 조은글터에 심심한 감사를 표한다.

2021년 12월
송파 서재에서
장 혜 란

 편·저자 소개

■ 편집자

MELISSA A. WONG

holds degrees from Augustana College, Rock Island, Illinois(BA. English) and the University of Illinois at Urbana-Champaign (MS, library science). During her career, she has served as a librarian at the University of Southern California and as the library director at Marymount College(now Marymount California University) in Rancho Palos Verdes, California. She has been an adjunct instructor at the University of Illinois at Urbana-Champaign School of Information Sciences since 2001 and currently teaches courses in reference, instruction, academic librarianship, and library management.

LAURA SAUNDERS

holds degrees from Boston University (BA, English) and Simmons University (MS and PhD, Library and Information Science). She is an Associate Professor at Simmons University School of Library and Information Science, where she has been a faculty member since 2011. She teaches courses in reference, information literacy and instruction, academic librarianship and intellectual freedom and censorship. During her career, she has served as a librarian at Simmons University and as a library assistant at the Medford Pubic Library, Massachusetts.

■ 저 자

Chapter 1. David A. Tyckoson
            Research Services Librarian,
            California State University, Fresno

Chapter 2. **EMILY J. M. KNOX**
Associate Professor, School of Information Sciences, University of Illinois at Urbana-Champaign

Chapter 3. **LAURA SAUNDERS**
Associate Professor at Simmons University School of Library and Information Science

Chapter 4. **SUSAN AVERY**
Instructional Services Librarian and Associate Professor, University of Illinois at Urbana-Champaign

Chapter 5. **KELLY JO WOODSIDE**
Consultant, Massachusetts Library System

Chapter 6. **LILI LUO**
Professor, School of Information, San José State University

Chapter 7. **JOANN JACOBY**
Director, Tutt Library, Colorado College

M. KATHLEEN KERN
Director, Miller Learning Center Library Commons, University of Georgia

LESLEY K. MACKIE
Head of Research Services, Tutt Library, Colorado College

Chapter 8. **LAURA SAUNDERS**
Associate Professor at Simmons University School of Library and Information Science

Chapter 9. **PIPER MARTIN**
Reference Services and Instruction Librarian and Assistant Professor, University of Illinois at Urbana-Champaign

LISA JANICKE HINCHLIFFE
Coordinator of Information literacy and Instruction and Professor, University of Illinois at Urbana-Champaign

Chapter 10. **CASSANDRA GRAESSER**
Digitisation Librarian and Social Media Manager, University of Queensland

LILLIAN SUNDELL-THOMAS
Deputy Director of Libraries, Somerville Public Library

Chapter 11. **AMY S. PATTEE**
Associate Professor, School of Library and Information Science, Simmons University

Chapter 12. **NICOLE A. COOKE**
Agusta Baker Chair in Childhood Literacy and Associate Professor, School of Library and Information Science, University of South Carolina

목차

역자 서문 • i
편·저자 소개 • iii

|제1장| 참고서비스의 역사와 기능

1.1 서론 ——————————————————————— 3
1.2 도서관과 커뮤니티 ——————————————————— 4
1.3 도서관의 업무 ————————————————————— 4
    1.3.1 수집 ——————————————————————— 5
    1.3.2 조직 ——————————————————————— 5
    1.3.3 서비스 —————————————————————— 6
    1.3.4 출판 ——————————————————————— 6
1.4 참고서비스의 역사적 발전 ———————————————— 7
    1.4.1 보편교육과 공공도서관 ————————————————— 7
    1.4.2 Samuel Green과 참고서비스의 토대 ——————————— 9
    1.4.3 참고사서의 기본적 기능 ————————————————— 10
    1.4.4 1876년 이후의 변화: 기술 ——————————————— 12
    1.4.5 1876년 이후의 변화: 다양성 —————————————— 13
1.5 현대 참고사서의 기능 ————————————————— 14
1.6 참고업무: 다양성과 접근방법 —————————————— 15
    1.6.1 참고서비스의 철학 ——————————————————— 15
    1.6.2 참고서비스의 유형 ——————————————————— 17
        1.6.2.1 독자자문서비스 · 17
        1.6.2.2 즉답형 참고서비스 · 17
        1.6.2.3 연구상담서비스 · 18
        1.6.2.4 주제전문사서 서비스 · 18
        1.6.2.5 서지확인 및 인용 서비스 · 19
        1.6.2.6 상호대차와 원문전달 서비스 · 19
        1.6.2.7 교육서비스 · 20

1.6.2.8 리터러시 프로그램 · 20
1.6.2.9 서비스 확장과 마케팅 · 21
1.6.3 참고서비스의 모델 ———————————————————— 21
1.6.3.1 참고데스크 서비스 · 21
1.6.3.2 이동 참고서비스 · 22
1.6.3.3 계층적 참고서비스 · 22
1.6.3.4 예약 참고서비스 · 22
1.6.3.5 원거리이용자 서비스 · 22
1.7 참고서비스의 개인적 특성 ——————————————————— 23
1.8 참고사서의 업무 성과 ——————————————————— 25
1.9 참고서비스의 미래 ——————————————————— 26
참고문헌 ——————————————————— 30

| 제2장 | 참고서비스와 윤리

2.1 윤리적 판단의 형성 ——————————————————— 37
2.2 참고사서를 위한 주요 윤리강령 ——————————————————— 39
2.2.1 미국도서관협회 윤리강령 (2008) ································ 40
2.2.2 ASIS&T (1992) ································ 41
2.2.3 Medical Library Association (2010) ································ 41
2.2.4 American Association of Law Libraries (2019) ································ 41
2.2.5 Society of American Archivists (2011) ································ 41
2.3 기타 윤리 가이드라인과 선언 ——————————————————— 42
2.3.1 도서관 권리선언 (2019) ································ 42
2.3.2 미국 수정헌법 1조와 4조 ································ 42
2.3.3 세계 인권선언 (1948) ································ 43
2.3.4 국제도서관협회연맹 윤리강령 (2012) ································ 43
2.4 윤리 정책 및 역량의 작성 ——————————————————— 43
2.5 주요 윤리 영역과 이슈 ——————————————————— 45

2.5.1 접근권과 위해로부터 개인과 사회 보호 ········· 45
  2.5.2 정보접근의 평등 ········· 48
  2.5.3 저작권 ········· 49
  2.5.4 비밀유지, 사생활, 보안 ········· 50
 2.6 결론 ········· 52
  참고문헌 ········· 57

|제3장| 참고면담

 3.1 서론 ········· 65
 3.2 정의와 개요 ········· 66
  3.2.1 면담 시작 ········· 66
  3.2.2 질문협상 ········· 69
  3.2.3 탐색과 정보소재 확인 ········· 71
  3.2.4 답변 전달 ········· 73
  3.2.5 사후조사와 종결 ········· 75
 3.3 원거리 참고면담 ········· 77
  3.3.1 전화 면담 ········· 77
  3.3.2 채팅 면담 ········· 77
  3.3.3 이메일 면담 ········· 79
 3.4 어조와 전문성 ········· 80
 3.5 참고면담의 특수 유형 ········· 81
  3.5.1 부과된 질의 ········· 81
  3.5.2 대리인의 참고면담 ········· 82
 3.6 특수 상황에 대한 고찰 ········· 84
  3.6.1 다루기 힘든 상호작용 ········· 84
  3.6.2 공감적 서비스 ········· 85
 3.7 참고면담의 문화적 맥락 ········· 87
 3.8 결론 ········· 87
  참고문헌 ········· 88

| 제4장 | 참고서비스와 교육 전략

- 4.1 서론 — 95
- 4.2 도서관 교육의 역할 — 96
  - 4.2.1 도서관 교육의 역사 — 96
  - 4.2.2 도서관 오리엔테이션 — 97
  - 4.2.3 도서관 이용교육 — 97
  - 4.2.4 서지 교육 — 98
  - 4.2.5 정보리터러시 교육 — 98
  - 4.2.6 교사로서의 사서 — 99
  - 4.2.7 교육관련 기준 — 101
- 4.3 참고서비스 현장의 교육 — 102
  - 4.3.1 교육 가능한 순간 — 103
  - 4.3.2 참고서비스를 위한 교수법 — 106
  - 4.3.3 이용자의 정서적 상태 이해 — 110
  - 4.3.4 채팅 참고서비스의 교육 — 112
- 4.4 가이드, 패스파인더, 튜토리얼 — 113
- 4.5 미래의 도전 — 116
- 참고문헌 — 117

| 제5장 | 컨소시엄과 도서관협동

- 5.1 서론 — 127
- 5.2 도서관협동 개관 — 128
  - 5.2.1 역사 — 129
  - 5.2.2 현황 — 130
- 5.3 협동 도서관서비스 — 131
  - 5.3.1 자원공유 — 131
    - 5.3.1.1 통합도서관시스템과 협동편목 · 131
    - 5.3.1.2 상호대차와 문헌전달 · 132

　　　　5.3.1.3 협동라이선싱과 협동구입 · 133
　　　　5.3.1.4 자원공유의 새로운 방향 · 134
　　5.3.2 훈련과 전문성 개발 —————————————————— 135
　　　　5.3.2.1 워크샵과 웨비나 · 136
　　　　5.3.2.2 연간 프로그램 · 137
　　　　5.3.2.3 전문교육 강좌 · 137
　　　　5.3.2.4 컨설팅 · 137
　　5.3.3 대공중서비스 지원 ———————————————————— 138
　　5.3.4 기타 서비스 ——————————————————————— 139
5.4 도서관협동의 도전과 미래 ———————————————————— 139
　　5.4.1 재원 조달 ———————————————————————— 139
　　5.4.2 가치의 표명 ——————————————————————— 140
　　5.4.3 리더쉽 교체 ——————————————————————— 141
　　5.4.4 인쇄에서 디지털로 ———————————————————— 141
　　5.4.5 새로운 기회 ——————————————————————— 141
5.5 결론 ———————————————————————————————— 143
　　참고문헌 ——————————————————————————————— 144

|제6장| 참고서비스 모델

6.1 서론 ———————————————————————————————— 151
6.2 대면 참고서비스 ———————————————————————— 153
　　6.2.1 참고데스크 서비스 ———————————————————— 154
　　6.2.2 연구 상담 서비스 ————————————————————— 157
　　6.2.3 이동 참고서비스 ————————————————————— 158
6.3 원거리/가상 참고서비스 ————————————————————— 161
　　6.3.1 이메일/웹폼 서비스 ———————————————————— 163
　　6.3.2 온라인 실시간 채팅 서비스 ———————————————— 166
　　6.3.3 문자메시지 서비스 ———————————————————— 170
　　6.3.4 성공적인 가상 참고서비스 제공 —————————————— 172
6.4 이용자를 찾아가는 서비스 ———————————————————— 175
　　참고문헌 ——————————————————————————————— 176

| 제7장 | 참고서비스의 경영

- 7.1 서론 — 185
- 7.2 경영자의 역할과 기대 — 186
  - 7.2.1 책무와 역할 — 186
  - 7.2.2 역량과 기술 — 187
  - 7.2.3 참고서비스를 위한 비전 설정 — 188
- 7.3 직원 채용과 관리 — 189
  - 7.3.1 채용과 모집 — 189
  - 7.3.2 성과 예측 — 191
- 7.4 팀 조직과 운영 — 192
- 7.5 커뮤니케이션 — 195
  - 7.5.1 회의 — 196
  - 7.5.2 현장 커뮤니케이션 — 197
  - 7.5.3 위기 커뮤니케이션 — 198
- 7.6 제휴, 협력, 지역사회 관계 — 199
  - 7.6.1 제휴와 협력 — 199
  - 7.6.2 지역사회 관계 — 200
- 7.7 평가, 기획, 예산 — 201
  - 7.7.1 기획 — 202
  - 7.7.2 예산 편성과 집행 — 203
- 7.8 정책 — 205
- 7.9 경영 및 지휘 능력 개발 — 207
  - 7.9.1 경영스타일 식별과 개발 — 209
- 7.10 결론 — 211
  - 참고문헌 — 211

| 제8장 | 참고서비스의 평가

8.1 서론 ─────────────────────────── 221
8.2 용어 정의 ─────────────────────────── 222
8.3 평가 사이클 ─────────────────────────── 224
    8.3.1 대상 선택과 목적 설정 ──────────────── 225
    8.3.2 데이터 수집과 분석 ──────────────── 225
    8.3.3 의사 결정 ──────────────── 225
    8.3.4 결과의 공유 ──────────────── 226
    8.3.5 목적 재점검 ──────────────── 226
8.4 무엇을 평가하는가? ─────────────────────── 226
    8.4.1 참고질문 수의 산정 ──────────────── 228
    8.4.2 정확성 ──────────────── 228
    8.4.3 이용자 만족도 ──────────────── 229
    8.4.4 서비스 품질 ──────────────── 230
    8.4.5 학습 ──────────────── 232
    8.4.6 사용성 ──────────────── 232
    8.4.7 비용 대 편익 ──────────────── 233
8.5 어떻게 평가하는가 ─────────────────────── 234
8.6 데이터 수집 방법 ─────────────────────── 236
    8.6.1 서베이 ──────────────── 237
    8.6.2 포커스집단 ──────────────── 239
    8.6.3 관찰 ──────────────── 240
    8.6.4 트랜스크립트 리뷰 ──────────────── 242
8.7 지속적 평가 ─────────────────────────── 244
8.8 평가의 문화 ─────────────────────────── 245
    참고문헌 ─────────────────────── 245

|제9장| 직원 훈련과 전문성 개발

- 9.1 서론 — 257
- 9.2 훈련프로그램의 구조 — 258
  - 9.2.1 오리엔테이션과 적응 프로그램 — 258
    - 9.2.1.1 정책과 절차 · 259
    - 9.2.1.2 조직의 문화와 실제 · 260
  - 9.2.2 특정 직무능력 개발 — 260
  - 9.2.3 커리어 발전 — 261
  - 9.2.4 직장 내 계속교육 — 262
  - 9.2.5 전문직 발전과 참여 — 264
- 9.3 훈련의 설계와 실시 — 265
  - 9.3.1 요구의 진단 — 266
    - 9.3.1.1 요구 우선순위와 훈련 순서 · 268
    - 9.3.1.2 훈련 프로그램 · 269
  - 9.3.2 목적과 목표 — 270
  - 9.3.3 교육 내용 — 271
  - 9.3.4 교수법과 교재 — 272
    - 9.3.4.1 말하기 – 강의 · 273
    - 9.3.4.2 보여주기 – 시연 · 274
    - 9.3.4.3 코칭하기 – 실습 계획 및 모니터링 · 274
    - 9.3.4.4 교재 · 274
  - 9.3.5 훈련 프로그램 평가 — 276
    - 9.3.5.1 학습성과와 피훈련자 반응 · 276
    - 9.3.5.2 직무성과로의 학습전이 · 277
    - 9.3.5.3 투자수익률 · 277
- 9.4 훈련프로그램 관리 — 278
- 9.5 결론 — 279
  - 참고문헌 — 280

|제10장| 참고서비스의 마케팅과 홍보

- 10.1 서론 ······ 285
- 10.2 마케팅이란 무엇인가? ······ 285
- 10.3 마케팅 프레임워크 ······ 286
  - 10.3.1 홍보 및 섭외 vs. 총체적 마케팅 ······ 287
- 10.4 시장조사와 이용자요구 평가 ······ 289
  - 10.4.1 환경 분석 ······ 289
  - 10.4.2 특정 프로그램의 시장조사 ······ 290
  - 10.4.3 이용자 세분화 ······ 291
  - 10.4.4 페르소나 설정 ······ 292
- 10.5 목적과 목표 설정 ······ 294
- 10.6 마케팅계획의 수립 ······ 295
  - 10.6.1 마케팅 도구 선정 ······ 296
  - 10.6.2 페르소나에 마케팅도구 적용 ······ 299
  - 10.6.3 계획 일정 작성 ······ 300
- 10.7 계획 구현을 통한 가치 및 관계 조성 ······ 301
- 10.8 도서관이용자들의 가치 평가 ······ 301
- 10.9 일반적인 마케팅 도구 ······ 303
  - 10.9.1 인쇄물 ······ 303
  - 10.9.2 온라인 마케팅 도구 ······ 304
    - 10.9.2.1 도서관 웹사이트 · 304
    - 10.9.2.2 전자 뉴스레터 · 305
  - 10.9.3 소셜미디어 ······ 305
    - 10.9.3.1 페이스북 · 306
    - 10.9.3.2 트위터 · 307
    - 10.9.3.3 인스타그램 · 308
    - 10.9.3.4 블로그 · 308
    - 10.9.3.5 기타 플랫폼 · 309
  - 10.9.4 입소문 마케팅 ······ 309
  - 10.9.5 비전통적 게릴라 마케팅 ······ 310
  - 10.9.6 지역사회 제휴기관 ······ 311
  - 10.9.7 전통적 미디어 공급자 ······ 311

　　　　　10.9.7.1 신문 · 311
　　　　　10.9.7.2 미디어센터 · 312
　10.10 결론 ——————————————————— 312
　　　참고문헌 ——————————————————— 312

|제11장| 아동과 청소년을 위한 참고서비스

　11.1 서론 ——————————————————————— 317
　11.2 아동과 청소년의 정체성과 정보요구 ———————————— 318
　　　11.2.1 아동과 청소년에 대한 발달적 접근 ·················· 318
　　　11.2.2 다문화 아동과 청소년에 대한 접근 ················· 323
　　　　　11.2.2.1 인종과 민족이 다른 아동과 청소년 · 324
　　　　　11.2.2.2 이중언어/다중언어 사용 아동과 청소년 · 326
　　　　　11.2.2.3 성소수자들과 청소년 · 327
　　　11.2.3 도서관 서비스와 청소년 정체성 ··················· 330
　11.3 아동과 청소년의 정보접근: 장애와 도전 ———————————— 330
　　　11.3.1 아동과 청소년의 온라인자료 접근 활성화 ············· 331
　　　　　11.3.1.1 인터넷 필터링, 정책, 그리고 접근 · 331
　　　　　11.3.1.2 디지털 정보리터러시 · 333
　　　11.3.2 아동과 청소년의 교육자료 접근 활성화 ·············· 334
　　　　　11.3.2.1 재택학습자들의 정보요구 · 336
　　　11.3.3 독자자문과 적합성 문제 ······················· 337
　　　11.3.4 아동과 청소년의 정보접근 보장 ··················· 339
　11.4 아동을 대신한 성인 서비스 ———————————————— 339
　11.5 아동과 청소년 서비스의 확장 ———————————————— 340
　　　참고문헌 ——————————————————————— 341

|제12장| 다양한 인구집단을 위한 참고서비스

- 12.1 서론 ——— 351
- 12.2 다양한 이용자에 대한 서비스 원칙 ——— 352
  - 12.2.1 교차 사회의 참고서비스 ——— 354
  - 12.2.2 참고면담 ——— 355
- 12.3 다양한 민족에 대한 참고서비스 ——— 356
- 12.4 외국인 학생과 이민자에 대한 참고서비스 ——— 359
  - 12.4.1 외국인 학생 ——— 359
  - 12.4.2 이민자, 난민, 새로운 국적 취득자 ——— 360
- 12.5 노숙자와 빈곤층에 대한 참고서비스 ——— 361
- 12.6 수감자들에 대한 참고서비스 ——— 363
- 12.7 성소수자들에 대한 참고서비스 ——— 366
- 12.8 장애인에 대한 참고서비스 ——— 367
  - 12.8.1 시각장애인과 청각장애인 ——— 368
  - 12.8.2 발달 장애인 ——— 369
  - 12.8.3 정신질환자 ——— 370
- 12.9 노인에 대한 참고서비스 ——— 371
- 12.10 결론 ——— 374
  - 참고문헌 ——— 376

■ 색　인 · 387
- 국문색인 · 387
- 영문색인 · 390

도표목차

표 1.1	연대순으로 배열한 도서관적용 기술	12
표 1.2	기능에 따라 배열한 도서관적용 기술	13
표 4.1	교수전략 코드: 학습이론에 기초한 참고면담 교수전략	107
표 5.1	도서관컨소시엄의 발전: 주요 사건 연표	129
표 10.1	대표적 페르소나의 사례	293
표 10.2	도서관 페르소나에 대한 다양한 마케팅 조사와 도구	297
표 10.3	도서관 페르소나에 대한 마케팅캠페인 일정	300
표 11.1	영유아, 아동, 청소년의 사회/정서, 인지, 문해 발달단계	319

그림 3.1	참고면담	76
그림 4.1	정보 사이클 인포그래픽	115
그림 6.1	San Jose State University 도서관의 가상 참고서비스 웹폼	165
그림 6.2	가상 참고서비스를 위한 사서 인터페이스 사례	168
그림 7.1	참고서비스 정책 개발 구성요인	205
그림 8.1	평가 사이클	224
그림 10.1	홍보 및 섭외 vs. 총체적 마케팅	288
그림 12.1	다양한 이용자집단의 상호교차성(David Michael Moore의 그래픽)	354

1

참고서비스의 역사와 기능

1.1 서론
1.2 도서관과 커뮤니티
1.3 도서관의 업무
1.4 참고서비스의 역사적 발전
1.5 현대 참고사서의 기능
1.6 참고업무: 다양성과 접근방법
1.7 참고서비스의 개인적 특성
1.8 참고사서의 업무 성과
1.9 참고서비스의 미래

참고정보서비스론

제1장 참고서비스의 역사와 기능

1.1 서론

지금은 정보가 언제 어디서나 이용 가능한 정보시대이다. 사람들은, 정보가 필요한 시점이나 정보가 있는 장소와 관계없이, 주머니 안에 있는 기구로 그들이 추구하는 정보를 발견하고 수집하고 활용할 수 있다. 사람들은 기후변화에 대한 통계를 수집하거나, 맥베스(Macbeth)를 인용하거나, 주식시장의 상승과 하락을 관찰하거나, 한 지역 또는 세계의 뉴스를 읽거나, 좋아하는 음악을 듣거나, 버스가 정류장에 도착하는 시간을 찾아보거나, 구매하려는 상품 가격이 제일 싼 상점을 알아내거나, 캣비디오를 보거나, 이 모든 것을 동시에 할 수 있다. 인터넷 연결을 갖고 있는 모든 사람이 필요한 정보를 검색할 능력이 있다면, 왜 우리는 여전히 도서관을 필요로 할까? 그리고 왜 도서관은 여전히 참고사서를 필요로 할까?

이러한 질문에 대하여 명백히 여러 가지 답변이 있으며, 이 책은 도서관과 참고서비스가 계속 증가하고 성장해 나갈 다양한 견해와 방법과 행동을 제공하게 될 것이다. 참고사서의 역할과 책임 그리고 지속적인 필요성을 충분히 이해하기 위하여는, 참고서비스가 정착되었던 요인, 참고사서가 전통적으로 수행했던 일, 그리고 현재까지 참고업무가 어떻게 발전되어 왔는가를 되돌아보는 것이 중요하다.

1.2 도서관과 커뮤니티

　도서관은 그 자체로 독립된 기관이 아니라 도서관이 설립된 커뮤니티를 지원하고 서비스를 제공하기 위하여 존재한다. 공공도서관은 주로 한 도시나 구와 같이 한정된 지역의 거주자들에게 서비스를 제공한다. 대학도서관은 대학의 교수진, 직원, 학생들에게 서비스를 제공한다. 학교도서관은 특정 학교에 다니는 교사와 학생들에게 서비스를 제공한다. 의학도서관은 병원의 의사, 간호사, 직원, 환자들에게 서비스를 제공한다. 법률도서관은 법인의 변호사와 직원에게 서비스를 제공한다. 기업체도서관은 특정 회사의 경영진과 직원에게 서비스를 제공한다.

　커뮤니티 구성원이 정보를 필요로 할 때, 도서관의 일차적인 목적은 해당 정보요구를 충족시키는 것이다. 요구가 연구에 관한 것이건 사업이나 오락에 관한 것이건 간에, 사회 구성원들은 종종 도서관으로 향한다. 대부분의 도서관, 특히 공공도서관과 대학도서관은, 커뮤니티 밖의 사람들도 도서관장서와 시설과 서비스를 이용하도록 허용한다. 하지만 주된 초점은 커뮤니티 구성원들에게 맞춰져야 한다. 커뮤니티에 필수적인 것으로 인식되는 도서관은 해당 커뮤니티를 위한 정보유틸리티로서 그 역할을 유지하기 위한 후원, 직원, 재원을 받게 될 것이다. 커뮤니티의 요구를 충족시키지 못하는 도서관은 점차 시들해지고 하찮은 존재가 되어, 심지어 문을 닫을지도 모른다. 커뮤니티에 효과적으로 서비스를 제공하기 위하여 사서는, 누가 그 사회를 구성하고 있는지, 그들의 정보요구는 무엇인지, 어떻게 그들의 정보요구가 변화하는지를, 알아야만 한다. 커뮤니티를 알면, 사서는 도서관이 무엇을 포함해야하는지, 어떤 서비스를 제공할 것인지, 어느 정도의 지원이 가능한지를 알 수 있을 것이다.

1.3 도서관의 업무

　도서관은 커뮤니티의 정보요구를 충족시키기 위해서 네 가지 기본적인 기능을 수행한다. 각각의 기능은 매우 세밀하고 고도로 복잡하지만, 도서관의 모든 활동은 다음과 같은 네 가지 기능 중 하나에 포함될 수 있다. 도서관과 도서관이 속한 커뮤니티가 함께 진화함에 따라, 도서관의 기능도 시대에 따라 발전되었다.

1.3.1 수집

역사적으로, 도서관의 첫 번째 기능은 정보를 선택하고 수집하고 보존하는 것이었다. 고대로부터 사서는 그들이 속한 커뮤니티가 관심을 갖는 문헌을 수집하고 보존해 왔다. Great Library of Alexandria의 두루마리로부터 Bodleian Library의 책상에 사슬로 묶여있는 책, National Library of Medicine의 과학저널, 지역 공공도서관의 아동도서, 대학 리포지토리의 디지털 콘텐츠에 이르기까지, 모든 도서관은 해당 커뮤니티의 관심 정보의 축적을 그 첫 번째 역할로 삼았다. 정보는 다양한 형태를 취하고 있으며, 도서, 저널, 마이크로폼, 사진, CD, 비디오, DVD, 웹사이트, MP3, 컴퓨터파일, 기타 과거에 쓰였던 정보저장형태를 포함한다. 커뮤니티의 요구에 부응하여, 사서는 또한 미래에 개발될 어떠한 새로운 정보 포맷도 수집할 것이다. 늘어선 서가의 책, 마이크로필름이나 오디오CD 수납장, 링크로 가득 찬 웹페이지건 간에, 자료보관소로서의 도서관에 대한 대중적 이미지는 이러한 수집 기능으로부터 온 것이다. 커뮤니티가 관심있는 문헌을 찾고, 선택하고, 획득하고, 보존하는 것은 도서관의 가장 오래된 역사적 기능이다. 이것은 오늘날에도 여전히 중요한 기능으로 남아있다.

1.3.2 조직

도서관의 두 번째 기능은 수집된 정보를 조직하는 것이다. 사서가 정보를 조직한다는 사실은 분명한 것이지만, 조직은 수집보다는 훨씬 더 최근에 생긴 기능이다. 역사적으로 이것은 도서관에서 발생한 두 번째 기능이었고, 첫 번째 기능에 대한 필연적인 결과로 전개되었다. 도서관이 매우 작았을 때, 이용자는 단순히 전체 장서를 훑어보고 필요한 것을 찾을 수 있었다. 도서관의 규모가 커짐에 따라 다른 조직방법들이 필요하게 되었다.

알파벳순서로부터 RDA까지, 그리고 MARC로부터 메타데이터까지, 사서들은 도서관장서 안에서 자료를 조직하고 찾기 위한 다양한 방법들을 개발해 왔다. 이 도구들의 대부분은 일차적으로 스스로를 돕기 위해 사서에 의해 개발되었다. 도서관이 커짐에 따라, 사서는 장서 중에서 특정 문헌이나 정보를 어디서 발견할 것인지를 알기가 훨씬 어렵게 되었다.

결과적으로, 사서는 주제명표목, 기본기입, 전거파일, 청구번호, 메타데이터 태그, 통제어휘와 같은 개념들을 개발하였다. 도서관은 항상 일종의 조직을 가지고 있었음에도 불구하고, 최초의 근대적 목록은 15세기 후반에 장서점검 장치로서 개발되었다. 최초의 출판된 목록은 Oxford에 있는 Bodleian Library의 도서 목록이었는데, 이것은 1620년에 책 형태로 인쇄되었다. 사서가 언제 대규모로 정보를 조직하기 시작했는지 정확한 날짜는 알 수 없지만, 대략 500년 전부터 그 일을 해오고 있다(Hanson and Daily 1970).

장서에 포함되어 있는 자료를 조직하고 색인하는 것이 보다 정교화 되었다. 사서는 두루마리부터 책, 카드, 데이터베이스까지 당시대의 기술을 사용하면서, 정보를 색인하고 목록하는 이론과 실무의 리더가 되었다. *Google* 은 이용자에게 웹상에 무엇이 존재하는지를 말해주지만, OCLC *Worldcat* 과 Springshare Libguides 같이 사서가 개발한 도구는 유용한 자료를 발견하기 쉽게 해준다.

1.3.3 서비스

도서관의 세 번째 기능은 이용자가 정보를 탐색하고 찾는 것을 직접 도와주는 것인데, 현재 사서들은 이것을 참고서비스라고 부른다. 사서직에서 이 부분은 앞의 두 가지 기능보다 훨씬 역사가 짧고, 1800년대 중후반이 되어서야 비로소 논의되었다. 비록 오늘날 모든 사람들은 도서관의 서비스 기능과 함께 성장하고 참고서비스를 당연하게 생각하지만, 이것이 처음 소개될 당시에는 정말 혁신적인 개념이었다.

1.3.4 출판

도서관의 네 번째이자 가장 새로운 기능은 가치있는 정보를 해당 커뮤니티에 제공하는 출판사나 공급자로서의 기능이다. 무료로 개발된 웹과 더불어 모든 사람들은 동일한 공개된 콘텐츠에 접근할 수 있다. 커뮤니티에 가장 가치있는 것은 유일한 고유의 자료이다. 다수의 도서관들이 지방역사, 사진, 정부문서, 학위논문 등을 포함하는 이런 유형의 콘텐츠를 위한 리포지토리를 개발하였다. 이와 같은 수집물들을 디지털화함으로써, 도서관은 자료를 보다 널리 이용가능하게 만들고 동시에 사회를 발전시킬 수 있다.

1.4 참고서비스의 역사적 발전

1.4.1 보편교육과 공공도서관

참고서비스의 발전은 서로 다르지만 관계가 있는 두 가지 19세기의 이상과 결부되어 있다: 보편교육과 공공도서관. 이 두 가지 운동은 미국사회의 기본 구조를 변형시켰으며 오늘날까지 남아있는 지속적인 영향을 미쳤다. 보편교육은 계층, 인종, 종교를 막론하고 미국의 모든 어린이들이 무료로 공교육을 받을 수 있다는 개념이었다. 모든 학령기 아동을 위한 보편교육 수립에 대한 이유는 크게 달랐고, 종종 서로 어긋나기도 했다(Gutek 1970). 보편교육 수립의 진정한 동기에 상관없이, 전국의 주정부와 지방정부는 무료 공립학교를 설립하였고, 이것은 실제로 교육수준이 더 높은 사회를 초래하였다. 보편교육의 직접적인 결과로 19세기 동안에 미국의 문해율은 크게 상승하였다. 더욱더 많은 사람들이 읽기를 배우게 되자, 보다 더 많은 사람들이 독서에 관심을 갖게 되었다.

보편교육이 일반화되는 것과 같은 시기에, 무료 공공도서관의 개념이 확립되고 있었다. 도시의 유지들에게 공공도서관과 같은 기관이 지역사회에 반드시 필요하고 가치있는 부분임을 납득시키기 위해서, Boston Public Library 이사회는 다음과 같은 주장을 하였다: "문제는, 소수의 개인들에게 불굴의 의지와 개선에 대한 절실한 갈망을 가져다 줄 것이 무엇인가가 아니라, 지역사회의 다수에게 많은 이익을 가져다 줄 것이 무엇인가이다. 이러한 관점에서, 우리는 대규모 공공도서관이 우리의 공교육시스템을 완성하는 수단으로서 가장 중요하다고 생각한다."(Trustees of the Public Library of the City of Boston [1852] 1975, 9). 공공도서관을 보편교육의 구성요소로 보는 것은 이 보고서의 뒷부분에서 다시 강조되었다:

> 그럼에도 불구하고 무료교육을 하는 것과 동일한 원리에 따라, 공공정책과 의무로서 모두에게 제공되어야 하며, 실제로 독서가 교육에서 가장 중요한 부분의 하나라는 점에는 의심의 여지가 없다. 이것은 정치적 사회적 종교적 기관에 대한 것과 마찬가지로 올바르게 판명되었는데, 정보에 대한 수단이 크게 확산되어 가능하면 다수의 사람들이 계속 결정을 해야 하는 사회질서의 기초가 되는 질문을 읽고 이해하도록 인도되어야 하는 것이 무엇보다도 중요할 것이다. 이것은, 그러

한 도서관들이 많아져서 그 이전 어느 때 보다도 훨씬 광범위하게 이용됨에 따라, 수행될 수 있다: 이것이 다른 지역에서 이루어질 수 있다면, 여기 Boston에서도 이루어질 수 있다: 왜냐하면, 현재 우리 도시처럼 이렇게 유능하고 편의를 도모하는 15만 명이 밀집되어 한 도서관에 의지하는 인구보다 독서하며 스스로 교양을 쌓는 인구가 되기에 더 적합한 지역은 없기 때문이다.

그러나, 이전에 시도된 적이 결코 없는 이 목적을 달성하기 위하여, 우리는 전혀 사용된 적이 없는 방법을 사용해야만 한다: 그렇지 않으면 우리가 설립하고자 제안하는 도서관은 그 특별한 목적에 맞지 않게 될 것이다. 무엇보다도, 계급에 관계없는 정당한 요구는 지켜져야 하며, 무료교육과 마찬가지로, 계속교육에 필요한 흥미롭고 건전한 독서를 스스로 조달할 방법이 없는 사람들의 요구가 우선적으로 고려되어야 한다(Trustees of the Public Library of the City of Boston [1852] 1975, 15-16).

실제로, Boston Public Library는 현실이 되었고, 1854년 3월 20일, 대중-모든 대중-에게 개방되었다. 이것은 즉각적인 성공이었다. 6개월 이내에 35,000권 이상이 대출되었다(Stone 1977, 158). 읽을 기회가 주어졌을 때, 대중은 압도적인 속도로 반응하였고, 도시민 2명당 평균 1권의 책을 빌렸다. 당시에 책을 빌린다는 개념은 주민 대다수에게 새롭고 아직 흔한 일이 아니었다. 무료 공공도서관의 개념은 급속히 다른 지방자치단체에 의해 채택되었으며, 1876년까지 11개 주에 188개의 무료 공공도서관이 설립되었다(Poole 1876).

참고서비스는 이 두 가지 혁신의 직접적인 결과로서 발생하였다. 보편교육은 대중에게 읽는 것을 가르쳤고, 공공도서관은 읽을 자료를 제공하였다. Melvil Dewey는 다음과 같이 기술하였다.

학교는 학생들에게 읽는 것을 가르친다: 도서관은 교육에 도움이 될 읽을거리를 그들에게 제공해야만 한다. 그래서 우리는 공교육을 거의 동등하게 중요하고 동등한 관심을 받을 가치가 있는 두 부분으로 나눌 수밖에 없다: 무료 학교와 무료 도서관(Dewey 1986, 6).

문자를 해독하게 된 주민들은 읽을 줄 알았으며 새로 배운 기술을 실천하게 만드는 자료를 찾았다. 도처에 정보가 있는 오늘날과 달리, 그 시대에는 정보가 다소 부족하였다. 독서자료를 소유한 가정은 드물고 도서는 상대적으로 값비싼 것이었으므로 사람들은 자료를 얻기 위하여 새로 생긴 공공도서관으로 향하였다. 그렇지만 그들은 도서관 이용 방법을 알지 못했다. 그들은 자연적으로 사서에게 조언을 요청하였다. 1876년에 이르러 참고서비스의 개념이 탄생한 것이다.

1.4.2 Samuel Green과 참고서비스의 토대

도서관 이용자를 돕기 위한 사서의 직접 서비스에 대한 첫 번째 논의는 Samuel Swett Green이 Philadelphia에서 열린 미국도서관협회 1차 대회에서 발표한 논문이었다. 그의 논문 "Personal Intercourse and Relations between Libraries and Readers in Popular Libraries"는 독자와 상호작용하고 독자를 돕는 사서의 개념을 기술하였다. 당시에 참고서비스라는 용어가 만들어지지 않았기 때문에 Green은 "reference service"라는 용어는 사용하지 않았다. 그의 논문은 *Library Journal* 1권에 짧은 제목으로 출판되었는데, 이것은 우리가 오늘날 참고서비스라고 부르는 것에 대한 첫 번째 논의로 널리 인식되고 있다(Green 1876). "참고서비스"란 용어가 어떻게 만들어졌는가에 대한 설명은 Box 1.1을 참조하시오.

BOX 1.1
왜 우리는 이것을 "참고서비스"라고 부르는가?

도서관이용자를 돕는다는 개념이 처음으로 제안되었을 때, "참고서비스"(reference service)와 "참고사서"(reference librarian)라는 용어는 아직 만들어지지 않았다. 그러나 "참고도서"(reference book)라는 용어는 널리 사용되고 있었다. 참고도서는 원래 목록, 색인, 서지와 같이 다른 자료를 위한 참고문헌을 발견하기 위해 찾아보는 책으로 알려져 있었다. 1870년대에 가서는 대출되지 않는 도서관 책이 참고도서라고 불리고 있었다.
참고서비스를 논의한 최초의 논문에서, Samuel Green은 이것을 "사서와 독자간의 개인적 교류"(personal intercourse between librarians and readers)라고 불렀다. 운이 좋게도 이 어구는 빠르게 "독자에 대한 지원"(aid to readers)으로 줄어들게 되었다. 후에 서비스 목적이 보다 광범위하게 인식됨에 따라 "독자에 대한 지원"이라는 용어가 더 널리 사용되었다. 독자를 돕는 사서는 참고집서에 위치한 도서를 이용하는 경향이 있었기 때문에, 그들은 점차 참고사서로 알려지게 되었다. 1885년 Melvil Dewey가 Columbia College에서 처음으로 여러 명(즉, 2명)으로 구성된 참고부서를 조직했을 때 처음으로 "참고사서"(reference librarian)라는 직책의 직원을 고용하였다. "참고업무"(reference work)는 참고사서가 수행했던 일이다. 그 이름은 유행이 되었고, 이러한 것들이 이른바 역사이다 (Rothstein 1972, 25-27).

참고서비스가 공공도서관에서 발생했다는 점은 이 기관이 토대를 두었던 민주적 이상에 대한 명확한 증거이다. 학생들이 과거의 지식을 기반으로 이론적으로 추구하는 학구적 울타리 안에서 발전된 것이 아니라, 대중의 대학인 무료 공공도서관에서 이 개념이 형성되었다. 대학도서관 참고서비스의 발전을 연구한 Samuel Rothstein(1972, 25-27)은 대학도서관의 관심 부족을 다음과 같이 설명하였다: "사실, 그 시대의 대학생들은 어쨌든 대학도서관 사서를 거의 이용하지 않는 경향이 있었다. 연구에 대한 아이디어는 아직 미국 대학에 미치지 못했고, 학부과정의 교수법은 여전히 전통적인 교과서에 의존하였다. 학생들은 도서관에서 책을 빌리는 경우가 거의 없었고, 개인적 도움에 대한 그들의 요구는 훨씬 더 드물었던 것이 틀림없다."

그러나 개인적 도움이라는 개념에 대한 약간 긍정적인 반응이 학술기관에서 나타났다. Green의 발표에 잇따른 논의에서, University of Rochester의 Otis Robinson은 진심으로 그 개념을 지지하였다(Rothstein 1876, 123-124). 다음 해 열린 London Conference에서, Brown University의 Reuben Guild는 그 대학의 공중(교수진과 학생)에 대한 사서의 유용성을 기술하였다(Guild 1878, 278). Green의 논문 이후 10년 안에, Melvil Dewey는 Columbia College(지금은 Columbia University)의 도서관에서 참고서비스의 아이디어를 받아들였다. 대학에서 사용되는 교수법이 보다 연구기반 모형으로 진화함에 따라, 학생들의 도서관 이용은 대학도서관 참고서비스가 수립되는 지점에까지 증가하였다. 전통적인 대학일수록 이 아이디어를 채택하는데 더 많은 시간이 걸렸지만, 결국 참고서비스는 사실상 미국의 모든 공공도서관이나 대학도서관에서 이용가능하게 되었다.

1.4.3 참고사서의 기본적 기능

그렇다면 참고사서는 정확히 무슨 일을 하는가? 이 주제에 대한 Green의 논문은 주로 다양한 공공도서관 이용자들이 제기한 질문 유형의 사례로 구성되어 있다. 그렇지만 그 사례들 안에 내재되어 있는 것은 참고사서의 네 가지 명백한 기능이다.

1. **사람들에게 도서관과 도서관 자료의 이용 방법을 가르친다.**
   일부 학자들은 목록과 색인 그리고 서가를 잘 알고 있지만, 새로 글을 읽고 쓸 줄 알게 된 사회구성원들은 도서관이 소장한 것과 그들이 원하는 것을 찾는 방법에 대해 익숙하지 않았다. 독자에게 개인적 도움을 제공하는 사서의 첫 번째 기능은 도서관에서 자료를 찾는 방법을 가르쳐주는 것이었다. Green(1876, 80)은 "이용자에게 그들이 필요한 만큼 도움을 주되, 동시에 이용자가 그들 스스로를 신뢰하고 독립적이 되도록 가르치려고 노력하시오"라고 진술하였다.

2. **독자의 질문에 답변한다.**

   Green의 논문은, 간단한 사실질문으로부터 깊이 있는 연구 프로젝트에 이르기까지, 공공도서관 이용자가 묻는 질문 유형의 수많은 예를 제공하고 있다. 사서는 모든 유형의 질문에 답변할 수 있을 것으로 - 또는 보다 정확히 답변할 정보원을 제공할 것으로 - 기대된다. Green(1876, 74)은 아주 간결하게 "조사를 목적으로 공공도서관을 이용하는 사람들은 일반적으로 막대한 도움을 필요로 한다"라고 설명하였다. 그러고 나서 Green은 그의 도서관에서 독자들이 필요로 했던 도움의 유형에 대해 3쪽 분량의 사례를 제시하였다.

3. **독자가 양서를 선택하도록 돕는다.**

   사람들은 읽기를 원했지만 읽을 가치가 있는 것이 무엇인지를 알지 못했다. 사서의 주요 역할 중 하나는 독자의 관심사와 능력에 맞는 자료를 추천하는 독자 자문으로서 봉사하는 것이었다. Green(1876, 99)은 참고사서의 논의에서 "나는 이렇게 함으로써 양서 이용을 야기시키는 방향으로 큰 영향력을 행사할 수 있다고 믿는다. … 단지 도움을 청하는 모든 사람에게 그들이 기꺼이 읽으려하는 가장 좋은 도서를 제공하는 것을 사서가 목표로 함으로써"라고 언급하였다.

4. **커뮤니티 내에서 도서관을 홍보한다.**

   Green이 제시한 사례의 바탕에는 지역사회 구성원에게 개인적으로 서비스하게 됨으로써, 사서는 커뮤니티로부터 지지를 얻을 수 있게 되며, 이것은 당연히 더 많은 도서관 이용과 재정적 지원으로 향하게 될 것이라는 생각이 있다. Green(1876, 81)은 그의 논문을 다음과 같이 종결지었다. "사서가 보다 자유롭게 이용자들과 섞이고 더 많은 도움을 이용자에게 제공할수록, 도서관이 유용한 기관이라는 시민들의 신념이 더욱 강렬해지고, 더욱더 많은 재원이 도서를 구입하고 보조원을 추가로 고용하는 데 사용되도록 기꺼이 용인될 것이다." 바꾸어 말하면, 당신이 그들을 도우면 그들은 올 것이며 자금을 제공할 것이다!

1.4.4 1876년 이후의 변화: 기술

1876년 이후 사회는 크게 변화되었다. 가장 분명하게 달라진 부분은 도서관에서 사용되는 기술이다. Green 시대의 사서가 기본적으로 책과 정기간행물 두 가지 형태를 가지고 있었던 반면에, 오늘날의 사서는 광범위한 자원을 이용한다. 오늘날 참고사서는 질문에 답변하기 위해서 책을 찾기 보다는 컴퓨터를 찾아볼 가능성이 더 많다. 도서관 곳곳에서 다양한 유형의 기계들을 볼 수 있다. 기술은 도서관을 운영하는 방법과 독자가 도서관을 이용하는 방법을 변형시켰다. 수 십 년에 걸쳐, 종이와 연필에 의존하던 도서관에서 실리콘 칩과 전자를 이용하는 도서관으로 바뀌었다. 표 1.1은 도서관에 적용된 기술을 시간적 순서에 따라 크게 10년 단위로 정리한 것이다.

표 1.1 연대순으로 배열한 도서관적용 기술

연대	기술	연대	기술
1890년대	• 타자기	1970년대	• 메인프레임 컴퓨터 • 모뎀 • 비디오 녹화 • 카세트테이프 • 팩시밀
1920년대	• 전화 • 라디오	1980년대	• 개인용 컴퓨터 • 프린터 • 플로피디스크 • 오디오 콤팩트디스크 • CD-ROM • 이메일 • 전자 메일링리스트
1930년대	• 음반	1990년대	• WWW • 인터넷 채팅 • 전자상거래 • 노트북 컴퓨터 • 무선 인터넷
1940년대	• 텔레비전 • 마이크로필름	2000년대	• 아이팟 • USB 저장장치 • 스마트폰 • 문자메시지
1950년대	• 녹음테이프 • 슬라이드 • 천공카드 • 감열식 복사기	2010년대	• 소셜미디어 • 태블릿
1960년대	• 사진 복사기 • 필름스트립 • 마이크로피쉬 • 마이크로키보드 • 텔렉스		

비록 이것은 방대한 기술의 배열이지만, 각 기술은 도서관에 지대한 영향을 끼쳤으며, 모든 기술은 세 가지 범주로 구분될 수 있다: 정보 저장 기술, 정보 재생산 기술, 정보 커뮤니케이션 기술. 표 1.1의 기술은 표 1.2에 나타나 있는 것처럼 세 가지 범주로 분류될 수 있다.

표 1.2 기능에 따라 배열한 도서관적용 기술

저장	재생산	커뮤니케이션
• 음반 • 마이크로필름 • 천공카드 • 녹음테이프 • 슬라이드 • 필름스트립 • 마이크로피쉬 • 마이크로카드 • 비디오 녹화 • 카세트테이프 • 메인프레임 컴퓨터 • 개인용 컴퓨터 • 플로피디스크 • 오디오 컴팩트디스크 • CD-ROM • 노트북 컴퓨터 • 아이팟 • USB 저장장치 • 태블릿	• 타자기 • 감열식 복사기 • 사진복사기 • 메인프레임 컴퓨터 • 팩시밀 • 개인용 컴퓨터 • 태블릿	• 전화 • 라디오 • 텔레비전 • 텔렉스 • 모뎀 • 팩시밀 • 이메일 • 전자 메일링리스트 • WWW • 인터넷 채팅 • 전자상거래 • 무선 인터넷 • 스마트폰 • 문자메시지 • 소셜미디어

이 기술 중 일부는 리스트에 나타난 세 가지 기능 중 하나 이상의 범주에 속하며(예, 컴퓨터), 각 기술은 도서관의 능력을 여러 가지 방식으로 향상시킨다. 기술은 도서관 서비스를 강화시키는 도구이며 근본적으로 서비스의 본질을 변경시키는 것은 아니다. 향후 몇 년 동안에 더 많은 기술 발전이 초래될 것은 의심의 여지가 없으며, 도서관에서는 해당 커뮤니티에 대한 서비스를 개선하기 위하여 새 기술을 채택할 것이다. 제 1장 ~ 제 12장에서 참고서비스의 여러 국면을 서술하고 기술이 참고서비스에 어떻게 계속 영향을 미치는가를 논의한다.

1.4.5 1876년 이후의 변화: 다양성

지난 130년 동안 도서관에서 일어난 다른 중요한 변화는 도서관이 봉사하는 인구의 본질에 있다. 19세기 이후로, 미국의 인구는 훨씬 더 다양해졌다. Green의 시대에는 도서관이용자가 주로 유럽 혈통의 영어사용자였던 반면에, 오늘날 미국의 도서관이용자는 세계 각국으로부터 온 다양한 언어를 사용한다. 우리 사회가 아시아, 아프리카, 라틴아메리카에서 온 이민자들을 포함하도록 변화함에 따라, 도서관도 점점 더 여러 언어로 된 다른 문화에 대한 자료를 더 많이 포함하도록 바뀌었다.

다양성은 사실 민족의 문제만은 아니다. 1870년대에 도서관은 성인을 대상으로 봉사하기 위해 존재하였다. 그 후에 도서관은, 아동, 십대, 노인, 참전용사, 장애인, 학생, 교사, 기업커뮤니티, 실업자, 그리고 기본 도서관 프로그램에 의해 봉사를 받지 못했던 거의 모든 사람들을 포함하는 다수의 특성화된 서비스와 담당부서를 수립하였다. 도서관이 항상 모든 사람에게 동등한 서비스를 제공하는 이상을 실현하지 못하고 봉사가 충분치 못한 커뮤니티가 남아있다는 점에 주목할 필요가 있다. 19세기 말과 20세기 초에 다수의 공공도서관은 차별적이었고, 이 기간의 이민자 서비스는 대체로 적응에 초점을 두고 새로 도착하는 사람들의 언어와 문화에는 거의 관심을 두지 않았다. 문화에 맞는 서비스에 초점을 두고 확장서비스 및 지역사회 참여를 강조함으로써, 도서관은 역사적으로 서비스가 불충분했던 소외집단과 관계를 맺고 더 나은 서비스를 제공하는 발전을 지속해 나갈 수 있다. 참고서비스의 다양성, 형평성, 포용에 대한 보다 상세한 설명은 제 11장과 제 12장을 참조하시오.

1.5 현대 참고사서의 기능

그렇다면 오늘날 참고사서는 무엇을 하는가? 이 모든 기술 변화와 이용자 다양성이 증가하는 상태에서 참고서비스의 현재 모습은 어떠한가? 놀랍게도(또는 그렇지 않을 수도 있지만), 시간이 흘러도 참고사서의 실제 기능은 거의 변하지 않았다. Green이 처음으로 참고서비스에 대해 토론하고 1세기가 지난 후에, Thomas Galvin(1978)은 다음과 같이 현대 참고사서의 기능을 열거하였다:

- 도서관 이용에 대한 보조와 지도(공식적 또는 비공식적).
- 특정 정보요구에 맞는 도서, 저널, 기타 자료의 식별과 선택 보조.
- 다양한 "즉답형 참고질문"에 대한 간략한 사실 정보 제공.

보다 최근에, Joan Reitz(2004, 602)는 그의 도서관학사전에서 참고서비스를 사실적 질문에 답변하되 이것에 한정된 것이 아니며, 정보를 찾기 위한 적절한 도구와 기법의 선정에 대해 이용자를 지도하며, 이용자를 위해 탐색을 수행하며, 이용자에게 도서관 자원의 위치를 지시하며, 정보를 평가하는 것을 도와주고, 필요시에 이용자를 도서관 이외의 정보원으로 의뢰해주며, 참고서비스 통계를 유지하고, 참고집서 개발에 참여하는 것이라고 정의하였다.

오늘날 참고사서의 역할은 미국도서관협회 산하의 Reference and User Services Association(RUSA)에 의해 채택된 참고트랜잭션과 참고업무의 정의에 반영되어 있다:

- 참고트랜잭션(Reference Transaction)은 사람들의 특정 정보요구 충족을 돕기 위해 도서관 직원이 정보자원을 추천하고, 설명하고, 평가하고, 이용하는 정보자문 활동이다. 참고트랜잭션은 위치, 스케줄, 설비, 물품공급, 정책에 대해 도움을 제공하는 정규적 지시나 의견교환을 포함하지 않는다.
- 참고업무(Reference Work)는 참고트랜잭션과 정보 및 연구자료, 참고도구, 서비스의 생산, 경영, 평가와 관련된 여러 가지 활동을 포함한다(Reference and User Services Association 2008a).

비록 이러한 정의들은 사서의 홍보 역할에 대해 언급하지 않고 있지만, 근래에 서술된 기능들 또한 Green이 언급하였던 것과 본질적으로 같다. 오늘날의 기술과 정보자원이 Green이 살았던 시대와 크게 다를지라도, 참고서비스 과정과 기능은 본질적으로 동일한 것이다.

1.6 참고업무: 다양성과 접근방법

1.6.1 참고서비스의 철학

사서가 하는 일이 세월이 지나도 꽤 일관성이 있지만, 그 기능의 상대적 중요성은 크게 달라졌다. 호기심 있는 독자가 처음 질문을 한 순간부터, 사서는 이용자를 위해 탐색을 수행하는 것이 적절한지 아니면 탐색을 하는 방법을 지도하는 것이 적절한지 결정해야만 했다. 이용자가 요청하는 정보를 제공할 것인가, 아니면 이용자 스스로 정보를 발견하는 방법을 가르칠 것인가? 이 논쟁은 적어도 1세기 동안 열띠게 계속되었고, 오늘날에도 여전히 타당하다.

초창기 참고서비스 교과서에서, James Wyer(1930, 6-7)는 "보수적"(conservative), "중도적"(moderate), "진보적"(liberal)으로 명명한 참고서비스의 세 가지 철학에 대해 서술하였다. Samuel Rothstein(1961)은 그의 획기적인 참고서비스의 역사에서 이 세 가지 철학을 "최소"(minimum), "중간"(middling), "최대"(maximum)라고 명명하였다. 우리가 무엇으로 부르던간에, 이 철학은 참고서비스의 가능한 범위를 규정하고 있다. 간단히 말하면 이 세 가지는 다음과 같다:

1. **보수적 또는 최소**
   사서의 주된 역할은 이용자에게 도서관 이용법을 가르치는 것이다. 사서는 이용자가 자료를 찾도록 도와주지만 이용자를 위해 이 자료를 읽거나 설명하지 않는다. 도서관은 지도의 확장으로 간주된다. 당연히 이 접근법은 대학도서관에서 가장 일반적이다.

2. **중도적 또는 중간**
   사서는 이용자에게 자료 이용법을 가르칠 뿐만 아니라 많은 질문에 대해 답변을 제공한다. 사서는 학생을 위해 과제를 수행하지 않지만, 연구질문과 사실질문에 대한 답변을 찾기 위해 철저하게 탐색을 한다. 이것은 공공도서관에서 가장 일반적이다.

3. **진보적 또는 최대**
   사서는 이용자의 질문을 받고, 조사를 수행하고, 적절한 자료를 찾아, 이용자에게 제시한다. 경우에 따라 사서는 심지어 찾은 정보에 대한 요약이나 분석을 작성한다. 이러한 참고서비스는 의학도서관, 법률도서관, 기업도서관을 포함하여 특수도서관에서 가장 많이 찾아볼 수 있다.

보수적/최소 철학은 답변보다 지도를 강조하고, 진보적/최대 철학은 지도보다 답변을 강조한다. 그리고 중도적/중간 철학은 답변과 지도를 동등하게 포함한다. 모든 참고서비스는 이 전체적인 스펙트럼 안에서 기관의 요구와 기대에 따라 자리잡고 있다.

1.6.2 참고서비스의 유형

이러한 철학과 참고사서의 기능 안에서, 참고서비스의 몇 가지 특정한 유형이 발전되었다. 참고서비스의 일반적인 형태는 독자자문서비스, 즉답형 참고서비스, 연구상담서비스, 주제전문사서 서비스, 서지확인 및 인용서비스, 도서관 상호대차와 원문전달서비스, 교육서비스, 리터러시 프로그램, 확장서비스와 마케팅을 포함한다.

1.6.2.1 독자자문서비스

독자자문서비스는 도서관이용자에게 여가독서를 위한 자료, 특히 소설을 추천하는 과정이다. Joan Reitz(2004, 592)는 그의 사전에서, 이 서비스를 다음과 같이 정의하였다: "독자에게 조언하는 사람은 이용자의 과거 독서 선호도에 기초하여 특정 도서나 작가를 추천하거나 추천도서 리스트를 만들 수 있다."

상업적 정보공급자들 또한 자체적으로 추천서비스를 만들어 독자자문서비스의 대중화에 뛰어들었다. 쇼핑사이트는 소비자에게 추가로 도서를 추천하기 위해 수집되어있는 데이터를 사용하고, 음악스트리밍사이트는 청취자에게 유사한 예술가나 유사한 스타일을 추천하며, 비디오사이트는 시청자에게 유사한 주제물을 추천한다. 추천은 온라인 정보시대에 어디에나 존재하는 양상이 되었으며, 원래 참고사서가 수행하던 업무가 다양한 환경에서 어떻게 표준 서비스로 발전하였는가를 보여주는 하나의 사례이다.

1.6.2.2 즉답형 참고서비스

즉답형 참고서비스는 매우 특정한 질문에 대해 짧은 사실형 답변을 제공하는 것이다. 이러한 질문에 대한 답변은 정확한지 또는 부정확한지를 입증할 수 있다. 다음은 즉답형 질문의 예이다. "Chicago의 인구수는 얼마입니까?" "2017년에 Washington주에서 사과가 얼마나 재배되었습니까?" "*욕망이라는 이름의 전차*라는 영화에서 누가 Stella를 연기했습니까?" "마이크로소프트사의 본사 주소는?" "Yugoslavia 연방 국가는 언제 분열되었습니까?"

즉답형 질문에 답변하는 것은 참고사서에 대한 가장 일반적인 이미지이다. 이것은 영화 *Desk Set* (Lang, 1957)에 나오는 Katharine Hepburn과 직원들의 모습처럼, 미디어에 의해 대중화되었다. 하지만 즉답형 서비스는 참고서비스의 주 기능이 아니었으며, 참고사서의 의무 중에서 빠르게 작은 부분으로 되고 있다. 과거에는, 즉답형 질문의 답변에 필요한 자료가 도서관에 있었고 이용자의 수중에는 없었기 때문에, 참고사서가 더 많은 즉답형 서비스를 수행하였다. 웹과 *Wikipedia* 나 *Google* 같은 사이트의 발달로 이용자는 스스로 이런 유형의 정보에 접근하게 되었다. 결과적으로, 즉답형 질문을 위해 사서에게 물어볼 필요가 적어졌다. 이것은 오늘의 정보시대가 참고서비스를 어떻게 변화시켰는가에 대한 다른 한 예가 된다.

1.6.2.3 연구상담서비스

참고서비스의 보다 일반적인 형태는 연구 질문에 대해 이용자를 돕는 것이다. 질문들은 단 하나의 사실형 답변을 가지고 있는 것이 아니며, 연구자의 관심사와 요구에 따라 다수의 결과물이 나올 수 있다. 이 경우에 사서는 정보원, 탐색용어, 그리고 연구 프로젝트와 관련있는 자료로 안내하는 길라잡이를 제시할 것이다. 다음은 연구 질문의 예이다: "왜 Chicago의 다양한 민족 집단은 현재의 거주 구역에 정착했는가?" "사과 생산에 해충제가 미치는 영향은 무엇인가?" "*욕망이라는 이름의 전차*에서 Stella의 심리적 배경은 무엇인가?" "어떻게 Microsoft는 정보산업을 지배하는 회사로 성장했는가?" "Yugoslavia가 분리되는 정치적 경제적 사회적 문제들은 무엇인가?"

각각의 예는 앞에 나온 즉답형서비스의 예에 상응하는 것이지만 각 질문은 훨씬 더 복잡한 이슈에 대한 것이다. 모든 질문에 대해 광범위한 접근방법, 탐색전략, 잠재정보원이 있으며, 각각 다른 방향으로 이용자를 안내한다. 연구상담가로서 사서의 역할은 문제의 어떤 측면에 이용자가 관심이 있는지를 파악하고, 최고의 해결책으로 이용자를 이끌 수 있는 가능한 탐색전략을 제공하는 것이다. 사서는 연구상담가로서 이용자로 하여금 연구를 시작하게 하지만, 이용자가 실제 탐색의 대부분을 수행하게 되고, 그 과정에서 이용자가 몇 번 되돌아 올 수도 있다. 연구상담은 다른 도서관보다 대학도서관과 연구도서관에서 더 많이 수행되지만, 모든 도서관에서 우위를 점하는 참고서비스의 형태로 되어가고 있다.

1.6.2.4 주제전문사서 서비스

다수의 대규모 도서관에서는 특정 주제나 학문에 전문성을 가진 사서를 고용한다. 이 사서들은 해당 주제분야에 몰두하며 전문적 연구를 하는 이용자를 도울 뿐만 아니라 소장될 자료를 선정한다. 주제전문가는 어떤 분야라도 가능할 수 있지만, 법학, 의학, 과학, 경영학과 같이 성공에 보다 특화된 지식이 필요한 것으로 간주되는 분야에서 흔히 볼 수 있다. 주제전문사서는 종종 특정 분야의 상급 학위를 가지고 있다. 그들은 해당 분야의 연구자들과 긴밀하게 협력하고, 매우 복잡한 질문을 처리한다. 주제전문사서는 대학도서관, 대규모 공공도서관, 그리고 특수도서관에서 가장 흔하게 볼 수 있다.

1.6.2.5 서지확인 및 인용 서비스

서지확인은 정보원에 대한 인용사항을 읽고, 식별하고, 해석하는 과정이다. 정보원은 도서, 저널, 논문, 웹페이지, 필사본 등 여러 형태의 출판물을 포함한다. 확인 과정에서 사서는 주로 동일한 출판물을 인용한 다른 참고자료를 찾아, 오류를 수정하고, 원하는 정보를 발견할 수 있는 장소를 알아낸다. 정보가 점점 더 복잡해짐에 따라, 참고사서의 확인 업무가 증가되고 있다. 서지확인에 관한 다른 기능은 이용자로 하여금 사용한 정보자료를 정확하게 인용하도록 돕는 것이다. 학생, 연구자, 일반대중 모두 그들이 인용한 자료를 다른 사람들이 찾아볼 수 있도록 정확한 서지정보를 제공할 수 있어야 한다. 점차 증가하는 다양한 인용 스타일과 정보 포맷으로 인해서, 이용자는 그들이 사용한 정보자료를 정확하게 인용하는 데 점점 더 어려움을 느낀다. 이것은 자료 인용 방법을 배우는 학생들이 있는 대학도서관과 학교도서관에서 가장 흔하다. 그러나 인용에 관한 것은 공공도서관과 특수도서관에서도 일반적인 질문이다. 참고사서는 문헌 인용과 참고에 대해 우수한 기준을 유지할 책임이 있다.

1.6.2.6 상호대차와 원문전달 서비스

상호대차는 도서관 간에 자료를 공유하는 과정이다. 도서관은 자료를 일정 기간 동안 다른 도서관에게 빌려주거나, 원본을 복사하여 자료를 요구한 도서관에 전달하기도 한다. 이것은 한 도서관의 장서를 초월하여 이용 가능한 자료의 범위를 확장시키기 때문에 모든 종류의 도서관에서 수행되는 서비스이다. 대부분의 도서관은 자료의 대출과 복사를 규정하고 있는 협의체에 소속되어 있다. 확립된 규범과 저작권 가이드라인에 따라(Reference and User Services Association 2008b), 도서관은 일상적으로 모든 형태의 자료를 교환한다. 상호대차에 OCLC와 같은 협동종합목록을 활용함으로써, 처리과정이 상당히 쉬워졌으며, 이용도 크게 증가하였다.

상호대차 담당사서는 서지사항을 확인하는 데 많은 시간을 소비한다. 그들의 주 업무는,

이용자가 요청한 자료를 탐색하고, 정보가 정확한지 확인하고, 자관의 소장여부를 점검하고, 해당 자료를 제공해줄 수 있는 협력도서관을 식별하는 것이다. OCLC의 ILLiad와 Tipasa 같은 소프트웨어는 사서가 정보를 처리하는 과정을 훨씬 쉽게 만들어, 직원이 더 많은 수량을 처리할 수 있게 되었다. 상호대차에 대한 더 이상의 내용은 제 5장을 참조하시오.

1.6.2.7 교육서비스

Green이 언급했던 참고사서의 첫 번째 기능은 도서관에 대해서 독자를 교육하는 것이었다. 그 역할은 21세기에도 여전히 지속되고 있다. 교육은 직접교육과 간접교육 두 가지 형태가 있다. 직접교육은 이용자와 직접적으로 의사소통하는 사서에 의해 수행되는 특성이 있으며 여러 통로를 거쳐 이루어진다. 이것은 질문에 대해서 이용자와 사서가 함께 작업할 때 사서가 이용자를 가르치는 1대1 상황에서 초래될 수 있다: 자발적으로 참석한 사람들에게 일반적인 또는 특수한 기술을 가르치는 워크샵이나 수업을 통해 집단적으로 수행될 수도 있다: 또는 담당교수가 수강생의 도서관 자원 이용을 원하는 경우에, 특정 교과목의 한 부분이 될 수도 있다. 대학도서관이나 학교도서관에서는 교과목에서 필수교육이 지배적인 반면에, 자발적 교육과 1대1 교육은 모든 유형의 도서관에서 이루어진다.

참고사서는 또한 간접교육을 제공한다. 간접교육에서 사서는 이용자와 직접적으로 소통하는 것이 아니라 교육 도구를 통해 소통한다. 이용자 공통의 문제를 도와주기 위하여, 사서는 다양한 연구문제를 어디서부터 어떻게 접근하는가에 대해 서술한 안내서나 길잡이를 작성한다. 몇 가지 안내서는 목록, 데이터베이스 또는 특정 참고자료의 이용법과 같은 문제를 다룬다. 음악 또는 교육 분야에 유용한 서지나 웹페이지와 같이 특정 학문을 지향하는 안내가 될 수도 있다. 안내서는 인쇄본일 수도 있고 전자자료일 수도 있으며 필요에 따라 갱신된다. 교육에 대한 더 이상의 내용은 제 4장을 참조하시오.

1.6.2.8 리터러시 프로그램

도서관은 교육 그 자체의 역할도 계속해 왔다. 많은 사서들이 다른 채널을 통해 읽고 쓰는 능력을 획득하지 못한 사회구성원들을 가르치기 위한 리터러시(literacy: 문자 해득) 프로그램을 수행한다. 빈번하게, 이러한 프로그램은 학교교육을 마치지 못한 성인, 영어가 제 2언어인 사람들, 새로 이민 온 사람들을 목표로 한다. 리터러시 프로그램은 공공도서관에서 가장 흔하다. 이런 프로그램은 봉사대상 지역사회 구성원들을 가르치는 공공도서관의 역사적 역할을 계속하고 있다.

1.6.2.9 서비스 확장과 마케팅

오늘날 도서관 홍보활동은 지난날 Samuel Green의 시대와 마찬가지로 중요하다. Green은 사서와 대중의 직접적 상호작용의 가치를 깨달았으며, 개인적 상호작용은 이후 참고서비스의 상징이 되었다. 그러나 오늘날 사서는, 이용자가 도서관으로 오기를 기다리는 수동적 방법을 넘어서서, 해당 커뮤니티 안에서 관심을 창출해내기 위해 노력한다. 대학도서관과 공공도서관은 종종 봉사대상 인구의 도서관 인식과 이용 증대를 위해 특정 집단을 대상으로 직무를 수행하는 직원이 있다. 대학도서관은 특정 학문이나 학과를 목표로 하거나 교수진 또는 대학원생과 같이 이용자 유형을 설정하여 서비스 확장 노력을 할 수 있다. 공공도서관에서는 종종 십대, 노인, 소수집단, 클럽회원, 이익집단과 같은 지역사회의 일부를 목표로 한다. 서비스 확장 활동은 도서관에서 계속 성장하고 있으며, 종종 참고사서 업무의 한 부분이다. 참고사서 중에는 즉답형 서비스나 연구자문보다도 확장과 마케팅에 더 많은 시간을 보내는 사람들도 있다. 마케팅과 확장에 관한 논의는 제 10장을 참조하시오.

1.6.3 참고서비스의 모델

제 6장에 상세히 서술되어 있듯이 참고서비스는 참고데스크 서비스, 이동 참고서비스, 계층적 참고서비스, 예약 참고서비스, 원거리이용자 서비스를 포함하여 다양한 형태를 취한다.

1.6.3.1 참고데스크 서비스

이 전통적 참고서비스 모델에서, 사서는 도서관의 정해진 장소에 있는 책상이나 카운터에서 일을 한다. 이 장소는 보통 건물 안의 눈에 잘 띄는 곳에 위치해 있어서 이용자들은 쉽게 찾을 수 있다. 도서, 색인, 컴퓨터 등과 같이 참고사서가 찾게 될 자료는 손쉬운 접근을 위해 사서 근처에 있다. 이용자는 질문이 있을 때 데스크로 간다. 사서는 데스크에서 이용자와 함께 작업을 하거나, 아니면 이용자를 적절한 정보원이나 건물 안의 다른 시설로 데려간다. 참고데스크 모델의 한 가지 뚜렷한 특징은 사서가 아니라 이용자가 트랜잭션을 시작한다는 점이다.

1.6.3.2 이동 참고서비스

능동적인 참고서비스를 제공하기 위해서, 참고사서는 질문이 있어 보이는 이용자를 찾아 도서관을 배회한다. 이 방법은 이미 질문을 해결하기 위해 애쓰고 있는 이용자에게 도움을 제공하고: 망설임이 많은 이용자가 도움을 받을 수 있도록 해주며: 데스크 자체가 이용자에게 가하는 물리적 장벽을 없애는 장점을 갖는다. 이동 참고서비스는, 사서가 잠재이용자에게 다가감으로써, 참고트랜잭션을 시작하는 사람이 사서라는 사실에 따라 구별된다. 이 서비스는 여러 도서관에서 사용되며 종종 전통적 참고데스크를 보충한다.

1.6.3.3 계층적 참고서비스

계층적 서비스는 직원의 능력에 따라 수준이 다른 질문에 답하는 모델이다. 계층적 참고서비스의 배경 이론은, 직원은 자신이 받은 훈련에 가장 잘 맞는 질문을 답변한다는 것이다. 사서보조원이나 학생도우미는 안내데스크에서 즉답형 질문뿐만 아니라 도서관장서에 대한 기본적 질문과 방향적 질문에 답변하고, 참고사서는 연구가 필요한 수준의 질문에 답변하게 한다. 이용자가 복잡한 질문을 갖고 데스크로 왔을 때, 그 이용자는 근무중의 참고사서에게 의뢰되며, 사서는 종종 안내데스크의 번잡한 분위기를 벗어나 건물의 다른 장소나 전용 사무실에 있다. 계층적 서비스의 장점은 고도의 능력을 가진 직원을 일상적인 방향적 질문에 낭비하지 않게 된다는 것이다. 이 방법의 문제점은, 대다수의 이용자가 단순히 서비스의 첫 번째 단계에서 제공된 정보를 받아들이고 의뢰되는 대로 끝까지 따르지 않는다는 것이다. 계층형 참고서비스는 대학도서관에서 서서히 증가하고 있는 서비스 모델이다.

1.6.3.4 예약 참고서비스

계층적 참고서비스의 보다 극단적인 변형은 예약을 통한 참고서비스이다. 이 방법에서는 이용자가 사서를 만나기 위해 약속을 해야만 한다. 이 방법은 개인이 충분한 시간 동안 사서의 주목을 받을 수 있다는 장점이 있다. 예약서비스의 단점은, 대다수의 이용자가 약속시간 기다리기를 원치 않으며, 무엇이 되었든 스스로 찾을 수 있는 정보를 단지 받아들인다는 것이다. 예약 참고서비스는 주로 전문도서관과 특수도서관의 주제전문사서들이 수행하고 있다.

1.6.3.5 원거리이용자 서비스

위에서 언급된 모든 서비스 모델은 이용자가 도움을 받으려면 물리적으로 도서관 건물

안에 있어야만 한다. Green의 시대에는 거의 그러하였다. 이용자가 사서에게 편지를 쓰지 않는 한, 도서관을 이용하는 유일한 방법은 도서관 건물을 직접 방문하는 것이었다. 오늘날 사람들은 전화, 이메일, 채팅, 문자메시지, 소셜네트워킹 도구와 같은 기술을 이용하여 원거리에서 즉시 사서와 의사소통을 할 수 있다. 결과적으로 도서관은 이런 기술을 바탕으로 특수한 참고서비스를 개발하였다.

오랫동안 참고서비스는 전화를 통해 이용할 수 있었다. 이것은 도시의 공공도서관에서 너무나 인기 있는 서비스여서 매일 수백 수천의 전화를 처리하는 별도의 전화참고부서가 있다. 보다 최근에 대부분의 도서관은 이용자가 질문을 제출할 수 있도록 하는 이메일 계정이나 웹폼을 수립하였다. 어떤 도서관은 채팅, 문자메시지 또는 다른 소프트웨어를 사용하여 이용자와 의사소통하는 가상참고서비스를 시작하였다. 이러한 가상참고서비스의 기술적 부하로 인하여 도서관들은 종종 Springshare의 LibAnswers + Social과 같이 타도서관 또는 상업적 회사와 협력 체제를 구축하였다. 이 서비스는 봉사대상 커뮤니티 구성원들이 필요한 통신기술을 빈번하게 사용하는 경우에 성공한다. 가상참고서비스는 현재 모든 관종의 수많은 도서관에서 제공되고 있다. 오늘날 도서관 밖에 있는 이용자들은 전화를 거는 것과 마찬가지로 사서와 소통하기 위해 문자메시지나 채팅을 이용하는 것 같다. 통신기술을 이용한 참고서비스는 거의 모든 참고부서의 일반적인 구성요소가 되었다.

1.7 참고서비스의 개인적 특성

물리적으로 도서관을 방문하는지 여부와 관계없이, 참고사서에게 도움을 요청하는 사람들은 심리적으로 불리한 상태에 있다. 정보를 언제 어디서나 이용할 수 있는 오늘날의 정보환경에서, 사람들은 원하는 정보를 발견할 수 없다면 실패한 것처럼 느낀다. 도움을 위해 다른 사람에게 접근해야만 하는 것은 실패를 인정하는 것으로 여기고 접근을 꺼리는 이용자들도 있다. 물론 사서는 이용자를 실패자로 간주하지 않지만 이용자는 그 사실을 모른다. 이용자들은 어떻게 진행할지 방법을 잘 모르기 때문에, 좀처럼 원하는 것을 정확하게 설명하지 못한다.

사람들이 도움을 요청할 때 편안하게 느끼는 것과 각각의 이용자가 권위와 존경으로 다뤄지는 것은 매우 중요하다. 많은 경우에 참고사서는, 이용자가 특정한 사실 정보를 찾도록 돕는 것이 아니라, 이용자로 하여금 정보원을 식별하도록 돕고, 탐색전략을 제안한다. 이런 관점에서 참고서비스는 답변을 제공하기 보다는 이용자와 상담하는 것에 더 가깝다. 참고서비스는, 질문에 대한 특정한 답변에 관한 것이 아니라, 이용자와 사서간의 관계 형성에 관한 것이다. 사서가 이용자와 더불어 일하는 것을 돕기 위해서, RUSA는 참고 과정의 행동적 특성과 함께 사서에게 도움이 되는 일련의 가이드라인을 개발하였다(Reference and User Services Association 2013). 여기서 참고면담 활동이 시작된다.

  참고면담은 질의가 정확하게 무엇인지를 파악하기 위하여 사서가 이용자와 더불어 작업할 수 있게 만드는 일련의 경청 및 질문 기술이다. 우수한 면담은 이용자가 찾고있는 것을 식별하고 명료화하는 사서와 이용자 간의 대화이다. 대부분의 경우에 이용자는 주제에 대해 깊이 생각해보지 않았기 때문에, 사서는 이용자가 정보요구의 변수를 결정하도록 돕는다. 사서는, 우수한 면담기술을 사용함으로써, 이용자가 정보요구를 정의하고 해당 요구를 만족시킬 수 있는 탐색 가능성을 떠올리도록 돕는다. 참고면담에 대한 더 이상의 정보는 제3장을 참조하시오.

  가장 능숙한 참고사서조차도 그들이 제공할 수 있는 것에 한계를 지닌다. 특히 법학이나 의학과 같은 몇 가지 주제 분야에서 사서는 이용자에 대한 조언을 하는데 매우 유의해야 할 필요가 있다. Green(1876, 78)은 처음 논문에서, 사서가 모든 질문에 대해 답변을 제공할 수 없다는 것을 인식하였다:

> 사서가 제공하고자 하는 도움에는 명백한 한계가 있다. 일반상식은 그들을 좌우할 것이다. 그래서 어떤 사서도 질병치료의 방향을 제시할 도서를 추천하는 책임을 지지 않는다. 또한 사서는 법적 자문을 하지 않으며, 작업실이나 실험실의 실습 조작에 관한 지도를 하지 않는다.

  최근의 사건과 현행 정치적 분위기를 보면, 참고사서에게 이론적 윤리적 이슈였던 것이 실제로 현실이 되었다. 사회에 손해를 끼칠 잠재력을 지닌 정보(예를 들면, 폭탄제조법)의 제공과 같은 윤리적 문제는 이제 사서들의 일상에서 마주치는 구체적인 이슈이다. 참고서비스의 윤리에 대한 더 이상의 내용은 제 2장을 참조하시오.

1.8 참고사서의 업무 성과

참고서비스가 도서관의 기본 서비스가 되었지만, 참고서비스는 그 목표를 달성하고 있는가? 참고사서는 사람들에게 도서관 이용법을 가르치고, 이용자의 질문에 답변하고, 자료를 추천하고, 커뮤니티에 도서관을 홍보하는데 정말로 효과적인가? 참고서비스에 대한 평가는 수많은 도전을 제시하고 있다.

참고직원은 쉽게 참고트랜잭션 수량을 측정할 수 있다. 대부분의 참고부서는 얼마나 많은 이용자가 질문을 했는지를 나타내는 통계 기록을 가지고 있다. 이 데이터는 연간보고서를 작성하는 데 사용되고, 참고부서가 얼마나 바쁜지를 나타내는 지표가 된다. 때때로 이런 통계 기록은 질문 유형, 주제 분야, 이용자 유형에 따라 구분된다. 단순한 틱마크부터 데이터 추적 소프트웨어까지, 통계를 산출하는 다양한 방법이 사용된다. 사용된 통계수집 방법과 상관없이 충격적인 트렌드가 나타났는데, 매년 점점 더 적은 참고트랜잭션이 발생한다는 것이다.

참고통계의 감소는 1990년대에 처음 나타났는데, 그 때는 일화적인 것으로 보고되었다. 참고통계에 대한 보다 상세한 분석은 질문의 감소가 현실임을 보여주고 있다. The Public Library Data Service는 2012년부터 2016년까지 공공도서관의 참고질문이 19% 줄어든 것을 보이고 있는데, 이것은 측정된 어떤 서비스보다도 큰 감소를 나타낸다(Reid 2017, 3). 대학도서관의 감소폭은 거의 두 배가 된다. 동일한 기간 중 대학도서관 전체에서 답변된 참고질문의 누적 수치는 35% 감소되었다(ACRL 2018). 전체적으로, 참고사서는 10년 전보다 훨씬 더 적은 질문에 답변하고 있는 것이다.

이와 같은 통계는 수량적 측정이다. 그러나 어떻게 품질을 측정할 수 있는가? 1970년대에 참고서비스에 대한 비공개적 테스트의 아이디어가 개발되었다. 이 평가 방법은 사서에게 질문을 하고 제공된 답변과 알고있는 정확한 답변을 비교하는 것을 포함한다. 이 방법은 1980년대에 Peter Hernon과 Charles McClure에 의해 대중화되었다. 이러한 연구 결과는 충격적이었다: 참고사서는 단지 1/2을 약간 상회하는 정도로 정확한 답변을 제공하였다. 이용자가 질문을 할 때 올바른 정답을 얻을 가능성이 55%라는 Hernon과 McClure(1986)가 "55 percent rule"이라고 명명한 것이 생기게 되었다. 이것은 분명히 우수하지 못하다. 비공개적 테스트의 결과는 직원훈련, 장서강화, 기타 다른 기법을 통해 사실형 질문의 정확성 향상이 가능한 국면을 제시하였다. 참고서비스 평가에 대한 더 이상의 내용은 제 8장을 참조하시오.

평가 기법으로 실망적인 결과가 초래되었기 때문에, 참고사서는 1980년대와 1990년대에 실제로 의식의 위기를 겪었다. 이 시대는 참고서비스 상태에 대한 두 가지 고전적 논문에 의해 나타나 있다: William Miller(1984)의 "What's Wrong with Reference?"와 15년 후에 David Tyckoson(1999)이 쓴 "What's Right with Reference?" 이 두 건의 출판물 사이에서 참고사서는 집단적으로 수많은 자기분석을 하였다. 참고서비스에 대한 가장 비판적인 관점은 Jerry Campbell(1992)에 의해 표현되었는데, 그는 도서관은 필수적으로 서비스에서 참고 부문을 제거해야 한다고 제안함으로써 참고서비스의 개념적 기반을 흔들고자 하였다.

참고서비스를 재검토하는 가장 두드러진 노력의 일부는 Anne Lipow(1993)가 조직한 "Rethinking Reference" 강좌였다. 이 세미나들은 참고데스크로부터 교육과 경영에 이르기까지, 참고사서가 전통적으로 수행한 각각의 역할을 다시 살펴보았다. Steve Coffman (1999)을 포함한 일부 사서들은 고객서비스에 관한 기업부문의 아이디어를 살펴보았다. 몇 가지 아주 혁신적인 새로운 서비스가 이 기간에 나왔는데, 가장 주목할 만한 것은 협동 24/7 가상참고서비스의 개념이다. 참고사서는 현재 전보다 더 적은 질문에 답변하지만, 그들은 보다 정교한 기술을 요하는 복잡한 질문을 해결한다.

1.9 참고서비스의 미래

참고서비스에 장차 무슨 일이 발생할까? 도서관의 이 서비스 역할은 앞으로도 기본적인 양상으로 남아있게 될까, 역사 속으로 사라질까, 아니면 다른 새로운 것으로 대체될 것인가? 다음 세기에서는 참고서비스가 20세기의 일탈로 보여질까, 아니면 미래 사회에서도 참고서비스가 도서관에서 제공하는 일반적인 서비스일까? 물론, 어느 누구도 확실하게 말할 수는 없다. ALA/RUSA를 위해 이 주제에 대한 논문을 쓰도록 초대된 전문가 패널을 포함한 많은 사람들이 미래의 참고서비스가 어떠할지 예측하고자 시도하였다(Rockman 2003). 참고서비스의 가치에 대한 최상의 표시는 가장 중요한 비평가인 이용자로부터 나온다. 질문을 받았을 때, 이용자들은 일관성 있게 도서관의 가장 중요한 부문의 하나로서 참고서비스를 평가한다. 모든 유형의 도서관에서 서베이를 거듭한 결과, 이용자들이 여전히 Samuel Green의 "사서와 독자 간의 개인적 교류"에 매우 높은 가치를 부여한다는 것은 분명해졌다. 그렇지만, 참고서비스가 현재 인기 있다는 사실은 반드시 참고서비스가 미래에도 그러한 상태로 남아있으리라는 것을 의미하지는 않는다. 다음은 참고서비스 현행 모델이 존재하지 않게 될 세 가지 가능한 시나리오이다.

1. **정보도구는 이용하기가 너무 쉬워서 사람들은 더 이상 도움을 필요로 하지 않는다.** 비록 오늘날 이용자들이 인류 역사상 어느 때보다도 더 많은 정보를 찾고 검색하는 능력을 가지고 있지만, 압도적인 결과 속에서 이용자들은 여전히 그들이 실제로 원하는 정보를 찾는 데 도움을 필요로 한다. 새로운 도구는 더 좋아지고 정보획득을 더 쉽게 만들지만, 참고사서는 여전히 정보도구 이용법을 가르치고 결과를 평가하는 역할을 수행한다. 게다가, 정보의 양과 복잡성은 너무 막대해서 사람들은 정보를 찾고 이용하는 데 항상 도움을 필요로 할 것이다. 기술과 도구가 진보한다고 해도, 이 시나리오는 거의 발생할 것 같지 않다.

2. **정보가 완전히 상업화되서 각 이용자는 획득한 모든 정보에 대해 지불을 해야만 한다.** 이 시나리오는 첫 번째 것보다는 약간 가능성이 있지만, 여전히 거의 발생 가능성이 없다. 비록 정보는 지난 몇 십 년 동안 상품이 되었지만, 도서관은 모든 커뮤니티 구성원의 이용을 위해 종합적으로 정보를 구매함으로써, 정보유틸리티의 역할을 한다. 게다가, 민주사회에서 연방정부와 주정부는 정부기관에서 생산된 정보가 널리 이용되도록 할 의무를 가지고 있다. 일부 정보가 사유화된다 해도, 유사한 정보를 무료로 제공하는 다른 정보원이 있다. *Wikipedia*는 이 현상의 주요 사례이다. 비록 이것이 *Britannica*나 *World Book*처럼 우수한 백과사전이 아닐지라도, 이것은 인류 역사상 가장 많이 사용된 유일한 참고자료이다. 이것은 무료이고, 즉시 이용가능하고, 최신성이 있다. 때문에 그 지위를 획득하였다. 이 요인들이 상업적 백과사전의 학술성 그리고 비용을 능가하였다. 무료인 정보가 사용이 될 정보인 것이다.

3. **커뮤니티가 도서관과 도서관이 제공하는 서비스에 더 이상 가치를 두지 않는다.** 슬프게도, 이것은 가장 일어날 가능성이 있는 시나리오이다. Oregon주의 Douglas County Public Library System과 North Carolina주의 Norlina Public Library가 2017년에 폐관되었다. 학교도서관은 더 잘못되고 있다. 2015년 이전 10년 동안 California에서 368개의 사서교사직이 없어졌는데, 이것은 30%가 넘게 줄어든 것이며(California Department of Education n.d.), 전국적으로는 지난 15년 동안 사서교사직의 약 20%가 감소되었다 (Lance 2018). 다수의 기업이 비용을 줄이기 위한 노력으로 이미 자료실을 닫았다. 일부 학생들(그리고 소수의 교수들)은 그들이 필요한 모든 것이 웹에 있다는 생각을 갖고 있다. 만약 참고서비스가 시들어간다면, 이것은 해당 커뮤니티의 유용한 기관으로서 도서관이 쇠퇴하기 때문일 것이다. 이런 이유로, 도서관의 가치를 지역사회에 알리고자 하는 Green의 생각은 이전보다 더 중요한 것이 되고 있다. 마케팅과 서비스 확장은 이런 시나리오의 발생을 방지하기 위한 것이다.

참고사서는 앞으로도 커뮤니티 구성원들에게 개인적 서비스를 제공할 것이다. 또한 참고사서는 계속해서 이용자에게 정보에 대해 가르치고, 질문에 답변하고, 자료를 추천하고, 도서관을 홍보할 것이다. 각 활동에 대한 업무량은 질문응답이 줄고 마케팅 및 교육이 늘어나는 것처럼 변화하고 있지만, 미래의 참고사서는 커뮤니티 구성원에게 직접적 개인적 서비스를 계속할 것이다. 그리고 참고서비스의 개인적 특성은, 사람들을 도서관으로 다시 돌아오게 하고, 도서관이 커뮤니티의 집단지성 안에서 중요한 기관으로 존속하게 만들 것이다.

BOX 1.2
우리는 왜 위키피디아와 구글이 있어도 여전히 참고사서가 필요한가?

이것은 다소 차이는 있지만 우리가 많이 들어왔던 질문이다. 어쨌든 우리는 누구나 인류역사상 어느 때보다 더 많은 정보에 즉시 접근 가능한 세상에 살고 있다. 네트워크 장치만 있으면 우리는 정보를 발견하고, 수업을 듣고, 구매하고, 음악을 듣고, 비디오를 보고, 사용법을 알아내고, 친구가 뭘 하고 있는지를 보거나 어떤 것이라도 찾을 수 있다. 사이버 세계에서 왜 우리는 도서관 또는 참고사서를 필요로 하는가?

이것은 근거가 있지만 어수룩한 질문이다. 참고사서에 대한 대중적 이미지는 답변을 주는 사람이다. 이 질문은 사서가 행하는 것이 사실 가져다주는 것임을 가정하고 있다. Einstein의 전기, 노르만 정복의 날짜, 가장 가까운 항성까지의 거리, 일곱 난쟁이들의 이름 같은 것을 찾고자 할 때 당신은 참고사서에게 문의하곤 했다. 그러나 인터넷과 더불어 사람들은 더 이상 이런 질문을 물어볼 필요가 없이 스스로 그 정보를 찾을 수가 있다.

이 질문의 문제점은 질문이 보다 섬세하고 중요한 도서관과 참고서비스의 본질을 간과하고 있다는 것이다. 그렇다. 사서는 때로 사실형 답변을 공급한다. 그러나 대부분의 경우에 접수된 질문들은 단 하나의 답변을 갖고있지 않다. 지구온난화는 현실입니까? 수면 중 음악을 듣는 것이 깨어있을 때 기억능력을 향상시킵니까? 다이어트 음료는 암의 위험을 증가시킵니까? 카리브해와 하와이 중 해변이 더 좋은 곳은? 우리는 사실형 질문보다는 수많은 이런 종류의 질문을 가진 이용자들을 돕는다. 사실을 찾는 것은 쉽고 복잡한 질문에 답변하는 것은 어렵다. 그런데 참고사서를 필요로 하는 질문은 바로 이 복잡한 질문들이다.

참고사서는 탐색하는 방법과 정보를 평가하는 방법을 알고 있다. 그들은 어떤 정보원이 신뢰할만한 것인지 판단하는 방법을 이해하고 또한 단순탐색으로 찾을 수 없는 정보원을 발견하는 탐색기법을 알고 있다. 사서들은 각자의 편견을 판명하는 방법을 알고 있으며 문헌의 바탕에 있는 정치적 측면을 식별하는 방법을 안다. 그리고 다른 누구에게도 우리가 도와준 것을 결코 얘기하지 않는다.

그러나 참고사서와 도서관의 가장 큰 영향력은 커뮤니티에 대한 것이다. 모든 도서관은 한정된 커뮤니티에 봉사하기 위하여 만들어졌다. 공공도서관은 주로 한 도시나 구와 같은 특정 지역의 거주자들에게 서비스를 제공한다. 대학도서관은 그 대학의 교수진, 직원, 학생들에게 서비스를 제공한다. 학교도서관은 특정 학교에 다니는 교사와 학생들에게 서비스를 제공한다. 의학도서관은 병원의 의사, 간호사, 직원, 환자들에게 서비스를 제공한다. 법률도서관은 법인의 변호사와 직원에게 서비스를 제공한다. 각 도서관은 특정한 봉사대상 커뮤니티에 가치를 증가시키기 위해 구축되었다.

가치의 일부는 도서관 장서로부터 나오며, 장서는 커뮤니티를 지원하는 특정 정보원에 대한 접근을 제공한다. 그렇다, 사서는 해당 커뮤니티 구성원들의 요구를 충족시킬 자료를 구입하고, 안내서를 만들고, 사이트를 연결한다. 그러나 진정한 가치는 이용자를 정보로 안내하는 사서로부터 나온다. 참고사서는 커뮤니티 구성원에게 최상의 정보자료를 추천하는 자문가로서 봉사한다. 참고사서는 이용가능한 막대한 수의 문헌으로부터 최상의 정보를 검색하는 특수한 기술을 사용하는 탐색자로서 봉사한다. 참고사서는 어떤 자료가 신뢰할만하고 어떤 자료가 그렇지 못한가를 식별하는 평가자로서 봉사한다. 그리고 참고사서는 커뮤니티 구성원들이 정보독립적이 되도록 기술을 가르치는 교육자로서 봉사한다.

도서관과 참고사서는 커뮤니티에 봉사하기 위하여 존재한다. 참고사서와 상호작용함으로써 커뮤니티 구성원들은 보다 더 정보문해를 갖추게 된다. 한 커뮤니티가 정보문해 수준이 더 높은 사람들로 구성되면, 그 사회는 보다 우수한 커뮤니티가 된다. 도서관과 참고사서는 커뮤니티가 배우고 성장하도록 돕는다. 도서관과 참고사서는 커뮤니티가 지속가능하도록 돕는다. 커뮤니티는 도서관과 참고사서가 그 일부가 될 때 더 좋은 공동체가 된다. 그것이 바로 우리가 여전히 참고사서를 필요로 하는 이유이다.

(American Library Association의 허락을 받아 Tyckoson(2014)로부터 채택하였음)

【참고문헌】

ACRL. 2018. "ARCL*Metrics*." https://www.acrlmetrics.com.

California Department of Education n. d. "Statistics about California School Libraries." https://www.cde.ca.gov/cl/cr/lb/schoollibstatus08.asp.

Campbell, Jerry D 1992. "Shaking the Conceptual Foundations of Reference: A Perspective." *Reference Services Review* 20 (Winter): 29-35.

Coffman, Steve. 1999. "Reference as Others Do It." *American Libraries* 30 (May): 54-56.

Dewey, Melvil. 1876. "The Profession." *American Library Journal* 1 (September 30): 5-6.

Encyclopedia Britannica. http://www.britannica.com/.

Galvin, Thomas J. 1978. "Reference Services and Libraries." In *Encyclopedia of Library and Information Science*, vol. 25, edited by Allen Kent and Harold Lancour, 210-26. New York: Marcel Dekker.

Google. http://www.google.com.

Green, Samuel S. 1876. "Personal Relations between Librarians and Readers." *American Library Journal* 1 (November 30): 74-81.

Guild, Reuben A. 1878. "Access to Librarians." *Library Journal* 2 (January-February): 278.

Gutek, Gerald Lee. 1970. *An Historical Introduction to American Education*, New York: Crowell.

Hanson, Eugene R. and Jay E. Daily. 1970. "Catalogs and Cataloging." In *Encyclopedia of Library and Information Science*, vol. 4, edited by Allen Kent and Harold Lancour, 242-305. New York: Marcel Dekker.

Hernon, Peter. and Charle McClure. 1986. "Unobtrusive Reference Testing: The 55 Percent Rule." *Library Journal* 111 (April 15): 37-41.

Lance, Keith Curry. 2018. "School Librarians, Where Are Thou?" *School Library Journal* 64 (3): 36-44.

Lang, Walter dir. 1957. *Desk Set*. Los Angeles, CA: 20th Century Fox, 2013. DVD.

LibGuides. Miami, FL: Springshare. https://springshare.com/libguides/. Subscription required.

LibAnswers +Social. Miami, FL: Springshare. https://www.Springshare.com/libanswers/.

Lipow, Anne G. 1993. *Rethinking Reference in Academic Libraries*. Berkeley, CA: Library Solutions Institute.

Miller, William. 1984. "What's Wrong with Reference?" *American Libraries* 15 (May): 303-6, 321-22.

Poole, William F. 1876. "Some Popular Objection to the Public Libraries." *American Library Journal* 1 (November 30): 45-51.

Reference and User Services Association. 2008a. "Definitions of Reference." American Library Association. Last modified January 14, 2008. http://www.ala.org/rusa/guidelines/definitionsreference.

Reference and User Services Association. 2008b. "Interlibrary Loan Code for the United States." Last modified January 11, 2016. http://www.ala.org/rusa/guidelines/interlibrary.

Reference and User Services Association. 2013. "Guidelines for Behavioral Performance of Reference and Information Service Providers." American Library Association. Last modified May 28, 2013. http://www.ala.org/rusa/resources/guidelines/guidelinesbehavioral.

Reid, Ian. 2017. "The 2017 Public Library Data Service: Characteristins and Trends." *Public Libraries Online* (September/October) http://publiclibrariesonline.org/2017/12/the-2017-public=library-data-service-report-characteristics-and-trends/.

Reitz, Joan M. 2004. *Dictionary for Library and Information Science*. Westport, CT: Libraries Unlimited.

Robinson, O. H. 1876. "Librarians and Readers." *American Library Journal* 1 (November 30): 123-24.

Rockman, Ilene, ed. 2003. "Special Issue: The Future of Reference." *Reference Service Review* 31: 7-104.

Rothstein, Samuel. 1961. "Reference Service: The New Dimension in Librarianship." *College & Research Libraries* 22 (January): 11-18.

Rothstein, Samuel. 1972. *The Development of Reference Services through Academic Traditions, Public Library Practice and Special Librarianship*. ACRL Monographs 14. Boston, MA: Gregg Press.

Stone, Elizabeth W. 1977. *American Library Development, 1600-1899*. New York: H. W. Wilson.

Trustees of the Public Library of the City of Boston. (1852) 1975. *Upon the Objects to Be Attained by the Establishment of a Public Library*, City Document no. 37. Boston: J. H. Eastburn, Printer. Reprint, G. K. Hall. Citations refer to the Hall edition.

Tyckoson, Dave. 2014. "Talking Shop with Dave Tyckson: The Importance of Being a Reference Librarian." *Booklist Online*. http://www.booklistonline.com/Talking-Shop-with-Dave-Tyckson-The-Importance-of-Being-a-Reference-Librarian-Tyckson-Dave/pid=7112623.

Tyckoson, David A. 1999. "What's Right with Reference?" *American Libraries* 30 (May): 57-63.

Wikipedia. http://www.wikipedia.com.

World Book Encyclopedia. 2019. 22 vols. Chicago: World Book.

Worldcat. http://www.worldcat.org.

Wyer, James I. 1930. *Reference Work: A Textbook for Students of Library Work and Librarians*. Chicago: American Library Association.

【SUGGESTED READINGS】

Cheng, Yungrang Laura, ed. 2008. "Special Section on Virtual Reference Services." *Bulletin of the American Society for Information Science and Technology* 34 (2): 6-28. https://asistdl.onlinelibrary.wiley.com/toc/15508366/2008/34/2.

This Series of five papers discusses different aspects of virtual reference services: the history (and possible future) of virtual reference services, participatory librarianship, evaluation of virtual reference services, implementation of professional and ethical standards, and understanding nonusers of virtual reference services.

Green, Samuel S. 1876. "Personal Relations between Librarians and Readers." *American Library Journal* 1 (November 39): 74-81.

In the very first article ever published about reference service, Green discusses the need for providing service, gibes examples of the type of service needed, and outlines the role of the librarian in providing service.

Kenny, Bryan. 2015. "For Future Reference." *Publisher's Weekly* 262 (September 14): 20-21.

This article questions the role of reference service in today's libraries, highlighting that library users need help doing things, not finding things. Along with its follow-up article in the same journal on August 29. 2016, it presents a good debate about reference services today.

Lipow, Anne G., ed. 1993. *Rethinking Reference in Academic Libraries*. Berkeley, CA: Library Solutions Press.

> The institutes on which this volume is based explore the need for changes in reference services to respond to changes in user needs, information delivery, and society, in general. Topics discussed include new staffing patterns, new administrative structures, new physical arrangements, and serving users who are at a distance from the library. Among several useful appendices is an annotated bibliography on the topic of rethinking reference.

Miller, William, and Rita M. Pellen, eds. 2007. "Reforming Reference." *Reference Librarian* 48 (2): 1-60.

> This collection includes four papers presented by William Miller, Vrian Mathews, James Rettig, and Jerry Campbell at a session at the 2007 national conference of the association of College and Research Libraries title "The Reference Question-Where Has Reference Been? Where Is Reference Going?" In Addition, Anna Carlin's selective annotated bibliography of literature about reference services from 1984 to the present highlights factors that have contributed to challenge and change in reference services over the past twenty years.

O'Gorman, Jack, and Barry Trott. 2009. "What Will Become of Reference in Academic and Public Libraries?" *Journal of Library Administration* 49(4): 327-39.

> A Thoughtful article on what is changing in reference and what the future may look like, it covers collection, services, delivery methods, and user expectation, with a base in the core values of reference service.

Retting, James. 2006. "Reference Services: From Certainty to Uncertainty." *Advances in Librarianship* 30: 105-43.

> Drawing on his own experience in academic libraries as well as the published literature, Rettig traces changes in reference service over a period of thirty years, highlighting trends in the areas of technology, rethinking, reference, development of new services, assessment, collaboration, reference collections, and instruction.

Rockman, Ilene, ed. 2003. "Special Issue on The Future of Reference." *Reference Services Review* 31 (1): 7-104.

Five prominent reference librarians present their personal views of what the future of reference may look like, and other authors respond to these forecasts.

Rothstein, Samuel. 1955. *The Development of Reference Service through Academic Traditions, Public Library and Special Librarianship*. ACRL Monographs Number 14. Chicago: Association of College and Research Libraries. Reprinted by Gregg Press in 1972.

Rothstein's comprehensive history of the first few decades of reference service compares the development of reference work in academic, public, and special libraries.

Schlachter, Gail A., ed. 1982. *The Service Imperative for Libraries: Essays in Honor of Margaret E. Monroe*. Littleton, CO: Libraries Unlimited.

Compiled in honor of a reference instructor, these essays present a through review of the four functions of reference service (instruction, answering questions, readers' advisory, and public relations), in addition to providing discussions of education for and assessment of reference service.

Thomsen, Elizabeth. 1999. *Rethinking Reference: The Reference Librarian's Practical Guide for Surviving Constant Change*. New York: Neal-Schuman.

Thomsen provides an overview of reference service in modern times, covering all aspects of reference service, including the history of reference, communication skills, answering questions, instruction, and the Internet.

Zabel, Diane, ed. 2011. *Reference Reborn: Breathing New Life into Public Services Librarianship*. Santa Barbara, CA: Libraries Unlimited.

Another in the long line of reference reform books, this one reviews developments in service models, the role of the reference librarian, technologies, collections, and the education and training of reference staff.

2

참고서비스와 윤리

2.1 윤리적 판단의 형성
2.2 참고사서를 위한 주요 윤리강령
2.3 기타 윤리 가이드라인과 선언
2.4 윤리 정책 및 역량의 작성
2.5 주요 윤리 영역과 이슈
2.6 결론

참고정보서비스론

제2장 참고서비스와 윤리

2.1 윤리적 판단의 형성

　Jean Preer가 *Library Ethics*에서 지적한 바와 같이 윤리는 선택에 관한 것이다(2008, 1). 비록 많은 사람들이 참고사서의 직무를 단순히 이용자의 질문에 정중하게 응답하는 것과 동일시하고 있지만, 참고사서는 매일 크고 작은 전문적 윤리판단을 한다. 평범한 질문응답조차도 쉽사리 알 수 없는 윤리적 딜레마를 초래하는 경우가 있다. 사서가 행하는 윤리적 판단 중에는 장서에 포함시킬 정보의 유형이나 이용자 레코드 관리와 같이 커다란 사회적 지역적 이슈도 있고, 이와 달리 개별 이용자에 치중된, 예를 들어 건강정보에 관하여 묻는 질문과 같은 것들도 있다. 이러한 결정이 그다지 중요치 않은 것처럼 보일 수 있지만, 사소한 선택들조차 막대한 누적 효과를 미칠 수가 있다. 본 장은 윤리에 대한 매우 짧은 개요와 참고사서가 업무 중 당면하게 될 윤리적 문제의 일부를 다룬다. 여기에 제시된 정보가 우리 시대의 사서직을 인도하고 있는 원칙을 이해하는데 도움이 되기를 바란다. 본 장의 내용은 포괄적인 것이 아니며, 독자들에게는 본 장 말미에 열거된 추천자료의 탐독을 강력히 권한다.

　Michael Gorman(2000, 5)은 *Our Enduring Value: Librarianship in the 21 Century*에서, 가치란 "개인 또는 집단이 심오한 관심을 가지는 어떤 것"이라고 정의하였다. Gorman에게 사서직의 지속적인 가치는 관리, 서비스, 지적 자유, 합리주의, 문해와 학습, 기록된 지식과 정보에 대한 접근 평등, 사생활, 민주주의 등이다. 윤리학 즉 가치의 적용은 형이상학,

논리, 인식론, 미학과 더불어 철학의 중심 영역 중 하나이다. 윤리는 대답을 주는 것이 아니라, 의무와 책임 사이에서 나아갈 방향에 대한 틀을 제공한다. 일터에서의 윤리는 응용윤리라고 불리며, 오랫동안 문헌정보학 연구자 및 실무자들의 관심사였다. 정보윤리 그리고 이와 유사한 최근의 컴퓨터윤리는 오랜 연구 전통을 가지고 있다. 나중에 보게 되겠지만, 문헌정보학은 기본적으로 지식의 축적, 조직, 배포에 관한 것이므로, 이 분야의 윤리 또한 인식론 즉 지식연구와 밀접한 관계가 있다. 도서관에서 어떤 종류의 정보가 제공되어야 하는가, 사서는 신분에 관계없이 모든 이용자의 사생활을 보호해야만 하는가, 사서는 사회, 직업, 소속기관, 개인에 대한 상충되는 의무에 어떻게 비중을 둘 것인가 등에 관한 논쟁은 문헌정보학이 생겨난 이래로 이 학문의 중요 부분이 되었다.

문헌정보학 정보윤리 토론의 역사적 사례 중 하나는 소위 소설질문에 관한 것이다. 이제는 사서들이 모든 이용자에게 정보접근을 제공하고자 전념하는 것으로 알려져 있지만, 항상 그래왔던 것은 아니다. 전문인으로서 사서는 종종 이용자와 관련하여 온정적 간섭주의와 자율주의 사이에서 머뭇거리게 된다. Evelyn Geller(1984, 11)는 "독서의 자유는 초기 공공도서관 설립자들의 열망과는 거의 관계가 없었는데, 왜냐하면 그들의 목적에 부합하는 지식은 아주 다른 선입견과 연계되어있기 때문이다. 중등교육과 고등교육이 확산되기 이전 시대에 지식의 보급은 엘리트에게 가치 있는 공인된 지식을 의미하였다. … 도서관은 검열이 아니라 (사회적) 특권에 대항하여 설립되었다"라고 지적하였다. 도서관은 사회 융합의 장소가 될 의도를 지니고 있었으며, 이 임무를 충족시키기 위해 도서관은 "우량"(good) 독서자료만을 장서에 포함하도록 요구되었다. 19세기 말과 20세기 초에, 사서들은 새로운 지식이 개인과 사회에 미치는 효과에 대하여, 좋은 책을 읽으면 좋은 성과를 초래하고 나쁜 책을 읽으면 그 반대로 된다는, 소위 전통적 모더니즘 관점을 유지하였다 (Knox 2014a, 11-26). 결과적으로 "비도덕적" 도서, 특히 통속적 자연주의적 소설은 도서관에서 배제되었다.

이러한 태도는 20세기 초·중반에 서서히 변화되기 시작하였다. Geller(1984)는 이것을 하나의 교육기관으로 도서관을 보는 새로운 이념으로 규정하였다; 교육의 자유는 개방된 서가를 요구하였다. Joyce M. Latham(2009)에 의하면, 1936년 Chicago Public Library Board는 미국에서 최초로 지적 자유에 대한 선언을 통과시켰다. 곧이어 American Library Association의 첫 번째 강령의 기초가 되었다고 역사가들이 종종 인용하는 Des Moins Public Library의 정책이 나왔다. 지적 자유와 진보적 정보윤리 원칙에 대한 계속적인 노력은 1939년 American Library Association(ALA)이 윤리강령을 채택하였을 때 드디어 성문화되었다. University of Chicago Graduate Library School의 교수였던 Leon Carnovsky는 1950년에 공공도서관은 "더 이상 고상한 기능"을 갖지 않고 "언론 자유의 원칙에 열중한다"고 서술하였다(25). 20세기 후반에 사서들은 지적 자유에 대한 노력을 강화하였는데, 왜냐하면 다음과 같은 두 가지 사조를 받아들였기 때문이다. 첫째, 독자반응이론에 관한 인식론을 수용하였는데, 이것은 동일한 텍스트에 대해 독자마다 다르게 반응한다는 주장이다. 둘째, 독서효과에 대한 호전적 포스트모던 견해를 수용하였는데, 이것은 한 사람이 특정 텍스트를 읽음으로써 어떻게 영향을 받게 되는가를 알기란 불가능하다라는 것이다(Knox 2014a). 이 두 가지 전제의 수용은 사서들에게 그 어떤 사상이라도 모두 장서에 편입할 수 있는 철학적 토대를 마련해 주었다.

다른 윤리적 이슈들은 발생하는 사건에 따라 사서직에서 중요성이 커지게 된다. 예를 들면, 1960년대와 1970년대에는 복사기의 발전으로 창작자의 권리와 이용자의 정보접근권리 보호에 대한 토론이 선두에 있었다. 9/11 사태와 USA PATRIOT법의 통과 그리고 다시 연방 전자정보 감시에 관한 2013년 Edward Snowden의 누설 이후에, 이용자 사생활 보호는 전면으로 대두되었다. 보다 최근에 민족주의 정치운동의 증가, 전 세계에 걸친 소셜미디어 해킹, 정치적 상황의 변화 등은 도서관과 같은 공공기관을 포함한 조직의 안정성에 반하여 개인과 집단의 권리를 주의 깊게 관찰할 필요성을 증가시켰다. 비록 이 사건들이 다양한 윤리적 논의의 촉매가 되었지만, 사서들은 다음에 제시되어 있는 것처럼, 사회, 전문직, 소속기관, 개인에 대한 여러 가지 의무를 숙고하면서 이용자를 위해 가능한 최선의 서비스를 제공하는 데 전념하여 왔다.

2.2 참고사서를 위한 주요 윤리강령

사서는 공백상태에서 일하는 것이 아니다. 전문직으로서, 그들은 업무 중 윤리적 판단을 행하기 위한 훈련과 안내를 받는다. 훈련은 워크샵, 수업, 계속교육, 그리고 직무수행 중에 이루어진다. 제도화된 지침은 the American Library Association, the Association for Information Science and Technology(ASIS&T), the Medical Library Association(MLA) 등과 같이 다양한 전문직단체가 제정한 윤리강령과 기타 가치와 원칙에 대한 진술을 통해 제공되고 있다. 이와 같은 선언은 전문직의 가치를 성문화한 것이다(Knox 2014b). 그렇지만 윤리강령은 매우 논란의 소지가 있다는 점을 주목해야만 한다. Preer(2008, 5)는 최초의 1938년 ALA 윤리강령이, "장서보존소로서의 도서관과 장서관리자로서의 사서에 대한 19세기적 관점"을 구현하고 있다는 점에서, 출현하기도 전에 시대에 뒤떨어진 것이었음을 지적하였다. 현재 이러한 선언의 목적과 더불어 윤리강령과 도서관 권리장전의 갱신 또는 개정 필요성에 관한 논란이 있다. Library Bill of Rights Meeting Room Interpretation의 2018년 논쟁에 관한 Ilana Newman의 *Medium*에 실린 기고문은(2018) 이 분야에서 현재 일어나고 있는 긴장에 대해 훌륭한 개요를 제공하고 있다.

다음에 설명할 LIS 윤리강령들은 모두 약간 다른 점을 강조하고 있지만, 몇 가지 주제는 공통으로 갖고 있다. 모든 강령은 개인, 전문직, 기관, 사회에 대한 다양한 수준의 의무를 옹호한다(Rubin 2011, 40). 개인적 수준은 사서가 각 이용자 개개인에 대해 갖고 있는 의무를 말한다. 전문직 수준은 사서가 행동강령을 만든 전문단체의 전문가적 행동 기준과 원칙을 증진시키고 지켜야만 한다는 생각을 말한다. 기관의 수준은 사서가 소속된 기관의 임무를 따라야 함을 말하며, 사회적 수준은 사서가 그 사회의 최선의 이익을 위해 봉사해야 함을 말한다.

이러한 의무가 때로 서로 충돌할 수 있다는 점은 놀라운 것이 아니다. 훈련과 실습은 최고로 중요시되며, 사서가 윤리강령에 열거되어 있는 모순된 의무들의 균형을 유지할 지식을 얻게 될 유일한 방법이다. 윤리강령은 보수적 문서의 경향이 있다는 점에 주목할 필요가 있다; 사회, 기술, 법의 변화와 같은 외부적 사건들의 축적은 궁극적으로 의무 수준의 변경에 박차를 가할 것이며, 조직은 강령을 개정함으로써 그 변화에 대응하게 될 것이다.

2.2.1 미국도서관협회 윤리강령 (2008)

정보전문직들에게 가장 친숙한 윤리강령은 미국도서관협회의 윤리강령(Code of Ethics of the American Library Association)인데, 가장 마지막 개정은 2018년에 있었다(본장 말미의 부록 참조). ALA는 원래 이 강령을 제 2차 세계대전이 발발하고 선전이 확산되는 1939년에 채택하였으며, 그 후 세 번 수정하였다. 이것은 사서직의 윤리에 대해 가장 일반적인 선언으로 간주되고 있다.

2.2.2 ASIS&T (1992)

미국의 정보학과 기술협회(Association for Information Science & Technology: ASIS&T)는 윤리강령 대신 일련의 전문직 가이드라인을 승인하였다. 문서에 지적하였듯이, ASIS&T의 회원은 ALA보다는 덜 기관에 집중되어 있기 때문에, 이 가이드라인은 전통적인 정보기관 외에서 일하는 정보전문가들에 역점을 두었다. 이 가이드라인은 1992년에 처음 채택된 이후 수정된 적이 없다.

2.2.3 Medical Library Association (2010)

의학도서관협회(Medical Library Association: MLA)의 Code of Ethics for Health Science Librarianship은 업무상 의학 커뮤니티를 구성하는 다른 전문직 집단과 갈등을 일으킬 수 있는 특정한 사서집단을 위한 것이다. 가장 최근의 개정은 2010년에 이루어졌으며 전통적 의료시설에 근무하는 사서들뿐 아니라 대학도서관과 연구소에 근무하는 사서들에게도 역점을 두었다.

2.2.4 American Association of Law Libraries (2019)

미국법률도서관협회(American Association of Law Libraries: AALL)는 윤리원칙을 2019년에 개정하였다. MLA와 마찬가지로, AALL 문서는 법률종사자들과 일반대중에게 모두 법률정보서비스를 제공하는 특정 사서집단에 역점을 두고 있다. 이 조직의 회원들은 법무법인, 법학대학도서관, 그리고 기타 법률 관련 환경에서 근무한다.

2.2.5 Society of American Archivists (2011)

전술한 선언문들과 달리, 미국기록관리자협회(Society of American Archivists: SAA)의 강령은 전통적 사서직에 대한 것과 다소 차이가 있는 원칙을 따르는 정보전문가집단에 역점을 두고 있다. 이것은 SAA 웹사이트에 나와 있는 원칙과 병행 사용되기 위한 윤리강령으로 나뉘어 있다. 정보에 대한 접근이 여전히 기록관리자들을 인도하는 원칙이지만, 이것은 인류문화유산의 특수한 부분에 대한 접근 제공을 강조한다는 점에서 차이가 있다. 예를 들면, 윤리강령은 이용자, 기부자, 그리고 "기록물의 생산, 보유, 공공이용에 의견 표명이나 역할이 없는 개인과 집단"의 사생활 권리를 인정한다.

2.3 기타 윤리 가이드라인과 선언

앞서 논의한 윤리강령과 더불어 사서가 윤리적 실행을 위해 준수할 다른 가이드라인과 원칙의 선언이 있다. 이들은 나라에 따라 다르지만 윤리와 사서직을 논할 때 종종 언급되고 있다.

2.3.1 도서관 권리선언 (2019)

도서관 권리선언(Library Bill of Rights, 부록 참조) 또한 ALA에서 제정한 문서이다. 이것은 종종 윤리강령과 더불어 여러 다양한 도서관환경에서 정책개발에 지도 원칙으로 사용된다. 이것은 도서관의 목적을 사서의 다양한 업무보다 오히려 하나의 시설로 대한다는 점에서 윤리강령과 다르다. 여러 도서관들은 지적 자유의 원칙을 열거하고 있는 Freedom to Read(2004)와 Freedom to View(1990)를 고수한다. 도서관 권리선언은 1953년에 처음 채택되었으며 2019년에 최종 수정되었다. 도서관 권리선언이 여전히 "도서와 기타 도서관자료"를 언급하고 있기 때문에, 가까운 장래에 개정될 필요가 있다.

2.3.2 미국 수정헌법 1조와 4조

미국의 도서관들은 정책에 윤리강령 및 도서관 권리선언과 더불어 미국 수정헌법 1조에 대한 언급을 포함하고 있다. 수정헌법 1조의 친숙한 단어들은(부록 참조) 미국시민들에게 부여된 여러 가지 자유를 망라한다. 도서관과 사서직 윤리에서 가장 중요한 것은, 이 법이 언론의 자유를 축소시키는 어떤 법도 정부가 통과시키지 못하게 한다는 점이다. 앞서 지적한 바와 같이 미국사회에서는 도서관이 해당 지역사회에서 이것을 구현하는 것으로 간주한다. 수정헌법 4조는(부록 참조), 도서관 정책에 명시적으로 서술되는 경우는 드물지만, 미국시민의 사생활을 보호하고 도서관기록이 정당한 이유 없이 탐색될 수 없음을 보장한다.

2.3.3 세계 인권선언 (1948)

미국 밖에서는 많은 도서관들이 세계인권선언에 기초하여 정책을 만든다. 1948년 UN총회에서 통과된 이 문서는 모든 인간의 권리를 열거한 것으로 예를 들면 법정에서 공정한 심판을 받을 권리 같은 것을 포함하고 있다(부록 참조). 이 선언의 18조와 19조는 가장 직접적으로 사서직 윤리와 관련되어 있으며, 사상의 자유와 표현의 자유를 논한다.

2.3.4 국제도서관협회연맹 윤리강령 (2012)

2012년에 국제도서관협회연맹(International Federation of Library Associations and Institutions: IFLA)의 Committee on Freedom of Access to Information and Freedom of Expression은 정보전문직을 위한 국제적 윤리강령을 개발하였다. ALA 윤리강령과 마찬가지로, 이것은 몇 가지 수준의 의무를 포함하고 있다. 미국 외 국가의 도서관들은 종종 이 강령에 기초하여 정책을 만든다. 여기에는 정식버전과 축약버전 두 가지 형태가 있다. 정식버전은 열거된 각 원칙들을 심도 있게 논의하며 IFLA 웹사이트에서 이용가능하다. 축약버전은 본 장의 부록에서 볼 수 있다.

이와 같은 지침과 원칙은 참고사서의 윤리적 행동에 대한 근거로 이용될 수 있다. 특히 이러한 진술은 정보환경에서 정책을 개발하는 데 사용된다. 다음은 가이드라인 진술로부터 정책으로 변환하는 과정을 검토한 것이다.

2.4 윤리 정책 및 역량의 작성

비록 정책이 무미건조한 주제로 여겨지고는 있지만, 정책은 한 기관의 가치에 대해 쓰여진 구체적 표현이다. 성문화된 정책을 통하지 않고서는, 예를 들어, 특정 도서관의 사생활보호에 대한 입장이 어떤지 또는 직원이 이용자를 어떻게 응대할 것으로 예상되는지를 알 수가 없다. 본질적으로 정책은 가치를 행동으로 변화시킨다(Nelson, Garcia, and Public Library

Association 2003). 정책은 무미건조할 수 있지만, 성문화된 정책은 다양한 이해관계자들이 기관의 목적을 이해할 수 있도록 지침을 제공하며 또한 이 목적을 일상 업무에서 어떻게 시행할 것인지 방법을 제공한다. 정책은 정기적으로 갱신되어야 하며, 기관에서 실제 수행되고 있는 것과 일치해야 하고 이상을 논의해서는 안 된다. 정책은 기관 웹사이트 상에서 그리고 가능하다면 인쇄본으로도 접근 가능해야만 한다.

Sandra S. Nelson, June Garcia, and Public Library Association(2003, 4)은 도서관 정책 개발에 관한 저서에서 정책개발에는 네 가지 다른 요소가 있다고 지적하였다: 가이드라인, 서술문, 규정, 그리고 절차. 가이드라인은 앞서 기술한 윤리강령 및 기타 원칙의 서술이다. 이것은 철학적인 것이고 정책의 틀을 제공한다. ALA Code of Ethics와 Library Bill of Rights는 종종 도서관 정책의 서두에 인용되고 있다. 서술문은 기관이 특정 서비스를 제공하는 이유를 상술한다. 예를 들면, 참고부서는 종종 그 부서가 이용자에게 제공하는 정보서비스를 표명하는 목표의 서술을 포함한다. 규정은 정책서술문을 명확히 정의하며, 네 가지 요소 전체가 기관의 정책을 구성하고 있음에도 불구하고, "정책"으로 이해되고 있는 것이다. 앞서 언급한 바와 같이 참고서비스 부서 정책은 종종 전달 방식, 직원의 응답 소요 시간, 응답하지 않는 질문 유형 등과 같은 규정을 명시하고 있다. 마지막으로 절차는, 예를 들어 채팅서비스 질문의 응답 순서와 같이, 업무 수행에 대한 단계별 지시사항이다. 전체적으로 정책은 한 기관에 속한 사서의 일정한 윤리적 행동에 대한 지침을 제공한다.

정책에 따라 참고사서는 일정한 능력을 갖추어야 한다. 참고사서가 업무 수행에 보여줄 일련의 행위와 모범규준이 있다. Special Libraries Association, MLA, SAA를 포함한 다수의 정보 관련 단체에서 역량을 공표하였다. ALA 산하 Reference and User Services Association(RUSA)의 전문직 역량은 매우 다양한 환경과 기관에서 참고사서를 위한 가이드라인으로 쓰인다. RUSA 가이드라인은 여덟 가지 핵심 역량을 수립하였다:

1. 전문직의 기초
2. 정보 자원
3. 기록지식과 정보의 조직
4. 기술적 지식과 숙련
5. 참고 및 이용자 서비스
6. 연구

7. 계속교육과 생애학습
8. 관리와 경영

이러한 역량은 각 사서가 직무에 성공하기 위하여 보여줄 수 있어야 하는 행동을 상세하게 언급하고 있으며 RUSA 웹사이트에서 모두 찾아볼 수 있다(Reference and User Services Association 2017). 참고사서가 부임 첫날부터 이 능력들을 갖출 것이라 기대하지 않는다는 데 주목할 필요가 있다; 대신에, 참고사서가 교과과정을 통해 배운 지식을 적용하기 바라며 또한 그들은 "직무 중 학습"(learning on the job)과 계속교육을 받아들여야 한다.

2.5 주요 윤리 영역과 이슈

2.5.1 접근권과 위해로부터 개인과 사회 보호

정보접근에 대한 개인의 권리 보호와 위해로부터 개인과 사회를 보호할 권리는 참고사서 직의 최전선에 있는 윤리영역이다. RUSA 역량은 물론 다수의 윤리강령에서 정보접근을 언급하고 있는 점에 주목해 보자. 예를 들면, ALA 윤리강령(2008)은 "우리는 명백하게 지적 자유와 정보접근의 자유에 헌신하는 전문직의 구성원이다"라고 서술하고 있다. 접근을 제공하는 것은 여러 가지 형식을 취할 수 있으며 참고사서는 종종 정보추구자와 그들의 정보요구를 충족시킬 자료를 매칭하는 수단이 된다. Richard Rubin(2011)은 사서가 종종 정보의 중립적 중재자로 간주된다는 점을 주목하였다. 다시 말하면, 누군가 질문을 제기할 때 ALA 윤리강령, 도서관 권리선언, 독서의 자유 선언 등은 사서가 최선을 다하여 답변해야 하며 "도서관 자료를 검열하려는 모든 노력에 저항해야 한다"고 주장한다(American Library Association 2008). 그렇지만 이것은 실제로 중립적 입장이 아니라는 점을 지적할 필요가 있다. 어떤 질문이라도 답변함으로써, 참고사서는 모든 질문은 답변되어야 한다라는 입장을 취하게 되는 것이다(Jensen 2008). 중립적이 되는 대신에, 사서는 모든 사람들에게 정보접근을 제공한다는 것의 의미를 규정해야 하며 정보를 제공하는 것과 개인과 사회 두 가지 이익에 봉사하는 것 사이에서 다양한 갈등을 조종해야만 한다.

이러한 갈등은 여러 가지 방법으로 나타난다. 첫째, 가장 지속적인 상황 중 하나는 질문자 자신에게 초래될 위험에 관한 것이다. Box 2.1의 사례는 우울증 징후를 보이면서 자살에 관한 책을 요청하는 이용자에 초점을 두었다. 개인에게 위해를 초래할 또 다른 질문에는 약물사용에 관한 정보를 묻거나 극심한 폭력을 다루는 자료를 요청하는 사례가 있다. 윤리강령과 도서관 권리선언에 따르면 개인에 대한 자료의 적절성에 관해 판단을 해서는 안 된다. 앞서 논의한 것처럼, 한 개인이 정보에 어떻게 반응할지 아는 것은 불가능하기 때문에, 접근 제공 관점에서 이것은 큰 잘못이다.

BOX 2.1
학습과제: 죽느냐 사느냐

15살인 Melissa는 가끔 Jonestown Public Library에 온다. 도서관의 어떤 참고사서도 그녀를 잘 알지 못하지만, Melissa는 참고데스크를 지나갈 때, 그곳에 있는 직원 누구에게나 "안녕"이라고 인사를 건넨다. 그녀는 행동 문제를 갖고 있는 사람은 아니지만, 직원은 가끔 그에게 목소리를 낮춰달라고 말해야만 한다. 참고사서는 Melissa가 "약간의 문제"를 갖고 있다는 것을 알고 있으며, 작년에 Melissa가 자해를 하려고 했었다는 소문이 있다.

Melissa가 참고사서에게 다가간다. 그녀는 울고 있었던 것처럼 보인다; 그녀의 눈은 약간 빨갛고, 그녀의 얼굴은 조금 부어 있다. 약간 날카로운 목소리로 Melissa가 묻는다. "나는 책을 찾고 있는데, 그 책이 서가에 없어요. *Final Exit*이라는 책인데, 어디 있는지 알려줄 수 있나요?" 당신은 *Final Exit*이 자살하는 방법에 대한 책이라는 사실을 알고 있다. 또한 당신은 이 책이 방금 막 반납되었고, 재배가를 위해 카트에 있다는 것을 안다.

▪ 토론 질문
1. 사서는 카트에서 그 책을 찾아 Melissa에게 주어야 할까?
2. 다른 어떤 행동이 취해져야 할까?
3. 당신은 Melissa에게 정확히 뭐라고 말할 것인가?
4. 만일 당신이 주에서 지정한 위탁신고자라면, 달리 어떻게 반응할 것인가?

Richard Rubin(2011)이 개발한 시나리오에 기초한 것임.

다른 한 가지 갈등은, Box 2.2에 예시된 소위 허접한 책에 관한 것, 도서관 이용자에게 어떤 류의 정보를 얼마나 많이 제공해야 하는가의 문제이다. 일상생활에서 인터넷 편재성이 증가됨에 따라, 품질에 차이가 있는 여러 가지 다른 정보에 대한 접근이 현저하게 나타나게 되었다. 거의 모든 도서관에서 이용자에게 어떤 방식이든 인터넷 접근을 제공하며, 컴퓨터실은 종종 특히 아동과 청소년 대상 서비스를 제공하는 도서관에서는 경쟁이 치열한 공간이 되었다. 미국 의회는 2000년에 Children's Internet Protection Act를 통과시켰으

며, 인터넷 접근을 제공하기 위해 E-rate, 즉 연방통신위원회의 Universal Service Fund에 의해 운영되는 공공도서관과 학교는 아동에게 위험이 될 인터넷 정보를 차단해야만 한다. 대법원은 이것을 성인들의 차단 제거 요청이 허용되는 한 합법적이라고 판단하였다. 인터넷 차단은, 정보접근을 제한하기 때문에, 명백히 ALA 윤리강령에 대한 위반이다; 그렇지만 도서관이 차단을 하는 데는 종종 정당한 이유가 있다(Caldwell-Stone, 2013). 예를 들어, 도서관이 E-rate를 사용하지 않는다면 이용자들에게 인터넷 접근을 제공할 여유가 없다. 이 경우에 인터넷 자원에 대해 한정된 접근이라도 제공하는 것이 차단하는 것 보다는 나을 것이다.

개인과 사회에 미치는 위험에 관해서, 장서 중에서 물의를 일으키는 자료에 관해 상당한 논쟁이 있는데, 그 중에는 "소수 민족 또는 인종, 장애인, 성소수자, 피부색, 성별, 문화적 종교적 소수자"를 포함하는 다양한 집단에 해로운 것으로 간주되는 자료가 포함된다(We Need Diverse Books 2018). 참고사서는 자료 선정을 결정할 때 전문직 가이드라인과 모기관의 정책을 모두 리뷰하도록 권장되고 있다. 검열과 선정의 차이에 관한 Lester Asheim(1953)의 고전적인 진술은 이러한 상황에 도움이 될 수 있다: "선정자에게 중요한 것은 도서를 보유해야 할 이유를 발견하는 것이다. 이 지도원칙을 감안하여, 선정자는 사소한 반대를 가릴 수 있는 강점, 덕목을 찾는다. 반면에 검열자에게 중요한 것은 도서를 거부할 이유를 찾는 것이다; 지도원칙도 반대할만한 특징, 약점, 해석오류 가능성을 찾도록 인도한다."

사회에 유해한 질문은 전형적인 폭발물과 기타 대량파괴 물질에 관한 정보요청 논쟁에 나타나 있다. 1976년에 Robert Hauptman은 참고데스크 13개처를 방문하여 폭탄 제조방법에 대한 정보를 요청하였다. 사서들이 모두 그에게 정보를 제공하였다(Hauptman 1976). Hauptman은 이 사실로 큰 공포에 휩싸였으며, 2008년에 수행된 인터뷰에서는 사서들이 그를 도와준 것에 "혼비백산"했다고 진술하였다(Buchanan 2008, 252). Hauptman의 사례는 개인적 요구 수호와 사회적 요구 수호 간에 존재하는 갈등이 실제로 구현된 것이다. 윤리강령을 엄격하게 따르는 대부분의 사서들은, 이용자의 질문이 의심스러울 때조차도, 질문에 답변하기를 선택할 것이다. 사서들은, 어떤 사람이 그 정보로 무엇을 할지 아는 것은 불가능하기 때문에 개인의 권리 보호에 치우쳐 실수를 한다고, 주장한다(Knox 2014a).

> **Box 2.2**
> **학습과제: 학교도서관의 "Trash" books**
>
> 부유한 교외에 위치한 공립 고등학교 9학년생의 학부모인 Smith 부인이 Lauren Myracle의 *Yolo*를 한 부 들고 참고데스크로 왔다. 그녀의 딸이 어제 저녁 그 책을 집에 가져왔는데, Smith부인은 학교도서관이 그렇게 "형편없게 써있는 허접한 것"을 소장하고 있다는 점에 질겁을 하였다. 그 책은 일련의 문자와 채팅 메시지로 서술된 것이다. 당신은 Miracle's Internet Girls 시리즈에 있는 책들이 모두 대출이 잘되고 있다는 사실을 알고 있다.
>
> - 토론 질문
> 1. 당신은 Smith 부인에게 어떻게 응할 것인가?
> 2. 당신의 반응을 뒷받침하기 위해 어떤 자료를 사용할 것인가?
> 3. 다른 어떤 행동이 취해져야 할까?

2.5.2 정보접근의 평등

개인과 사회에 영향을 미치는 다른 윤리적 이슈는 정보접근의 평등에 관한 것이다. 접근의 평등과 접근의 형평 간에 차이가 있다는 점에 또한 주목할 필요가 있다. 평등은 모든 사람이 동일하고 모든 도서관이 똑같은 서비스를 가지고 있음을 뜻하는 반면에, 형평은 서비스의 수준이 동일함을 뜻한다. Betty J. Turock과 Gustav W. Friedrich(2009, 24)이 지적하는 바와 같이, 형평은 공정, 공평, 비편향, 정의 등의 명시적 의미를 포함한다.

21세기에 접근평등에 관한 가장 중요한 이슈 중 하나는 디지털격차(digital divide)이다. 디지털격차는 여러 다른 수준에서 해석될 수 있는 복잡한 문제다. 예를 들면, 국가 간의 격차도 있고(얼마나 많은 국민이 웹 접근을 가지고 있는가), 한 국가 내의 지역사회 유형 간에도 격차가 있다(어떤 지역사회에 광대역회선이 부족한가). 전 세계적으로 디지털격차를 좁히기 위한 다수의 시도가 있었다. 예를 들면, UNESCO는, 특히 2005년에 개최된 World Summit on the Information Society(WSIS)의 목적 구현을 통해, 포괄적 지식사회를 만들기 위한 프로그램에 적극 관여하였다(Souter 2010). WSIS는 매년 Geneva에서 구현 및 평가를 위한 후속 포럼을 개최한다. 미국은 2009년 American Recovery and Reinvestment Act에 전국적인 광대역회선 접근 확대 제공을 포함시켰다(National Telecommunications and Information Administration n. d.). 연방통신위원회(FCC)는 매년 갱신된 광대역회선 배치보고서를 제출한다. 도서관은 디지털 접근격차의 교량적 역할을 하며 여러 가지 다른 형태로 이용자들에게 정보를 제공한다. 어떤 관점에서는, 지역사회 안의 한 기관으로서 도서관의 존재는 이 격차를 완화시키고 접근평등을 촉진시키는 데 도움이 될 수 있다. 비정보 계열 직원들은 종종 도서관장서 중 도서에 초점을 두지만, 도서관은 여러 가지 다른 목적을 위해 다양한 매체(잡지, 신문, 인터넷)를 통하여 정보를 제공한다. 도서관의 정보기술은 또한 정보생산이나(소설을 쓰는데 워드프로세서 사용) 정보상호작용을(이메일, 취업사이트, 교과학습에 접근 제공) 포함하여 정보사이클의 모든 국면에서 이용자들을 지원한다.

접근평등의 다른 국면은 도서관이 제공하는 서비스의 수준에 관한 것이다. 도서관은 신분에 관계없이 모든 사람들에게 동일한 서비스를 제공해야 하는가? 이것은 종종 생각보다 어려운데, 왜냐하면 도서관 자체가 고유의 이해관계를 가지고 있기 때문이다. 공공도서관이 요금을 받는 서비스를 제공할 것인가의 여부 또는 아동에게 제공되어야 하는 서비스의 유형들에 관한 논의는 항상 문헌정보 분야의 한 부분을 차지한다. 참고사서에게 가장 중요한 것은, 빈곤하거나 불우한 아동에게 특정 유형의 정보접근에 부담이 되는 정책이 작성될 때, 누구에게 어떤 혜택을 줄지 고찰하는 것이다. 예를 들면, 공공도서관에서 인기 많은 신착도서 이용에 대한 비용 청구는 가처분소득이 없는 사람들이 해당 도서에 대한 접근성이 떨어지는 것을 의미한다. 또한, 아동들은 종종 직업이 없는데 반납일자가 지난 도서에 대해 아동에게 벌금을 청구하는 것은 항상 이치에 맞는 것은 아니다. 이러한 문제들을 해결하는 것이 언제나 단순하지 않지만, 정보기관을 위한 윤리 정책과 지침을 개발할 때는 이 문제들에 유념할 필요가 있다.

2.5.3 저작권

저작권 문제는 정보전문직 전체에 존재한다. ALA 윤리강령(2008) 4항에 사서는 "지적재산권을 존중하고, 정보이용자와 권리소유자 간의 이익균형을 지지한다"고 진술되어 있다. 이것은 디지털시대에서 해결하기 어려운 국면이다. 대부분의 연속간행물과 수많은 도서가 전자적으로 이용가능하게 되었으므로, 이용자와 저자 간의 균형을 유지하는 종래의 방법들은 적합하지 않은 것으로 나타났다. 왜냐하면 디지털자료의 생산, 복제, 축적은 종종 물리적 자료 비용의 일부분으로 만들어질 수 있기 때문이다. 수년 간에 거쳐 US Code 17편과 Code of Federal Regulation 37편에 있는 1976년 저작권법의 공정사용 지침은 시대에 뒤떨어진 것으로 나타났다. 저작권법의 일곱 가지 다른 조항이 도서관에 적용된다. 그 하나는 최종판매원칙인데, 이것은 최근 Kirtsaeng v. John Wiley & Sons Inc. 사건을 통해 연방대법원에서 심의되었다. 법원은 Kirtsaeng에게 유리한 판결을 내렸으며, 해외에서 구입한 책을 재판매하는 것은 저작권법에 위배되지 않는다고 진술하였다. 저작권법의 다른 중요 조항은 제 108조인데, 이것은 사서가 장서에 사용하기 위한 저작물 복제 방법을 기술하고 있다. 제 107조에 나타나 있는 공정사용은 저작권 예외 조항이며, 이것은 복제권이 저작권자에게 있더라도, 자료가 "공정사용"(fair use) 조건 하에 이용될 때는 이 법의 예외로 적용됨을 의미한다.

참고사서는 제 107조와 "공정사용"을 이해해야만 한다. 비록 저작권법과 공정사용에 대한 변형들이 너무 복잡해서 본 장에서 상세히 다룰 수는 없지만, 자료가 공정사용 지침 하에서 이용될 수 있는지 여부를 판단할 때마다 고찰되어야 할 네 가지 요인이 있음을 숙지할 필요가 있다. 네 가지 요인은 목적, 본질, 수량, 그리고 효과이다. 목적은, 자료를 원하는 개인이나 기관이 그것을 어떻게 사용할 것인지, 비영리적 또는 교육적 목적인지에 관한 것이다. 본질은 저작물의 형태를 말한다. 법이 도서, 이미지, 비디오, 논문기사를 또한 창작물과 사실물을 어떻게 다르게 보는가이다. 수량은 특정 저작물 전체 중 얼마나 많은 부분을 이용코자 하는가를 말한다. 명백히 이미지나 기사에 반하여 도서나 영화처럼 긴 작품들은 다르게 간주된다. 효과는 판권이 있는 저작물의 사용이 저작물의 시장가치에 미치는 영향에 관한 것이다. 예를 들면, 비소설의 한 챕터 또는 중편소설의 한 챕터를 사용하는 데 대한 공정사용의 적용을 고찰해 보자. 지적재산권법은 복잡하며 참고사서가 변호사가 되기를 기대하는 것은 아니다; 그러므로 사서들이 저작물을 복사하거나 공유할 때 지침이 되는 National Commission on New Technological Uses of Copyrighted Works와 같은 가이드라인이 있다. 또한 주목할 것은 Disney와 기타 콘텐츠업체들의 영향으로 인해 미국 저작권법은 아마도 2023년 이전에 국회에서 개정될 것이라는 점이다.

2.5.4 비밀유지, 사생활, 보안

비밀유지, 사생활, 보안에 관한 사항은 오랫동안 사서들의 관심사였다. 1939년 ALA 윤리강령은 "도서관이용자와의 접촉에서 얻어진 어떤 사적인 정보도 비밀로 간주하는 것은 사서의 의무이다"라고 진술하였다. 미국에서는 수정 헌법 1조와 수정 헌법 4조에서 사생활이 보호된다. 인터넷의 증가, 9/11 이후의 USA PATRIOT Act 통과, National Security

Administration의 민간인 사찰에 관한 Edward Snowden의 폭로 등으로, 윤리의 이 영역은 보다 더 주목을 끌게 되었다(Greenwald and MacAskill 2013).

사생활과 비밀유지에 차이가 있다는 것을 주의 깊게 살펴보자. 사생활은 개인에 관한 것이고 비밀유지는 데이터에 관한 것이다. 말하자면, 사서는 주소 생년월일과 같은 개인에 관한 사실을 공표하지 않는 반면에, 이용자가 읽은 도서에 대한 기록은 비밀을 유지한다. 디지털시대 이전에는 사서가 일차적으로 이용자기록의 비밀유지에 관여하였다. Preer (2008, 183)는 *Library Ethics* 에서 사생활을 접근의 역설이라고 논하였다. 어떤 사람이 원하는 것을 알기 위해서, 사서들은 그들의 요구에 대한 것을 기꺼이 열어봐야만 한다.

참고사서는 여러 가지 다른 방식으로 이용자들의 사생활을 보호한다. 채팅(제 6장에서 보다 상세히 논의됨)은 종종 무기명으로 수행되며, 이용자에 의해 공유되었던 개인정보는 레코드에서 삭제되어야 한다. 그렇지만 이 레코드들이 종종 도서관이 아니라 사기업이 보유하고 있는 서버에 계속 있다가 차후에 사생활 문제를 초래할 수도 있다는 점에 주목해 보자. 사서들은 한 개인의 질문을 이용자를 식별하게 되는 방식으로는 동료를 포함한 다른 사람들과 의논하지 않는다. 예를 들면, 질문에 관해 동료에게 도움을 청하는 이메일을 보낼 때, 이메일 작성자는 보통 "한 이용자가 질문하였다 …"라고 쓴다. 이는 종종 자동적으로 행해지는데, 바로 이것이 이용자의 사생활을 보호하는 중요한 측면이다.

Snowden의 폭로 및 *Facebook* 이나 *Twitter* 같은 소셜미디어 사이트 또는 *Google* 같은 온라인 데이터 공유의 편재성과 더불어, 인터넷 서비스 기업들의 서비스 조건에 동의한다는 것이 무엇을 의미하는지를 이용자들에게 알려주는 일이 최전선에 있는 사서들에게 귀속된다. 그 외에 ExLibris의 Alma Analytics같은 데이터분석 시스템의 개발은 도서관장서와 서비스의 사용 그리고 이용자데이터가 보호되는 방법에 관한 새로운 사생활 문제를 야기하였다. 예를 들면, 도서관은 종종 이용자의 사생활 보호를 위해 이용자 대출기록을 삭제하지만, 이것은 도서관이 특정 이용자의 독서 관심사에 대한 전반적인 견해를 갖지 못하게 됨을 의미한다. Alma Analytics와 유사서비스들은 이용자 각각에게 보다 개인화된 추천을 제공하기 위해 이런 정보를 활용하고자 노력한다.

사생활, 비밀유지, 보안에 관련된 문제들은 정보전문직의 개인에 대한 의무와 사회에 대한 의무 간의 갈등을 초래한다. 이 국면에서 사서들은 사회의 위해로부터 개인을 보호하는 쪽에 기대는 경향이 있다. Daniel Solove(2007)는 사생활은 개인과 현대국가 간의 권력관계를 완화시키는 다양한 것으로 구성되어 있다고 주장한다. 비록 일반 용어 사생활은 은폐와 감추기에 관한 것이지만, 사생활은 실제로 힘에 대한 것이며, 참고사서는 이용자 데이터에 무슨 일이 생기고 있는지를 인지하고 이용자들에게 알리는 것이 중요하다고 Solove는 주장한다.

2.6 결론

이상과 같은 논의는 아마 독자들에게 답변을 주기보다는 더 많은 문제를 불러일으키게 되었을 것이다. 어떤 면에서 윤리적 논의는 보통 그렇다. 윤리적 선택은 도서관서비스의 모든 면에 퍼져 있으며 끊임없이 움직이는 표적이다. 새로운 기술과 서비스모델은 정보윤리강령에 나와 있는 다양한 수준의 의무가 서로 반대로 작용되었던 국면을 변경시킨다. 비록 윤리적 의사결정을 배우고 이 분야의 변화에 뒤떨어지지 않는 것이 힘든 것처럼 보일지라도, 앞서 논의한 바와 같이 누구나 매일 윤리적 결정을 내린다는 사실을 기억하는 것은 중요하다. 윤리적 태도로 업무에 헌신하는 전문직 속에서, LIS는 직무수행 중에 윤리적 결정을 내리는 사서들을 돕기 위해 여러 가지 유형의 자료와 도구를 제공하고 있다.

【부록】

[부록 1] 미국도서관협회 윤리강령
(Code of Ethics of the American Library Association)

미국도서관협회 윤리강령

미국도서관협회의 회원으로서, 우리는 사서, 정보서비스를 제공하는 기타 전문가, 도서관 이사진과 임원진을 안내하는 윤리 원칙을 성문화하고 전문직과 일반 대중에게 주지시키는 일의 중요성을 인정한다.

윤리적 딜레마는 가치가 충돌할 때 발생한다. 미국도서관협회 윤리강령은 우리가 전념하는 가치를 진술하고 변화하는 정보 환경 속에서 전문직의 윤리적 책임을 구현한다.

우리는 정보의 선택, 조직, 보존, 그리고 보급에 중대한 영향을 미치거나 통제를 한다. 정보를 갖춘 시민에 입각한 정치시스템에서, 우리는 지적 자유와 정보접근의 자유에 헌신하는 전문직의 일원이다. 우리는 정보와 생각의 자유로운 흐름을 현재와 미래 세대에게 보장할 특별할 의무가 있다.

이 강령의 원칙은 윤리적 의사 결정을 안내하기 위한 개괄적인 진술로 표현되어 있다. 이러한 진술은 하나의 틀을 제공한다; 이 진술은 특정한 상황을 다루기 위한 행동을 지시할 수 없고, 그렇게 해서도 안 된다.

I. 우리는 적합하고 유용하게 조직된 자원을 통해서 모든 도서관 이용자에게 최고 수준의 서비스를 제공한다; 공정한 서비스 정책; 평등한 접근; 모든 요청에 대한 정확하고, 편견 없고, 예의바른 응답.
II. 우리는 지적 자유의 원칙을 옹호하며, 도서관 자원을 검열하려는 모든 시도에 대해 저항한다.
III. 우리는 찾거나 받은 정보, 상담하고, 대출하고, 획득하고, 전송한 정보자원에 대하여 각 도서관 이용자의 사생활과 비밀유지 권리를 보호한다.
IV. 우리는 지적재산권을 존중하고, 정보이용자와 권리소유자 간의 이익 균형을 지지한다.
V. 우리는 협력자와 동료를 존경, 공평, 선의로 대하고, 우리 기관의 모든 피고용인들의 권리와 복지를 보호하는 고용 조건을 지지한다.
VI. 우리는 도서관 이용자, 동료, 모기관을 희생하여 사적인 이익을 추구하지 않는다.
VII. 우리는 개인의 신념과 전문직 의무를 구별하여 개인적 믿음이 모기관의 목적에 대한 공정한 표현이나 정보자원에 대한 접근 제공을 방해하지 않도록 한다.
VIII. 우리는 자신의 지식과 능력을 유지하고 향상시킴으로써, 동료의 전문적 발전을 장려함으로써, 그리고 전문직의 잠재적 구성원의 포부를 촉진시킴으로써, 전문직의 수월성을 위해 분투한다.

* 1939년 Midwinter Meeting에서 ALA Council에 의해 채택되었으며; 1981년 6월 30일, 1995년 6월 28일, 그리고 2008년 1월 22일에 개정되었다.
(American Library Association의 허가를 받아 게재되었음)

[부록 2] 도서관 권리선언
(Library Bill of Rights)

도서관 권리선언

미국도서관협회에서는 모든 도서관이 정보와 아이디어를 위한 토론장임을 확신하며, 다음과 같은 기본 정책에 따라 도서관서비스가 이루어져야 함을 주장한다.

I. 도서와 기타 도서관 자원은 봉사대상 지역사회의 모든 사람들의 관심, 정보, 계몽을 위해 제공되어야 한다. 자료는 창작에 기여한 사람들의 출신, 배경, 견해 때문에 배제되어서는 안 된다.
II. 도서관은 현재와 과거의 문제에 대해 모든 관점을 나타내는 자료와 정보를 제공해야 한다. 자료는 당파적 또는 교리적 반대로 인해 금지되거나 제거되어서는 안 된다.
III. 도서관은 정보와 계몽을 제공하기 위한 책임을 완수하기 위해 검열에 도전해야 한다.
IV. 도서관은 아이디어에 대한 자유로운 표현이나 자유로운 접근의 축소에 저항하는 모든 개인과 집단에 협력해야 한다.

Ⅴ. 도서관 이용에 대한 개인의 권리는 출신, 연령, 배경 또는 견해로 인해 거부되거나 축소되어서는 안 된다.
Ⅵ. 봉사대상 주민에게 전시공간과 회의실을 제공하는 도서관은, 사용을 요청하는 개인이나 집단의 신념이나 소속에 상관없이, 해당 시설을 평등하게 이용할 수 있도록 해야 한다.
Ⅶ. 모든 사람은 출신, 연령, 배경, 또는 견해와 관계없이 그들의 도서관 이용에 대해 사생활과 비밀유지의 권리를 가진다. 도서관은, 개인신분정보를 포함한 모든 도서관이용 데이터를 수호함으로써, 사생활을 옹호하고, 교육하고, 보호해야 한다.

* ALA Council에 의해 1939년 6월 9일에 채택되었으며; 1944년 10월 14일, 1948년 6월 18일, 1961년 2월 2일, 1967년 6월 27일, 1980년 1월 23일, 2019년 1월 29일에 개정되었고, 1996년 1월 23일에 "연령"의 포함이 재확인되었다. (American Library Association의 허락을 받아 게재되었음)

[부록 3] 미국 수정헌법
(United States Constitution)

수정헌법 1조

연방의회는 국교를 정하거나 신앙의 자유를 금지하는 법률을 제정할 수 없으며 언론·출판의 자유를 제한하거나 국민이 평화적으로 집회할 권리와 불만의 구제를 정부에 청원할 권리를 제한하는 법률을 제정할 수 없다.

수정헌법 4조

불합리한 수색과 압수에 대하여 신체, 주거, 서류, 물건의 안전을 확보할 국민의 권리는 침해되어서는 안 된다. 선서나 확약에 의하여 상당하다고 인정되는 이유가 있고 특정하게 수색할 장소와 압수할 물건, 구속할 사람을 서술한 경우를 제외하고는 영장이 발부되어서는 안 된다.

[부록 4] 세계 인권선언
(Universal Declaration of Human Rights)

제 18조

사람은 누구를 막론하고 사상, 양심, 그리고 종교의 자유를 향유할 권리를 가진다; 이 권리는 종교 혹은 신앙을 개변할 자유와 단독으로나 다른 사람과 공동으로 또는 공적으로나 사적으로 자기가 믿는 종교와 신앙을 전도하고 실천하며 예배하고 신봉할 자유를 포함한다.

제 19조

사람은 누구나 자유롭게 자기의 의견을 가지고 이를 발표할 권리를 가진다; 이 권리는 간섭 없이 의견을 가질 자유와, 어떤 매체를 통해서든 그리고 국경의 제한이 없이, 정보와 사상을 탐구하고 입수하고 전달하는 자유를 포함한다.

[부록 5] 사서 및 기타 정보업무 종사자를 위한 IFLA 윤리강령 (간략판)
  (IFLA Code of Ethics for Librarians and Other Information Workers, short version)

서문

이 윤리와 전문가 행동 강령은 사서뿐만이 아니라 다른 정보업무 종사자들의 지침이 되고 도서관과 정보관련 협회에서 정책 및 강령을 정하거나 수정할 때 고찰할 수 있도록 일련의 윤리적 제안서로서 제공되었다.

윤리강령의 기능은 다음과 같이 설명할 수 있다.
- 사서 및 기타 정보업무 종사자들이 정책을 만들거나 어려운 문제 처리에 이 원칙들의 반영을 장려한다.
- 전문가로서의 자각을 향상시킨다.
- 이용자와 사회 일반에 투명성을 제공한다.

이 강령은 기존의 강령들을 대체하거나 또는 연구, 자문, 협동 과정을 통해 자체의 강령을 개발하는 전문단체의 부담을 없애기 위해 의도된 것이 아니다. 이 강령 전체를 준수해야 하는 것은 아니다.

윤리강령 조항들은 전문가 행동을 제안하는 이 서문의 핵심 원칙을 기반으로 한다. IFLA는 어떠한 강령에서도 이러한 원칙이 중심에 있어야 하며, 사회, 지역사회, 가상 커뮤니티 등에 따라 세부사항들이 달라질 수 있다는 사실을 인식하고 있다. 모든 전문가들에게 윤리적 사고가 꼭 필요하기 때문에, 강령을 만드는 것은 전문협회의 필수적인 기능이다. IFLA는 모든 협회와 회원기관, 사서와 정보업무 종사자에게 IFLA의 윤리강령을 권장한다.

IFLA는 적절한 시점에 이 강령을 개정할 책임이 있다.

1. 정보 접근

 사서 및 기타 정보업무 종사자의 핵심 사명은 개인의 발전, 교육, 문화생활, 레저, 경제적 활동, 정보에 기반한 민주정치 참여와 민주주의 강화를 위해 모든 사람을 위한 정보접근을 보장하는 것이다.

 이 목적을 위해서 사서 및 기타 정보업무 종사자는 모든 형태의 검열을 거부하고, 이용자에게 무료 서비스 제공을 지지하고, 잠재 이용자들에 대한 장서와 서비스를 증진시키고, 윤리적 서비스와 가상서비스 접근에 대한 최고 기준을 추구한다.

2. 개인과 사회에 대한 책임
   차별의 근절과 통합을 증진시키기 위하여, 사서 및 기타 정보업무 종사자는, 연령, 국적, 정치적 신념, 신체적 정신적 능력, 성별, 혈통, 교육, 이민 또는 망명 신분, 결혼 여부, 인종, 종교, 성적지향 등에 관계없이 모든 사람에게 정보접근 권리가 거부되지 않고 동등한 서비스가 제공될 것을 보장한다. 모두의 접근을 강화하기 위하여 사서와 기타 정보업무 종사자는 정보를 찾는 사람들을 지원하고, 그들의 읽기능력과 정보리터러시 개발을 돕고, 또한 (특히 청소년 복지에 관심을 두고) 윤리적 정보이용을 장려한다.

3. 사생활, 비밀유지, 투명성
   사서 및 기타 정보업무 종사자는 개인의 사생활과, 개인과 기관 간에 필연적으로 공유된 개인정보의 보호를 존중한다. 동시에 개인의 생활과 사회 전체에 영향을 미치는 공공기관, 민간기업, 그리고 기타 모든 기관에 관련된 정보에 대하여 최대한의 투명성을 지지한다.

4. 오픈액세스와 지적재산권
   사서 및 기타 정보업무 종사자의 관심사는, 저자, 출판사, 기타 저작권 보장품의 창작자들을 파트너로 인정하는 반면에, 도서관 이용자들에게 매체나 형태에 관계없이 아이디어나 정보에 대한 최대의 접근가능성을 제공하는 것이다. 사서와 기타 정보업무 종사자들은 이용자의 권리와 창작자의 권리가 모두 존중되는 것을 보장하기 위해 노력한다. 그들은 오픈액세스, 오픈소스, 오픈라이선스의 원칙을 활성화시킨다. 도서관을 위하여 적절하고 필요한 제한 및 예외를 추구하며, 특히 저작권 보호조건의 확대를 제한하기 위해 노력한다.

5. 중립, 개인무결성, 전문성
   사서 및 기타 정보업무 종사자는 장서, 접근, 서비스의 중립성과 편견 없는 자세를 엄격하게 지킨다. 그들은 균형 잡힌 장서를 수집하고, 공정한 서비스정책을 적용하고, 전문적 업무수행을 저해하는 개인적 신념을 허용하지 않으며, 부패와 싸우고, 전문적 수월성의 최고 수준을 추구한다.

6. 동료와 고용인/피고용인 관계
   사서 및 기타 정보업무 종사자는 공정과 존경으로 서로를 대한다. 이를 위해 그들은 연령, 국적, 정치적 신념, 신체 또는 정신적 능력, 성별, 혼인여부, 민족, 인종, 종교, 성적지향 등으로 인한 고용의 차별에 반대한다. 그들은 남녀 간에 동일한 노동에 대한 동일한 보수를 지지하며, 그들의 전문적 경험을 공유하고 전문 단체의 활동에 공헌한다.

* (2012년 8월, IFLA Governing Board에 의해 승인되었음. International Federation of Library Association and Institutions로부터 허락을 받아 인쇄되었음)

【참고문헌】

American Association of Law Libraries. 2019. "Ethical Principles." Last modified August 20, 2019. https://www.aallnet.org/about-us/what-we-de/policies/public-policies/aall-ethical-principles/.

American Library Association. 1990. "Freedom to View Statement." Last modified January 10, 1990. http://www.ala.org/advocacy/intfreedom/freedomviewstatement.

American Library Association. 2004. "Freedom to Read Statement." Last modified June 30, 2004. http://www.ala.org/advocacy/intfreedom/freedomreadstatement.

American Library Association. 2008. "Code of Ethics." Last modified January 22, 2008. http://www.ala.org/tools/ethics.

American Library Association. 2019. "Library Bill of Rights." Last modified January 29, 2019. http://www.ala.org/advocacy/intfreedom/librarybill.

Asheim, L. 1953. "Not Censorship but Selection." *Wilson Library Bulletin* 28: 63-67.

Association for Information Science and Technology (ASIS&T). 1992. "Professional Guidelines." Last modified May 30, 1992. https://www.asist.org/about/asist-professional-guidelines/.

Buchanan, Elizabeth. 2008. "On Theory, Practice, and Responsibilities: A Conversation with Robert Hauptman." *Library & Information Science Research* 30 (4): 250-56.

Cadwell-Stone, Deborah. 2013. "Filtering and the First Amendment." *American Libraries* 44 (3/4): 58-61.

Carnovsky, Leon. 1950. "The Obligations and Responsibilities of the Librarian Concerning Censorship." *The Library Quarterly* 20 (1): 21-32.

Ex Libris. 2018. "Alma." https://www.exlibrisgroup.com/products/alma-library-services-platform/.

Facebook. http://www.facebook.com.

Geller, Evelyn. 1984. *Forbidden Books in American Public Libraries, 1876-1939: A Study in Cultural Change*. Westport, CT: Greenwood.

Google. http://www.google.com.

Gorman, Michael. 2000. *Our Enduring Values: Librarianship in the 21st Century*. Chicago, IL: American Library Association.

Greenwald, Glenn, and Ewen MacAskill. 2013. "NSA Prism Program Taps in to User Data of Apple, Google, and Others." *The Guardian*, June 7. https://www.theguardian.com/world/2013/jun/06/us-tech-giants-nsa-data.

Hauptman, Robert. 1976. "Professionalism or Culpability? An Experiment in Ethics." *Wilson Library Bulletin* 50 (8): 626-27.

International Federation of Library Associations and Institutions. 2012. "Code of Ethics." Last modified December 27, 2016. http://ifla.org/publications/node/11092.

Jensen, Robert. 2008. "Myth of the Neutral Professional." in *Questioning Library Neutrality*. edited by Alison Lewis, 89-96. Duluth, MN: Library Juice.

Knox, Emily J. M. 2014a. "Intellectual Freedom and the Agnostic-Postmodern View of Reading Effects." *Library Trends* 63 (1): 11-26.

Knox, Emily J. M. 2014b. "Supporting Intellectual Freedom: Symbolic Capital and Practical Philosophy in Librarianship." *The Library Quarterly* 84 (1): 1-14.

Latham, Joyce M. 2009. "Wheat and Chaff: Carl Roden, Abe Korman, and the Definitions of Intellevtual Freedom in the Chicago Public Library." *Libraries & the Cultural Record* 44 (3): 279-98.

Medical Library Association. 2010. "Code of Ethics for Health Sciences Librarianship." Last modified June 2010. http://www.mlanet.org/page/code-of-ehics.

National Telecommunications and Information Administration. n. d. "BroadbandUSA." https://www2.ntia.doc.gov/about.

Nelson, Sandra S., June Garcia, and Public Library Association. 2003. *Creating Policies for Results: From Chaos to Clarity*. Chicago, IL: American Library Association.

Newman, Ilana. 2018. "Hate Groups in Meeting Room B, Right Next to the Children's Books." *Medium* (blog). July 13, 2018. http://medium.com/@ilananewman/hate-groups-in-meeting-room-b-right-next-to-the-childrens-books-ccd9787003c2.

Preer, Jean. 2008. *Library ethics*. Westport, CT: Libraries Unlimited.

Reference and User Services Association. 2017. "Professional Competencies for Reference and User Services Librarians." American Library Association. Last modified September 7, 2017. http://www.ala.org/rusa/resources/guidelines/professional.

Rubin, Richard E. 2011. "Ethical Aspects of Reference Services." in *Reference and Information Services: An Introduction*, edited by Richard E. Bopp and Linda C. Smith, 4th ed., 29-56. Santa Barbara, CA: Libraries Unlimited.

Society of American Archivists. 2011. "Core values Statement and Code of Ethics." Last modified September 30, 2018. https://www2.archivists.org/statements/saa-core-values-statement-and-code-of-ethics.

Solove, Daniel J. 2007. "'I've Got Nothing to Hide' and Other Misunderstandings of Privacy." *San Diego Law Review* 44: 745-72.

Souter, David. 2010. "Towards Inclusive Knowledge Societies: A Review of UNESCO's Action in Implementing the WSIS Outcome." UNESCO. http://www.unesco.org/new/en/communication-and-information/resources/publications-and-communication-materials/publications/full-list/toward-inclusive-knowledge-societies-a-review-of-unescos-action-in-implementing-the-wsis-outcomes/.

Turock, Betty. J., and Gustav W. Friedrich. 2009. "Access in a Digital Age." In *Encyclopedia of Library and Information Sciences*, edited by Marcia J. Bates and Mary Niles Maack, 3rd ed., 23-33. New York: Taylor & Francis.

Twitter. http://www.twitter.com.

United Nations. 1948. "Universal Declaration of Human Rights." http://www.un.org/en/universal-declaration-human-rights/.

We Need Diverse Books. 2018. "Our Definition of Diversity." https://diversebooks.org/about-wndb/.

【SUGGESTED READINGS】

American Library Association. 2015. *Intellectual Freedom Manual*. 9th ed. Chicago, IL: American Library Association.

> This handbook provides a comprehensive overview of the American Library Association's official positions on many issues related to intellectual freedom. The Code of Ethics, Library Bill of Rights, and the Freedom to Read Statement as well as the myriad interpretations of each are included. The ninth edition includes seventeen new or updated policy statements. Historical documents are now published in a separate supplement.

Besnoy, Amy L., ed. 2009. *Ethics and Integrity in Libraries*. New York: Routledge.

> This anthology of articles from the *Journal of Library Administration* provides a wide

range of views on various aspects of information ethics in libraries, including fair use law and plagiarism. It is particularly concerned with maintaining the integrity of the library as an institution that provides access to information for all.

Buchanan, Elizabeth A., Kathrine A. Henderson, and Robert Hauptman. 2009. *Case Studies in Library and Information Science Ethics*. Jefferson, NC: McFarland.

Case Studies includes both theoretical and practical insight into ethical issues in LIS. It has more than one hundred case studies and discussion questions in the areas of intellectual freedom, privacy, intellectual property, professional ethics, and intercultural information ethics.

Fallis, Don. 2007. "Information Ethics for Twenty-first Century Library Professionals." *Library Hi Tech* 25 (1): 23-36.

This article provides general background on carious ethical concepts in the information professions. Fallis argues that information ethics is primarily concerned with providing access to information. He notes that codes of ethics are valuable resources for librarians and other information professionals even though their meaning is sometimes unclear and they do not always provide guidance when there are conflicts among obligations.

Hauptman, Robert. 2002. *Ethics and Librarianship*. Jefferson, NC: McFarland.

Hauptman, who conducted the famous research question experiment described earlier, offers a normative view of professional ethics in librarianship. The monograph covers many topics, including intellectual freedom, technical and access services, and reference.

International Review of Information Ethics. Stuttgart, Germany: International Center for Information Ethics, 2004. Semiannual. http://i-r-i-e.net/index.htm.

The *International Review of Information Ethics* is the official journal of the International Center for Information Ethics. It is primarily focused on information technology and ethics in an international context. The journal is available free of charge online, and articles may be published in English, French, German, Portuguese, and Spanish.

Isaacson, David. 2004. "Is the Correct Answer the Right One?" *Journal of Information Ethics* 13 (1): 14-18.

> This article deftly explores how one might resolve dilemmas that occur when a patron is provided with the correct answer but is not happy with it.

Journal of Information Ethics. Edited by Robert Hauptman. Jefferson, NC: McFarland, 1992. Semiannual.

> This Journal, published in the United States, focuses on many different ethical issues, including privacy, human rights, copyright, and professional values.

Mathiesen, Kay.2015. "Informational Justice: A Conceptual Framework for Social Justice in Library and Information Services." *Library Trends* 64 (2): 198-225.

> This article provides a philosophical foundation for justice in library services, including reference.

Moore, Adam D., ed. 2005. *Information Ethics: Privacy, Property, and Power*. Seattle: University of Washington.

> This book provides a short introduction to ethical theory and several short frameworks for analyzing ethical issues, including excerpts from John Stuart Mill's *Utilitarianism* and Immanuel Kant's *The Metaphysics of Morals*. It then covers specific areas of information ethics, including intellectual property, privacy, and freedom of speech.

Preer, Jean. 2008. *Library Ethics*. Westport: CT: Libraries Unlimited.

> Preer's text endeavors to provide an ethical framework for decision-making that endures even when the values of librarianship are reexamined. It offers many historical cases to examine the issues of access, conflicts of interest, and confidentiality.

Reference and User Services Association. 2017. "Professional Competencies for Reference and User Services Librarians." American Library Association. Last modified September 7, 2017. http://www.ala.org/rusa/resouces/guidelines/professional.

> RUSA's guidelines offer standards for professional behavior in reference services. The

guidelines have implications for ethics and cover areas such as access, marketing, and evaluation. Other organizations such as ASIS&T, AALL, MLA and SAA offer guidelines for educational objectives in their respective areas. These are easily obtained online and also provide guidance for ethical behavior.

Rubin, Richard E., and Thomas J. Froehlich. 2017. "Ethical Aspects of Library and Information Science." in *Encyclopedia of Library and Information Sciences*, edited by John D. MacDonald and Michael Levine-Clark, 4th ed., 1469-83. New York: Taylor & Francis.

Rubin and Froehlich's article provides an excellent introduction to ethics in LIS. It takes the perspective that information professionals operate as both members of staff for a particular institution and members of a profession. The article covers privacy, selection, reference, copyright, administrative, access, technology-related, conflicting loyalties, and societal issues.

Solove, Daniel J. 2007. "I've Got Nothing to Hide' and Other Misunderstandings of Privacy." *San Diego Law Review* 44: 745-72.

Solove offers a theory of privacy as a plurality of things that mitigate the power relationships between people and the modern state.

Zaïane, Jane Robertson. 2011. "Global Information Ethics in LIS." *Journal of Information Ethics* 20 (2): 25-41.

This article compares and contrasts ten national codes of ethics. The author found nine patterns, including references to human rights, copyright, and privacy, but not much mention of technology.

3

참고면담

3.1 서론
3.2 정의와 개요
3.3 원거리 참고면담
3.4 어조와 전문성
3.5 참고면담의 특수 유형
3.6 특수 상황에 대한 고찰
3.7 참고면담의 문화적 맥락
3.8 결론

제3장 참고면담

3.1 서론

참고면담은 참고서비스의 핵심이다. 구조화된 대화를 통해, 정보전문가는 이용자의 정보요구를 이해한다는 것을 확신할 수 있고 가능한 한 완전하게 답변할 수 있다. 제 8장에 논의된 바와 같이, 효과적인 참고면담은 보다 정확한 답변을 이끌고(Hernon and McClure 1987), 더 나은 이용자 만족을 초래할 수 있다(Durrance 1989; Radford 2006; Radford and Connaway 2009). 본 장에서는 도서관의 견지에서 면담을 논의하지만, 참고면담 과정은 여러 가지 다른 환경과 직무에도 적용가능하다. 헬프데스크와 기술자들은 컴퓨터 고장 문제를 수리하는 이용자를 보조할 때 동일한 기술을 사용한다; 강사들은 어려운 개념이나 과제를 통해 학습자가 생각하도록 도울 때 이 과정을 시작한다; 기록관리사는 기록관자료를 사용하는 이용자를 돕기 위해 참고면담을 사용한다. 본질적으로 질문에 응대하고 답변을 찾도록 안내를 제공하는 사람은 누구나 참고면담 과정을 이해함으로써 혜택을 받을 수 있다.

참고면담이 단순한 개념처럼 보일 수 있겠지만, 이것은 실제로 복잡한 것이며, 정보원과 장서에 대한 깊은 지식과 관계를 구축하고 효과적 대화에 참여하는 강력한 대인관계 기술을 모두 필요로 한다. 본 장은 참고면담의 이론과 실제에 대한 심도 있는 개관을 제공한다.

3.2 정의와 개요

참고면담은 정보전문가와 이용자 간의 구조화된 대화라고 정의할 수 있으며, 그 안에서 정보전문가는 이용자의 정보요구를 명료화하고 이용자가 해당 요구를 만족시킬 정보를 찾고 평가하고 사용하도록 안내한다. *Dictionary for Library and Information Science*에 따르면, 참고면담은,

> 참고사서와 도서관이용자 사이에서 이용자의 특정 정보요구를 결정하기 위해 발생하는 대인 커뮤니케이션인데, 정보요구는 처음에 제시되었던 참고질문과 다른 것이 될 수 있다. 이용자들은 종종 특히 대면 상호작용에서 과묵하기 때문에, 사서 편에서 인내와 재치가 요구된다. 참고면담은 이용자의 요청에 따라 대면하거나, 전화를 통해서, 또는 전자적으로(보통 이메일로) 발생하지만, 잘 훈련받은 참고사서는 때때로 주저하는 이용자가 도움을 필요로 하는 것처럼 보이면 커뮤니케이션을 시작할 것이다(Reitz 2004).

The Society of American Archivists는 기록관 환경에서 참고면담을 "연구자에게 자료이용에 대한 오리엔테이션을 제공하고, 연구자가 적합한 소장 자료를 식별하도록 돕고, 해당 조사 요구가 충족되었는지를 확인하기 위하여 고안된 기록관리사와 연구자 간의 대화"라고 정의하고 있다(Society of American Archivists n. d.). American Library Association (ALA)의 Reference and User Services Association(RUSA 2013)은 참고면담의 다섯 가지 국면을 설정하고 있다: 가시성/접근용이성, 흥미, 경청과 질문, 탐색, 그리고 사후조사. 이와 같은 다섯 가지 국면에 기반하여 참고면담은 다음과 같은 주요 단계로 구성 되어 있는 것으로 간주될 수 있다: 면담 시작, 질문협상, 정보 탐색과 소재확인, 답변 전달, 그리고 사후조사 및 종결인데 각 단계는 세부적 대인관계 행동에 의해 보완된다.

3.2.1 면담 시작

대부분의 참고 상호작용은, 대면서비스 또는 원거리 서비스를 막론하고, 이용자가 질문을

가지고 참고사서에게 접근하면서 시작된다. 손쉬운 접근을 보장하기 위하여 참고서비스는 아주 눈에 잘 띄어야만 한다. 대면 서비스의 경우, 이것은 참고데스크 또는 사서의 사무실이 훌륭한 표지판과 함께 현저하게 왕래가 많은 곳에 위치해야함을 뜻한다. 원거리서비스에 대한 정보는 도서관 웹사이트 내에 여러 곳에서 이용 가능해야 하며 명확하게 표시되어야 한다(Schwartz 2014; van Duinkerken, Stephens, and MacDonald 2009). 그렇지만 가시성이 필수적으로 이용을 보장하는 것은 아니다.

이용자들이 참고사서에게 접근하기를 두려워하는 여러 가지 이유가 있다: 질문이 어리석은 것일 수도 있다는 걱정, 도움 없이 스스로 질문에 답변할 수 있어야 한다는 믿음, 고정관념화되는 두려움(Black 2016). 질문의 주제가 민감한 것일 수도 있다. 예를 들면, 최근에 질병 진단을 받았다거나, 이민이나 시민권에 대한 질문을 갖고 있거나, 또는 자신의 성정체성에 대해 질문하는 이용자들은 모두 이런 문제에 관한 질문을 제기했을 때 평가를 받거나 상투적인 반응에 대해 걱정하게 된다. 대다수의 이용자들은 또한 도서관불안을 경험하는데, 이것은 도서관이나 정보원을 항해해야 하는 막연한 불안이 이용자의 도서관 접근을 방해하거나 이용자들이 마주한 정보원을 이해하고 비판적으로 생각할 능력을 약화시키는 정서적 상태이다(Mellon 1986). 서비스 접근성을 향상시키기 위하여 사서들이 이러한 장애에 대해 인지하고 최소화시키는 것은 중요하다.

RUSA *Behavioral Guidelines*(2013)는 "참고트랜잭션을 시작하는 사서의 첫 단계는 두렵고 혼란스럽고 압도된 것으로 보이는 상황에서 이용자로 하여금 편안하게 느끼도록 만드는 것"이라고 진술하고 있다. 개인적으로 사서는 조용할 때 참고데스크에서 다른 일을 할 수도 있을 것이다. 그것이 쉬는 시간을 잘 활용하는 것일지라도, 만일 사서가 바쁜 것처럼 보이면, 이용자들은 끼어들기를 주저할 것이다. 사서는 주변에서 눈을 떼지 말아야 하며 질문을 하려고 기다릴 이용자들을 알아차리고, 일단 한 이용자와 관계하게 되면 다른 모든 일을 제껴 두고 모든 관심을 해당 이용자에게 쏟아야 한다. 이용자를 편안하게 만들기 위해, RUSA(2013)는 사서로 하여금 시선을 마주쳐서 이용자를 인정하고 미소 지으며 앞으로 몸을 기울이는 "열린"(open) 신체언어를 사용하면서 인사를 하도록 조언하고 있다. 사서는 또한 이용자에게 그가 도움이 될 수 있는지를 물어봄으로써 참고트랜잭션을 시작할 수 있다. 원거리 참고서비스를 제공하는 사서들은 적시에 질문에 응답해야 하며 본격적인 참고면담으로 들어가기 전에 인사를 해야 한다. Wyoma van Duinkerken, Jane Stephens, and Karen MacDonald(2009)는 대기시간을 줄이기 위해 질문 유형을 식별하고 위임하는 선별분류시스템 사용을 제안하고 있다.

사서는 "참고트랜잭션에서 고도의 객관적이고 개인적 판단을 피하는 관심을" 보여야만 한다(Reference and User Services Association 2013). 대부분의 참고 직원들은 자연히 호기심이 많고 여러 가지 다른 주제에 관해 흥미 있는 질문을 탐구할 기회를 고마워한다. 그러나 사서들은 때때로 그들의 흥미를 불러일으키지 않는 질문에 당면하거나 또는 동일한 질문에 계속해서 답변하게 된다. "이용자 각각의 정보요구를 포용하고 … 가장 효과적인 도움을 제공하기 위해 노력하는"것이 바로 참고사서의 직무이다(Reference and User Services Association 2013). 대면 상호작용에서 사서는 시선을 마주치고 미소짓고 고개를 끄덕이고 이용자의 얼굴을 마주보는 것과 같은, 비언어적 신호를 통해 관심을 전달할 수 있다. 원거리 참고면담에서는, 사서가 경청하고 이해한다는 것을 나타내기 위해서 간단한 노트나 응답을 통한 단어접촉을 계속 유지할 수 있다(Schwartz 2014; van Duinkerken, Stephens, and MacDonald 2009). 이용자 질문을 접수한 후, 질문을 명료화하거나 답변을 제공하기 이전에, 사서는 "그것은 매우 흥미로운 질문이군요"라고 대응한다. 단어접촉은 시스템에서 생성되거나 또는 신속하게 복사 및 붙여넣기를 해서 만들어진 일종의 스크립트 프롬프트를 가지고 쉽게 활용할 수 있다.

참고사서는 또한 질문에 답변하는 동안 객관적이어야 하고 개인적 판단을 피해야만 한다. 앞서 지적한 바와 같이, 이용자들은 참고트랜잭션에서 사적인 또는 민감한 정보를 공유할 수 있으며, 또는 참고사서가 불쾌하고 불편하고 다소 공격적이라고 느끼게 될 섹스나 성욕, 피임, 종교, 정치 등을 포함하는 질문을 제기할 수도 있다. 약물, 폭발물, 자살 등에 관한 질문들은 의심스럽고 위험하게 들릴 수도 있다. 질문의 본질에 관계없이 사서는 이용자 및 그들의 정보요구에 대한 판단을 자제하도록 노력해야 하며, 놀라움, 경고, 적개심을 갖고 반응하지 않도록 유의해야 한다. 만일 사서가 이용자의 질문에 놀라거나 질문을 유예하는 것처럼 보인다면, 이용자들은 당황하거나 아니면 마치 그들 자신 또는 그들의 질문이 가치가 없는 것처럼 느끼게 되서, 다시 참고 서비스를 사용하는데 주저하게 될 것이다.

사서들이 불쾌하거나 부당한 질문일지라도 답변할 의무를 가지고 있다는 사실은 ALA 윤리강령(2008)에 암시되어 있는데, 윤리강령은 "우리는 개인의 신념과 전문직의 의무를 구별하며, 개인적 믿음이 모기관의 목적에 대한 공정한 표현이나 정보자원에 대한 접근제공을 방해하지 않도록 한다"고 지시하고 있다. 말하자면, 사서 본인이 개인적으로 낙태에 반대할 수는 있지만, 낙태 또는 가족계획서비스의 접근에 관한 이용자의 질문에 답변을 거부해서는 안 된다는 것이다. 불편하거나 공격적인 요청을 다루는 방법이 제 2장에서 깊이 있게 논의되었다. 그렇지만 대부분의 경우에 사서들이 이용자의 기본 동기가 그런 정보의 요청이라는 것을 모른다는 점에서 되풀이해서 서술할 가치가 있다. 예를 들면, 논란의 소지가 있는 정보를 요청하는 이용자가 신문기사를 위해 배경정보를 찾거나, 연구논문을 쓰는 학생이거나, 또는 단지 호기심이 있는 사람일 가능성이 있다.

3.2.2 질문협상

질문협상은 일련의 개방형/폐쇄형 질문과 이용자 질문을 명료화하고 사서가 정보요구를 정확히 이해한 것을 확인하기 위한 능동적 경청을 포함한다. 언뜻 보기에 질문협상은 직관에 반하는 것처럼 또는 시간낭비처럼 보일 수 있지만, 이것은 이용자의 시작질문들이 거의 진정한 정보요구를 반영하지 못한다는 인식에 기초를 두고 있다. 시작질문은 종종 "투박한 질의"(ill-formed queries)이다(Dewdney and Michell 1996, 520). 시작질문들은 불완전하거나, 잘못된 정보 또는 오해에 근거하거나, 서툴게 표현될 수 있으며, 연구 결과를 보면 이용자 시작질문의 40% 만큼이나 실제 요구를 반영하지 못하는 것으로 나타났다(Dewdney and Michell 1996, 1997).

이용자들이 "실제"(real) 질문을 즉각적으로 묻지 못하는 여러 가지 이유가 있다. 만일 이용자가 해당 주제에 친숙하지 못하면, 그는 질문을 형성할 어휘나 배경 지식에 결여되어 있을 것이다. 이용자들은 때때로 참고서비스의 목적이나 사서가 도울 수 있는 정도에 대해 확신이 없어서, 그들이 서비스 범위 안에 든다고 생각하는 질문으로 시작할 것이다. 이용자들의 첫 번째 질문은 종종 아주 범위가 넓어서, 사서는 오직 질문협상을 통해서만 주제를 좁힐 수가 있다. 예를 들면, 제 2차 세계대전에 관한 책을 묻는 이용자는, 실제로 특정 전투에 관심이 있거나, 무기에 관한 어떤 질문을 하고자 원하거나, 또는 전쟁의 실마리가 되는 사건에 관심이 있을 수 있다.

어떤 경우에는 이용자가 복잡한 질문을 가지고 있어 감당할 수 있는 몇 개로 질문을 나눌 수도 있다. 예를 들면 자영업을 시작하는 사람이라면, 사업계획서 작성, 재원 발굴, 상품 마케팅, 상업용 부동산의 용도제한에 대한 질문을 갖고 있더라도, 시작할 때는 이 영역 중의 단 하나를 선택할 수 있다. 표면적으로는 단순하거나 모호하지 않아 보이는 질문들 조차도 추가적인 또는 더 복잡한 질문을 감추고 있을 수 있다. 예를 들면, 이용자는 실제로 특정 레시피를 찾고 있는 시점에서 도서관의 요리책 소장여부를 문의할 수 있다. 만일 사서가 단순히 이용자를 요리책 섹션으로 보낸다면, 이용자는 결코 원하는 정확한 레시피를 발견하지 못할 수도 있다. Catherine Sheldrick Ross(2003)는 사서들은 어떤 질문도 액면 그대로 받아들이지 말고 항상 참고면담을 수행해야 한다고 주장한다.

대부분의 경우에 질문협상은 능동적 경청과 더불어 개방형 및 폐쇄형 질문이 혼합되어 있다. 개방형 질문은 "예" 또는 "아니오"라는 답변 이상을 요구하며 보통 대화에 박차를 가하는데 보다 효과적이다. 개방형 질문의 예를 들면, "당신의 관심사에 대해 조금 더 얘기해 줄 수 있습니까?" "이 주제에 관해 이미 알고 있는 것은 무엇입니까?" "당신은 이 주제에 대해 얼마나 더 많이 알고자 합니까?"같은 것들이다. 일단 질문의 초점을 이해하게 되면, 사서는 주제를 더욱 정교화하기 위해서 폐쇄형 질문, 즉 "예" 또는 "아니오"로 답변하는 질문을 하거나, 대답을 하나만 선택하는 질문을 한다. 폐쇄형 질문의 예를 들면, "당신은 도서에 관심이 있습니까 아니면 웹자원을 더 선호합니까?" "당신은 이 주제에 관해서 사전조사를 한 적이 있습니까?" "당신은 동료평가를 받은 논문을 필요로 합니까?"같은 것들이다.

참고면담 전체를 통하여 사서는 그의 커뮤니케이션 스타일을 개별 이용자에게 맞도록 적용하는 데 주의를 기울여야만 한다. 이용자의 연령, 언어와 문해 수준, 그리고 해당 주제에 대한 지식의 깊이에 따라 사서는 그 자신의 이휘를 조절할 필요가 있으며, 항상 일반인들에게 친숙하지 않은 기술적 용어나 전문용어 사용을 회피해야만 한다. 이용자들에게 책을 찾기 위해 온라인열람목록(OPAC: Online Public Access Catalogue)을 조사했는지 여부를 묻는 것은 도움이 되지 않는데, 왜냐하면 대부분의 이용자들은 OPAC이 무엇인지 알지 못할 것이기 때문이다. 그 대신에 사서는 이용자에게 해당 주제를 탐구하기 위해 무엇을 해 보았는지 물어볼 수 있다.

질문을 명료화하는 동안, 사서는 경청하고 있음을 보이고 흥미를 나타내기 위하여 언어적 그리고 비언어적 암시를 계속 활용해야 한다. 사서는, 후속 질문을 하거나 탐색을 시작하기 전에, 이용자로 하여금 자신의 완전한 질문을 진술할 수 있도록 허용해야 하며(Reference and User Services Association 2013) 관심을 계속 이용자에게 집중해야 한다. 사서가 이용자의 질문을 고쳐서 말할 때, 사서는 경청하고 있다는 신호를 주면서 이용자가 필요시에 질문을 다듬고 초점을 바꿀 수 있도록 기회를 제공해야 한다. 사서는 또한 연구목적에 대해 사서가 이해한 것을 말하고, 이용자가 확인하거나 또는 분명히 하도록 허용할 수 있다 (Reference and User Services Association 2013). 비록 이용자와 사서가 면담을 하는 동안에 계속 소통하고 질문을 정교화한다고 해도, 사서는 요구를 파악한 후 답을 얻기 위해 이용자와 함께 작업을 시작할 수 있다. Box 3.1은 질문협상에 참고가 될 이용자질문의 몇 가지 예를 제공한다.

Box 3.1
시작질문과 질문협상

이용자의 첫 질문은 좀처럼 "실제" 질문이 아니다. 다음은 간단한 분석과 함께 시작질문의 예를 제시한 것이며 일부 후속질문도 포함하고 있다.

강아지에 관한 책을 소장하고 있습니까?
이용자는 어떤 종류의 책을 원할까요? 논픽션 또는 강아지가 주인공인 소설에 관심이 있을 수도 있습니다.
 이용자가 논픽션을 찾고 있다면, 어떤 종류의 정보를 필요로 할까요? 훈련 매뉴얼이나, 종자별로 모양과 성질을 서술하고 있는 안내서, 또는 애완견 선택을 돕는 책을 원할 수 있습니다. 이용자가 애완견을 찾고 있다면, 사서는 그가 어떤 품종에 관심이 있는지를 물어볼 것입니다.
 이용자가 소설을 원한다면, 어떤 종류의 소설에 관심이 있을까요? *The Art of Racing in the Rain*과 같은 문학작품을 원할까요 아니면 *A Dog's Purpose* 같은 보다 영감을 주는 것을 원할까요?

음식에 관한 책은 어디에 있습니까?
이용자는 어떤 종류의 정보를 원할까요? 그는 요리책, 영양 및 다이어트 정보, 또는 음식의 역사에 대한 것을 찾을 수도 있습니다.
 이용자가 요리책에 관심이 있다면, 특정 조리스타일(예, 석쇠에 굽기, 오븐에 굽기, 또는 찜 만들기), 특정 지역 음식(지중해식, 이탈리아식, 인도식, 중국식), 또는 특정 요리 형태(국, 파스타, 전채 등)에 관한 책을 찾고 있습니까?
 이용자가 영양 또는 다이어트 정보를 찾고 있다면, 그는 특별한 관심사가(글루텐 프리, 저염, 당뇨병 식단, 또는 체중감량 등) 있을까요?
 아니면, 이 사람은 요리책이 아니라 음식, 요리, 쉐프 등등에 대한 책을 찾고 있을 수 있습니다 – *Blood, Bones, and Butter* 같은 회고록이나 *Cod: A Biography of the Fish That Changed the World* 같은 역사책.

3.2.3 탐색과 정보소재 확인

 RUSA *Behavioral Guidelines* (2013)에 서술되어 있듯이, "탐색 과정은 행동과 정확성이 교차하는 업무의 하나다." *Google*과 스마트폰의 시대에 이용자들이 참고전문가와 같이 일을 한다면, 그들은 탐색에서 부가가치를 얻고자 기대할 것이다. 전문적인 탐색기술과 정보원에 대한 깊이 있는 지식을 사용하여, 사서는 원하는 정보를 발견하기 위해, 효과적이며 효율적으로 그들을 일련의 정보원으로 안내하고 결과를 평가하도록 도움으로써, 이용자의 시간과 노력을 절약할 수 있다.

성공적인 탐색은 종종 참고질문의 유형과 주제를 식별하는 것으로부터 시작한다. 제 1장에 서술된 바와 같이, 참고질문은 크게, 즉답형, 서지확인, 연구형을 포함한 몇 가지로 나눌 수 있다. 어떤 정보원은 특정 유형의 질문을 답변하기에 적합하다. 예를 들면, 연감이나 사전은 즉답형 질문에 색인이나 목록은 서지확인 질문에 가장 잘 맞는다. 나아가 각 질문은, 경영, 보건, 문학, 역사 등과 같은 한 두 가지 주제분야에 속한다. 전문분야별 정보원은 종종 이런 질문에 사용될 것이다. 참고면담 중 탐색 부분에서 사서는 질문의 유형과 주제를 먼저 식별하고, 그 다음에 어떤 정보원이 해당 카테고리에 맞을지를 결정한다.

탐색하는 동안에 의사소통을 지속하는 것이 중요하다. 사서는, 진행하는 단계를 설명하고 이용자의 의견을 요청하면서, 이용자를 직접 탐색에 개입시켜야 한다. 제 4장에서는 참고트랜잭션의 한 부분으로서의 교육에 대해 상세히 다룬다. 일반적으로 사서는, 탐색에 사용될 키워드나 주제명표목을 포함하여, 그들이 보고 있는 정보원이 무엇인지를 제시하고 해당 정보원을 사용하는 단계를 공유해야 한다. 사서는 결과가 이용자요구에 맞는지 여부에 관해 이용자의 의견을 요청해야만 하고 또한 정보원의 권위와 신뢰성을 어떻게 평가하는지 논의해야 한다.

사서는 교육을 제공해야 하는 반면에, 이용자의 참여수준은 차이가 많다. 학교도서관이나 대학도서관에서는 학생들이 정보를 발견하고 이용하고 평가하기를 배울 것으로 예상되며, 도서관은 단지 답변을 제공하기보다는 이런 기술을 학생들에게 교육함으로써 모기관의 교육적 임무에 기여하고 있다. 기업체 도서관 이용자는 다소 고객과 유사하며, 사서의 역할은 질문에 답변함으로써 조직의 시간과 비용을 절약하는 것이다. 기업체 근무 사서가 교육을 제공하고는 있지만, 그들은 요청에 대해 직접적인 답변으로 응대하는 경향이 더 많다. 기록보관소 이용자들은 종종, 기록물자료 고유의 속성 때문에, 해당 자료 이용규칙에 적응할 필요가 있다. 공공도서관에서 사서는 이용자로부터 단서를 취해야만 한다. 사서는 모든 단계에 이용자를 포함시켜야 하지만, 만일 이용자가 단지 그를 위해 답변을 찾아 줄 것을 원하는 암시를 한다면, 일반적으로 사서는 그렇게 해야 할 것이다.

이 시점에서 이용자의 질문은 추가적인 정교화를 필요로 할 수 있다. 탐색의 결과를 봄에 따라, 이용자는 자신의 질문 방향에 대해 더 나은 이해를 얻게 될 수도 있고 자신의 생각을 다듬을 새 방법을 생각할 수도 있다. 사서는 이용자와 더불어 결과를 리뷰하고, 결과가 목적에 맞는지를 알기 위해 질문을 계속함으로써 이용자와 협상을 계속해야 한다.

3.2.4 답변 전달

탐색과 소재 확인을 끝내고 사서와 이용자는 질문에 대한 답변에 도달하거나 또는 정지할 시점에 이르게 된다. 질문이 특정 수치나 논문의 서지사항처럼 단 한 가지 정확한 답변을 가진 것이라면, 멈추는 시점이 확실하게 될 것이다. 그렇지만 참고직원은 종종 자료의 편집과 통합을 필요로 하는 보다 복잡한 질문에 시간을 보낸다. 예를 들면, 기업체 도서관 이용자는 산업 동향의 개요를 원할 수 있으며, 학생은 논문을 위해 연구를 편집할 필요가 있을 수 있고, 새내기 부모는 유아상품에 대한 안전 등급 비교를 원할 수 있다. 이런 질문들은 상당한 시간이 걸리는데, 왜냐하면 이용자가 적합한 정보를 편성하고 평가하도록 도와주어야 하기 때문이다. 사서는 충분한 양의 정보가 편성되었는지 그리고 해당 정보가 이용자요구에 맞는지 여부를 결정하기 위해 이용자와 함께 작업할 것이다. 때때로 사서는 이용자가 착수하도록 돕고, 그 이후에 이용자가 추가도움을 필요로 하는지 보기 위해 점검한다.

다른 경우에, 이용자들은 특정 기관의 장서 범위를 넘는 정보를 필요로 하거나 또는 도서관 이외의 전문가 지원을 요청할 수 있다. 족보학자나 사학자는 전문적인 기록물에 접근할 필요가 있다. 질병을 갖고 있는 이용자들 또는 불량주택에 살거나 집이 없는 이용자들은 보건 또는 복지 서비스를 필요로 할 것이다. 이런 경우 참고직원은 이용자가 필요로 하는 자료에 접근이 불가능할 수 있지만, 이용자로 하여금 해당 정보나 지원을 제공하는 장서나 지역사회기관을 식별할 수 있도록 도움을 줄 수 있어야만 한다. 이 같은 질문에 대한 답변은 다른 기관으로 의뢰하는 것이다.

대인관계 기술은 참고면담 중 이 부분에서 여전히 중요하다. 특히 중요한 것은 정보가 개별 이용자에게 맞는 방식으로 제시되었는지 확인하는 것이다. 답변 전달에서 고려할 사항은, 유형, 정보의 수준, 그리고 정보가 필요한 시간대를 포함한다. 예를 들면, 간호전공 학생, 고등학교 학생, 그리고 새내기 부모는 모두 백신안전성에 대해 알고 싶어 할 것이다. 그렇지만, 그들은 유형과 수준이 다른 정보를 필요로 할 가능성이 있다. 질문과 배경지식 두 가지 견지에서 이용자에게 적합한 것이 무엇인지를 이해하는 것이 바로 사서가 할 일이다. 고등학교 학생과 간호전공 학생은 둘 다 이 주제에 학술적인 흥미로 조사에 관심이 있을 수 있다. 그렇지만 고등학교 학생은 일반적으로 간호전공 학생보다 낮은 기술수준으로 쓰인 자료를 필요로 할 것이다. 간호전공 학생은 *Journal of the American Medical Association* 과 같은 자료에 있는 연구논문을 이해할 수 있는 반면에, 고등학교 학생은 *Discover* 잡지에 있는 연구관련 이차보고서를 가지고 더 잘 해낼 수 있을 것이다. 새내기부모 또한 연구에 관심이 있을 수 있지만, 그들은 의사결정에 도움이 될 수 있게 요점을 종합한 보고서를 선호할 것이다. *Center for Disease Control and Prevention* 또는 *American Academy of Pediatrics* 와 같이 신뢰성 있는 기관에서 이와 같은 독자들을 위해 만든 안내서들이 이 집단에게 최선의 것이다. Box 3.2는 이용자의 차이가 찾아볼 정보원에 미치는 영향을 고찰하기 위해 몇 가지 이용자별로 일련의 참고질문을 선정하여 제시한 것이다.

Box 3.2
동일한 질문, 다양한 이용자

사람들은 동일한 주제에 관심을 가질 수 있지만, 그렇다고 동일한 자료나 정보가 각각의 사람을 만족시키는 것은 아니다. 다음은 참고질문과 더불어 해당 주제에 대해 질문할 가능성이 있는 다양한 이용자를 열거한 것이다. 이용자요구를 더욱 명확히 하기 위해 당신이 물어볼 추가질문이 무엇인지 고찰해 보십시오. 여기 주어진 대강의 정보를 토대로, 당신은 각 이용자에 대해 어떤 종류의 자료를 사용할 것인지 그리고 그 이유는 무엇인지 생각해 보십시오.

어떻게 "가짜 뉴스"를 식별하고 또한 다른 사람들이 그것을 인식하도록 도울 수 있을까요?
1. 신문학과 학부생
2. 공공도서관 워크샵에 참석한 나이든 성인
3. 중학생

알츠하이머병의 주요 치료법은 무엇이며, 실험 중인 신약은 어떤 것들이 있나요?
1. 최근에 진단받은 환자의 성인 자녀
2. 제약회사의 연구개발부서 직원
3. 의과대학 학부생

나는 남북전쟁 중 전쟁터의 상태에 관심이 있습니다. 군인들 스스로는 자신들의 경험을 어떻게 묘사하였습니까?
1. 역사학자
2. 남북전쟁을 배경으로 소설을 쓰는 작가
3. 막연한 관심을 갖고 있는 성인

이용자를 정보원으로 안내할 때, 참고직원은 이용자의 문해와 언어 수준 그리고 선호하는 형태를 고려해야만 한다. 시력이 약한 사람은 활자 크기와 콘트라스트를 조절할 수 있는 온라인 정보원을 선호할 것이다. 이용자들은 또한 정보요구에 대한 각기 다른 시간 스케줄을

갖고 있을 것이다. 장기적인 연구프로젝트를 수행하는 학자는 다른 장서를 보러 가거나 도서관상호대차를 기다릴 수 있는 반면에, 다른 사람들은 빡빡한 마감 일자에 맞춰 작업 중인 경우도 있을 것이다. 궁극적으로 사서가 요구되는 정보의 범위를 판단해야만 한다. 단지 짧은 답변을 필요로 하는 이용자도 있겠지만 보다 방대한 답변을 필요로 하는 이용자도 있을 것이다. 질문의 본질에 관계없이, 사서는 각 답변에 대해 서지사항 또는 구체적인 자료를 제공해야만 한다. 사서가 질문에 대한 답변을 알고 있는 경우에조차도, 사서가 이용자와 공유하기 위해 자료를 찾아보는 것이 올바른 관행이다. 이것은 사서로 하여금 답변의 정확성을 증명하고, 이용자를 위한 탐색과정 모형을 만들고, 인용을 하거나 나중에 다시 보게 될 특정 정보원을 이용자에게 제공할 수 있도록 해 준다.

이용자가 정보원을 네비게이트하도록 돕는 것에 외에, 사서는 이용자의 정서적 상태에 관심을 두어야 한다. 부과된 질문에 초점을 둔 것은 아닐지라도, Carol Kuhlthau(1988)의 정보탐색과정 모델은 여기에 적용 가능하다. Kuhlthau는, 피험자들이 과제 배정부터 토픽 선정, 정보 수집, 토픽에 집중, 마지막으로 정보 종합 및 제시에 이르는 연구과정을 통해 이동함에 따라, 그들이 불확실성으로부터 낙관, 좌절, 의구심, 궁극적인 만족 또는 실망에 이르는 다양한 정서를 겪는다는 것을 발견하였다. 사서들은 탐색과정 동안 이러한 정서에 주목해야만 한다. 만일 사서가 좌절, 의구심, 또는 불확실성을 느끼고 있는 단계의 이용자를 직면한다면, 그와 같은 정서가 요구를 명확하게 정교화하거나 또는 탐색과정에 전념하는 이용자들의 능력에 영향을 미칠 수 있을 것이다. 사서는 이용자들의 불안이나 좌절이 있는 경우에 인식할 수 있으며, 이용자들에게 그와 같은 감정이 일반적인 것임을 알려줄 수 있다. 사서는 과정의 각 단계에서, 과정이 잘 진행되고 있음을 언급하거나, 성과를 칭찬하거나, 진전되고 있음을 알림으로써 이용자들을 안심시킬 수 있다.

3.2.5 사후조사와 종결

이용자의 정보요구가 충족되었음을 확인함으로써 참고면담을 적절히 종결하는 것은 중요한 단계이다. 이용자는 하나 이상의 질문이나 정보요구를 가지고 참고트랜잭션을 시작했을 수도 있고, 또는 탐색 과정 도중에 추가적인 질문이 생겨났을 수도 있다. 만일 사서가 사후조사 없이 면담을 끝내면, 이용자는 추가로 도움을 요청하기에 불편함을 느낄 수 있으며 답변이 안 된 질문을 가진 채 떠날 수 있다. 몇 가지 연구에서 질문이 완전하게 답변되었는지 여부에 대해 이용자와 사서는 항상 의견이 일치하는 것이 아니라고 나타났으며, 완전하지 못한 답변은 트랜잭션에 대한 이용자들의 전반적인 만족감에 영향을 미칠 수 있다(Nolan 1992; Ross and Dewdney 1998; Saunders and Ung 2017). "당신을 돕기 위해 내가 할 수 있는 또 다른 것이 있습니까?" 또는 "추가 질문이 있습니까?"와 같은 사후조사 질문을 물어보는 것은 이와 같은 차단을 피하는 데 도움이 될 수 있다. 새로운 질문이나 추가 질문은 새로운 참고면담을 유발할 수 있으며, 면담 과정이 다시 시작될 것이다. 이용자가 만족을 나타내면 사서는 면담을 종결할 수 있다. 사서는, 서비스 사용에 대해 이용자에게 감사하고, 다른 질문을 가지고 돌아오도록 권유함으로써, 면담종결에서 강력한 고객서비스 및 대인관계 기술을 유지해야 한다. 그림 3.1은 참고면담의 모델을 제시하고 있다.

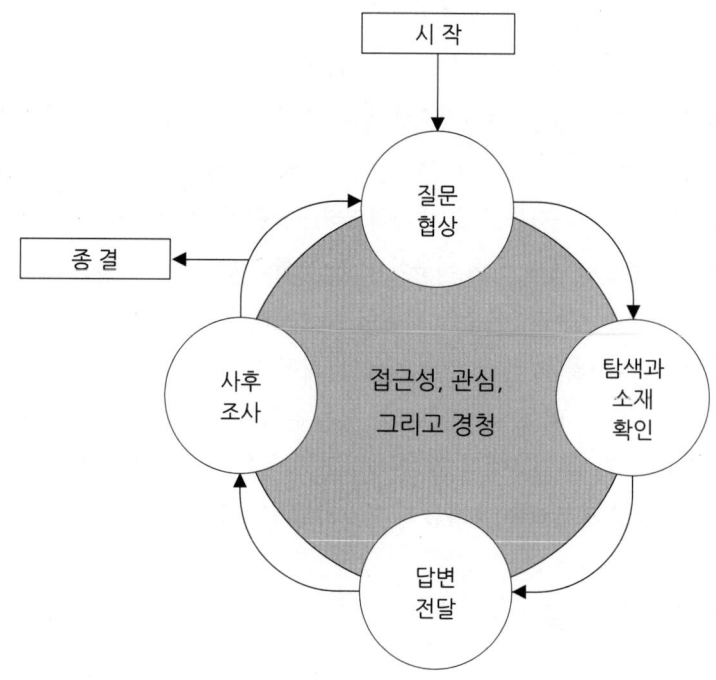

그림 3.1 참고면담
면담은 이용자의 질문으로 시작하고, 질문협상, 탐색과 소재 확인, 답변 전달 그리고 사후조사 또는 종결로 이어진다. 접근성과 관심은 전 과정을 지배한다.

3.3 원거리 참고면담

제 6장에 설명되어 있는 바와 같이 참고면담은 전화, 이메일, 채팅, 문자메시지를 포함하여 동시적 비동시적으로 여러 형태로 수행될 수 있다. 대면하지 않고 다른 형태로 발생하는 참고면담은 원거리 참고면담이라고 부른다. 일반적으로 원거리 참고트랜잭션은 그림 3.1에 나타나 있는 전통적 대면 면담과 동일한 단계를 따른다. 그러나 각 형태에는 특수한 고려사항들이 있다.

3.3.1 전화 면담

전화 면담의 가장 큰 문제는 이용자 만족과 이해를 가늠하는데 도움이 되는 신체언어와 얼굴 표정 같은 비언어적 단서가 없다는 점이다. 이러한 단서가 없다면, 경청이 보다 더 중요하게 된다. 사서는 이해를 암시하는 목소리의 톤이나 혼돈과 불만족을 암시하는 긴 멈춤과 같은 단서에 주의해야 한다. 이용자가 사서를 볼 수 없기 때문에, 시선을 마주치거나 고개를 끄덕이는 것 같은 관심과 참여에 대한 전형적인 표시는 관계가 없다. 그렇지만 사서는 질문을 바꾸어 말하고 "정말 흥미 있는 질문인데, 어떻게 당신을 도울 수 있는지 봅시다" 같은 말을 하면서 흥미를 전달할 다른 방법을 취할 수 있다. 사서는 자신의 목소리 톤을 알아야만 하는데, 왜냐하면 이용자들은 보통 권태, 무관심, 또는 불만을 감지할 수 있기 때문이다.

전화 참고서비스로 교육을 제공하는 것은 하나의 도전이 될 수 있다. 이용자들은 자신의 컴퓨터 스크린 상에서 지시를 따를 수도 따르지 않을 수도 있으며 사서와 동일한 정보원에 접근을 할 수도 있고 접근하지 못할 수도 있다. 그렇지만 사서는 여전히 답변을 찾기 위해 취하고 있는 단계를 서술하고 이메일로 단계의 개요와 링크 또는 정보원에 대한 서지사항을 제공한다. 전화로 교육을 제공하는 것은 시간 소모적이며 면담 시간을 늘리게 되므로, 사서는 이용자가 시간이 있는지 그리고 상세한 수준에 관심이 있는지 여부를 점검해야만 한다.

3.3.2 채팅 면담

채팅 참고면담은 실시간에 발생하는 장점이 있지만 대면과 전화면담의 언어적 시각적 단서가 결여되어 있다. 더욱이 채팅면담은 노동집약적인데, 왜냐하면 면담 시작과 끝에서 사전 작성 메모를 사용하는 것 외에는 사서측의 상호작용 전체를 타자해야 하기 때문이다. Van Duinkerken, Stephens, and McDonald(2009)는 채팅 환경에 있는 참고사서가 이용자에게 다른 말로 질문을 표현하거나, 토픽을 넓히거나 좁히면서 이용자를 돕거나, 면담 끝에 추가질문이 있는지 묻는 것과 같은 RUSA(2013)에서 기술한 행동에 덜 관여하는 경향이 있음을 발견하였다. 그들은 이러한 상태가 20분 이상까지 확장되도록 많은 시간이 소요되는 채팅참고면담의 특성에 기인한다고 추론한다. 이용자만족과 면담의 전반적 성공에 대한 이러한 행동의 중요성에 비추어 볼 때(Radford 2006; Radford and Connaway 2009), 사서가 이를 가능한 한 많이 적용할 필요가 있다.

사서들이 채팅 인터페이스에 대해 느끼는 편안함의 수준은 다양하다. 채팅 중에 이용자가 사서를 보고 있지 않기 때문에, 어떤 직원들은 과정 중 생각할 시간을 갖거나 또는 잘못된 출발을 했을 때 염려를 덜 하는 것으로 느낀다. 다른 직원들은 채팅에서 더 스트레스를 받는데, 왜냐하면 이용자들을 기다리게 두는 것이 염려가 되고 또한 빨리 탐색해서 이용자에게 답을 보내는 데 부담을 느끼기 때문이다.

채팅면담의 성공을 향상시키기 위해, 사서들은 이용자에게 인사하기 그리고 탐색 시작 전 질문명료화 등을 포함하여 참고면담 과정 전체에 적극적으로 관여해야 한다. 전화 참고서비스와 마찬가지로 관심을 전달하기 위해 사서는 질문을 바꾸어 말하고 "정말 흥미 있는 질문이군요"같은 간단한 코멘트를 포함시킬 수 있다. 텍스트와 더불어 톤이 특별히 중요하다. 유머와 풍자는 온라인에서 항상 잘 통하는 것은 아니며 무례함으로 오인될 수 있다. 일반적으로 최선의 방법은 친근하지만 전문가다운 톤을 유지하는 것이다. 느낌표와 이모티콘의 사용은 친근함과 관심을 전달하는 데 도움이 될 수 있지만, 제한적으로 그리고 적절하게 보일 때만 사용되어야 한다.

사서가 탐색을 시작할 때, 이용자에게 어느 정도 시간이 걸릴 수 있다고 말해주는 것이 도움이 된다. "나는 우리가 갖고 있는 몇 가지 데이터베이스를 탐색하려고 한다. 잠깐 시간이 걸릴 테지만 곧 당신에게 돌아올 것이다"라고 말하는 것은 이용자의 기대를 조절하는 데 도움이 되고, 신속하게 응답하거나 계속 단어접촉을 유지하는 압박을 어느 정도 완화시킨다. 다른 한 가지 테크닉은 탐색이 진행되는 동안에 짧은 정보의 단편들을 보내는 것이다. 예를 들면, 일차 탐색 후에 사서는 몇 가지 서지사항을 붙여넣거나 이용자에게 스크린샷을 보낼 수 있다. 이용자가 결과를 리뷰하는 동안 사서는 탐색을 계속할 수 있다. 사서가 작업을 계속하는 동안 이용자가 시간을 보낼 자료를 가지고 있음을 안다면, 사서는 서둘러야 할 압박을 약간 덜 느끼게 될 것이다. 또한 대부분의 이용자들이 사서와 소통하기를 기다리면서 스크린 앞에 앉아있는 것이 아니라 아마도 여러 윈도나 장치를 토글링하고 다른 작업을 수행함을 기억하는 것은 도움이 된다.

언제나 사서는 답변과 더불어 정보원의 서지사항을 포함시켜야 한다. 질문이 보다 복잡한 것이라면, 사서는 단지 서지리스트를 보내는 대신에, 자료에 대한 간략한 요약 또는 적합성에 대한 짧은 설명을 제공할 수 있다. 사서는 사용된 정보원과 가능하면 사용된 키워드 또는 주제명표목을 기록해야 한다. 다른 참고면담과 마찬가지로, 미해결질문이 없다는 것과 나중에 도움이 필요하면 재방문을 환영하는 종결을 보장하기 위하여, 채팅면담도 사후조사로 끝나야 한다.

3.3.3 이메일 면담

채팅과 마찬가지로 이메일 참고서비스도 비언어적인 단서와 어조가 결여되어 있지만, 문제는 비동시적 특성에 의해 가중된다. 다른 형태의 참고서비스와 같이 이메일 질문도 보통 명료화를 필요로 한다. 그렇지만 실시간 대화가 없어서 질문협상은 오래 걸리고 시간지연은 실망을 가져올 수 있다. 실망을 완화시키기 위해서, 질문명료화에 시간이 걸리는 동안 사서는 이용자의 첫 질문에 대해 가능성 있는 답변들을 제공할 수 있으며, 그러면서 몇 가지 확인 질문을 물어볼 수 있다.

만일 이용자가 이메일로 "나는 마리화나의 합법화에 대해 보다 많은 것을 알고자 합니다"라고 한다면, 해당 주의 입법에 관한 것을 묻는지, 마리화나 합법화에 대한 전반적 역사를 묻는 것인지, 판매 관련 통계를 묻는 것인지, 또는 다른 어떤 것을 묻는지 명확하지 않다. 그러나 만일 사서가 단지 명료화하는 질문만을 제기함으로써 응대한다면, 이용자는 마치 시간만 낭비한 것처럼 느낄 수 있다. 사서가 단지 이용자가 묻는 질문에만 답변한다면, 이용자는 필요한 정보를 얻지 못하는 수가 있다. 한 가지 접근방법은 사서가 다음과 같은 응답을 보내는 것이다:

> 흥미 있는 질문입니다! 당신의 관심사에 대해 조금 더 많이 알게 되면 도움이 되겠습니다. 당신은 이곳 매사추세츠 주의 합법화에 관심이 있습니까 아니면 전국의 합법화에 관심이 있습니까? 나는 몇 가지 기본적인 정보를 제공할 수 있습니

다: 메사추세츠에서 마리화나 합법화에 대한 투표는 2016년 11월 8일에 있었습니다. 법안은 H3818로 실행되며 여기 http://malegislatune.gov/Bills/190/H3818에서 법률 내용에 접근할 수 있습니다. http://www.governing.com/gov-data/state-marijuna-laws-map-medical-recreational.html에 따르면, 현재 30개 주와 District of Columbia가 마리화나 사용을 합법화했습니다.

혹시 당신은 이 질문의 다른 국면에 관심이 있나요? 당신은 연방정부의 대응에 관심이 있습니까, 아니면 진행 중인 합법화 찬·반 논쟁에 관심이 있습니까? 또는 합법화가 지역경제, 공중보건 등에 미치는 영향과 같은 면에 더욱 관심이 있나요?

나는 기꺼이 이 토픽의 여러 국면에 대해서도 보다 많은 정보를 발견함으로써 당신을 계속 도울 수 있습니다. 당신은 이메일로 응답하거나 참고데스크 전화번호 617-555-5555로 연락할 수 있습니다.

어떤 반응을 얻는 것은 이용자가 좌절하거나 중단하지 않는다는 것을 확인시켜 주며, 질문의 명료화는 이용자가 정보의 여러 가지 유형과 사서가 제공할 수 있는 지원에 대해 이해하도록 도울 것이다. 늘 그렇듯이, 이용자가 필요한 정보를 정교화하도록 그리고 더 많은 질문을 가지고 다시 오도록 권유하는 것이 중요하다.

3.4 어조와 전문성

본 장은 대인관계와 커뮤니케이션 기술의 중요성을 강조하고 RUSA *Behavioral Guidelines* (2013)를 철저히 따른다. 이러한 높은 수준의 이용자서비스는, 트랜잭션 형태에 관계없이, 모든 도서관이용자에게 가능해야 한다. 실제로 ALA 윤리강령(2008)의 첫 번째 기준은 "우리는 적합하고 유용하게 조직된 자원을 통해서 모든 도서관이용자에게 최고 수준의 서비스를 제공한다; 공정한 서비스 정책; 평등한 접근; 모든 요청에 대한 정확하고, 편견 없고, 예의바른 응답"이라고 적혀 있다. 불행하게도 연구결과는 참고사서들이 때때로 이와 같은 이상에 미치지 못하며 낮은 수준의 서비스는 이용자의 인종적 배경과 함께 발생한다는 것을 암시하고 있다.

두 건의 연구에서 명백히 특정 인종, 성별, 민족과 연관된 이름을 기재한 이메일 참고질문에 대한 반응을 조사하였는데, 사서들이 특정 인종 또는 민족 집단으로 보이는 이용자들에게 다르게 응답했다는 것을 발견하였다. 이 연구는, 사서들이 백인처럼 보이는 이름의 이메일보다 아프리카계 미국인처럼 보이는 이름의 이메일에 덜 응답하는 경향이 있고, 아프리카계 미국인 및 아랍계 이름을 가진 이용자들에게 덜 겸손하다는 것을 발견하였다(Giuletti, Tonin, and Vlassopoulus 2017; Shachaf and Horowitz 2006). 백인 이름을 가진 이용자들은 또한 더 긴 반응, 보다 충분한 답변, 그리고 사서가 연락처 정보를 제공하고 더 많은 질문을 가지고 다시 올 것을 권유하는 전문적 종결을 받게 되는 경향이 있었다(Shachaf and Horowitz 2006). 또 다른 연구는 일부 사서들이 성소수자로 밝히거나 성소수자로 간주되는 이용자가 제기한 질문에 대해서 완전한 서비스를 제공하는 경향이 덜하다는 것을 발견하였다(Curry 2005).

인종과 관련된 연구 두 가지 모두 가상참고서비스를 조사하였다. 원거리 환경에서는 "사서들이 자기인식을 덜 하게 되고 그들의 행동을 덜 모니터하게 돼서 일상적으로 금지되었을 충동에 따라 반응하는 경향이 있다(Shachaf and Horowitz 2006, 503)." 그렇지만 이러한 연구결과는 불편하고 받아들이기 어렵다. 이러한 경향을 인정하는 것이 그에 맞서 지키는 첫 단계가 될 수 있다. 사서들은 서비스를 제공할 때 스스로 인식하고 숙고해야 하며, 어떤 형태의 상호작용에서도 모든 이용자들에게 전문적이고, 존경할 만하고, 평등한 서비스를 제공하고 있음을 보장해야만 한다.

3.5 참고면담의 특수 유형

본 장은 여러 가지 다른 정보환경과 상황에 두루 적용될 보편적인 참고면담을 개관하고 있다. 그렇지만 어떤 정해진 상황에서 필요하게 될 참고면담의 특수한 유형이 있다. 예를 들면, 제 11장은 아동과 청소년 대상 참고서비스에 대한 문제와 접근방법을 설명하고 있다. 다음은 참고면담의 두 가지 특수 유형, 즉 부과된 질의와 대리인에 의한 참고면담을 서술한 것이다.

3.5.1 부과된 질의

참고면담에 대한 논의는 종종 질문이 자발적인 것, 즉 그것을 묻는 사람에게서 시작된 것을 가정한다. 그렇지만 일부 이용자들은 그들이 조성한 것이 아니라 답변하도록 부과된 질문을 묻는다. 예를 들면, 직원이 보고서를 편성하도록 요구되거나 또는 학생이 연구 과제를 배정받을 수 있다. 이런 질문들은 때로 부과된 질의(imposed query)라고 불리는데, 왜냐하면 이용자는 자발적인 것이 아니라 의무감 또는 업무상으로 질문을 제기하고 있기 때문이다. 그런 질문에 답변을 발견하려는 동기는 내적이기보다는 외적인 것이며, 이용자들은 여전히 결과에 관심이 있지만 토픽에 그다지 노력을 들이지 않을 수도 있다.

Melissa Gross(1999)는 자발적 질문을 가진 이용자들은 질문의 맥락을 제공할 수 있는데, 왜냐하면 질문이 그들 자신의 흥미와 경험으로부터 도출되었기 때문이라고 지적하였다. 또한 질의가 도서관장서나 시스템에 맞도록 조절될 필요가 있으면, 이용자는 이런 변경에 대한 피드백을 제공할 수 있을 것이다. 이것은 부과된 질문의 경우 필연적으로 똑같지 않다. 이용자들이 토픽에 대해 광범위한 배경지식이 없다면, 그들은 사서와 협상할 때 질문을 표현하거나 초점을 조절하는 데 더 어려움을 겪는다.

질의가 부과된 것이라는 사실이 이용자에게 답변이 중요치 않음을 의미하는 것은 아니다. 과제를 수행하는 학생들은 보통 좋은 점수를 얻는 데 관심이 있으며, 피고용인들은 그들의 성과에 관심이 있다. 이런 상황은 중대한 이해관계 때문에 이용자들로 하여금 조사과정을 보다 더 걱정하도록 만든다. 따라서 부과된 질의를 갖고 있는 이용자들은, 자발적 질문을 가진 이용자들보다, 토픽에는 덜 관심이 있지만 결과에는 더 많은 걱정을 할 수 있다. 이런 요인들이 참고면담 진행에 영향을 미칠 수 있는데, Melissa Gross(1999)는 사서들에게 참고 질문이 자발적이 아니라 부과된 것임을 식별하고, 응답에 대한 맥락의 중요성을 이해하고, 상호작용 중에 이용자에게 공감하도록 조언하였다. 부과된 질의에 응하는 우수한 첫 단계는, 가능하면 추가적인 명료화를 위해 원래 출처로 돌아가는 것이다. 설명을 위한 이메일, 작업계획, 과제 메시지 등은 종종 이용자 자신이 놓쳤을 프로젝트의 범위에 대한 단서를 포함하고 있을 것이다. 앞서 지적한 바와 같이, 사서는 또한 이용자의 정서적 상태를 인식하고 필요시 지원과 격려를 제공해야 한다.

3.5.2 대리인의 참고면담

다른 하나의 특수 참고면담은 대리인에 의해 발생하는 경우인데, 이는 참고직원과 관계를 맺는 사람이 정보요구를 가진 장본인이 아니라 그를 대신하고 있는 것을 뜻한다. 대리면담이 발생할 수 있는 여러 가지 상황이 있겠지만, 몇 가지 일반적인 경우는 다음과 같다: 병환 중이거나 집을 떠날 수 없거나 또는 다른 이유로 사서와 연결할 수 없는 사람을 돕는 가족 또는 간병인; 수화를 포함하여 통역자를 통해서 소통하는 사람; 자녀를 위한 참고트랜잭션을 협의하는 부모. 첫 번째 사례와 나머지 두 가지 사례의 중요한 차이는, 첫 번째 경우는 정보요구를 가진 사람이 현장에 없는 반면, 나머지 두 경우는 이용자가 현장에 있지만 중개자를 통해 의사소통을 하는 것이다. 부과된 질의와 마찬가지로, 대리면담의 문제점 중 하나는 사서와 커뮤니케이션하는 사람이 질문의 발원자가 아니어서 개인적 노력이나 배경지식이 그만큼 많지 않다는 것이다. 게다가 최초의 질의는 중개자를 통해 여과되고 있다. 처음 질의와 토픽에 대한 중개자의 이해, 그들이 대신하는 이용자와의 관계, 그리고 언어 및 커뮤니케이션 기술에 따라, 중개자는 본의 아니게 이용자요구를 잘못 해석하거나 질문을 왜곡할 수도 있다. 이용자와 사서가 동일한 언어를 사용하지 않는 경우에, 도서관이 전문통역자를 활용하기는 어렵다. 그 대신 이용자는 제한된 언어지식을 갖고 있는 직원을 통해 소통해야 할 가능성이 있다. 그렇지 않으면 성인이, 두 가지 언어를 말하지만 복잡한 토픽을 다루는 데 필요한 어휘나 이해가 부족한, 아동을 데리고 올 수 있다.

　대리면담 사태를 진정시키기 위해 참고직원이 취할 수 있는 몇 가지 조치가 있다. 이용자가 오지 않았다면, 사서는 이용자를 대화로 불러오기 위해 전화 또는 비디오컨퍼런스를 통한 접촉을 제공할 수 있을 것이다. 아니면, 질문이 불명확한 채 남아있는 경우, 사서는 대리인에게 무엇이든 가능한 관련 정보를 제공해야 하며, 대리인 또는 이용자 본인이 추가 정보를 위해 사서와 더불어 사후조사할 것을 권유한다. 이용자가 입회한 경우에는, 비록 이용자와 시선을 마주치거나 통역자가 아닌 본인에게 직접 이야기하는 것이 유일한 수단일 때조차도, 이용자를 면담에 포함시켜야만 한다. 이렇게 함으로써, 이용자로 하여금 관여되었다는 것을 느끼게 하고 사서가 이용자에게 충분한 주의를 기울이고 있다는 점을 명백하게 한다. 그 외에 이것은, 비록 사서가 이용자와 직접 소통할 수 없을지라도, 사서로 하여금 이용자의 신체언어를 읽을 수 있게 해준다. 면담이 진행되고 더 많은 정보가 전달됨에 따라, 사서는 이용자가 당황하는지 또는 만족하는지 가늠할 수 있을 것이다. 대부분의 경우, 이용자를 대화로 이끄는 것은 긍정적으로 느끼게 하고 사서를 친근하고 유용한 자원으로 인식시키는 데 도움이 된다.

3.6 특수 상황에 대한 고찰

참고직원은 업무시간의 상당 부분을 이용자와 직접적 상호작용에 쓰고 있는데, 이러한 대인관계는 특별한 고찰을 불러일으킨다. 본 절에서는 다루기 힘든 상호작용과 공감적 서비스에 관한 주제를 개관한다.

3.6.1 다루기 힘든 상호작용

대중과 관계를 맺는 것은 어려운 상호작용을 초래할 수 있다. 언제든 많은 사서들이 무례하거나, 화를 내거나, 또는 당황한 이용자를 당면하게 될 것이다. 그럼에도 불구하고, 사서들은 전문성을 유지하며 높은 수준의 서비스를 제공할 필요가 있다. 곤란한 상호작용에서 가장 중요한 조치는, 왜 이용자가 혼란스러운지 알아내려고 노력하는 동안에, 침착과 겸손을 유지하는 것이다. 사서는 이용자에게 상황을 설명하도록 물어봄으로써 시작할 수 있다. 사람들이 당황하였을 때는 그들로 하여금 경청하고 있으며 진지하게 받아들임을 느끼게 하는 것이 중요하다. 이해를 보여주기 위해 시선을 맞추고 다른 용어로 표현하는 것과 같은 표준적인 참고면담 기법을 계속 적용한다. 이용자가 소리를 지를 때조차도 사서는 목소리를 차분하고 중립적으로 유지한다. 실제로, 사서가 목소리를 더 부드럽게 하면, 이용자 또한 목소리를 더 낮추게 된다.

화난 이용자들을 곤란한 사람으로 규정하려는 경향이 있으며, 도서관 관련 문헌이나 전문직 리스트서브는 "문제 이용자"(problem patrons)를 다루기 위한 조언으로 가득 차있다. 성격에 대해 가정하는 것은 잘못 인도할 가능성이 있으며 도움이 되지 않는다. 사서는 종종 사람의 격렬한 반응에 무엇이 도화선이 된 것인지 알지 못한다. 누구나 힘든 날이 있고 좌절을 다른 사람에게 드러낼 수 있는데, 나쁜 행동을 눈감아주지는 않지만, 이용자가 곤란한 나쁜 사람이 아니라 단지 과도한 행동을 한 것일 수도 있다. 힘든 일이지만, 이것을 곤란한 사람이라기보다 오히려 곤란한 상황으로 간주하고, 교류를 덜 개인화시키며 초점을 개별 행동보다 사안에 맞추는 것이 도움이 될 수 있다.

이용자를 당황하게 만든 것이 무엇인지 인정하는, 예를 들면 "벌금 때문에 도서 대출이 안 된다는 점에 당신이 화가 났다는 것을 이해합니다"라고 말하는 것이 도움이 될 수 있다.

실수가 발생했다면, 사서는 그 사실을 인정하고 사과해야 한다. 도서관은 잘못이 없다 하더라도, 사과로 응대하고 나서 정확하고 객관적인 용어로 정책 또는 결정의 근본적 이유를 설명하는 것이 도움이 된다. 사서가 응답을 어떻게 표현하는지가 사태를 확대하거나 또는 완화시키는 데 큰 영향을 미친다. 가능하다면, 사서는 긍정적인 단어를 사용하고 문제에 대한 해결을 찾기 위해 이용자와 함께 작업해야 한다. 종종 이용자를 경청하고 이용자의 느낌을 인정하는 것이 그들을 진정시키기에 충분하다. 이렇게 말함으로써 상호작용이 보다 열기를 띄게 될 수 있으며, 사서는 그 자신과 이용자의 안전책을 알아야 한다. 만일 이용자가 협조나 진정을 거부한다면, 또는 폭력적이나 위협적이 된다면, 사서는 기관의 정책 및 안전 수칙을 따라야 하는데, 그것은 경비원이나 경찰과의 연락을 포함할 수 있다.

3.6.2 공감적 서비스

고객서비스 업무의 최전선에 있는 직원으로서, 참고사서는 여러 종류의 사람들과 광범위한 감정을 다루게 된다. 앞서 언급하였듯이, Carol Kuhlthau(1888)는 이용자들이 단일 프로젝트를 수행하는 과정에서 낙관으로부터 좌절에 이르기까지 다양한 감정을 겪게 된다는 것을 보여주었다. 다른 연구들은 도서관불안 현상을 확립하였는데, 이것은 "도서관과 연구 자료를 발견하기 위한 도서관 이용에 대한 일종의 두려움이며 사서 및 기타 직원에게까지 확장될 수 있다(Mellon 1986)." 도서관불안을 겪는 사람들은 그들이 원하는 정보를 발견하지 못할까봐 걱정하며, 그들 스스로 임무를 완성할 수 없다는 것을 받아들이기 부끄럽고 (Campbell 2017) 또 사서에 의해 평가되는 것을 염려하기 때문에(Black 2016), 도움을 요청하는 것이 당황스럽다. 연구 과정 또는 도서관 자체와 관련된 이러한 스트레스에 추가하여, 이용자들은 정보요구의 동기에 대해 걱정할 수도 있다-예를 들면, 최근에 진단받은 질병의 예후를 조사하는 사람 또는 최근에 해고되었는데 실업 보조나 구직에 대해 찾고 있는 사람. 간혹 사서들은 정보추구를 꼭 필요로 하는 것이 아니라 외로워서 대화를 찾고 있는 이용자와 상호작용하고 있는 자신을 발견할 수 있다. 이러한 사례가 보여주듯이, 사서들은 모든 사람들, 별도의 요구가 없는 사람까지 응대하고 있으며, 따라서 사서들은 이용자들의 정보요구는 물론 정서적 요구도 지원하도록 준비되어야 할 필요가 있다.

연구자들은 참고서비스에서는 관계 구축이 적어도 올바른 답변을 발견하는 것만큼 중요하다는 것을 보여 주었다. Marie Radford(1996)는 사서의 태도를 포함한 관계적인 측면이트랜잭션 성공에 대한 이용자의 지각에 크게 영향을 미친다는 사실을 확립하였으며, 이러한 개인적 자질은 가상환경에서도 마찬가지로 성공으로 이어진다(Radford 2006; Radford and Connaway 2009). 한 기념비적인 연구에서, Joan Durrance(1989)는, 사서가 친근하고, 흥미를 나타내고, 개인적 기준으로 판단하지 않는 것처럼 보였다면, 이용자들은 그들의 질문에 답변할 수 없었던 그 사서에게 기꺼이 다시 돌아갈 의지가 있다는 것을 발견하였다. 반대로 이용자들은, 비록 사서가 필요로 했던 정보로 성공적으로 안내했다 하더라도, 그들이 비우호적이고 단정적으로 판단하는 것처럼 느꼈던 사서를 재방문하지 않을 것이라고 말했다. 가까이할 수 있어 보이는 것을 비롯하여, 사서의 정서는 적어도 이용자가 질문을 제기하고자 접근할 것인지 여부를 결정할 수 있다(Radford 1998).

Abigail Phillips(2017, 1)는 참고업무에 대한 "소프트 스킬"(soft skill)의 중요성을 강조하고, 참고직원들이 "이용자 요구를 완전히 이해하고 대응하기 위해 공감, 친절, 그리고 동정심을 활용할 수 있다"고 제안한다. 그는 연구에서, 사서들은 종종 정보요구를 충족시키는 것 외에 이용자들을 안심시키고 격려함으로써 정서적 지원을 제공하는 자신들을 발견한다는 것을 알아냈다. 그는 사서들은 정보 또는 교육제공자일 뿐만 아니라 어떤 이용자들에게는 정서적 심리적 지원의 원천이라고 제시하였으며, "LIS 교육자와 도서관 경영진들은, 예비사서와 실무자들이 도서관이 이용자들에게 제공해 왔던 이 중요한 서비스를 기꺼이 받아들이도록 촉진함으로써, 사서직에 있어서 공감적 서비스의 중요성을 강조할 우선 사항으로 만들어야만 한다"고 제안하였다(2017, 15).

공감적 서비스를 제공하는 동안에, 사서들은 공감과 전문직의 경계 사이에 균형을 유지할 필요가 있다(Phillips 2017). 정보전문직은 사회복지사나 심리학자나 상담사가 아니다. 참고직원이 이용자의 정서적 요구를 인정하고 존중하고 지원하는 것이 중요한 반면에, 일부 이용자들은 도서관서비스의 한계를 넘는 정서적 요구를 가지고 있다는 것을 인식하는 것 또한 중요하다. 예를 들면, 정서적 또는 신체적 트라우마를 겪고 있거나 정신병으로 고생하는 이용자들은, 도서관이 제공할 수 있는 범위를 넘는 서비스를 필요로 한다. 그런 경우에, 사서는 여전히 존중하고 공감적이어야 하지만, 그들의 초점을 이용자요구를 충족시킬 적합한 정보를 제공하는 데 두어야만 하며, 이것은 의학, 상담, 또는 기타 사회복지 서비스로의 의뢰를 포함할 수 있다. 이용자에게 정서적 지원을 제공하는 것은 또한 사서들에게 피해를 가져올 수 있다. 이런 종류의 정서적 노동은 소모가 크고, 빈번한 경우 소진을 초래할 수 있다. 사서들은, 지지하는 동료들과의 네트워크를 찾거나 구축하고, 성장을 지원하는 전문직 개발 활동에 참여하고, 재충전을 위한 시간을 가짐으로써, 스스로 돌보는 일에 관여하는 것이 정말 중요하다 (Shuler and Morgan, 2013). 관리자들 또한 직원들의 소진을 방지하기 위해 수행할 역할이 있다. 직원들을 지원하는 몇 가지 조치는, 과도한 참고데스크 업무 배정을 피하고, 합리적인 목표와 기대치를 설정하고, 전문직 개발과 훈련 기회를 제공하는 것이다.

3.7 참고면담의 문화적 맥락

RUSA *Behavioral Guidelines* (2013)와 본 장은 모두 미국의 관점에서 쓰였으며 따라서 미국에서 자란 대부분의 사람들에게 문화적으로 적절하고 예의바르게 여겨지는 행동을 장려하고 있다는 것을 주목할 필요가 있다. 그러나 정보전문직들은 다양한 배경을 가지고 있는 이용자들과 더불어 업무를 수행하게 될 것이며 의사소통의 차이점에 대해 민감해야만 한다. 예를 들면, RUSA *Behavioral Guidelines* (2013)는 관심의 전달과 능동적 경청의 한 방법으로 시선을 마주치는 것을 강조하지만, 어떤 문화에서는 시선 마주치기를 피하는 것이 존경의 표시이며, 반면에 직접 시선을 마주치는 것은 무례한 것으로 간주될 수 있다. 유사하게, 뉴로다이버스 사람들에게 직접 시선을 마주치는 것은 긴장을 초래하게 한다. 개인 공간, 즉 사람들이 서로 얘기할 때 얼마나 가까이 서 있어야 하는지에 대하여도 문화적 개인적 차이가 있다. 어떤 문화에서는 친척관계가 없는 이성 간에 직접 소통하는 것은 부적절한 것으로 간주된다. 따라서, 행동 가이드라인이 일반적 조언으로는 유용하지만, 정보전문직은 제 12장에 더 상세히 논의되어있는 바와 같이 의사소통의 문화적 차이를 알고 존중할 필요가 있다. 가능하면 정보전문직은 이용자로부터 단서를 취해야 하며 이용자가 상호작용에 편안한지를 확인하기 위해 언어적 및 비언어적 커뮤니케이션을 적용해야 한다. 문화적 융합에 관여하거나 또는 이용자를 생각해서 말과 표현을 바꾸는 것은 보통 이용자로 하여금 고마움을 느끼게 하고 보다 강한 인간관계에 도달할 수 있게 된다.

3.8 결론

성공적인 면담 수행은 도전적인 일이다. 참고직원은 이용자가 원하는 정보를 발견하도록 돕기 위해, 적합한 명료화질문을 하고, 접근가능성과 관심을 보여주는 한편, 복잡한 탐색기법 및 광범위한 정보원에 대한 전문지식을 활용하면서, 대화에 전념하는 대인관계 측면에 균형을 잡아야 한다. 그와 동시에 사서는 또한 그들의 커뮤니케이션 방식을 이용자에게 맞추고 탐색에 대한 교육과 정보원에 대한 평가 지도를 제공한다. 다수의 신규 직원들은 처음에는 불안과 당혹감을 느끼게 되지만, 그 과정은 경험과 더불어 보다 용이해지고, 직무에 대한 보람은 헤아릴 수 없을 것이다. 참고면담은 이 서비스의 심장이며, 성공적인 면담은 이용자 만족을 초래할 수 있다. 핵심은 이용자가 중심이며 그 목적은 항상 최고 수준의 서비스 제공이라는 점을 기억하는 것이다.

【참고문헌】

American Academy of Pediatrics. https://www.aap.org/.

American Library Association. 2008. "Code of Ethics." Last modified January 22, 2008. http://www.ala.org/tools/ethics.

Black, Steve. 2016. "Psychosocial Reasons Why Patrons Avoid Seeking Help from Librarians: A Literature Review." *The Reference Librarian* 57 (1): 35-56. https://doi.org/10.1080/02763877.2015.1096227.

Campbell, Josephine. 2017. "Library Anxiety." *Salem Press Encyclopedia of Health*. Ipswich, MA: Salem Press.

Centers for Disease Control and Prevention. https://www.cdc.gov/.

Curry, Ann. 2005. "If I Ask, Will They Answer? Evaluating Public Library Reference Service to Gay and Lesbian Youth." *Reference & User Services Quarterly* 45 (1): 65-75.

Dewdney, Patricia, and Gillian Michell. 1996. "Orange and Peaches: Understanding Communications Accidents in the Reference Interview." *RQ* 35 (4): 520-36.

Dewdney, Patricia, and Gillian Michell. 1997. "Asking 'Why' Questions in the Reference Interview: A Theoretical Justification." *The Library Quarterly: Information, Community, Policy* 67 (1): 50-71.

Discover Magazine. 1980-. Waukesha, WI. Kalmback Media.

Durrance, Joan C. 1989. "Reference Success: Does the 55% Rule Tell the Whole Story?" *Library Journal* 114 (7): 31-36.

Giuletti, Corrado, Mirco Tonin, and Michael Vlassopoulos. 2017. "Racial Discrimination in Local Public Services: A Field Experiment in the United States." *The Journal of the European Economic Association* 17 (1): 165-204. https://doi.org/10.1093/jeea/jvx045.

Gross, Melissa. 1999. "Imposed versus Self-Generated Questions: Implications for Reference Practice." *Reference & User Services Quarterly* 39 (1): 53-61.

Hernon, Peter, and Charles R. McClure. 1987. "Library Reference Service: An Unrecognized Crisis." *The Journal of Academic Librarianship* 13 (2): 69-71.

Journal of the American Medical Association. 1883-. Chicago, IL: American Medical Association.

Kuhlthau, Carol C. 1988. "Longitudinal Case Studies of the Information Search Process of Users in Libraries." *Library and Information Science Research* 10 (3): 257-304.

Liu, Meina. 2016. "Verbal Communication Styles and Culture." *Oxford Research Encyclopedias*. New York: Oxford University Press. doi: 10.1093/acrefore/9780190228613.013.162.

Mellon, Constance. 1986. "Library Anxiety: A Grounded Theory and Its Development." *College & Research Libraries* 47 (2): 160-65.

Nolan, Christopher W. 1992. "Closing the Reference Interview: Implications for Policy and Practice." *RQ* 31 (4): 513-24.

Phillips, Abigail. 2017. "Understanding Empathetic Services: The Role of Empathy in Everyday Library Work." *The Journal of Research on Libraries and Young Adults* 8 (1): 1-27.

Radford, Marie L. 1996. "Communication Theory Applied to the Reference Encounter: An Analysis of Critical Incidents." *The Library Quarterly* 66 (2): 123-37. doi.10.1086/602862.

Radford, Marie L. 1998. "Approach of Avoidance? The Role of Nonverbal Communication in the Academic Library User's Decision to Initiate a Reference Encounter." *Library Trends* 46 (4): 699-717.

Radford, Marie L. 2006. "Encountering Virtual Users: A Qualitative Investigation of Interpersonal Communication in Chat Reference." *Journal of the American Society for Information Science and Technology* 57 (8): 1046-59.

Radford, Marie L., and Lynn Silipigni Connaway. 2009. "Thriving on Theory: A New Model for Virtual Reference Encounters." Presented at the American Society for Information Science and Technology 2009 Annual Meeting, Vancouver, British Columbia, Canada. http://www.oclc.org/research/activities/synchronicity/ppt/asist09-thriving.ppt.

Reference and User Services Association. 2013. "Guidelines for Behavioral Performance of Reference and Information Service Providers." Last modified May 28, 2013. http://www.ala.org/rusa/resources/guidelines/guidelinesbehavioral.

Reitz, Joan M. 2004. *Dictionary for Library and Information Science*. Santa Barbara, CA: ABC-CLIO.

Ross, Catherine S. 2003. "The Reference Interview: Why It Needs to Be Used in Every (Well, Almost Every) Reference Transaction." *Reference & User Services Quarterly* 43 (1): 37-43.

Ross, Catherine S., and Patricia Dewdney. 1998. "Negative Closure: Strategies and Counter-Strategies in the Reference Transaction." *Reference & User Services Quarterly* 38 (2): 151-63.

Saunders, Laura, and Tien Ung. 2017. "Striving for Success in the Reference Interview: A Case Study." *The Reference Librarian* 58 (1): 46-66. doi: 10.1080/02763877.2016.1157778.

Schwartz, Howard R. 2014. "The Application of RUSA Standards to the Virtual Reference Interview." *Reference & User Services Quarterly* 54 (1): 8-11.

Shachaf, Pnina, and Sarah Horowitz. 2006. "Are Virtual Reference Services Color Blind?" *Library and Information Science Research* 28 (4): 501-20.

Shuler, Sherianne, and Nathan Morgan. 2013. "Emotional Labor in the Academic Library: When Being Friendly Feels like Work." *The Reference Librarian* 54 (2): 118-33. doi:10.1080/02763877.2013.756684.

Society of American Archivists. n. d. "Reference Interview." https://www2.archivists.org/glossary/terms/r/reference-interview.

van Duinkerken, Wyoma, Jane Stephens, and Karen I. MacDonald. 2009. "The Chat Reference Interview: Seeking Evidence Based on RUSA Guidelines: A Case Study Based at Texas A&M University Libraries." *New Library World* 110 (3/4): 107-21.

【SUGGESTED READINGS】

Accardi, Maria T. 2017. *The Feminist Reference Desk.* Sacramento, CA: Litwin books.

>This edited collection challenges some of the traditional framings of reference service using a critical feminist lens. The various chapters examine issue such as emotional labor and ethics of the reference service, as well as the impact of intersectionality on reference work.

Harmeyer, David. 2014. *The Reference Interview Today: Negotiating and Answering Questions Face to Face, on the Phone, and Virtually.* New York: Rowman & Littlefield.

>This book reviews best practices for the reference interview in a variety of formats and service models. The book presents a series of scenarios, including a full-text transcript of the interaction, followed by a series of reflections and questions to help the reader critically analyze the interaction and reflect on what might be done differently.

Knoer, Susan. 2011. *The Reference Interview Today.* Santa Barbara, CA: Libraries Unlimited.

>This book provides an in-depth look at how the reference interview is enacted across all formats, including face-to-face, phone, and virtual, both synchronous and asynchronous. Knoer also discusses culturally sensitive reference services and examines some of the challenges of assisting users with disabilities.

Ross, Catherine Sheldrick. 2003. "The Reference Interview: Why It Needs to Be Used in Every (Well, Almost Every) Reference Transaction." *Reference & User Services Quarterly* 43 (1): 37-43.

>Despite its publication date, the arguments and examples provided in this article continue to be relevant. Ross clearly and succinctly explains the importance of the reference interview and the reasons why it is important even for queries that seem simple and straightforward.

Ross, Catherine Sheldrick, Kirsti Nilsen, and Marie L. Radford. 2019. *Conducting the Reference Interview*. 3rd ed. Chicago, IL: Neal-Schuman.

> Grounded in communication theory, this volume offers practical advice for conducting a successful reference interview across different settings and modalities. The authors cover special situations such as readers' advisory interviews and interview with different communities, including children, seniors, and individuals with disabilities, The text also touches on ethical issues such as privacy, implicit judgement, and dealing with microaggressions; an excellent primer from established experts.

4

참고서비스와 교육 전략

4.1 서론
4.2 도서관 교육의 역할
4.3 참고서비스 현장의 교육
4.4 가이드, 패스파인더, 튜토리얼
4.5 미래의 도전

참고정보서비스론

제4장 참고서비스와 교육 전략

4.1 서론

교육은, 적어도 19세기 말부터, 도서관 참고서비스의 필수적인 부분이 되었다. John Mark Tucker(1980)에 의하면, 교육자로서의 사서에 대한 현대적 개념은 1876년에 출현하였다; Otis Richard Hall과 Melvil Dewey는 사서들은 교사이며 도서관은 단지 도서를 보관하는 장소가 아니라는 견해를 지지하였다. 이 역할은 도서관 임무 변화 및 교육기관 확대 그리고 교수와 학습에 대한 새로운 틀과 연대하여 발전하였다. 도서관은 오랫동안 교육받은 민주시민의 증진에 중요한 역할을 담당해 왔으며, 이 역할은 인터넷상에서 이용 가능한 정보가 광범하게 확산됨에 따라 기하급수적으로 계속 성장하고 있다. 다양한 견해가 인터넷을 보유하면 누구나 접근할 수 있는 플랫폼에서 제공되는 이 시대에, 사서들은 이용자를 교육하는 그들의 노력 또한 증가하고 있음을 알고 있다. 도서관의 교육서비스는 공통의 목적에 기여하고 있다: 이용자들의 교육요구 및 능력을 이해하고 해당 요구를 충족시키기 위하여 효과적인 교육적 개입을 만들어내는 것이다. 이와 같이 교육은 점점 더 중요해지는 참고서비스 기능이다.

전문영역에서는 모든 유형의 도서관을 대표하는 협회가 이용자 교육과 지도의 역할을 표명하고 있다. The American Library Association(ALA), The American Association of School Librarians(AASL), 그리고 The American Association of College and Research Libraries(ACRL)는, 여러 국제적인 도서관 및 교육단체와 더불어, 정보리터러시

발전에 대한 도서관과 사서의 역할 증진을 위하여 기준, 모범 사례, 그리고 확장 프로그램을 개발하였다. 1989년에 ALA Presidential Committee on Information Literacy는 정보리터러시에 대한 다음과 같은 정의를 그 최종보고서에 포함하고 있다:

> 정보리터러시를 갖춘 사람이 되려면, 개인은 정보가 필요한 시점을 인식할 수 있어야 하며, 필요한 정보를 찾아서, 평가하고, 효과적으로 이용하는 능력을 가져야 한다. 그러한 시민을 산출하려면, 학교와 대학은 정보리터러시의 개념을 이해하고 학습 프로그램에 통합시켜야 할 것이며, 정보사회에 내재하는 기회의 혜택을 개인과 기관이 누릴 수 있도록 준비시키는 리더십 역할을 해야 할 필요가 있다. 궁극적으로, 정보리터러시를 갖춘 사람들은 학습하는 방법을 배운 사람들이다. 그들은, 지식이 어떻게 조직되어 있는지, 정보를 어떻게 발견하는지, 그리고 정보를 어떻게 이용하는지를 알기 때문에, 학습하는 방법을 안다. 그들은, 어떤 과업이나 결정에 당면하여 필요한 정보를 언제나 찾을 수 있기 때문에, 평생학습에 준비된 사람들이다.

이후 여러 해 동안, 전문직 단체에서 수많은 기준이 만들어졌으며, 정보 형태와 접근이 변화됨에 따라 정보리터러시의 정의와 변형들이 생겨났다. 여전히 교육에 대한 기준, 관행, 접근법에 논쟁이 존재하지만, 사서의 교육적 역할은 일반적으로 보다 생산적이고 유능한 사회 조성에 중심이 되는 것으로 인정되고 있다. UNESCO(2017)에 따르면, "미디어정보리터러시(MIL: Media and Information Literacy)를 통한 권한의 부여는 정보와 지식에 대한 접근 평등을 강화하고 무료의 독립적이고 다원적인 미디어정보시스템을 활성화시키는 중요한 선행조건이다."

4.2 도서관 교육의 역할

4.2.1 도서관 교육의 역사

도서관 교육은 오랜 시간에 걸쳐 발전되어 왔으며, 정보 형태, 접근, 그리고 도서관이용자들의 교육 요구가 변화됨에 따라 교육의 초점 또한 변화되었다.

　기본 모델은 여러 해에 걸쳐 발전되었으며 진화의 일면을 나타내고 있다: 도서관 오리엔테이션, 도서관 교육, 서지 교육, 그리고 정보리터러시 교육. 이러한 모델들은 반드시 순서적인 것이 아니며 또한 상호배타적인 것도 아니다. 예를 들면, 도서관 오리엔테이션은 K-12 또는 고등교육 정보리터러시 프로그램의 중요한 부분인데, 이 맥락에서 보면 오리엔테이션은 교육 모델이라기보다는 강연의 한 방식이다. 공공도서관 프로그램은 도서관목록 교육과(도서관 이용교육 모델에 있는 것과 같은) 무료 인터넷 정보원에 관한 비판적 정보문해 부분을 (정보리터러시 교육에 있는 것과 같은) 포함할 수도 있다. 게다가 정보리터러시 교육이 1990년대에 대학도서관과 학교도서관의 지배적 모델이었던 서지 교육을 대체하였음에도 불구하고, 모든 관종의 많은 사서들은 그들이 수행하는 것을 "도서관 이용교육"이라고 부른다. 개별적인 참고트랜잭션 도중에 공공도서관 사서들은, 이러한 공식적 교육모델과 완전히 일치하지 않는 일련의 접근방식을 사용할 수 있다. 그러므로 다음과 같은 모델의 개요는, 비록 오리엔테이션과 도서관 이용교육 같은 일반적 용어가 네 가지 전체에 걸쳐 사용될 수 있다 하더라도, 집단을 대상으로 한 교육에 초점을 두고 목적을 강조한 것이다.

4.2.2 도서관 오리엔테이션

　도서관 오리엔테이션은 이용자들에게 도서관을 소개하는 데 중점을 둔다. 전통적으로, 오리엔테이션은 물리적 장소로서의 도서관에 초점을 두었으며, 도서관이 커져서 한 눈에 찾기가 어려워졌을 때 필요가 발생되었다. 오늘날, 오리엔테이션 활동은 도서관 웹사이트에 대한 온라인 투어를 포함할 수 있는데, 왜냐하면 이 가상도서관 "공간"(space)이 최종이용자들에게 점점 더 복잡한 것이 되었기 때문이다. 유인물, 배치도, 브로슈어 같은 인쇄물이 도서관 자료, 서비스, 공간에 대한 개요를 제공하는 오리엔테이션 자료로 쓰인다. 도서관 오리엔테이션은 또한 전문지식을 제공하고 더 나아가 도움을 주는 사서와 이용자를 연결시키는 중요한 링크의 역할을 한다.

4.2.3 도서관 이용교육

　도서관 이용교육은 종종 이용자교육으로 불리는데, "사용법"(know-how)과 도서관 중심의 도구 및 정보원에 중점을 둔다. 도서관이 단지 인쇄자료만을 소장하였을 때, 사서들은 이용자들에게 목록, 색인, 참고자료와 같은 특정 도구를 사용해서 도서관 장서에 접근하는 방법을 훈련시켰다. 비록 도서관 이용교육은 장서의 범위와 복잡성이 증가됨에 따라 더욱 다양해졌지만, 종종 오리엔테이션과 도서관 이용교육은 병행하여 수행되었다. 1970년대까지, 도서관 이용교육은 대부분의 도서관에서 하나의 확고부동한 기능이었다. 특히 대학도서관에서 교육에 대한 실용적 접근, 전문적 인프라, 그리고 이론적 기초 부문에서 성장을 이룩하였다. 1971년 The Library Orientation Exchange(LOEX)가 설립되었으며 교육자료를 위한 클리어링하우스와 연차회의를 제공하고 있다(LOEX 2019). Hannelore Rader(1974)는 도서관 이용교육 관련 연구 및 실무 자료에 대한 서지를 최초로 작성하였다.

4.2.4 서지 교육

서지 교육은 장서, 정보원, 그리고 이용자요구가 더욱 복잡해졌던 1970년대 중반에 두각을 나타내게 되었다. 1980년대까지 "서지교육"(bibliographic instruction)은 정보탐색과 이용을 가르치는 보다 개념적인 접근방법을 나타내는데 사용된 용어였다. 새로운 온라인탐색 기술은 중개자탐색과 최종이용자 탐색 두 가지의 본질을 변경시켰다. 한 가지 전략 또는 도서관도구를 배우는 것이 모든 도서관 이용자들의 미래 요구에 부응하지 못하리라는 점을 감안하여, 사서들은 이전 가능한 기술을 가르칠 필요가 있었다.

서지 교육은 또한 탐색 전략 및 과정을 강조하였다. George Kelly의 구성주의 학습이론에 기초한 Carol Collier Kuhlthau의 Information Search Process(ISP) 연구는, 특히 학교도서관과 대학도서관에 영향을 미쳤으며, 정보추구자가 탐색과정을 통해 인지적으로 그리고 정서적으로 어떻게 행동하는가에 대하여 경험적으로 도출된 모델을 제공하였다.

4.2.5 정보리터러시 교육

"정보리터러시"(information literacy)란 용어는 1974년에 처음으로 사용되었지만, 이것은 1990년대에 이르러 지배적인 이용자교육 패러다임이 되었다. 정보리터러시 교육은, 전통적인 도서관 자료보다 광범위한 정보원을 강조한다는 점에서, 서지 교육과 다르다. 정보리터러시 교육의 목적은 정보의 발견, 평가, 이용과 관련된 특정 기법을 가르치는 것이다. 1990년대에는 정보리터러시를 정의하고 정보문해(information literate)가 무엇을 의미하는가에 대한 국가기준을 성문화하는 수많은 노력이 있었다. 1990년대 이후, ACRL, AASL, The Society of College, National and University Libraries in Great Britain, Australian and New Zealand Institution for Information Literacy등을 포함한 전 세계의 여러 도서관 및 전문직 단체들이 정보리터러시에 대한 정의, 기준, 그리고 학습효과를 개발하였다. 정보리터러시는 또한 교육기관 인정 기준에 나타나기 시작하였다(Eisenberg, Lowe, and Spitzer 2004). The Institute of Museum and Library Services(IMLS)는, 박물관과 공공도서관의 교육적 역할 지원을 목적으로 한 21st Century Skills 프로젝트에서(IMLS n.d.) 포괄적인 정보역량 리스트를 제공하였다. 정보리터러시에 추가하여, IMLS가 제시한 기능은 디지털, 금융, 보건, 환경, 그리고 민주시민 영역의 리터러시를 포함한다.

비판적 정보리터러시는 특히 대학도서관에서 또 하나의 중요한 트렌드이다(Accardi, Drabinski, and Kumbier 2010; Elmborg 2006, 2012; Kapitzke 2003). 대체로 비판적 이론을 차용한 이 지지자들은 전통적인 정보리터러시 접근방법이 정보, 학습, 지식, 나아가 "정보리터러시를 갖춘 학생"(information literate student)조차도 구별 없이 포괄적인 개념으로 취급하는 경향이 있다고 논쟁한다. Christine Powley(2003)에 따르면, 이 접근방법은 위의 개념들을 구체화 또는 개별화하는 경향이 있다. 그는, "좋은 vs 나쁜" 정보원 대한 고정개념으로 대강 교육받은 시민을 발전시키기 위한 정보리터러시 기준에 있는 목적과 "효율적" 정보검색 간의 모순이 어떻게 권위와 가치의 결정 방법을 배우는 개인들의 모호성을 줄일 수 있는지에 주목하였다. James K. Elmborg(2006)는 Paulo Freire의 연구에 기초하여, 비판적 이론이 사서들로 하여금, 교사들은 학생들의 머리에 지식을 쌓이게 하고 학습은 이 지적자본 축적의 산물이라고 가정하는, 교육에 대한 "은행 개념"(banking concept)으로부터 멀어지도록 하는 데 도움이 된다고 주장한다. 비판적 정보리터러시는 또한 사서들이 현행 정보환경의 사회경제적 기반과 접근, 디지털 격차, 정보특권, 그리고 사회정의와 같은 보다 폭넓은 이슈에 대해 진지하게 몰두해야 함을 제안한다(Accardi and Vukovic 2013; Gregory, Higgins, and Samek 2013; Hall 2010).

4.2.6 교사로서의 사서

사서는 교사입니까? 이 질문에 대한 답은 매우 다양할 것이다. 모든 도서관 환경에서 사서들의 교육적 역할은, 특히 21세기가 시작되면서 정보의 주요 원천으로서의 인터넷의 영향과 보다 최근의 "가짜 뉴스"(fake news)의 출현으로, 증가되었다. 이용자들이 정보를 찾고 평가하도록 돕는 것은 참고서비스를 하는 사서들에게 교육하는 기회를 계속 부여하고 있다. 이 역할은 모든 도서관 유형에 포함되도록 일반화될 수 있다.

학교도서관미디어센터 직원은 정보기술을 K-12 교육과정에 통합한 오랜 역사를 가지고 있다. The National School Library Standards(2018b)는 학습자, 학교사서, 그리고 학교도서관 기준 사이의 연결에 초점을 둔 통합된 틀을 제공한다. 이 기준의 공통성은 일련의 *Common Beliefs*에서 입증되었는데, 그 첫 번째 것은 "학교도서관은 학습커뮤니티의 유일하고 본질적인 부분이다"라고 서술되어 있다(American Association of School Librarians n. d.). 이것은 학습을 위한 장소로서의 학교도서관을 인정하고 정보에 대한 접근을 보장하고 "학습을 현실세계의 사건으로 연결하는" 학교도서관 사서의 역할을 인정한다. 세 번째 믿음은, 학습자에게 탐구를 지속할 능력을 부여하는 데 초점을 두어, "학습자들은 대학, 직업, 그리고 삶을 위해 준비되어야 한다"라고 서술되어있다. 이 기준을 개발하는 과정에서, AASL(2018c)은 학교도서관의 특정 국면에 초점을 둔 몇 가지 정책보고서를 출판하였다. "학교도서관 사서의 교육적 역할"에서는 "학교도서관 사서는 학생, 교사, 그리고 직원들에게 정보, 디지털, 프린트, 시각, 텍스트 리터러시를 포함한 일련의 리터러시를 교육하는 중요한 역할을 행사한다"라고 서술하고 있다(American Association of School Librarians 2016). 교사로서의 학교도서관 사서의 영향은 강력한 도서관 프로그램과 더불어 표준테스트 점수의 향상과 졸업자 비율의 증가로 입증되었다(Lance and Kachel 2018, 16).

대학도서관 사서는, 특히 더 많은 교육 책임이 주어졌을 때, 보다 더 일관성 있게 교사와 동일시되었다. Scott Walter(2008)의 사서와 교사 동일성에 대한 탐구적 연구는, 가르치는 것이 그가 면담했던 사서들의 "핵심 초점"(core focus)임을 인지하였다. 인터뷰 참여자들은 그들의 직업 정체성을 교사로 파악하고 다음과 같이 언급하였다: "가르치는 기능은 당신이 행하는 모든 것에 있다." 그리고 "내가 교실에 있지 않을 때조차도, 나는 항상 가르치고 있다."(Walter 2008, 61) Walter 자신은 First-Year Experience and Waiting Across the Curriculum과 같은 증가일로의 교육이니셔티브를 가지고 고등교육 교과과정 변화의 영향을 계속 관찰하였다. 이러한 이니셔티브는 고등교육기관 사서들에게 추가로 가르칠 기회를 만들었으며, 대학도서관 사서들이 "핵심 서비스로서 교육에 초점을 둘 것"을 요구한다(Walter 2008, 65).

공공도서관 사서들은 교사와 동일시될 가능성이 가장 적을 것이다. Jessica A. Curtis가 공공도서관 사서에 대한 2017년 서베이에서 받았던 가장 흔한 반응은 "그렇지만 사서는 교사가 아니다"라는 것이었다. 공공도서관에서 교육은 대학도서관이나 학교도서관의 교육과 같지 않아 보인다; 사서는 확립된 교과과정에서 교육을 제공하지 않는다. 그렇지만, 자신을 교사로 생각하는지 여부와 관계없이, 공공도서관 사서는 다양한 환경에서 끊임없이 이용자들을 가르친다. 일대일 상호작용에서 또는 조상 찾기, 이력서 작성하기, 정보기술 이용법 등을 중심으로 한 집단대상 교육이 발생한다. Curtis는 그의 연구에서 조사했던 공공도서관 사서들의 대부분이 교수법에 관한 정식 교육이 가르치는 기술 개선에 도움이 될 것으로 느낀다는 점을 발견하였다. Sonnet Ireland(2017, 12)는 공공도서관 정보리터러시 교육의 중요한 역할을 논의하면서 "학교도서관과 공공도서관 사서들은 대부분 사람들의 삶에서 상호작용하는 최초의 사서들이다"라고 지적하였다.

주어진 환경과 관계없이, 교육은 모든 사서들에게 중요한 역할이다. Box 4.1은 교육이 사서로서의 업무에서 행사하게 될 역할에 대한 질문을 제시하고 있다. 참고업무를 시작하기 전에 이에 대해 생각하는 것은, 다양한 도서관 이용자들과 함께 일하기 위한 교육전략을 수립하는 데 필요하다.

Box 4.1
학습과제

사서로서의 당신 업무에 교육이 어떤 역할을 할 것 같습니까?

사서로서의 당신의 미래에 대해 생각해 보십시오. 어떤 도서관 환경에서 당신이 일을 할 것으로 기대합니까? 거기서 당신의 교육 역할이 어떨 것으로 상상합니까? 당신은 그 역할이 향후 5년에서 10년 사이에 변할 것이라고 생각합니까? 어떻게 그리고 왜 변화할까요?

4.2.7 교육관련 기준

도서관 유형에 관계없이, 최근 몇 십 년 동안 도서관 대공중 서비스에서 학습의 역할과 교육의 중요성이 증가되었다. 예상되었던 바와 같이, 교육기관 산하의 도서관에서 참고서비스와 교육 간에 보다 강한 관계가 있다. 관련 전문직단체들의 기준과 가이드라인은 도서관의 교육 및 학습에 대한 기대와 잠재력을 표명하는 지지 선언을 제공한다.

AASL Standards Framework for Learners(2018a)는 "학습자, 사서, 도서관기준 사이의 관계를 제시함으로써 교육과 학습에 대한 포괄적 접근 방법"에 초점을 두는 "개인화된 학습을 위한 현장 및 가상의 장소"로서의 학교도서관을 강조한다. The Public Library Association(2018)의 PLA Strategic Plan 2018-2022는 도서관 우선순위로서 평생학습의 중요성에 역점을 두어 "모든 사람이 필수 서비스와 교육의 혜택을 취하도록 환영받는" 공간으로서의 공공도서관을 강조한다. ACRL은 도서관서비스에서 교육의 중요성을 뒷받침하는 다수의 기준, 가이드라인, 기본 체제 등을 출판하였다. "Standards for Libraries in Higher Education"(2018)은 "도서관 직원은 다양한 맥락에서 적합하고 시의적절한 교육을 제공하며 다수의 학습 플랫폼과 교수법을 사용한다"라고 표명한 교육역할 원칙을 포함하고 있다. 2016년에 채택된 "Framework for Information Literacy for Higher Education"은 하나의 "교육개혁 운동으로서 정보리터러시는 일련의 보다 풍부하고 복잡한 핵심 아이디어를 통해서만 그 잠재력이 실현될 것이라는 신념"으로부터 발전한 것이다. "학문에 대한 성찰적 실천 방법을 결정하는 핵심 아이디어와 과정"인 문턱개념의 관점이 ACRL "Framework"의 중심에 있으며 정보리터러시를 고등교육에 통합시키기 위한 기초가 되었다.

4.3 참고서비스 현장의 교육

도서관에 교육을 위한 기회는 풍부하다. 도서관 안에서의 교육은 도서관 이용교육 교실에 한정된 것이 아니며, 또 그렇게 되어서도 안 된다. 참고서비스에서 교육의 역할을 결정하고 교육을 참고서비스에 통합하는 것은 모든 도서관에서 우선순위에 있다. 그렇지만 각 도서관의 상황은 교육이 제공되는 수준과 사서 개인이 그 역할을 인식하는 데 영향을 미친다. 대학도서관과 학교도서관에는 기관의 임무에 토대를 둔 참고서비스와 교육 간의 지속적인 강한 관계가 있다. 공공도서관과 특수도서관의 교육은 개별 도서관, 관내 인사관리모형, 도서관의 교육적 임무에 따라 크게 다를 수 있다. Lorelei Rutledge와 Sarah LeMire(2017, 352)는 사서들이 정규 정보리터러시 교육을 넘어 정보리터러시의 모든 기회를 찾아서 활용할 것을 장려한다. 그들은 "도서관 참고질문은 하나의 작은 정보리터러시 교육의 일대일 버전"

임을 지적하면서, 그와 같은 상호작용을 "마이크로티칭 기회"(microteaching opportunities)라고 언급하였다.

4.3.1 교육 가능한 순간

가르칠 수 있는 기회를 알아차리고 활용하는 것은 교육을 참고서비스에 성공적으로 접목시키는 데 매우 중요하다. 그렇지만 참고서비스 맥락에서 교육 가능 순간의 역할을 인지하고 이해하는 것은 신규 사서에게 어려움을 초래할 수 있다. 교육 가능한 순간(teachable moment)에 대한 사전적 정의는 다양하지만, 모두 그 우연적 특성을 강조한다. *Merriam-Webster Dictionary*(n. d.)는 교육 가능한 순간을 "예의바른 행동처럼, 무엇인가를 가르치기에 알맞은 시점"이라고 정의하고 있다. 온라인 *Medical Dictionary*(n. d.)에서는 이것을 "학생들에게 새로운 정보나 아이디어를 전달할 기회를 교육자에게 부여하는 예상 밖의 경험"이라고 정의하고 있다. 그리고 *Wikipedia*는 교육 가능한 순간을 "특정 주제나 아이디어를 학습하는 것이 가능해지거나 보다 쉬워지는 시점"이라고 서술하고 있다. 도서관계 문헌에서 Necia Parker-Gibson(2008, 71)은 연구자가 어떤 이해에 도달하는 "A-ha! 순간"이라고 했다. James Elmborg(2002, 461)는, "개괄적으로 정의하자면, 교육 가능한 순간은 학생들이 교육에 대해 열려 있는 위치에 도달한 상태이다"라고 서술하였다. 이러한 정의 및 사례들은 모두, 교육 가능한 순간의 핵심에 있는 일종의 자연발생적 감각을 제시하며, 개별 사서 측에서 알아차려야 할 필요를 나타내고 있다.

궁극적으로, 참고서비스에서 교육 가능한 순간을 인지하고 이용지도를 하는 것이 이용자에게 중요한 것인지 여부를 알아야 할 필요가 있다. 세 가지 다른 참고서비스 방식의(문자메시지, 채팅, 직접 대면) 이용자들을 분석한 연구에서 Christina M. Desai와 Stephanie J. Graves(2008, 253-54)는 이용자들이 중요하게 생각한다는 것을 밝혔다. 이 연구에서 응답자들의 46%, 55%, 57%가 각각 "이용자 자신의 힘으로 정보를 발견하는 방법을 사서가 가르쳐주기를 원했다"는 것을 발견하였다. 그들이 배운 것이 있는지를 물었을 때, 조사대상 이용자들의 96%, 92%, 99%가 배운 것이 있다고 제시하였다. 이 결과로 연구자들은 "이상적인 교육 가능한 순간이 참고업무에서 발견될 수 있다"고 결론지었다. 아마도 Elmborg(2002, 461)는 참고업무 중 교육 가능한 순간의 본질과 그것이 이용자에 미치는 영향을 포착하고 다음과 같이 서술하였을 것이다: "학생이 진지한 질문을 가지고 참고데스크로 올 때, 사서는 그 순간에 참여할 그리고 학생이 새롭고 실천 가능한 세계의 모형을 재구성하도록 도울 기회를 가진다." 이것이 교육 가능한 순간이며, 모든 사서가 그 순간이 올 때 인식하고 참여하도록 교육받아야 한다. 교육 가능한 순간은 다음과 같은 다수의 공통적인 특징을 가지고 있다:

- 교육 및 참고서비스 현장
- 자연발생적
- 수혜자 준비 태세에 의존
- 이용자의 필요에 민감
- 우연한 발생
- 이용자의 향후 도서관자원 이용 예상

참고서비스에서 교육 가능한 순간의 인식과 활용에는 사서 편에서 추가로 알아야 할 사항이 있다. 이것이 신규 사서를 주춤하게 만들 수 있지만, 다음과 같은 비교적 단순한 전략들은 교육 가능한 순간이 발생할 때 그 순간을 식별하고 활용하는 데 도움이 될 수 있다.

- 참고 상호작용의 시초에 어떤 가정도 하지 말고 주의해서 듣는다. 완전한 참고 면담을 수행하는 것이 이 시점의 핵심이다.
- 인내심과 유연성을 가진다. 이용자는 각각 이해 범위의 한계가 있다. 동일한 것처럼 보이는 질문을 가진 두 이용자는 도서관 경험 수준에 큰 차이가 날 수 있으며, 따라서 아주 다른 접근방법이 필요할 것이다.
- 신체언어 단서를 찾는다. 교육 가능한 순간을 활용할 이용자의 준비성은 그의 신체언어에서 관찰될 수 있다. 이용지도는 학습에 관심을 보이지 않는 이용자에게는 의미가 없을 것이다.
- 짧고 요령 있게 한다. 이것은 교육 가능한 순간들이다! 해당 순간에 최고로 영향을 미칠 국면에 집중한다.
- 이용자가 수행하도록 만든다. 컴퓨터 키보드상의 손은 사서가 아니라 이용자의 손이어야 한다. 사서는 옆에 서서 전 과정을 이용자와 동행한다. 행함으로써 배

우는 것은 일하는 다른 사람을 관찰하는 것보다 훨씬 더 강력한 경험이다 (Avery 2008, 112-13).

교육 가능한 순간을 인식하는 능력은 도전적인 것이다. Box 4.2에 제시된 질문들은 교육 가능한 순간이 존재하는 시나리오를 제공한다.

Box 4.2
실습과제: 교육 가능한 순간 알아차리기

교육 가능한 순간의 존재에 대한 다음 시나리오를 살펴보십시오. 각각의 경우에 당신은 이용자에게 무엇을 가르칠 수 있는가?

1. 이용자는 데이터베이스 탐색 결과로부터 상위 10권을 살펴보고 있습니다. 그는 어떤 논문이 해당 주제에 가장 잘 맞는 것인지를 묻습니다.
2. 이용자는 탐색에 관한 도움을 요청합니다. 당신은 그가 "cons of gun control"을 탐색창에 입력했지만 결과를 하나도 얻지 못했음을 봅니다.
3. 이용자는 "나는 EBSCO에서 내가 생각할 수 있는 모든 키워드를 시도해 보았지만 아메리카 원주민 지역사회의 태양에너지 사용에 대한 좋은 논문을 하나도 발견할 수 없습니다"라고 말합니다.
4. 이용자는 스포츠계의 스테로이드 사용에 관한 학술논문을 찾는데 도움을 요청하며, 그가 발견한 *Sports Illustrated* 잡지 기사가 적절한 것인지를 묻습니다.

교육 가능한 순간을 "미니 레슨"으로 생각하는 것은 상호작용을 그려보는 또 하나의 방법이다. Susan E. Beck과 Nancy B. Turner(2001, 89)는 사서들에게 "교육 요점을 전달하기 위해서 항상 최선의 가장 효율적인 자료를 발견하는 데 집중하라"고 제안한다. 이것은 이용자에게 너무 많은 정보를 강요하지 않게 해 주고 또한 지도할 기회 또는 교육 가능한 순간이 그 효과를 유지하도록 보장해 줄 것이다. 마찬가지로, 완전한 참고면담 수행은 의미 있고 적합한 교육적 요소를 참고트랜잭션으로 인도하는 핵심이다.

참고서비스에서 사서가 이용자의 교육요구를 식별하는데 사용할 수 있는 여러 가지 전략이 있다. 다른 사서들과의 토론을 통해 비공식적으로 수집하거나 또는 채팅 참고 트랜스크립트 분석을 통해 보다 공식적으로 수집된 참고질문에 대한 조사는, 도서관 이용자들이 특정 정보원, 능력, 기술에 대해 갖고 있는 공통적인 문제들을 드러나게 할 수 있다. 도서관목록, 웹사이트, 그리고 기타 탐색도구에 대한 탐색로그 또한 유사한 정보를 산출할 수 있다. 이용자들의 실제 질문을 리뷰하는 것은 해당 도서관에 제시된 이용자 요구에 대한 가장 믿을 만한 평가 및 이해의 기회를 제공한다.

다수의 연구가 채팅 참고 트랜스크립트를 분석하였는데, 채팅은 이 연구들의 수단이 되었고, 트랜스크립트는 사서가 이용자요구를 식별하고 적합한 지도 전략을 구현하는 유일한 관찰 기회를 제공하였다. 이 전략은 채팅과 대면 서비스에 모두 적용될 수 있다. Susan Avery와 David Ward(2010, 42)는 참고서비스에서 교육 기회를 제공할 몇 가지 공통적이고 되풀이되는 행동을 관찰하였다. 그것은 다음과 같다: "이용자들은 그들의 초기 연구 토픽에 대하여 명확한 정의 또는 초점의 결핍을 나타내고; 이용자들은 그들의 연구에 필요한 정보의 학술적 수준이나 유형의 차이에 대한 지식이 부족함을 드러내고; 이용자들은 탐색 과정의 한 부분에 대한 지식을 요청하고; 이용자들은 어디에서 어떻게 탐색을 수행할 것인지에 대한 불확실성을 보여주고; 이용자들은 탐색 결과를 평가할 기준에 대해 알고 있는 것이 부족한 것으로 나타났다." 이러한 예를 보면, 이용자들은 사서의 교육이 그들로 하여금 전진하도록 도울 수 있는 끈적끈적한 지점(sticky point)에 갇혀 있는 것 같다.

4.3.2 참고서비스를 위한 교수법

참고서비스 제공에 효과적인 교수전략을 식별하는 것은 학습의 발생을 보장하는 중요한 발판이다. Megan Oakleaf와 Amy VanScoy(2010)는, 디지털 참고서비스의 특정 교수전략을 학습에 대해 설명하는 교육이론에 연결하고자 시도하였다. 그들은 참고트랜잭션과 관련된 다음과 같은 세 가지 교육이론을 식별하였다:

- 메타인지. 이용자들은 그들 자신의 사고과정을 생각함으로써 배운다. 종종 "생각에 관한 생각"이라고 정의된다.
- 구성주의와 능동적 학습. 이용자들은 그들의 학습을 현실세계 경험으로부터 구성한다.
- 사회적 구성주의. 이용자들의 학습은 사람들과의 상호작용으로부터 형성된다.

관련 교육이론을 식별한 후, Oakleaf와 VanScoy는 표 4.1에 나타난 바와 같이 여러 가지 교수전략을 교육이론과 연결시켰다. 각각의 전략에는 사서들이 이용자와 일할 때 기억하기 쉽게 재미있는 명칭이 주어졌다. 이용자행동과 관련하여 사서들에게 자신의 행동을 생각할 쉬운 방법을 제공하는 것은 교육의 원리를 구현하기 위한 효과적인 전략이 될 수 있다. 이 연구가 가상참고서비스 환경에서 수행되었지만, 제시된 교수전략은 대면 참고질문에도 쉽게 적용될 수 있다.

표 4.1 교수전략 코드: 학습이론에 기초한 참고면담 교수전략

코드	해설
Catch them Being Good	• 적극적 정보추구 행동을 강화한다. • 인정과 칭찬; 여태까지 해온 이용자 노고를 인정한다.
Think Aloud	• 전문 조사자인 사서의 생각이 이용자에게 그대로 보이게 한다. • 참고트랜잭션의 전 과정을 통해 인지적 변화를 설명한다. • 전문적 정보추구 과정에 대한 통찰, 즉 사서의 생각으로 들어가는 창을 제공한다. • 성공뿐만 아니라 실패와 극복 전략을 공유한다.
Show, Don't Tell	• 정보탐색 과정을 보여준다. • URL, 튜토리얼 등을 띄워준다. • 채팅하는 동안 이용자에게 브라우저 윈도우를 열고 사서의 완성 과정을 따르도록 지시한다. • 서술을 넘어 이미지와 상호작용으로 이동한다.
Chunk It Up	• 즉시적 요구가 충족된 후 이용자가 당면할 추가적 단계를 식별한다. • 이용자에게 향후 문제점과 기회를 알게 하고 조언을 제공한다. • 채팅 모드 밖으로 나왔다가 이용자가 계속할 준비가 될 때 재진입한다. • 트랜잭션을 몇 개의 다룰 만한 덩어리로 나눈다.
Let Users Drive	• 이용자로 하여금 이미 수행했던 단계를 설명하거나 보여주도록 권한다. • 사서가 단지 관찰하는 동안에 이용자가 행동을 시작하도록 장려한다. • 이용자가 결정하고 행동을 취하도록 허용한다.
Be the Welcome Wagon	• 이용자요청을 도울 열성을 보인다. • 다른 정보추구자들도 유사한 문제로 씨름한다고 설명한다. • 정보추구 커뮤니티의 새 멤버인 이용자로부터 피드백을 얻어 낸다. • 이용자의 능숙함을 인지한다.
Make Introductions	• 요구가 더 잘 충족될 수 있다면, 다른 참고 현장으로 이용자를 방향 전환시킨다. • 특수한 전문성을 갖춘 다른 사서에게 의뢰한다.
Share Secret Knowledge	• 특화된 공동체언어에 대해 정의를 제공한다. • 도서관종사자들의 요령을 이용자에게 털어놓는다. • 도서관서비스와 정책의 윤리, 기준, 역사를 설명한다. • 사서가 하는 일의 범위를 설명한다.

출처: Oakleaf and VanScoy(2010, 384), American Library Association으로부터 허락을 받아 사용되었음.

교육요구를 암시하는 이용자행동을 알아차리고 인정하는 것은 참고서비스에 교육을 통합시키는 첫 번째 단계가 될 수 있다. Avery와 Ward(2010)는 그 행동을 세 가지 요구로 구분하였는데, 각각 이용자의 연구 진행 단계에 기초를 두었다. Box 4.3은 각 단계에서 교육을 접목하기 위해 사서가 취할 수 있는 실행 가능한 방법을 제공하고 있다. 완전한 참고면담을 수행하고 경청하는 것은, 이용자요구를 인식하고 조사의 어떤 국면이 문제가 되는지를 식별하고, 의미 있는 교육을 제공하기 위하여 불가결한 것이다.

Box 4.3
참고면담과 교육 실행

1단계: 이용자는 어떤 주제 또는 연구 질문을 탐구하는 중이다. 그는 연구 실문 또는 주제에 초점을 맞추기 위한 도움을 필요로 할 것이다. 사서는 다음과 같이 이용자에게 도움을 줄 수 있다.
1. 논문명세서 또는 연구 질문을 가지고 주제를 정교화한다.
2. 주제와 관련된 핵심 개념과 어휘를 브레인스토밍한다.
3. 정보의 유형과 현 상황에 가장 적합한 것이 무엇인지 이해한다(배경 정보, 연구논문, 통계 등).

2단계: 이용자는 탐색과정에 착수하였다. 그는 탐색 전략을 만들고 도서관 데이터베이스 탐색 및 결과를 활용하는 방법을 이해하는 데 도움을 필요로 할 것이다. 사서가 할 수 있는 것은 다음과 같다.
1. 이용자에게 이미 시도했던 탐색과 그 탐색 결과에 대한 정보를 공유할 것을 요청한다.
2. 정보에 접근하여 해당 자료가 적합한 이유를 공유하기 위해 이용자를 적합한 정보원으로 안내한다.
3. 이용자가 키워드 및 대체용어들을 식별하도록 돕는다.
4. 탐색 전략의 역할과 처음 탐색에 특정 용어가 사용된 이유를 논의한다.
5. 이용자에게 탐색결과 전체를 보여주고, 결과가 나온 순서와 출력 항목들의 전문검색 방법을 이해하도록 도와준다.

3단계: 이용자는 일련의 탐색결과를 리뷰하고 있다. 그는 결과물을 평가할 전략에 관한 도움을 필요로 할 것이다. 사서는 이용자와 함께 다음과 같이 할 수 있다.
1. 과제 서술문 또는 정보요구에 따라 결과를 평가할 기준을 리뷰한다.
2. 정보요구에 대한 적합성을 결정하기 위하여 결과를 조사한다.
3. 결과물 및 충족되지 않은 정보요구에 기초하여 탐색을 수정하는 이용자를 돕는다.
4. 추가탐색에 적합할 다른 정보원을 식별한다.

Avery and Ward(2010, 51)로부터 변형됨.

Desai와 Graves(2008, 249)는 그들이 참고트랜잭션 분석에서 다섯 가지 교수기법을 식별하였다. 이러한 교수법 실행은 참고서비스에 교육을 통합시키기 위한 출발점으로 쓰일 수 있다. 그 내용은 다음과 같다:

- 모델링. 사서는 요구된 정보를 발견해서 제공하고 나서 소재를 찾기 위한 절차를 간략히 말해주지만, 이용자가 따라오고 있는지 확인하지 않는다.
- 정보원 제안. 사서는 목록, 데이터베이스, URL 등 인쇄자료나 전자자료를 제안한다.
- 용어 제안. 사서는 적합한 키워드, 주제명표목, 부울논리연산자 등을 제안한다.
- 안내. 사서는 이용자를 단계적으로 필요한 정보로 안내한다.
- 교습. 사서는 도서관 또는 동료평가 과정과 같은 연구관련 용어를 설명한다.

위와 같은 각 상황에서 사서는, 이용자로 하여금 한 접근방법이 다른 것보다 선호되는 이유를 이해하도록, 그가 취하고 있는 절차를 설명해야만 한다. 예를 들어, 한 학생이 온라인 목록에서 저널명이 아니라 논문 제목으로 찾고 있다면, 적절한 다음 단계는 (1) 목록은 논문 제목이 아니라 저널명으로 찾기 위한 도구임을 설명하고, (2) 학생에게 적합한 데이터베이스를 찾는 단계를 보여주고 논문명으로 탐색하는 방법의 시범을 보이는 것이다. 이러한 접근방법은 참고서비스에 교육을 통합시키는 것이며 목록과 데이터베이스에서 발견될 수 있는 정보원의 종류를 이해하기 쉽게 한다.

은유와 비유는 참고대면에서 매우 효과적인 교수전략이 될 수 있다. 예를 들면, 도서관 데이터베이스를 탐색하는 동안 탐색 결과를 온라인 폴더에 추가하고 저장하는 방법을 이용자에게 가르치는 것은 온라인 쇼핑에서 쇼핑카트를 이용하는 것에 비교될 수 있다. 또는, 한 데이터베이스를 탐색하는 동안에 배운 기술과 방법을 다른 데이터베이스 탐색에 적용하도록 권하는 것은, 두 가지 다른 모델의 자동차를 운전하는 것에 비유될 수 있다. 동일한 기능이(윈드쉴드, 와이퍼, 라이트) 있더라도 위치가 다를 수 있다. 다른 사서들과 비유를 브레인스토밍하는 것은 추가 아이디어를 떠올리는 좋은 방법이다. 그렇지만, 은유나 비유를 사용할 때, 개별 이용자를 유념할 필요가 있다. 문화와 관련된 언급들은 영어가 제 2 외국어인 사람에게는 의미가 없을 수도 있다. 마찬가지로, 이용자의 연령과 인생 경험은 개념을 이해하는데 은유가 도움이 될지 여부에 영향을 미칠 수 있다. 사서는 언제나, 이용자에게 향후 독자적으로 조사에 임할 자신감을 주는 변경가능한 지식 전수를 위해, 노력해야만 한다.

대면서비스건 가상서비스건 간에, 학생과 참고데스크에서 일할 때 메모할 수 있는 시스템의 개발은, 사서로 하여금 교육에 중점을 두고 참고서비스 경험은 일종의 교육경험이라는 점을 명확히 하는 데 기여할 것이다. Geneseo 소재 Milne Library at State University of New York에 근무하는 사서들은, 사서가 학생들과 작업할 때 프롬프트를 제공하는, "Reference Notes" 형식을 고안하였다(Swoger and Hoffman 2015, 206). 이 프롬프트는 다음과 같은 사항을 포함하고 있다:

- 과제 제출일자
- 연구 질문
- 키워드/주제명표목
- 데이터베이스/정보원
- 기타 정보(주제별 가이드, 전략, 정보유형, 교수에 대한 질문 등)

이와 같은 전략은 사서들이 학생과 작업할 때 적합한 교육원리를 도입할 수 있게 해준다. 유사한 전략은 사서가 연구 상담 중에 작성할 온라인양식을 만드는 것인데, 이 양식에는 상담에서 망라된 정보, 진척을 위한 제언, 추가 상담 일정 조율을 위한 연락처 등이 포함될 수 있다. 이것은 세션 이후에 학생에게 이메일로 전달될 수 있을 것이다. 이 양식은 학생들로 하여금 상담의 교육적인 면을 상기시키고 프로젝트 작업을 계속할 때 지침을 제공하게 된다. 이 두 가지 예에서, 이용자 추적을 위한 기회는 처음 참고대면에서 시작된 교육을 지속할 사서의 가능성에 중점을 둔다.

4.3.3 이용자의 정서적 상태 이해

오랜 시간을 통해 확고해지고 또한 참고데스크와 같은 대면 환경에서 이용자와 작업할 때 유용한 도구로 사용될 수 있는 한 가지 자원은 Carol C. Kuhlthau(1992)의 ISP이다. 본 섹션에서는 ISP를 간략히 소개하며, 보다 깊이 있는 설명은 Kuhlthau(2019)의 저술에서 찾아볼 수 있다. ISP는 이용자들이 연구 과정 단계에서 경험하는 생각, 감정, 행동을 보여준다. 연구에 임하여 참고데스크에 접근하는 이용자에 대해 공감을 키우고 심리상태를 이해하는 것은 사서와의 신뢰 구축에 큰 영향을 미친다. Constance Mellon이 처음으로 서술하였던 도서관불안은 하나의 잘 알려진 상태인데, 이용자의 정서적 상태를 알게 되는 것은 사서로 하여금 주어진 시점에 이용자요구에 맞는 적합한 교육 전략을 제공할 수 있게 해준다. ISP는 중등학교 학생을 염두에 두고 고안되었지만, 이것은 다른 이용자집단의 연구에서도 입증되었으며, 다수의 환경에 쉽게 적용될 수 있다.

ISP를 사용하여 Kuhlthau는 학생들이 도움을 필요로 할 "개입 구간"(zones of intervention)을 구상하였다. 자세히 설명하면, ISP에 있는 7단계 각각에 대해 개입 구간을 설정하는 것이 가능하다. Box 4.4는 각 단계에서 이용자가 수행하고자 시도하는 것, 단계별로 예상되는 이용자의 정서 또는 감정, 그리고 사서 측에 제안하는 개입을 보여주고 있다. 각 단계는 사서를 위한 교육기회로 간주되어야 한다. 이용자의 감정을 인정함으로써, 사서는 공감할 수 있고 이것은 보다 적극적인 상호작용으로 이어진다.

Box 4.4
개입 구간

구간 1: 연구과제 시작
이용자 감정: 지식 부족과 이해 결핍 인식; 불안, 불확실성.
사서 개입: "당신은 여전히 주제를 생각하고 있습니까? 그것은 어려울 수 있습니다. 그렇지만 우리는 초점을 발견하기 위해 함께 작업할 수 있습니다."

구간 2: 주제 선택
이용자 과업: 이용 가능한 정보, 시간 등에 비추어 가능성 있는 주제와 수업 과제를 고찰한다.
이용자 감정: 잠시 만족, 기대, 종종 걱정과 혼란.
사서 개입: "당신이 지금까지 해왔던 것을 말해보세요." "당신의 주제에 집중해서 시작을 한 것 같습니다." "…해 봅시다."

구간 3: 정보 탐구
이용자 과업: 처음 탐색했던 정보를 조사해서, 발견했던 것을 연결하고 이해한다.
이용자 감정: 혼란, 좌절, 의구심, 불확실성.
사서 개입: "우리는 여기에 이용 가능한 자료를 정말 많이 갖고 있습니다; 이것은 혼란스러울 수도…"
*주의사항: 일반적으로 과정 중에서 가장 어려운 단계이다.

구간 4: 초점 형성
이용자 과업: 명확해진 주제 요구에 맞는 자료를 식별하고 선택한다.
이용자 감정: 낙관적, 과업을 완성할 능력에 대한 자신감.
사서 개입: "당신은 순조롭게 진행하고 있는 것 같군요; 느낌이 좋습니다." "…해 봅시다."

구간 5: 정보 수집
이용자 과업: 수립한 초점을 뒷받침할 정보를 수집한다.
이용자 감정: 방향감각, 과업 완성 능력에 대한 자신감.
사서 개입: "훌륭한 시작입니다. 당신의 주제에 특별히 적합하다고 생각하는 문헌에 대해 말해 보십시오…"

> 구간 6: 제시 준비
> 이용자 과업: 프로젝트의 정점, 최종적으로 필요한 정보의 단편들을 채워나간다.
> 이용자 감정: 안도감, 만족 또는 불만족.
> 사서 개입: "실제로 마무리가 된 것 같습니다. 조사에서 누락된 것이 보입니까? 우리 함께 봅시다…"
>
> 구간 7: 과정 평가
> 이용자 과업: 프로젝트의 최종 결과를 평가한다.
> 이용자 감정: 성취감 또는 실망감.
> 사서 개입: "당신의 결과물에 대해 말해 보십시오…"
>
> Kuhlthau(2994)로부터 변형되었음.

Lisa Ellis(2004, 108)는 이용자 정서 상태의 영향을 관찰하고, "불안한 이용자들은 자유롭게 정보추구 과정에 임하기보다 최종 결과에 사로잡혀 있을 때 학습능력을 가질 수 없을 것이다"라고 지적하였다. 그는 나아가 해당 이용자들은 보다 밀접하게 지도할 필요가 있으며 사서들은 Oakleaf와 VanScoy(2010)가 기술한 것처럼 보여주며 설명하는 기법에 의존할 필요가 있음을 발견하였다. 학생들이 ISP 단계들을 끝까지 진행할 때, 그들은 순간의 감정에 반응하는 정서적 상태로부터 이해와 명료화가 발생하는 인지적 상태로 이동할 것이다.

4.3.4 채팅 참고서비스의 교육

채팅 참고서비스는, 특히 대학도서관 환경에서, 인기가 계속 증가하고 있다. 교육을 채팅 참고서비스에 통합시키는 것은 대면 참고서비스의 경우와 많은 유사성이 있지만, 몇 가지 뚜렷한 차이가 사서들에게 문제를 초래할 수 있다. 우선, 대면에서 이용자의 교육 수용성을 암시하는 비언어적 단서와 신체언어가 채팅에는 결여되어 있다. 비언어적 단서는 또한 이용자에게도 영향을 미치는데, 왜냐하면 이용자 또한 그를 돕고 있는 사람을(예, 사서 또는 학생보조원) 파악하는 데 도움이 될 시각적 단서를 갖고 있지 않기 때문이다. 가상참고서비스 이용자들은 또한 그들이 사람과 채팅하고 있는지 여부를 의심할 수 있다. Paula Dempsey(2016, 463)는 그의 채팅 트랜스크립트 분석에서 "당신은 컴퓨터입니까"라는 질문을 조사하고, 응답하는 사람이 사서라고 말할 때 이용자가 만족하는 것처럼 보인다고 지적하였다. 이용자에게 교육을 하는 것 보다 정보를 제공하는 것이 종종 더 간단하고 신속하더라도, 교육경험의 가치는 유념해 두어야만 한다. 예를 들면, 만일 이용자가 특정 영화의 도서관 소장 여부를 알고자 한다면, 사서로서는 단지 해당 영화의 목록레코드에 대한 링크를 푸시하기보다는 목록 탐색을 통하여 이용자로 하여금 영화를 발견하도록 안내하는 것이 적절한 교육적 행동일 것이다. 온라인 패스파인더와 가이드는 채팅 참고서비스를 통해 이용자와 공유하기에 특히 유용한 정보원이 될 수 있다.

채팅 참고서비스에서 교육 가능한 순간 및 교육을 효과적으로 활용하기 위해서는 사서의 특별한 행동이 필요하다. 이용자에게 편안하고 환영받는 경험을 만들어주기 위해 관계 구축은 중요한 첫 단계이다. 교육은 트랜잭션할 때 증가하는데, 이것은 특히 채팅에서 확실하며, 따라서 이용자로 하여금 질문이 복잡하고 시간이 좀 걸린다는 점을 알게 하는 것이 중요하다. 사서가 이용자와 더불어 작업하고 있으며, 단지 질문에 답변하기 위한 것이 아니라 향후 그가 독립적으로 할 수 있는 방법을 가르치기 위한 것임을 이용자가 이해하도록, 예를 들면 "나는 이 과정 전체를 안내할 것이며, 따라서 당신은 앞으로 혼자서 이것을 할 수 있다"라고 전달해야 한다.

4.4 가이드, 패스파인더, 튜토리얼

연구가이드, 유인물, 온라인 튜토리얼은 참고서비스 과정에서 사용되는 주된 교수학습 방식이다. 인쇄물과 온라인 학습 자료는 종종 학습 목적을 달성하기 위해 가장 적절하다. 절차적 지식에 대해서는, 학생이 실제로 사용할 필요가 있기 전에 데이터베이스를 길게 설명하기보다, 필요 시점의 간단한 교육이 효과적이다. 사전에 교육 자료를 만드는 것은 참고서비스에 교육을 삽입하는 성공적인 전략이 될 수 있다. 예를 들면, 도서관목록에서 이용자들이 일관되게 문장을 탐색문으로 입력한다면(예, "articles on the economic impacts of climate change regulation"), 효과적인 탐색에 대한 튜토리얼이 이용자교육에 도움이 될 것이다. 우수한 인쇄물 및 온라인자료 개발을 위한 원칙은 다음과 같다:

- 형태. 학습자에게 가장 적합한 형태를 선택한다. 정의에 대한 것이라면 텍스트가 보다 적절하지만, 절차 또는 도구 기반 교육에 대한 것은 스크린샷 또는 짧은 비디오가 더 적합하다. 개인적 학습 선호도 문제를 해결하고 온라인 사용자

와 가이드를 공유하기 위해서는 여러 가지 형태가 필요하다.
- 길이. 학생들은 모든 데이터베이스 특성이나 상세한 탐색과정에 대한 긴 비디오를 시청할 인내심을 가지고 있지 않다. 학생들이 쉽게 정보를 처리하고 반복이 필요할 경우 신속하게 되돌아갈 수 있도록, 정보를 작은 부분으로 분리한다. 비디오는 1-2분으로 제한하고, 특정 이용자 질문들에 초점을 맞추어야 한다.
- 명료성. 전문용어, 산만하게 만드는 글꼴, 영상 소음 등을 피한다. 최대로 간결하게 필수 내용을 전달하는 데 중점을 둔다. 명료성을 위해 내용을 리뷰할 외부의 독자 또는 시청자를 갖춘다.
- 접근성. 비디오나 특히 온라인 콘텐츠에 대해서는 장애가 있는 학습자를 위한 접근성 지침을 따르는지 확인한다.

온라인가이드 제작은 사서가 필요한 시점에 이용자에게 자료를 전달하고 교육을 지원하는 데 활용할 수 있는 또 다른 전략이다. 이 가이드는 24시간 이용 가능하고 매우 다양한 참고문헌으로 도움을 제공할 수 있다. Springshare의 상품인 *LibGuide* 가 시장을 점유하고 있으며 특히 인기가 있지만, 개별 도서관들은 자체적으로 가이드 템플릿을 만들 수 있을 것이다. 처음에는 대학도시관에서 현지하게 사용되었던 *LibGuide* 가 공공도서관과 학교도서관에서도 증가되고 있다. Ruth L. Baker(2014) 그리고 Laurie Vaughan과 Sue Smith(2013)의 기사는 효과적인 가이드 제작 요령을 제시하고 있다. 온라인가이드는 여러 가지 목적으로 쓰일 수 있다: 과목별 요구사항을 지원할 수 있고, 특정 주제나 토픽에 초점을 둘 수도 있고, 이용자에게 도서관의 특정 정보원 또는 연구 과정을 교육하는 편람이 될 수 있다. 이러한 가이드는 온라인이기 때문에, 채팅 참고서비스에서 사전 준비된 자료로도 쓰인다.

인포그래픽은 인기가 증가하고 있는 정보 및 데이터 공유 방식이다. Bellato(2013)는 "인포그래픽은 전형적으로 무미건조한 텍스트기반 정보를 취하여 그것을 시각적 방식으로 제시한다. 정보 시각화는 간결하고, 쉽게 이해할 수 있고, 심미적 호소력이 있고, 핵심 정보를 강조하는 데 시각적 요소를 반영시킨다"라고 서술하고 있다. Debbie Abilock과 Connie Williams(2014) 그리고 Kathy Fredrick(2013)의 기사는 인포그래픽을 만드는 도구와 도서관의 인포그래픽 사용에 대한 조언을 제공하고 있다. 인포그래픽으로 제시된 정보는 다양한 학습 선호도를 충족시키고 이해하기 쉬운 형태로 정보를 표현할 수 있다. 인포그래픽은, 정보를 즉시 전달하고 학습에 기여한다는 점에서, 사서들에게 중요한 교육 도구로 사용될 수 있다. 그림 4.1에 있는 인포그래픽은 정보 사이클을 시각화한 것이다. 참고사서는, 예를 들어 이용자가 학술 저널에서 최신 토픽에 대한 정보를 발견하기 어려운 이유를 더 잘 이해하도록, 그림과 같은 도구를 가리킬 수 있다.

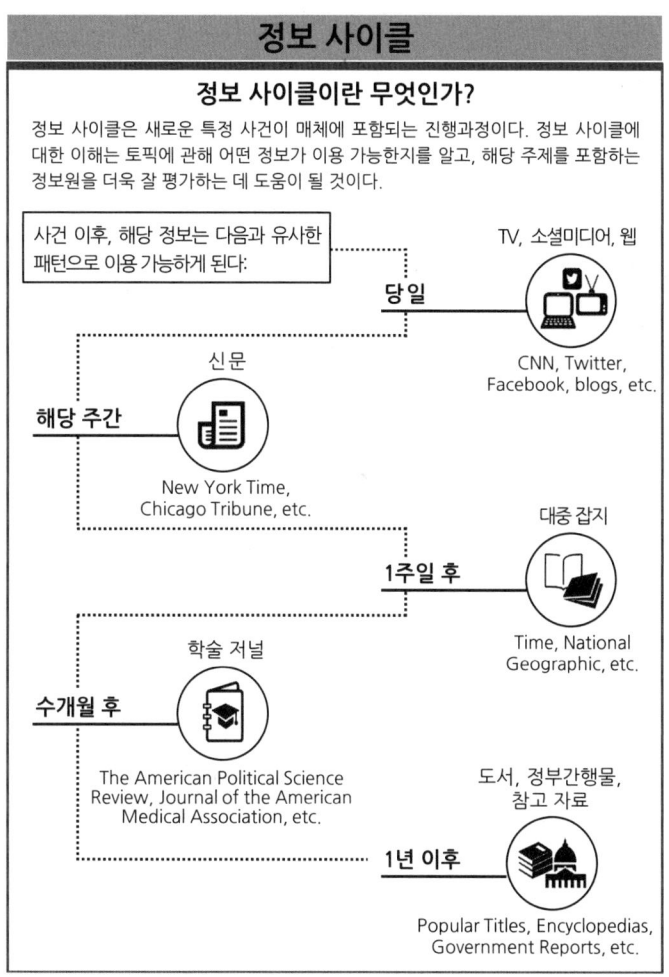

그림 4.1 정보 사이클 인포그래픽

위 그림은 사건 발생 몇시간 후부터 몇일, 몇개월, 나아가 1년 이후에 이르기까지 뉴스 스토리가 매체에 포함되는 과정을 보여준다.

출처: Urbana-Champaign 소재 University of Illinois 학부도서관으로부터 허가를 받아 사용되었음.

4.5 미래의 도전

지속적으로 변화하는 정부환경은, "가짜 뉴스"와 음모론의 시대에서 정보 자료를 효과적으로 발견하고 평가할 교육받은 시민 양성에 기여하고자 노력하는 사서들에게, 수많은 도전을 제시하고 있다. 이와 같은 요구와 기대에 당면하여 참고서비스에서 교육의 역할은 더욱 더 중요하다. 빠른 변화, 신기술, 이용자요구 변화 등은 도서관계에서 되풀이하여 발생하는 주제이다. 사서들은, 공공도서관, 학교도서관, 대학도서관을 막론하고, 끊임없이 변하는 교육환경과 정보 현장을 담당하기 위하여 준비되어야만 한다. 특정 이용자집단의 요구 분석과 전략적 결정을 위한 준비는 모든 수준의 교육환경 및 학습에 대한 매우 깊은 지식을 필요로 한다.

정보리터러시는 사서들이 도서관 중심 교육의 범위를 넘도록 요구하고 있지만, 현재 더 시급한 것은 사서들이 이용자 및 이해관계자들의 교육요구, 공식 학교교육의 교과과정, 그리고 커뮤니티를 형성하는 기타 환경적 요인들을 이해하는 것이다. Hannelore Rader(1980, 102)는 "가르치는 도서관"(teaching library) 만들기의 중요성을 논하면서, "그와 같은 도시관은 교육 증대와 커뮤니티 확장서비스 활동을 통해 국민 교육의 임무를 수행하는 데 직접 관여하게 되는 것이다. 이런 유형의 도서관에서는 참고서비스의 교육기능이 도서관서비스 중에 가장 중요하고 고도로 발전된 부문이 된다."라고 서술하였다. 이것은 오늘날에도 여전히 진실로 들린다. 우리들의 교육 역할 수용은 어려운 것일 수 있다. Elmborg(2002, 459)는 "사서로서 우리의 직무는 질문에 답변하는 것이라고 배웠다. 우리는 참고데스크에서 가르치기 위하여 직무에 대한 그 정의를 잊어야만 한다."라고 서술하였다. 미래를 위한 도전은, 모든 기관의 도서관 내외에서 가르치는 사서들이 도서관의 지역공동체 통합을 진전시키기 위하여 가장 생산적인 역할에 대해 창의적으로 생각하는 것이다. 우리는 참고서비스가 도서관의 가장 강력한 교육 도구가 될 수 있다는 점을 반드시 인정해야 한다.

【참고문헌】

Abilock, Debbie, and Connie Williams. 2014. "Recipe for and Infographic." *Knowledge Quest* 43 (2): 46-55.

Accardi, Maria T., Emily Drabinski, and Alana Kumbier. 2010. *Critical Library Instruction Theories and Methods*. Duluth, MN: Library Juice Press.

Accardi, Maria T., and Jana Vukovic. 2013. *Feminist Pedagogy for Library Instruction*. Sacramento, CA: Library Juice Press.

American Association of School Librarians. 2016. "Instructional Role of the School Librarian." Last modified June 25, 2016. http://www.ala.org/aasl/sites/ala.org.aasl/files/content/aaslissues/positionstatements/AASL_Position_Statement_Instructional_Role_SL_2016-06-25.pdf.

American Association of School Librarians. 2018a. "AASL Standards Framework for Learners." https://standards.aasl.org/framework/.

American Association of School Librarians. 2018b. *National School Library Standards for Learners, School Librarians, and School Libraries*. Chicago: ALA Editions.

American Association of School Librarians. 2018c. "Position Statements." http://www.ala.org/aasl/advocacy/resources/statements.

American Association of School Librarians. n. d. "Commons Beliefs." https://standards.aasl.org/beliefs/.

American Library Association. 1989. "Presidential Committee on Information Literacy: Final Report." Last modified January 10, 1989. http://www.ala.org/acrl/publications/whitepapers/presidential.

Association of College and Research Libraries. 2018. "Standards for Libraries in Higher Education." Last modified February, 2018. http://www.ala.org/acrl/standards/standardslibraries.

Association of College and Research Libraries. 2016. "Framework for Information Literacy for Higher Education." Last modified January 11, 2016. http://www.ala.org/acrl/standards/ilframework.

Avery, Susan. 2008. "When Opportunity Knocks: Opening the Door through Teachable Moments." *The Reference Librarian* 49 (2): 109-18.

Avery, Susan, and David Ward. 2010. "Reference Is My Classroom: Setting Instructional

Goals for Academic Library Reference Services." *Internet Reference Services Quarterly* 15: 35-51.

Baker, Ruth L. 2014. "Designing LibGuides as Instructional Tools for Critical Thinking and Effective Online Learning." *Journal of Library & Information Services in Distance Education* 8 (3-4): 107-17.

Beck, Susan E., and Nancy B. Turner. 2001. "On the Fly BI: Reaching and Teaching from the Reference Desk." *The Reference Librarian* 72: 83-96.

Bellato, Nathan. 2013. "Infographics: A Visual Link to Learning." *eLearn Magazine*. https://elearnmag.acm.org/featured.cfm?aid=2556269.

Curtis, Jessica A. 2017. "The Importance of Teaching Adult Services Librarians to Teach." *Public Libraries Online* (July/August). http://publiclibrariesonline.org/2017/11/the-importance-of-teaching-adult-services-librarians-to-teach.

Dempsey, Paula R. 2016. "'Are You a Computer?': Opening Exchanges in Virtual Reference Shape the Potential for Teaching." *College & Research Libraries* 77 (4): 455-68.

Desai, Christina M., and Stephanie J. Graves. 2008. "Cyberspace or Face-to-Face: The Teachable Moment and Changing Reference Mediums." *Reference & User Services Quarterly* 47 (3): 242-54.

Eisenberg, Michael, Carrie A. Lowe, and Kathleen L. Spitzer. 2004. *Information Literacy: Essential Skills for the Information Age*. Westport, CT: Libraries Unlimited.

Ellis, Lisa. 2004. "Approaches to Teaching through Digital Reference." *Reference Services Review* 32 (2): 103-19.

Elmborg, James K. 2002. "Teaching at the Desk: Toward a Reference Pedagogy." *portal: Libraries and the Academy* 2 (3): 455-64.

Elmborg, James K. 2006. "Critical Information Literacy: Implications for Instructional Practice." *The Journal of Academic Librarianship* 32 (2): 192-99.

Elmborg, James K. 2012. "Critical Information Literacy: Definition and Challenges." In *Transforming Information Literacy Programs: Intersecting Frontiers of Self, Library Culture, and Campus Community*, edited by Carroll Wetzel Wilkinson and Courtney Bruch, 75-95. Chicago: Association of College and Research Libraries.

Fredrick, Kathy. 2013. "Visualize This: Using Infographics in School Libraries." *School Library Monthly* 30 (3): 24-25.

Gregory, Lua, Shana Higgins, and Toni Samek. 2013. *Information Literacy and Social Justice: Radical Professional Praxis*. Duluth, MN: Library Juice Press.

Hall, Rachel. 2010. "Public Praxis: A Vision for Critical Information Literacy in Public Libraries." *Public Library Quarterly* 29: 162-75.

Institute of Museum and Library Services. n. d. "21st Century Skills Definitions." http://www.imls.gov/about/21st_century_skills_aspx.

Ireland, Sonnet. 2017. "For Your Information: Using Information in Public Libraries." *Reference and User Services Quarterly* 57 (1): 12-16.

Kapitzke, Cushla. 2003. "Information Literacy: A Positivist Epistemology and a Politics of Outformation." *Educational Theory* 53 (1): 37-53.

Kuhlthau, Carol Collier. 1992. *Seeking Meaning: A Progress Approach to Library and Information Services*. Norwood, NJ: Ablex.

Kuhlthau, Carol Collier. 1994. "Students and the Information Search Process: Zones of Intervention for Librarians." *Advances in Librarianship* 18: 57-72.

Kuhlthau, Carol Collier. 2019. "Information Search Process." Rutgers School of Communication and Information. http://wp.comminfo.rutgers.edu/ckuhlthau/information-search-process/.

Lance, Keith Curry, and Debra J. Kachel. 2018. "Why School Libraries Matter: What Years of Research Tell Us." *Phi Delta Kappan* 99 (7): 15-20.

LOEX. 2019. "About LOEX." http://www.loex.org/about.php.

Medical Dictionary. n. d. "Teachable Moment." https://medical-dictionary.thefreedictionary.com/teachable+moment.

Mellon, Constance. 1986. "Library Anxiety: A Grounded Theory and Its Development." *College & Research Libraries* 47 (2): 160-65.

Merriam-Webster Dictionary. n. d. "Teachable Moment." https://www.merriam-webster.com/dictionary/teachable%20moment.

Oakleaf, Megan, and Amy VanScoy. 2010. "Instructional Strategies for Digital Reference: Methods to Facilitate Student Learning." *Reference & User Services Quarterly* 49 (4): 380-90.

Parker, Gibson, Necia. 2008. "A-ha Moments, the Nearly-Now and the Implementation

Dip: Finding Learning Incidents." *Behavioral & Social Sciences Librarian* 27 (2): 69-72.

Pawley, Christine. 2003. "Information Literacy: A Contradictory Coupling." *The Library Quarterly* 73 (4): 422-52.

Public Library Association. 2018. "PLA Strategic Plan 2018-2022." Last modified June, 2018. http://www.ala.org/pla/about/mission/strategicplan.

Rader, Hannelore B. 1974. "Library Orientation and Instruction-1973: An Annotated Review of the Literature." *Reference Services Review* 2 (1): 91-93.

Rader, Hannelore B. 1980. "Reference Services as a Teaching Function." *Library Trends* 29 (1): 95-103.

Rutledge, Lorelei, and Sarah LeMire. 2017. "Broadening Boundaries: Opportunities for Information Literacy Instruction Inside and Outside the Classroom." *portal: Libraries and the Academy* 17 (2) 347-62.

Society of College, national and University Libraries in Great Britain. n. d. "Information Literacy." https:///.sconul.ac.uk/tags/information-literacy.

Swoger, Bonnie J M., and Kimberly Davis Hoffman. 2015. "Taking Notes at the Reference Desk: Assessing and Improving Student Learning." *Reference Services Review* 43 (2): 199-214.

Townsend, Lori, Korey Brunetti, and Amy R. Hofer. 2011. "Threshold Concepts and Information Literacy." *portal: Libraries and the Academy* 11 (3): 853-69.

Tucker, John Mark. 1980. "User Education in Academic Libraries: A Century in Retrospect." *Library Trends* 29 (1): 9-27.

UNESCO. 2017. "Information Literacy." http://www.unesco.org/new/en/communication _and-information/access-to-knowledge/information-literacy/.

Vaughan, Laurie, and Sue Smith. 2013. "K-12 LibGuides: A Flexible Platform for Integrating Info Lit and Prompting Your Library." *CSLA Journal* 37 (1): 21-24.

Walter, Scott. 2008. "Librarians as Teachers: A Qualitative Inquiry into Professional Identity." *College & Research Libraries* 69 (1): 51-71.

Wikipedia. 2019. "Teachable Moment." Last modified May 7, 2019. https://en.wikipedia.org/wiki/Teachable_moment.

【가이드라인, 기준, 용어 정의】

American Association of School Libraries. 2018. "AASL Standards Framework for Learners." https://standards.aasl.org/framework/.

After undergoing an extensive revision, the revised AASL standards were released in November 2017. Three distinct sets of standards were created to address the learner, school librarian, and school library. They reflect "a comprehensive approach to teaching and learning by demonstrating the connection between learner, school librarian, and school library standards." The standards for learners are available free online; the standards for librarians and school libraries must be purchased through AASL.

American Library Association. 1989. "Presidential Committee on Information Literacy: Final Report." Last modified January 10, 1989. http://www.ala.org/acrl/publications/whitepapers/presidential.

A foundational document for information literacy that outlines a basic definition and need for information literacy programs and instruction across all libraries.

Association of College and Research Libraries. 2016. "Framework for information Literacy for Higher Education." Last modified January 11, 2016. http://www.ala.org/acrl/standards/ilframework.

This document now serves as a cord resource for academic instruction librarians. Rapid changes in higher education and the "information ecosystem" necessitated a document focused on "frames" of essential understandings that link closely to academic tasks. Strongly influenced by threshold concepts, the "Framework" includes concepts and dispositions intended to enable students to deepen their informatio literacy skills in the context of higher education.

Institute of Museum and Library Services. n. d. "21st Century Skills Definitions." http://www.imls.gov/about/21st_century_skills_list.aspx.

A list of skills applicable to patrons in libraries and museums of all types, they are intended to be adapted to an individual library's or museum's priorities and audience. Skills are focused on a wide variety of learning and creativity concepts and literacies, including visual, media, health, and environmental.

【SUGGESTED READINGS】

Booth, Char. 2011. *Reflective Teaching, Effective Learning: Instructional Literacy for Library Educators.* Chicago: American Library Association.

An approachable introduction to instructional design for librarians teaching in any setting, this resource provides information for all librarians involved in instruction. It includes useful frameworks and tools for designing a wide range of learning activities and materials, including face-to-face classes, print or online material, and technology-rich learning objects.

Campbell, Sandy, and Debbie Fyfe. 2002 "Teaching at the Computer: Best Practices for One-on-One Instruction in Reference." *Feliciter* 1 26-28.

Campbell and Fyfe provide a concise and easy-to-understand list of the "Top 10 practices for Successful One-on-One Reference Interaction." While many of these apply to an in-person interaction, many can be utilized in an online medium as well.

Clark, Ruth C., and Richard E. Mayer. 2016. *e-Learning and the Science of Instruction: Proven Guidelines for Consumers and Designers of Multimedia Learning.* 4th ed. Hoboken, NY: Wiley.

Clark and Mayer focus on the principles of multimedia instruction. They address the evidence-based research behind each principles as well as appropriate examples of the implementation of each of them.

Elmborg, James. 2002. "Teaching at the Desk: Toward a Reference Pedagogy." *portal: Libraries and the Academy* 2 (3): 456-64.

From his background as a composition teacher and librarian, Elmborg shares a pedagogy for teaching at the reference desk. Focused on constructivist learning theory, he first shares why this theory is appropriate at the reference desk and goes on to move the theory into practice. This article is an essential read for every librarian who works at a reference desk.

Institute of Museum and Library Services. 2009. "Museums, Libraries, and 21st Century Skills." http://www.imls.gov/assets/1/workflow_staging/AssetManager/293.PDF.

This document provides an overview of the 21st Century Skills initiative by the IMLS. It calls for libraries and museums to take a more active and purposeful role in addressing the multifaceted needs of learners in formal and informal educational settings. It is particularly strong in advocating for public libraries and museums to be educational leaders because they are essential in extending formal schooling and meeting the needs of adult learners.

Oakleaf, Megan, and Amy VanScoy. 2010. "Instructional Strategies for Digital Reference: Methods to Facilitate Student Learning." *Reference & User Services Quarterly* 49 (4): 380-90.

While this article is focused on instruction in the context of digital reference, the strategies that Oakleaf and VanScoy share are applicable to all reference settings. Following an analysis of chat transcripts, the authors observed specific behaviors and categorized them, resulting in the instructional strategies included in the article.

5

컨소시엄과 도서관협동

5.1 서론
5.2 도서관협동 개관
5.3 협동 도서관서비스
5.4 도서관협동의 도전과 미래
5.5 결론

제5장 컨소시엄과 도서관협동

5.1 서론

　대부분의 문헌정보학 전공 학생들은 주립도서관 또는 지역도서관 시스템에 대한 지식이 없이 대학원을 마치게 된다. 하지만 도서관협동은, 도서관 상호대차로부터 연구데이터베이스 나아가 여름독서 캠페인에 이르기까지, 참고사서가 이용자봉사를 위해 필요로 하는 여러 가지 서비스를 뒷받침하고 있다. 문헌정보학 전공 학생들이 협동 도서관 서비스와 컨소시엄 계약에 친숙해지려면 시간이 필요한 이유가 몇 가지 있다. 우선, 도서관협의체들은 서비스를 확대하고 여러 서비스 영역에서 개별 도서관들의 능력을 신장시키고 있어서, 이 분야에 대한 지식은 협동을 고찰해보지 않고는 불완전하다. 실제로, 대부분의 도서관들은 적어도 한 개의 컨소시엄에 속해 있으며, Box 5.2에 나타나 있는 것과 같이 각기 다른 서비스를 위해 다수의 컨소시엄에 참여한다. 도서관 직원들은 소속 도서관과 회원들의 편익 최대화를 위하여 이러한 조직에 참여할 수 있도록 준비해야 한다. 마지막으로 도서관컨소시엄은 문헌정보 분야에 대한 큰 그림을 볼 특별한 기회를 제공한다. 경우에 따라 유사한 도서관들 사이에 벤치마킹과 협동을 촉진시키며, 동시에 지역 또는 주 단위에서는 다른 도서관종 사이에 교량 역할을 한다.

> **Box 5.1**
> **도서관컨소시엄 참여 사례**
>
> 컨소시엄 참여는 도서관 크기와 요구에 따라 다양하다. 다음 네 가지 도서관 사례는, 비록 도서관 유형을 모두 대표하는 것은 아니지만, 주(state) 단위의 컨소시엄 서비스 참여 양상을 보여주고 있다.
>
> - 소규모 학교도서관. 이 도서관은 주 전체를 망라하는 도서관시스템 1개처에 가입한다. 도서관은 긴축예산으로 인해, 핵심데이터베이스 및 직원 전문성 개발을 포함한 주요 도서관서비스 접근을 위해 주 정부에서 지원하는 컨소시엄에 의존한다. 추가적으로 도서관은 특별히 소규모도서관의 장서운영과 도서관 상호대차서비스를 위해 설계된 기본 통합네트워크 도서관시스템(ILS)에 가입하기 위해 저렴한 요금을 지불한다.
> - 중규모 공공도서관. 이 도서관 또한 주 전체를 망라하는 도서관시스템의 회원이며, 시스템의 타 도서관 자료 무료배송 서비스에 크게 의존하고, 또한 전문성 개발 및 자문 서비스, 협동수서, 전자책 프로그램에서 도움을 받는다. 도서관은 또한 지역 내 타도서관과의 자원공유에 직접 접근을 제공하고 더불어 추가적인 콘텐츠와 기술지원 옵션을 제공하는 보다 강력한 ILS에 유료회원으로 가입한다.
> - 전문대학 도서관. 이 도서관은 배송과 데이터베이스를 위해 주 전체를 망라하는 시스템을 사용하며, ILS와 추가 e콘텐츠 및 기술지원을 위해 지역네트워크를 병용한다. 부가적으로 이 도서관은 공립 고등교육기관 컨소시엄에 가입하는데, 이 컨소시엄은 데이터베이스 공유, 전문성 개발, 도서관 후원을 제공한다. 뿐만 아니라, 추가 데이터베이스 및 자원을 위해 두 가지의 협동수서 컨소시엄에 참여한다.
> - 대학 연구도서관. 이 도서관은 배송과 일부 콘텐츠 및 전문성 개발을 위해 주 전체를 망라하는 시스템을 사용한다. 자체 ILS를 운영하고 있음에도 불구하고, 이 도서관은 자원공유를 위해 적어도 다섯 가지의 사용료 기반 컨소시엄에 참여하고, e콘텐츠의 공동 라이선스 및 구입을 위해 추가로 두 가지 협정에 참여한다. 또한 대학 및 연구도서관을 위한 인쇄물 공동활용 이니셔티브에 참여한다.

5.2 도서관협동 개관

 컨소시엄(consortium)이란 무엇인가? 본 장에서 이 용어는 개별 도서관회원의 능력을 넘는 목적을 달성하기 위하여 자원(재원, 인적자원, 기술 등)을 모으는 도서관집단을 뜻한다. Valerie Horton과 Greg Pronevitz(2015, 2)가 지적하는 바와 같이, 이 집단들은 예를 들어 cooperatives, networks, collectives, alliances, partnerships, consortia와 같은 여러가지 용어로 불릴 수 있다.

5.2.1 역사

어떻게 부르든 간에, 도서관협의체의 역사는 사서직 역사 전체를 반영하고 있다. 개별 도서관의 목적이 한정된 양의 정보를 조직하고 그것을 제한된 사람들에게 접근 가능하도록 만드는 것이라면, 도서관컨소시엄의 목적은 단순히 더 많은 정보원을 동일한 지역 또는 유사한 기관처럼 공통성을 갖고 있는 보다 광범위한 집단의 사람들에게 확장시키는 것으로 이해할 수 있다. 도서관컨소시엄 발전 역사에서 중요한 사건들이 표 5.1에 나타나 있다.

표 5.1 도서관컨소시엄의 발전: 주요 사건 연표

1876	ALA Committee on Cooperation in Indexing and Cataloging College Libraries가 결성되었다.
1898	ALA가 협동색인/편목 프로그램을 시작함. 차후에 이것은 Wilson's International Index of Periodicals의 부분이 되었다.
1900	Library of Congress가 최초로 National Union Catalog를 출판함. 1년 후 California에서도 최초의 지역종합목록이 나오게 되었다.
1917	ALA에서 처음으로 ILL코드를 채택하였다.
1933	미국에서 가장 오래된 대학도서관 컨소시엄인 Triangle Research Libraries Network(TRLN) 수립. TRLN은 원래 Duke University와 North Carolina University간의 협동목록 및 수집 프로그램이었는데, 오늘날까지 계속되어 혁신적 공동 서비스의 첨단에 있으며, 연구데이터지원과 프로젝트 경영 같은 서비스가 추가되었다.
1930년대	다수의 새로운 종합목록이 개발되고 초기 지역도서관협의체가 수립되었다.
1940년대	고등교육의 성장이 보다 공식적인 도서관의 협정을 촉진하여, 1949년에 Center for Research Libraries의 전신이 발족되었다.
1960-1970년대	1차 도서관컨소시엄 활성화 기간. 다수의 컨소시엄이 생기고, 그중 OCLC는 현재 세계적인 메가컨소시엄이 되었다. 1970년대는 또한 지역도서관시스템 개발이 증가되었으며, 그중 다수는 자문, 계속교육, 협동편목, 자원공유 등을 통하여 특히 농촌과 지원이 부족한 지역의 공공도서관 서비스 확장에 중점을 두었다.
1990-2000년대	2차 도서관컨소시엄 확장 기간. 인터넷 접근 발전에 따라, 온라인자원의 집단 라이선싱과 구매가 핵심이다. 새로운 특화된 컨소시엄이 개발된다.
2008-2015년	2007년의 경기 불황으로, 지역도서관시스템을 포함한 다수의 도서관컨소시엄이 폐쇄되거나 합병되었고, 새로운 협동계획은 제한되었다. 이 기간이 끝날 즈음에, 한정된 공적 기금과 같은 계속된 경제적 문제에도 불구하고, 도서관컨소시엄 분야가 회복되기 시작하였다.
2020년-	도서관컨소시엄의 미래는 어떠할까? 본 장 말미의 도전과 미래 섹션에 있는 몇 가지 예상을 보시오.

출처: Alexander(1999)와 Horton and Pronevitz(2015)로부터 연대표를 추출하였음.

5.2.2 현황

도서관컨소시엄은 크기, 조직, 재원에 있어서 매우 다양하다. 도서관 회원 수는 한 자리 수(단일 지역의 협의체)로부터 수천 수만(2019년에 전 세계 85,400기관을 대표한다고 표명한 OCLC와 같은 메가컨소시엄)에 이르기까지 광범위하다. 대부분의 도서관컨소시엄은 다음과 같은 요인 중 하나에 따라 조직되는 경향이 있다.

- 지역. 도서관은 서비스 확대를 위해 동일한 시, 지역, 주 안에 있는 다른 도서관들과 협력한다. 예를 들면, Massachusetts Library System(MLS)은 매사추세츠 주 안에 있는 모든 유형의 약 1,600개 도서관을 대상으로 다양한 서비스를 제공한다.
- 도서관 유형. 도서관은 해당 유형에 특화된 서비스를 제공할 유사한 기관들과 제휴한다. 예를 들어 Big Ten Academic Alliance는 대규모 연구기관들의 요구에 초점을 둔다.
- 지역과 도서관의 유형. 일부 컨소시엄은 지역과 유형 두 가지로 회원을 개발한다. 예를 들어 Orbis Cascade Alliance는 미국 북서부에 위치한 대학도서관들을 대상으로 서비스한다.

컨소시엄의 재원 모델은 공적 자금, 회비, 서비스 요금, 기금, 또는 이들의 혼합에 의존한다. 예를 들면, MLS 서비스는 일차적으로 주 정부 도서관부서의 재원으로 충당되지만, Commonwealth eBook Collection과 같은 선택서비스는 요금제이다. 회원제 컨소시엄은 균등한 회비를 부과하거나 아니면 지역주민 수 또는 정규상당 학생 수 같은 요인에 따라 회비를 산출한다.

마지막으로, 주립도서관에 대한 언급이 없이는 도서관컨소시엄에 대한 어떠한 논의도 완전하지 못할 것이다. 주립도서관들은 전통적 의미의 컨소시엄은 아니지만, 대다수가 협동체제를 지원하거나 주법에 따라 자원공유와 전문성 개발과 같은 컨소시엄 서비스를 제공한다. 어떤 경우에는, 주에서 앞서 언급된 지역도서관시스템을 지방, 특히 농촌이나 서비스 결핍 지역의 요구를 충족시키기 위해 만들었다. 그렇지만 연대표에 서술된 바와 같이 다수의 지역시스템들이 2007 경제 불황으로 합병되거나 폐쇄되어 회원들은 새로운 체제에 적응하거나 다른 정보 수단을 찾아야 했다.

5.3 협동 도서관서비스

본 장에서는 다양한 자원공유, 전문성 개발, 자문을 포함하여 도서관컨소시엄의 일반적인 서비스를 탐구한다. Box 5.2는 컨소시엄이 제공하는 서비스를 요약한 것이다.

Box 5.2
학습과제: 컨소시엄 활동

도서관컨소시엄은 다음과 같은 다양한 활동에 관여한다.
- 정보자료 라이선싱
- 인쇄본과 전자자료 구입
- 도서관 상호대차/문헌전달
- 협동참고서비스
- 공동목록/탐색시스템
- 아카이브 프로젝트
- 훈련과 계속교육
- 회원 자문

• 토론 질문
1. 참고사서로서 위의 활동 중 어느 것이 가장 유용하다고 생각합니까? 도서관장이라면?
2. 도서관들이 향후 개발할 정보원과 서비스에 대해 생각해 보자. 그 일을 지원하기 위해 컨소시엄은 무슨 역할을 할 수 있을까?
3. 본 장은 도서관이 컨소시엄 가입으로 어떤 혜택이 가능한지 사례를 제공한다. 당신은 도서관이 혜택을 받지 못할 사례를 생각할 수 있습니까?
4. 지난 20년 동안 도서관컨소시엄이 증가하였다. 컨소시엄은 어떤 환경 하에서 강화되기 시작하며, 그것은 도서관에 어떤 영향을 미치게 될까?

5.3.1 자원공유

컨소시엄은, 협동 ILS와 편목, 도서관 상호대차와 문헌전달, 협동 라이선싱과 구입을 포함한 다양한 자원공유 활동에 관여한다.

5.3.1.1 통합도서관시스템과 협동편목

표 5.1에 나타나 있는 바와 같이, 종합목록은 초창기의 도서관 상호협력이었으며, 오늘날에

도 다수의 도서관들이 여전히 이 서비스에 의존한다. Horton과 Pronevitz(2015, 15)는 도서관컨소시엄의 40% 이상이 회원들에게 공동 ILS를 제공하고 있으며, 그중 가장 많은 것이 종합목록과 관련된 것이라고 보고하였다. 이 협약은 참여 도서관들에게 공동비용부담의 혜택을 제공할 뿐만 아니라 이용자들이 시스템 내에서 다른 회원도서관 소장 자료를 직접 요청할 수 있게 해준다. 예를 들면, 대학도서관 컨소시엄인 OhioLINK는 회원 간에 종합목록을 운영하며, 또한 공공도서관 컨소시엄인 SearchOhio에 링크되어 있다. 따라서 이용자들은 두 개의 시스템 중 하나에서 시작한 다음 두 시스템 전체로부터 손쉽게 자료를 요청할 수 있다(Evans and Schwing 2016).

Georgia주의 컨소시엄인 Public Information Network for Electronic Services(PINES)는 심지어 자체적으로 오픈소스 ILS인 Evergreen을 개발하였다. 특별히 중소규모 공공도서관의 필요에 따라 설계된 컨소시엄인 Evergreen은 차후에 Central/Western Massachusetts Automated Resource Sharing, Inc.(C/W MARS)와 North of Boston Library Exchange(NOBLE)을 포함한 여러 다른 도서관네트워크에 의해 채택되었다.

협동편목이 초창기 도서관컨소시엄 형성의 원동력이었음에도 불구하고, 도서관자동화와 OCLC같은 서지유틸리티 및 밴더가 공급하는 목록레코드의 증가로 인해, 현재 협동편목은 컨소시엄의 공통 서비스가 아니다(Horton and Pronevitz 2015, 44-45). 서비스가 있을 경우, 협동편목은 기관의 종합목록에 대한 품질관리를 제공하거나 대규모 도서관의 특수한 요구를 해결한다. 예를 들면, Big Ten Academic Alliance는 회원도서관 전체를 대상으로 특수 언어나 형태로 된 자료의 목록작성을 위해 전문가공유 프로그램을 수립하였다. 특수자료에 대한 고품질 메타데이터와 미처리자료의 감소와 같은 편익은 모두 이용자들의 자료에 대한 접근을 개선한다(Cronin et al. 2017).

5.3.1.2 상호대차와 문헌전달

아마도 도서관협력의 고전적 사례인 도서관상호대차(Interlibrary Loan: ILL)는 100년 이상 도서관으로 하여금 자관 장서의 한계를 넘어 이용자들에게 자료에 대한 접근을 제공하도록 해 주었다. 오늘날 그 범위는 OCLC 자원공유서비스를 통해 수천 개의 타도서관으로 확장될 수 있지만, OCLC 회원가입 비용은 엄청난 것이다. 도서관컨소시엄 중 1/3 이상은, 중소규모 공공도서관처럼 규모가 작거나 자원이 부족해서 OCLC와 직접 관계할 수 없는 도서관을 위해, 상호대차 중개서비스를 제공한다(Horton and Pronevitz 2015, 15). 따라서

이 도서관들의 이용자는 세 가지 수준의 접근을 가질 수 있다:

1. 소속 도서관이 소장하고 있는 자료
2. ILS 컨소시엄 회원인 타도서관이 소장하고 있는 자료. 이것은 이용자가 직접 신청한 후, 소속 도서관에서 받아볼 수 있다.
3. 컨소시엄 회원 도서관에 없는 자료. 이것은 컨소시엄 직원이 OCLC를 통해 획득해서 이용자 소속 도서관으로 전달할 수 있다.

이 과정에서 반납 가능한 것과(도서와 기타 물리적 자료) 반납할 수 없는 것을(논문기사, 도서의 일부, 또는 전자적으로 전달되는 자료) 구별할 수 있다. 후자는 때로 문헌전달(document delivery)이라고 불린다. Horton과 Pronevitz(2015, 15)는 대략 4개 도서관컨소시엄 중 1개 정도에서 문헌전달서비스를 제공하고 있음을 발견하였다.

자료가 물리적 형태로 전달되는 경우에는 배송서비스가 필요하다. 다수의 컨소시엄들은 계약한 업체의 쿠리어서비스를 이용하는데, 이것은 회원도서관에게 상업적 서비스보다 비용을 절약하게 해준다. 예를 들면, Colorado Library Consortium 회원들은 우편서비스나 Federal Express 대신 Colorado Library Courier System을 이용함으로써 매년 운송비에서 총 $7,100,000에 이르는 비용을 절약한다(Hofschire 2012). 그렇지만 회원들에 대한 놀라운 투자수익에도 불구하고, 배송서비스는 여전히 유가 및 최저임금처럼 외부적 요인으로 증가되며, 도서관컨소시엄에게는 막대한 비용이다. 따라서 일부 컨소시엄에서는 이 서비스를 지속시키기 위해 회비로 전환시켰으며, 일부는 배송 전체를 중단해야만 했다.

5.3.1.3 협동라이선싱과 협동구입

도서관협동에서 비교적 최근의 발전이긴 하지만, 전자콘텐츠에 대한 접근은 데이터베이스 비용이 계속 증가하는 요즈음 특히 대학도서관에서 필수적인 컨소시엄 서비스이다. 이것은 다음 두 가지 형태 중 하나를 선택할 수 있다:

- 공유라이선싱: 컨소시엄이 공동으로 라이선스 받은 전자정보원을 모든 회원들이 사용할 수 있다. MLS와 주 당국의 공동 프로젝트인 Massachusetts Statewide Database Program은 그 한 예이다. 선정 및 수집 전 과정을 통해서

회원의 의견이 존중되지만, 밴더와의 협상 과정 그리고 도입 후의 기술지원 및 훈련은 컨소시엄이 담당한다.
- 중개라이선싱: 컨소시엄은 회원들이 선택할 수 있도록 구비된 전자정보원을 제공한다. 컨소시엄은 도서관이 독자적으로 하는 것보다 더 나은 계약 조건을 협의한다. Westchester Academic Library Directors Organization(WALDO)은 그 한 예인데, 이것은 미국 북동부에 위치한 도서관들에게 다양하게 구비된 온라인정보원을 컨소시엄의 조건으로 제공한다.

두 가지 모델의 혜택은 집단교섭의 힘과 컨소시엄의 전문적인 협상처리능력으로 인한 더 나은 계약조건이다. 컨소시엄은 추가로 접근성 향상과 같은 회원도서관의 이익을 옹호하는 행동을 함으로써 상품의 선진화를 촉구할 수 있다(Horava 2018).

컨소시엄은 또한 밴더가 새로운 가격과 공급전략을 개발할 때 도서관을 위해 보다 강한 의견을 준비할 수 있다. 전자정보원이 폭발적으로 증가되었던 1990년대에, International Coalition of Library Consortia(ICOLC)의 회원들은 출판계 지도자들과 함께 토론을 개최하였고, 양측은 변화하는 환경에 대한 그들의 전망을 공유할 수 있었다(Machovec 2014). 보다 최근에 컨소시엄들은 전자책 대출과 나중에 논의될 오픈액세스 출판모델로의 전환에 대한 산업체 표준 개선에 기여하는 역할을 하였다.

마지막으로, 컨소시엄은 회원들에게 안전하게 잘 만들어진 계획으로 새로운 사업 모델을 개척할 기회를 제공할 수 있다. 뉴욕 주 서부 8개 도서관의 스트리밍비디오 이용자주도구입 시범계획은 최종적으로 컨소시엄 수준에서 중단되었다. 그렇지만 이것은 도서관들이 개별적으로 서비스를 계속할 "개념증명"(proof of concept)을 제공하였다(Knab, Humphrey, and Ward 2016).

전자정보원 이외에 일부 컨소시엄은 인쇄본 도서, 서가, 사무용품과 같은 제품의 협동구매 기회를 제공한다. 한 예로 MLS의 Massachusetts Higher Education Consortium과의 협약이 있는데, 이것은 도서관 전문 업체를 추가하여 모든 유형의 MLS 회원도서관에 비용절약을 증대시켰다(Massachusetts Library System 2019).

5.3.1.4 자원공유의 새로운 방향

변화하는 정보 및 고등교육 환경은, 도서관 공간에 그룹스터디룸, 매체제작실, 메이커스페이스와 같은 새로운 요구를 야기하였다. 캠퍼스의 공간적 한계는 덜 이용되는 자료에 대한 외부의 보관소를 개척하게 만들었으며, 보다 최근에는 인쇄본 연속간행물 공동아카이빙에 관한 협동을 유도하였다. 2019년 여름 기준으로, Print Archives Preservation Registry(n. d.)에 46개 아카이빙 프로그램이 열거되어 있는데, 그 중 약 12개 정도는 컨소시엄 협약으로 나타났다. 회원도서관들은 자관의 소장 자료를 제공함으로써 참여하거나, 또는 요금을 내고 제휴회원으로 공유 장서에 접근할 수 있다.

문헌정보학계에서 최근에 확장된 분야는 디지털 리포지토리이다. 이 분야의 협동은 성공이 엇갈리는 현상을 보인다. 일례로 Digital Commonwealth같은 프로그램이 있는데, 이것은 비영리 협의체로서 Massachusetts주 소재 180개 이상의 도서관, 박물관, 역사학회, 기록보존소 등을 대상으로 디지털화된 문화유산의 제작, 유지, 접근을 지원한다. 이 프로젝트는 계속 성장하고 있으며 다양한 규모와 유형의 도서관을 신규 회원으로 유인하고 있다. 다른 한 예는 2007년부터 2015년까지 Colorado Alliance of Research Libraries가 운영했던 공유 리포지토리인 Alliance Digital Repository(ADR)이다. 처음에는 18개처의 Colorado Alliance 회원으로 구성되었으나 해체될 시점에는 단지 7개처만 참여하고 있었다. ADR의 소멸에 대한 주요 원인은 회원도서관들의 시스템 탑재 레코드에 대한 소유의식의 부족과 실행 가능한 재원모델 수립 및 유지 문제였다. 이 협의체는 규모의 경제가 적용되지 않았고, 다른 회원들이 탈퇴함에 따라 빈번하게 회원 출자금을 조절해야만 했다(Dean 2016). 교육자원공개(open educational resources: OER)에 대한 관심의 증가는 신규 자료의 개발, 유지, 그리고 접근에 기여할 디지털 리포지토리에 새로운 기회를 제공한다.

5.3.2 훈련과 전문성 개발

Horton과 Pronevitz(2015, 15)는 미국의 도서관컨소시엄에서 가장 보편적으로 제공하는 서비스는 훈련이며, 컨소시엄의 약 75%가 회원들에게 전문성 개발 훈련을 제공하고 있음을 발견하였다. 훈련은, 특정 어플리케이션(예, 컨소시엄 데이터베이스 또는 기술 사용법)으로부터 핵심 도서관기능(예, 레퍼런스 101, 폐기, 전략기획) 나아가 광범위한 현행 이슈(예, 미디어리터러시, STEAM 프로그래밍, 형평, 포용)에 이르기까지, 다양한 형식과 주제에 관하여 컨소시엄 직원, 회원도서관 직원, 외부 전문가들에 의해 활성화될 수 있다.

도서관 예산은 전문성 개발 자금이 한정되어있기 때문에, 많은 컨소시엄들은 회원들에게 저렴하게 또는 무료로 교육기회를 제공한다(Horton and Pronevitz 2015, 46). 경우에 따라 소규모 도서관들은 직원의 최신성을 유지하기 위해 거의 전적으로 컨소시엄이 보조하는 프로그램에 의존한다. 불행하게도 훈련을 제공하는 데 비용이 많이 들어서 협동 전문성 개발은 재정긴축 시점에 빈번히 삭감 대상이 되지만, 그럼에도 불구하고 컨소시엄을 통한 직원개발 방식은 비용이 더 드는 전국 컨퍼런스 같은 옵션 대신 회원도서관들의 실질적 비용절약을 달성할 수 있다(Machovec 2015).

5.3.2.1 워크샵과 웨비나

컨소시엄의 계속교육(continuing education: CE) 담당 직원은 해당 분야에 대한 고도의 지식을 갖고 있는 유경력 전문가일 가능성이 있다. 그들은 아동서비스 또는 기술 같은 분야에서 특화된 전문성을 갖고 있으며, 정기적으로 기술과 지식을 갱신하고 컨소시엄 회원들과 공유한다. 예를 들면, 지역기반 컨소시엄의 훈련 교사는 많은 비용을 내는 전국 컨퍼런스에 참석하고 돌아와서 새로운 경향과 정보원을 무료로 또는 저렴하게 회원도서관 직원대상 계속교육에 통합시킨다.

경우에 따라, 컨소시엄 훈련 참가자들은 전문성 개발 점수 또는 일종의 수료증을 획득할 기회를 가진다. 예를 들이 MLS는 매사추세츠 주와 계약을 맺고 네 가지 시리즈의 "Basic Library Techniques"과정(참고, 장서 개발과 유지, 편목, 행정)을 제공하는데, 이것은 거주민 만 명 이하의 지방자치단체에서 문헌정보학 석사학위가 없는 공공도서관장을 위한 대체 증명서로 쓰일 수 있다(Massachusetts Board of Library Commissioners. n. d.). 이 서비스는 매사추세츠 주의 작은 동네에서조차도 준비된 도서관지도자를 가질 수 있게 해준다.

전문성 개발은 또한 요청에 따라 개별 회원도서관에 제공될 수 있다. 도서관컨소시엄 컨설턴트는 이용자서비스, 저작권 및 오픈액세스(OA), 기술, 변화 경영, 평가 등과 같은 주제에 관해 해당 도서관에 맞는 훈련을 제공한다.

여행이 언제나 가능한 것이 아니므로, 온라인학습은 컨소시엄에서 점점 더 인기가 있는 옵션이다. Florida Department of State, Division of Library and Information Services가 관리하고 Tampa Bay Library Consortium이 운영하는 Florida Library Webinar 프로젝트는, 주 전체의 회원들에게 인기 있는 훈련의 보급을 확대할 뿐만 아니라, 외부 강사 파견 비용을 들이지 않고도 원거리에서 이용 가능하도록 웨비나(webinar)를 활용한다. 훈련이 지속적인 접근을 위해 녹화될 수 있다는 점은 또 하나의 부가적인 혜택이다.

5.3.2.2 연간 프로그램

다수의 컨소시엄에서는 회원들이 비즈니스 회의 및 회원간 네트워크에 참여하고 교육경험의 기회를 제공하기 위한 컨퍼런스 또는 연간 프로그램을 제공한다. MLS의 한 가지 인기 있는 행사는 매년 열리는 Teen Summit인데, 이것은 관계적 학습이나 사회정의 같은 관련 토픽에 관한 기조연설뿐만 아니라 참석자들이 해당 주제에 관해 동료들은 어떻게 접근하고 있는지를 알 수 있는 소규모 세션을 특징으로 한다. 일종의 멀티타입 조직으로서 MLS는 다른 유형의 기관과 협동할 유일한 기회를 제공할 수 있다. "My College Freshman Is Your High School Senior"와 같은 프로그램은 대학 및 고등학교의 사서와 교수진이 모여서 해당 집단의 학업 및 직업 준비를 논의한다.

5.3.2.3 전문교육 강좌

다수의 컨소시엄은 또한 보다 집중적인 전문성 개발을 위하여 전문교육 강좌를 제공한다. 이 모델에서는 일단의 참가자들이 수개월 동안 함께 배우고 발전한다. 예를 들면, Southeast Florida Library Information Network(SEFLIN)는, 승계실행 및 지도력 개발에서 나타난 회원들 간의 격차를 해결하기 위하여, Sun Seeker Leadership Institute를 개발하였다(Curry and Smithee 2009). 1년간 계속되는 이 프로그램은 워크샵, 멘토파트너쉽, 그리고 지도자들의 발표를 포함한다. 유사하게, Colorado State Library와 Colorado Library Consortium이 개발한 Research Institute for Public Libraries(RIPL)는, 공공도서관 사서들을 대상으로 영향력을 알리기 위하여 데이터를 수집하고 분석하고 사용하는 방법을 훈련하는, 몰입감이 강한 프로그램이다.

5.3.2.4 컨설팅

도서관 컨소시엄 직원의 광범하고 깊이 있는 전문성은 그들로 하여금 "사서들을 위한 참고사서"로서 활동하고 필요시 보다 심도 있는 자문을 제공할 수 있게 한다. 도서관컨소시엄 전체 중 거의 절반에서 서비스로 컨설팅을 제공한다(Horton and Pronevitz 2015, 15). 빈번한 주제는 기술지원, 프로그램 추천과 개발, 공간계획, 정책 등을 포함한다. 주립도서관 또는 주 정부 담당부서 직원은 주 법률, 기금신청, 임원 구성, 도서관 건립 프로그램과 같은 문제에 관해 자문할 수 있다.

다수의 지역도서관시스템이나 주립도서관의 자문을 원하는 중요 분야는 기획에 관한 것이다. 매사추세츠 주의 예를 들면, 주 당국에 정식으로 제출한 전략계획을 가지고 있는 도서관들은 Library Services and Technology Act 기금 프로그램에 대한 자격이 있다. 컨소시엄 직원들은 매년 전략기획과정 워크샵을 수행하며, 그들은 또한 회원들에게 진행 촉진을 위한 직원/지역사회 구성원 대상 맞춤형 세션을 제공한다.

컨설턴트가 컨소시엄 회원들의 문제점과 이슈를 보다 잘 이해하는 최상의 방법 중 하나는 현장을 방문하고 회원도서관 직원과 대화하는 것이다. 예를 들면, WiLS(이전 명칭은 Wisconsin Library Services)의 직원은 적어도 분기별로 한 번씩 회원기관을 방문한다. 이러한 모임을 통해 얻은 통찰은 회원들의 요구에 부응하는 향후 계획을 수립하는 데 도움이 된다(Morrill and Coffin 2016).

5.3.3 대공중서비스 지원

일부 도서관컨소시엄들은 회원들에게 교육과 참고서비스 같은 대공중서비스를 위한 직접적인 지원을 제공한다. 예를 들면, British Columbia Libraries Cooperative의 Library Toolshed가 있는데, 이것은 프로그램 편성, 훈련, 교육 자료의 리포지토리이다. 또한 California Digital Library는 회원들이 도서관 교육을 위한 비디오, 유인물, 슬라이드, 그리고 기타 자료들을 공유하고 재사용할 수 있는 Instructional Materials Repository를 유지하고 있다. 일부 컨소시엄들은 협동 참고서비스에 성공을 거두었지만, 다른 한편에서는 시험적으로 서비스하다가, 자관용 질문에 대한 응답의 표절문제뿐만 아니라 기술 및 요구 변화로 인하여 종결하였다(Powers et al. 2010). 그렇지만 다수의 컨소시엄들은 여전히 회원들로 하여금 이메일 디스커션리스트 같은 비공식 현장을 통해 고난도 질문에 대해 서로 돕는 기회를 제공한다.

한 가지 주목할 만한 도서관협동의 업적은 Collaborative Summer Library Program (CSLP)이다. 1987년에 설립된 CSLP는 거의 50개 주 모두를 포함하도록 성장한 풀뿌리협의체이다. 전형적으로 주립 도서관 또는 도서관시스템의 아동서비스 컨설턴트인 대표자들은 매년 모여서 참여도서관들의 프로그램 구현을 돕기 위해 주제를 정하고, 조형물을 선택하고, 지침과 프로그램 및 홍보 아이디어나 추가 정보원을 포함한 매뉴얼을 개발한다. CSLP 대표자들은 자신의 주로 돌아가서 프로그램에 대한 정보와 자료를 해당 관할구역 안의 도서관에 배포한다. 예를 들면, 매사추세츠 주의 대표자인 April Mazza는 자료이용에 대한 워크샵, 웨비나, 상담을 수행하고; 참여 도서관들과 정기적으로 소통하며; 여름이 끝날 무렵에 통계를 수집한다(Mazza, personal communication, June 18, 2018).

대학도서관계에는 교수학습에 대한 증가하는 컨소시엄 지원 기회가 OER(Open Educational Resources)에 있다. 본 장의 5.3.1 섹션에 서술된 인프라 요소를 넘어, 컨소시엄은 회원들 간에 전문성 개발, 기금, 정보원 가이드, 그리고 기타 도서관과 교수진을 위한 지원을 제공함으로써 OER사업의 선봉이 되었다. 예를 들면, Affordable Learning Georgia(2018)는 University System of Georgia에 속한 26개 캠퍼스 전체의 교육자원공개를 위해 "Textbook Transformation Grants"를 제공하고 "캠퍼스 챔피언"과 도서관 책임자들을 훈련한다.

5.3.4 기타 서비스

자원공유, 훈련, 그리고 컨설팅이 협동도서관서비스의 대부분을 차지하고 있는 반면에, 다른 방면으로 확장한 사례들도 있다. 회원도서관을 위한 임시직원 서비스, 기금 관리, 전자정보원 및 도서관기술 접근 테스트, 영상 제작, 도서관후원을 위한 지원 등이 여기에 포함된다. Horton과 Pronevitz(2015, 87-176)의 책에는 독특한 컨소시엄 프로젝트를 조사한 일련의 사례연구가 포함되어 있다. 문헌정보학 분야가 때로는 아찔한 속도로 변화함에 따라, 도서관컨소시엄 서비스는 새로운 방향으로 발전을 계속할 것으로 보인다.

5.4 도서관협동의 도전과 미래

최근의 한 조사에서 60명의 컨소시엄 지도자들이 과거 5년 그리고 향후 5년에 걸쳐 조직이 당면한 경향과 도전을 서술하였다(미간행 조사, 2018년 7월). 그들의 응답은 대체로 다음과 같이 구분될 수 있다.

5.4.1 재원 조달

과거와 미래 모두 가장 만연한 관심은 재원 조달에 관한 것이다. 응답자들의 반 이상이 공적 재원은 적어도 예산의 25%를 차지하고 있다고 보고하였으며, 또한 비슷한 비율의 응답자들이 재원 문제를 첫 번째 관심사로 서술하였다. 특별히 언급된 문제들은 불확실한 정치적 환경과 더불어 주와 연방의 삭감되거나 또는 불안정한 공적 재원; 학술기관의 축소된 예산; 전자정보원, 소프트웨어 라이선싱, 배달, 직원에 대한 비용 증가이다. 2명의 응답자들이 지속가능한 다른 재원을 추구할 필요성을 언급하였다.

다른 사항들은 보다 낙관적이었으며, 주의 과세표준 증가, 시범프로젝트와 서비스모델에 대한 재조명, 그리고 재정문제에 당면하여 협동도서관에 대한 인센티브 증가 등이다. 그럼에도 불구하고, 경제적으로 어려운 시기에 도서관컨소시엄에 대한 일종의 경제적 역설이 있다: 예산이 줄어들게 되자, 도서관들은 요금기반 컨소시엄에서 탈퇴를 생각하는 경향이 있다; 그렇지만 협동라이선싱, 무료 또는 저렴한 전문성 개발, 그리고 본 장에서 서술한 기타 서비스 등을 통해 컨소시엄이 가져올 비용절약을 최대로 사용할 수 있는 때가 바로 이 시점이다.

5.4.2 가치의 표명

도서관컨소시엄이 도서관 재원에 대한 수많은 다른 요인들과 경쟁하고 있다는 점을 감안하면, 그 가치를 입증해야 할 막대한 부담이 있다. 역사적으로 대부분의 컨소시엄들은 가치를 산출하기 위해 수량적 접근방법을 취하였다. 예를 들면, 그들은 전자콘텐츠를 독자적으로 구입하는 것에 대한 컨소시엄 구입의 비용절약 또는 자문과 전문성 개발 같은 서비스의 대략적인 경제 가치를 강조하였다. MLS는 매년 1,600회원 각각에 대한 "서비스 가치"를 산출하는 복잡한 프로젝트에 몇 주를 보낸다. 다른 기법은 컨소시엄에 투입된 달러당 투자수익률을 계산하는 것이다. 대학도서관계에서 Pennsylvania Academic Library Consortium, Inc.(2018)는 최근에 컨소시엄 기능성을 뒷받침하는 일종의 도서관이용통계도구 모델 개발 방안으로 CloudBased Consortial Platform for Library Usage Statistics(CC-PLUS)를 공표하였다.

한편 도서관들이 도서관 이용교육과 기타 서비스 평가에서, 산출(output)로부터 성과(outcome)로 바꾸도록 추진되었던 것처럼, 일부에서는 도서관컨소시엄이 금전적 가치의 계산으로부터 서비스가 회원에게 미치는 영향의 표명으로 전환할 필요가 있다고 제안하였다. 대학도서관 컨소시엄의 경우, 그것은 도서관 자체의 업무수행과 마찬가지로, 가치를 학생 교육성과에 연결시키는 것을 의미한다(Chadwell 2011). 모든 도서관컨소시엄은 전문가 공유, 모범규준, 시장영향력과 같은 제공된 불분명한 혜택의 가치를 강조하기 위해 질적 평가척도를 추가함으로써 도움을 받을 수 있다(Machovec 2015). 적절한 시발점은 새로운 프로젝트를 위한 과정이 될 수 있을 것이다(Morrill and Coffin 2016.)

5.4.3 리더쉽 교체

앞서 서술한 조사에서 한 가지 놀라운 발견은, 60명의 응답자 중 5명이 지난 5년 동안에 신규 이사 또는 조직리더쉽의 변화를 경험한 적이 있으며, 그중 2명은 탐색 과정에 특히 문제가 있거나 실패하였다고 보고하였다는 점이다. 그 외에 다수의 컨소시엄이 회원기관의 도서관 지도층 변화에 대한 염려를 나타냈다. 이것은 경영과 리더쉽 개발 및 승계의 관점에서 이 분야의 문제를 암시하고 있다. 비영리(그리고 정치적일 수 있는) 환경에서 도서관 기술 및 사람, 프로젝트, 정보자원을 경영할 수 있는 특별한 복합기능은 컨소시엄에 어려운 문제가 될 것은 분명하다. 인턴쉽을 포함한 대학원 수준 이상의 교육과 유망한 초·중기 사서 경력을 겸비한 인력이 도서관컨소시엄에 필요하다.

5.4.4 인쇄에서 디지털로

많은 정보자료가 인쇄로부터 디지털로 이동하는 것이 더 이상 큰 뉴스가 아님에도 불구하고, 컨소시엄은 계속 이것을 하나의 도전으로 취급하며, 밴더들은 여전히 새로운 가격 구조와 보급모델을 시도하고 있다. 한 응답자는 전자책이 공유 불가능한 것을 한탄하였으며, 한편으로 다른 응답자는 회원도서관들이 "빅딜"(big deal) 학술지 구독 패키지에 지쳐있다고 서술하였다. 정보환경이 계속 진화함에 따라, 컨소시엄은 출판사와 밴더에 대하여 도서관과 도서관이용자의 이익을 대변할 더욱 더 중요한 책임을 가질 것이다.

5.4.5 새로운 기회

새로운 컨소시엄 발전계획에 대해 가장 많이 언급된 사항은 OER인데, 60명의 응답자 중 11명이 높은 관심과 OA교육자료 제공의 절박함을 서술하였다. 한 응답자는 특히 OER이 모든 유형의 도서관 발전을 초래할 가능성에 대해 열성적이었다.

대체로 도서관컨소시엄은 회원들이 전통적 모델로부터 OA 출판모델로의 변화에 도움이 되는 역할을 행사할 수 있다. OA를 위한 지원은, 회원들의 캠퍼스 OA정책에 관한 용어개발을 돕는 것부터 OA 재정모델에 관한 출판사와의 복잡한 대화를 용이하게 만드는 것까지 광범위하다. 미국에서는 California Digital Library(CDL)과 University of California (UC) Libraries가 OA를 향한 협동의 선두에 있다. Pay It Forward 프로젝트(Miller 2016)는, OA의 논문처리 비용의 영향을 평가하기 위하여, 캘리포니아 내외의 연구도서관, 제휴 출판사, 그리고 학술커뮤니케이션 전문가를 병합하였다. Pay It Forward에 기초하여, UC Davis Library는 2018년에 Move It Forward를 주최하였는데, 이것은 학술지 OA전환 모델을 탐구하기 위한 출판사 워크샵이었다. 2018년에는 또한 CDL과 UC Libraries가 OA를 향해 움직이는 도서관들의 데이터기반 의사결정을 돕기 위해 Pathways to Open Access 툴키트를 출시하였다(University of California Libraries 2018). 그들은 UC 이외의 도서관들에게 자관의 OA 계획을 위한 Pathways 자료 사용에 도움을 주기 위해 일종의 작업포럼 (working forum)을 개최하였다. 다수의 도서관컨소시엄이 이미 오랫동안 학술 출판사들과 관계를 맺어왔기 때문에, 그들은 OA 옵션에 대해 간단치 않은 대화를 촉진시키고 회원들에게 자문을 제공할 유리한 위치에 있다.

데이터관리는 대두되고 있는 또 다른 분야이다. 특히 중·대규모 대학도서관으로 구성되어 있는 컨소시엄은 기술 인프라, 교수진 연수, 데이터공개 이니셔티브 참여를 통해 지도력을 제공할 수 있을 것이다.

마지막으로, 새로운 것은 아니지만, 마케팅과 커뮤니케이션은 조사 응답자들이 강조한 또 다른 영역이다. 컨소시엄은 자신들의 서비스를 평가하고 거래하는 것뿐만 아니라 도서관들이 해당 커뮤니티에서 훈련 및 기타 형태의 지원을 통해 동일한 일을 하도록 도와야 할 의무가 있다. Box 5.3은 도서관컨소시엄이 당면한 도전과 기회에 대해 생각해볼 몇 가지 질문을 제시하고 있다.

Box 5.3
도서관컨소시엄이 당면한 도전과 기회

컨소시엄의 미래 전망에 따르면, 그들은 감동적인 기회뿐만 아니라 도전에 당면하였다.

- 토론 질문
1. 당신은 향수 5-10년에 어떤 요인들이 도서관컨소시엄과 협의체에 영향을 미칠 것으로 생각합니까?
2. 당신의 도서관과 유사한 기관으로 구성된 컨소시엄에 참여하는 것에 대한 장점과 단점은 무엇입니까? 여러 가지 다른 유형의 도서관들로 구성된 컨소시엄에 참여하는 것에 대한 장점과 단점은 무엇입니까?
3. 지속가능성은 문헌정보 분야의 협동노력에 대한 갈등조정 역할을 한다. 도서관이 보다 지속가능하도록 컨소시엄이 어떻게 도울 수 있을까? 컨소시엄이 보다 지속가능하도록 회원도서관들은 어떻게 도울 수 있을까?
4. 본 장에서 서술한 바와 같이, 도서관컨소시엄은-도서관과 마찬가지로-가치를 입증해야 하는 부담을 가지고 있다. 본 장에서 다루었던 컨소시엄 서비스 몇 가지를 생각해 보세요. 당신은 어떤 평가 전략을 추천합니까? 그 이유는?

5.5 결론

도서관컨소시엄과 협동노력은 도서관과 정보서비스 환경의 필수적인 부분이 되었다. 그렇지만, 그 서비스는 종종 보이지 않게 회원도서관 운영과 통합되도록 설계되었기 때문에, 다수의 참고사서들은 컨소시엄이 그들의 일상 업무를 어떻게 지원하는지에 관해 제한된 지식을 갖고 있다. 신규 직원들은, Box 5.4에 요약되어있는 것과 같은 이 조직에 참여할 기회를 찾아냄으로써, 이용 가능한 자원을 활용하고 도서관컨소시엄의 지속가능한 환경에 기여할 수 있다.

Box 5.4
도서관컨소시엄에 참여하기

신규 직원들은 다양한 방식으로 컨소시엄에 참여할 수 있다.

기본적 참여
- 학습. 스스로 해당 분야의 도서관컨소시엄에 익숙해진다. 그들이 제공하는 서비스가 무엇인지, 각 기관의 뉴스와 최신 정보에 대한 접근방법이 어떠한지, 그리고 피드백 또는 질문을 위해 연락할 사람이 누구인지를 식별한다.
- 조사. 대부분의 도서관들은 복수의 컨소시엄에 가입한다. 당신의 도서관이 이용자요구를 보다 더 만족시키는 데 도움이 될 컨소시엄이 있습니까? 재직 중인 도서관의 유형에 서비스를 제공하는 지역에 위치한 옵션을 조사하세요.
- 지원. 의원들에게 접촉하여 공적 재원으로 운영하는 컨소시엄 서비스로부터 도서관이 어떻게 혜택을 받는지를 그들이 이해하도록 돕고, 이용자들도 이해하도록 교육한다.

중도적 참여
- 참석. 당신의 전문 관심사에 관한 위원회 또는 태스크포스에서 봉사할 기회를 요청한다. 어느 정도 경험을 얻은 다음에는, 이사회의 직에 지원하는 것을 고려한다. 그렇지만, 당신이 그 직을 맡게 된다면 당신은 자신의 도서관뿐만 아니라 조직 전체의 최대 이익을 도모하기 위해 위임되었다는 점을 유념해야 한다(Jones 2017).
- 협력. 발전 계획을 함께 만들기 위해 네트워킹 기회를 이용한다. 예를 들면, MLS 회원 도서관들은 모범규준을 탐색하고 *LibGuides*를 공동제작하고, 교재를 공유하기 위해 "함께 창조하는 문화"(co-creator culture)를 활용한다.

선도적 참여
- 탐구. 도서관컨소시엄 안에서 진로를 고찰한다. 직책은 자원공유 기술자, 소프트웨어 및 시스템 매니저, 아동서비스 전문가, 컨설턴트, 연수교사 등이다. 인턴쉽은 그런 기회를 찾고 프로젝트 경영, 지역사회 참여, 의사소통과 같은 비영리 및 조직화 기술을 발전시키는 생산적 방식이다. 한 컨소시엄 지도자가 강조하였듯이, 인턴은 "주 차원의 멀티형 도서관에 대한 큰 그림을 보고 흥미를 갖는다"(Stef Moriill, personal communication, July 2018).
- 착수. 다수의 컨소시엄은 어엿한 조직으로 발전되기 전에 비공식 합의를 시작한다. 실제로, Eastern Academic Scholars' Trust(EAST) 인쇄본공유 이니셔티브는 지방의 한 컨소시엄이 주도한 일련의 토론으로 시작해서 전임 직원과 11개 주에 걸친 61개 회원을 갖고 있는 자립형 프로그램으로 성장하였다.

【참고문헌】

Affordable Learning Georgia. 2018. "About Us." https://www.affordablelearninggeorgia.org/about/about_us.

Alexander, Adrian W. 1999. "Toward 'the Perfection of Work': Library Consortia in the Digital Age." *History of Academic Library Cooperative Projects* 28 (2): 1-14.

Alliance Digital Repository. Colorado Alliance of Research Libraries. https://www.coalliance.org/software/digital-repository.

California Digital Library. https://www.cdlib.org/.

Chadwell, Faye A. 2011. "Assessing the Value of Academic Library Consortia." *Journal of Library Administrations* 51 (7/8): 645-61.

Collaborative Summer Library Program. https://www.cslpreads.org/.

Colorado Alliance of Research Libraries. https://coalliance.org/colorado-alliance-research-libraries.

Colorado Library Consortium. https://www.clicweb.org/.

C/W MARS. http://www.cwmars.org/.

Cronin, Christopher, Mary S. Laskowski, Ellen K. W. Mueller, and Beth E. Snyder. 2017. "Strength in Numbers: Building a Consortial Cooperative Cataloging Partnership." *Library Resources & Technical Services* 61 (2): 102-16.

Curry, Elizabeth A., and Jeannette Smithee. 2009. "Developing Leadership in a Multitype Library Consortium: Ten Years of SEFLIN Sun Seekers." *Resource Sharing & Information Networks* 20 (1): 18-34.

Dean, Robin. 2016. "Shutting Down a Consortial Digital Repository Service." *Journal of Library Administration* 56 (1): 91-99.

Digital Commonwealth. https://www.digitalcommonwealth.org/.

Evans, Gwen, and Theda Schwing. 2016. "OhioLINK-Recent Developments at a United States Academic Library Consortium." *Interlending & Document Supply* 44 (4): 172-77.

Florida Library Webinars. https://floridalibrarywebinars.org/about/.

Hofschire, Linda. 2012. "High Traffic, Low Cost: The Colorado Courier Continues to Save Libraries Millions Annually in Shipping Charges." Fast Facts-Recent Statistics from the Library Research Service. https://www.lrs.org/documents/fastfacts/302__Courier.pdf.

Horava, Tony. 2018. "The Role of Consortia in Collection Management." *Technicalities* 38 (2): 16-19.

Horton, Valerie, and Greg Pronevitz, eds. 2015. *Library Consortia: Models for Collaboration and Sustainability*. Chicago: ALA Editions.

Instructional Materials Repository. California Digital Library. https://www.cdlib.org/services/info__services/instruct/.

International Coalition of Library Consortia. https://icolc.net.

Jones, Pamela. 2017. "Why We Do That Thing We Do: What Consortia Executive Directors Want Library Directors to Know." *Journal of Library Administration* 57 (1): 114-22.

Knab, Sheryl, Tom Humphrey, and Caryl Ward. 2016. "Now Streaming: A Consortial PDA Video Pilot Project." *Collaborative Librarianship* 8 (1), Article 8. https://digitalcommons.du.edu/collaborativelibrarianship/vol8/iss1/8.

Library Toolshed. https://librarytoolshed.ca/about.

Machovec, George. 2014. "Consortia and the Future of the Big Deal Journal Packages." *Journal of Library Administration* 54 (7): 629-36.

Machovec, George. 2015. "Calculating the Return on Investment (ROI) for Library Consortia." *Journal of Library Administration* 55 (5): 414-24.

Massachusetts Board of Library Commissioners. n. d. "Librarian Certification." https://mblc.state.ma.us/jobs/certification.php.

Massachusetts Library System. https://www.masslibsystem.org/.

Massachusetts Library System. 2019. "Purchasing Cooperative." Last modified February 28, 2019. http://guides.masslibsystem.org/purchasingcoop.

Miller, Alana. 2016. "UC Davis and CDL Complete Pay It Forward Project." CDLINFONews. Last modified August 11, 2016. https://www.cdlib.org/cdlinfo/2016/08/11/uc-davis-and-cdl-complete-pay-it-forward-project/.

Morrill, Stef, and Andi Coffin. 2016. "Envisioning the Tapestry: Discovering and Planning Member-Driven Services." *Journal of Library Administration* 56 (5): 628-37.

Move It Forward. University of California Davis Library. https://www.library.ucdavis.edu/service/scholarly-communications/move-it-forward-a-publisher-workshop-to-identify-transitional-open-access-models/.

North of Boston Library Exchange. https://www.noblenet.org/libraries/.

OCLC. 2019. "OCLC Partner Programs." https://www.oclc.org/en/partnerships.html.

OhioLINK. https://www.ohiolink.edu.

Orbis Cascade Alliance. https://www.orbiscascade.org/.

Pennsylvania Academic Library Consortium, Inc. 2018. "Consortia Collaborating on a Platform for Library Usage Statistics." Last updated September 2018. http://www.palci.org/cc-plus-overview/.

Powers, Amanda Clay, David Nolen, Li Zhang, Yew Xu, and Gail Peyton. 2010. "Moving from the Consortium to the Reference Desk: Keeping Chat and Improving Reference at the MSU Libraries. *Internet Reference Services Quarterly* 15 (3): 169-88.

Print Archives Preservation Registry. n. d. "Directory." http://papr.crl.edu/program/.

Public Information Network for Electronic Services. https://pines.georgialibraries.org/.

Research Institute for Public Libraries. https://ripl.lrs.org.

Southeast Florida Library Information Network. https://www.seflin.org.
University of California Libraries. 2018. "Scholarly Communication." Last modified May 10, 2019. https://libraries.universityofcalifornia.edu/about/initiatives/scholarly-communication.
Westchester Academic Library Directors Organization. https://www.waldolib.org.

【SUGGESTED READINGS】

Association of Specialized Government and Cooperative Library Agencies (ASGCLA). American Library Association. http://www.ala.org/asgcla/.

> ASGCLA is the division of the American Library Association that serves library consortia and other library cooperatives by providing information, resources, events, and advocacy. The ASGCLA website provides numerous resources and tools for those interested in consortial work.

Chief Officers of State Library Agencies (COSLA). http://www.colsa.org/.

> COSLA provides leadership to state library agencies on issues of common concern and national interest and initiates cooperative action for the improvement of library services in the United States.

Collaborative Librarianship. 2009-. Denver: Regis University. https://digitalcommons.du.edu/collaborativelibrarianship/.

> This quarterly, open-access journal focuses on the scholarship of collaboration as well as the sharing of resources and expertise within and between libraries.

Esposito, Joseph. 2015. "Libraries and Consortia in the Context of a Publisher's Strategy." *The Scholarly Kitchen.* September 30. http://scholarlykitchen.sspnet.org/2015/09/30/libraries-and-consortia-in-the-context-of-a-publishers-strategy/.

> A management consultant to publishers, Esposito provides an interesting point of view on the impact of consortia on small publishers and scholarly communication from the

perspective of the publishers. This essay and the comments that follow provide an interesting interchange on the topic.

Horton, Valerie, and Greg Pronevitz, eds. 2015. *Library Consortia: Models for Collaboration and Sustainability*. Chicago: American Library Association.

Horton and Pronevitz cover the history, current landscape, management approaches, trends, and services that define library consortia.

International Coalition of Library Consortia (ICOLC). http://icolc.net/.

ICOLC is an international informal group that facilitates discussion on issues of common interest to participating consortia.

Machovec, George. 2013-. "Library Networking and Consortia." *Journal of Library Administration*. Philadelphia, PA: Routledge.

This regular column offers in-depth examinations of issues facing modern library consortia.

6

참고서비스 모델

6.1 서론
6.2 대면 참고서비스
6.3 원거리/가상 참고서비스
6.4 이용자를 찾아가는 서비스

분모 스베르들로프

> # 제6장 참고서비스 모델

6.1 서론

    Samuel Green(1876)이 사서와 도서관이용자 간의 관계로 정의한 이후 백 여년이 지나는 동안, 참고사서가 제공하는 인간중재 보조서비스는 참고부서의 중추적인 기능으로 간주되어 왔다. 참고업무의 필수적인 부분은 이용자들의 요구를 충족시키기 위해 가능한 모든 수단을 통해 이용자들이 정보를 발견하도록 돕는 것이다.

    전통적으로 참고서비스는, 참고실 또는 도서관 내 다른 지정된 장소 안에 있는, 참고사서가 배치된 참고집서 근처의 데스크에서 발생한다. 디지털시대 이전에, 사람들은 실제로 정보접근을 참고사서에 의존하였다. 인터넷, 개인용 컴퓨터, 그리고 기타 통신 네트워킹 기술의 발전으로 정보접근 및 이용 가능성은 크게 강화되었다. *Google* 과 *Bing* 같은 탐색엔진, 그리고 *Wikipedia* 같은 무료 웹 참고정보원은 많은 사람들의 정보추구 과정에서 시작지점이 되었다. 오늘날, 이동통신 기술의 급속한 발전으로, 사람들은 자신의 모바일 장치에 탑재된 다양한 앱을 사용해서 더욱 쉽고 편리하게 정보를 탐색할 수 있다. 한편으로는, 정보접근의 급격한 확장이 참고서비스에 대한 사람들의 의존성을 감소시켰지만; 다른 한편으로 이것은 끊임없이 진화하는 정보환경에 대응하여 참고서비스가 물리적 건물을 넘어 제공될 더 많은 가능성을 부여하고 있다. 지난 50 여 년 동안 참고서비스는, 특정 공간에 한정된 인쇄자료 중심 서비스로부터 시간과 공간의 제약은 덜하고 보다 많은 정보원으로 더 많은 사람들에게 도달할 수 있는, 다각적인 서비스 포트폴리오로 이동하였다.

　사람들을 기다리며 헛되이 참고데스크 뒤에 앉아있는 대신에, 참고사서는 "이용자가 있는 곳으로 가는" 방법을 채택하였으며, 이메일, 채팅, 문자메시지와 같은 사람들이 통신을 위해 보통 사용하는 디지털 방식을 통해 참고서비스를 제공한다. 일단의 적극적인 참고사서들은, 새로운 환경의 사서직을 표현하고, 도서관 밖에서 이용자를 만나고, 질문에 대해 출처가 명확하고 믿을 만한 답변을 제공하고, 사람들로 하여금 사서와 도서관을 도서, 비디오, 기타 자료뿐만 아니라 질문에 대한 조율된 답변과 적절한 기관으로 의뢰하는 가치 있는 공급원임을 인식하기를 바라면서, *Quora*나 *Yahoo! Answers* 같은 Q&A사이트를 과감히 시도하였다(Luo 2014).

　현대 참고서비스의 중요한 부분은, 사람들이 정보요구를 충족시키도록 돕기 위해, 사서가 할 수 있는 그리고 해야만 하는 역할을 끊임없이 평가하는 것이다. 네트워크 세계에서 사람들이 정보를 추구하는 방법과 장소, 그리고 그들의 정보요구 경험이 사서의 중재 또는 보조로 어떻게 혜택을 받을 수 있는지를 이해하는 것은, 참고서비스 존속의 핵심이며 참고서비스의 수행 방법을 결정한다. 현재 참고서비스에는 두 가지 주요 모델이 있다: 대면서비스와 원거리/가상 서비스. 대면서비스는 참고데스크, 연구 상담, 그리고 이동 참고서비스로 구성되어 있다. 원거리/가상 서비스는 전화, 이메일/웹폼, 온라인 실시간 채팅, 그리고 문자 서비스로 구성되어 있다.

　참고서비스는 사서의 도움을 찾는 이용자들에게 편리한 접근점을 제공하지만, 몇 년간에 걸친 참고트랜잭션의 감소는 그 가치에 도전을 초래하였다. 준 전문직이 단순한 방향적 질문을 처리하고 심도 있는 질의를 사서에게 의뢰하는 계층형 참고서비스 같은 새로운 직원배치 계획이 효능 증대를 위해 채택되고 있다. 연구 상담은 도서관이용자가 사서와 개별적 만남 일정을 정할 수 있게 해준다. 시간이 소모될지라도, 그와 같은 상담은 사서가 연구에 깊이 관여한 이용자들을 돕고 다양한 정보리터러시 실력을 개발할 기회가 된다. 이동 참고서비스는 사서로 하여금 주도적으로 이용자에게 도달하고 이용자가 필요로 하는 지점에서 서비스할 수 있게 해준다. 그렇지만 이동 참고서비스가 성공하기 위해서는 주의 깊은 계획과 직원들의 준비가 필요하다.

　이메일 참고서비스는, 인터넷 연결이 있는 한, 이용자가 언제 어디서나 질문을 제기할 수 있게 해준다. 이것은 즉시 응답을 기대하지 않는 촉박하지 않은 질문에 적합한 비동시적인 서비스이다. 이메일 참고서비스의 불리한 점은 심도 있는 참고면담 수행이 어렵다는 것이다.

이것을 보상하기 위해서 도서관은, 이용자들이 도움을 위해 사서와 문자기반 채팅에 참여할 수 있는 경우, 온라인 실시간 채팅서비스를 제공한다. 문자 참고서비스는 이용자로 하여금 자신의 모바일기기에서 문자로 질문을 보내고 답변을 받을 수 있게 해준다.

도서관서비스에 대한 접근을 확장하고 있는 한편, 가상 참고서비스는 기술적 문제, 사생활에 대한 염려, 그리고 증가하는 익명성으로 인한 경박한 질문과 같은 새로운 문제들을 초래하고 있다. 일련의 참고서비스를 성공적으로 계획하고 구현시키기 위해서는, 대면서비스와 가상서비스 각각의 특징은 물론 그 장점과 단점을 이해할 필요가 있다.

Box 6.1은 두 모델에 대해 요약한 것이다. 본 장은 이러한 모델의 참고서비스 제공에 대한 기본 사항을 논의하고, 이용자요구 충족과 경험 최적화를 위해 분투하는 사서로서 최신성과 적합성을 유지하는 방법에 대한 서술로 결론을 맺는다.

**Box 6.1
참고서비스 모델**

대면서비스
- 참고데스크 서비스
- 연구상담 서비스
- 이동 참고서비스

가상서비스
- 이메일/웹폼 서비스
- 온라인 실시간 채팅 서비스
- 문자메시지 서비스

6.2 대면 참고서비스

대면 참고서비스는 사서와 얼굴을 마주보는 상호작용을 통해 서비스가 제공되며 이용자가 정보추구 과정에서 도움을 받는 가장 직접적인 방식이다. 그렇지만 일부 도서관 이용자는, 개인적 대화에 불편을 느끼거나 또는 영어가 모국어가 아닌 경우에, 사서에게 접근하기를 주저할 수 있다. 만일 참고데스크에 있는 사서가 바쁘거나 냉담해 보인다면, 이용자들은 또한 그에게 도움을 요청할 의욕을 잃게 될 것이다. 그러므로, Reference and User Services Association(RUSA 2013)의 "Guidelines for Behavioral Performance of Reference and Information Service Providers"에 있는 첫 번째 항목은 가시성과 접근성이며, 이용자들로 하여금 "두려워하고 혼란스럽고 견디기 어렵게 인식될 수 있는 상황에서 편안하게 느끼도록" 만드는 일의 중요성을 강조한다.

대면 상호작용은 비언어적 정보교환을 가능하게 한다: 사서들이 공감과 흥미를 나타내는 메시지를 보내는 것은 이용자에게 중요하며, 사서와 이용자 간에 친밀한 관계를 형성한다 (Selby 2007). 대면 참고서비스의 풍부한 커뮤니케이션은 사서가 심층적인 복잡한 질의를 해결하고 교육을 제공할 최적의 무대로 만든다. 본 절에서는 대면서비스의 세 가지 모델-참고데스크, 연구 상담, 그리고 이동 참고서비스를 개관한다.

6.2.1 참고데스크 서비스

쉽게 인식하고 접근 가능하기 위해, 참고데스크는 보통 도서관에서 눈에 띄는 곳에 위치하며, "Reference & Information," "Ask Here," "Research Help"등 대중적인 명칭으로 표시되어 있다. 참고트랜잭션을 보다 수월하게 만들기 위해 일부 데스크는, 수행 중인 사서의 탐색을 이용자들이 보면서 자신들이 연결되어 정보를 받고 있다고 느낄 수 있도록, 이용자를 향한 별도의 모니터를 구비하고 있다.

대부분의 경우에, 참고데스크는 참고서비스의 주축으로 간주되며 참고사서직의 핵심으로 알려진 가치를 반영한다: 이용자에 대한 편리하고 동등한 서비스, 개인화된 보조서비스, 그리고 고도로 전문적인 서비스(Bunge and Ferguson 1997). 이것은 "도서관이용자들이 서비스를 찾아서 그들을 도울 누군가를 발견할 수 있도록 편리하고 예측 가능한 장소에 형성되어 있는 자원의(사람, 인쇄자료, 그리고 전자자료) 임계치를" 보여주고 있다 (Swanson 1984, 89). 그러나, 모든 사람들이 참고데스크의 가치를 확신하는 것은 아니다. Barbara Ford는 참고데스크에서 제공하는 서비스의 효율성과 효과에 의문을 제기하고 참고데스크가 참고서비스의 중심이라는 아이디어에 도전했던 최초의 사람들 중 한 사람이다 (Ford 1986). 여러 해 동안, 참고데스크 반대론자들은 이것이 참고서비스의 상징일 뿐이며 서비스 그 자체는 아니라고 주장하였고(Bell, 2007), 다음과 같은 이유로 참고데스크의 폐지를 주장하였:

- 참고트랜잭션의 감소. 온라인 세계로의 변환은 사람들의 정보탐색 능력을 극적으로 증가시켰으며 참고서비스에 대한 요구를 감소시켰다. 예를 들면, 2001년부터 2012년까지, 대학도서관은 참고트랜잭션의 57% 감소를 경험하였고(Bunnett et al. 2016); 2012년부터 2017년까지 공공도서관의 참고트랜잭션은 9.8% 감소하였다(Reid 2017).
- 질문의 평범성. 참고데스크에 접수된 질의의 대부분은 일상적이고 반복적인 방향적 질문(예, 그룹스터디룸의 위치) 또는 기술적 질문(예, 프린터잼 수선 방법)이다. 2016년의 한 연구는 참고데스크에 제기한 질문의 85%가 방향적이거나 또는 "즉시 탐색"(quick lookup)으로 답변될 수 있는 수준이었음을 발견하였다(Oud and Genzinger 2016). 이와 같은 질문들은 사서의 전문성을 간과하고 직무 불만족을 초래하게 된다(Aluri and St. Clair 1978; Freides 1983; Massey-Burzio 1992).
- 참고사서의 책임 확대. 온라인 정보세계로 변환됨에 따라, 참고사서들은 막대한 전자정보원에 대한 최신성을 유지하는 책임이 증가되었다; 디지털 환경에서 참고서비스를 보급하고 교육을 제공하며, 연계 작업, 임베디드 서비스, 그리고 소셜미디어를 통한 확장서비스를 수행한다(Giordano, Menard, and Spencer 2001). 참고데스크에 앉아있는 것은 더 이상 시간을 효율적으로 사용하는 것이 아니다.
- 정상적 상황에서 긴급 서비스. 이용자들은 참고데스크를 신속한 답변을 위해 마련된 것으로 보는 경향이 있으며, 사서들이 전문가라기보다는 서비스 카운터에 있는 사무원으로 기능한다는 인상을 갖고 있다. 참고트랜잭션이 심도 있는 질의에 관련되었을 때, 사서와 이용자는 모두 전화벨 소리와 단순 질문을 가진 이용자 대열이 사서의 관심을 두고 경쟁하는, 사서의 전문성으로 진정한 혜택을 받을 수 있는 상담에 전혀 맞지 않는 참고데스크 상황에서 좌절을 경험한다(Freides 1983; Summerhill 1994).

이 문제점들은 인간중재 참고서비스의 개념이 아니라 참고데스크에 대한 거부를 나타내고 있다. 참고데스크 반대론자들은 참고데스크는 시대에 뒤떨어진 서비스 보급방식이며, 빠른 답변과 반복적 질의를 해결할 가상서비스와 복잡한 질의를 해결할 예약기반 개별상담 가능성이 보다 더 강조되어야 한다고 믿는다(Nolen 2010). 반면에 참고데스크 찬성론자들은 Michael Gorman(2001, 182)의 진술에 나타나 있듯이 "인간적 접촉"(human contact)의 가치를 옹호한다: "우리는 우리의 역사를 통해 참고서비스의 전형이 되는 중요한 인간 대 인간 요소를 유지해야만 한다. 지금은 인간적 가치가 손상된 시대이다: 인간적 접촉과 공감은 희귀해질수록 더욱 더 소중히 여기게 될 것이다."

그렇지만, 찬성론자들조차 참고데스크의 문제를 인식하고 있다. 없애는 대신에, 그들의 해결책은 그 효율성을 강화하기 위해 참고데스크를 재조직하는 것이다. 결과적으로, 사서의 전문성과 시간 사용을 최대화하고, 스트레스와 소진을 감소시키고, 어울리는 전문가 이미지를 나타내고, 인적자원 활용을 최적화시키기 위하여 계층적(tiered) 또는 선별 분배(triaged) 서비스 모델이 구현되었다(LaMagna, Hartman-Caverly, and Marchetti 2016). 이러한 모델에서는, 이용자 질의에 응답하기 위한 멀티형 직원이 준비되어야 한다. 계층적이란 용어는 이용자 질의에 반영된 정보요구의 다양한 수준을 뜻한다. 예를 들면, 첫 번째 단계 질문은 방향적 질문, 온라인목록 보조, 알고 있는 자료 탐색, 기초적 기술 보조, 도서관상호대차를 포함하며, 두 번째 단계 질문은 심도 있는 참고면담과 포괄적 조사를 필요로 하는 것이다(Poparad 2015). 어떤 경우에는 준 전문직 또는 훈련받은 학생들이 사서와 함께 참고데스크에 배치돼서, 그들은 첫 번째 단계 질문에 답변하고 두 번째 단계 질문은 참고사서에게 의뢰할 책임을 가진다. 그렇지 않으면, 그들은 종종 "Help Desk" 또는 "Information Desk"라고 부르는 별도의 서비스 포인트에서 작업하며 단순 질의를 처리하고 의뢰가 필요한 것은 참고데스크의 사서에게 보낸다.

계층적 서비스 모델이 참고서비스의 차별화를 가능케 하며 사서의 시간과 전문성의 보다 효과적이고 효율적인 활용을 지원하는 반면에, 이 모델은 그 단계에 맞는 질문은 답변하고 더 이상 도움이 필요한 질문은 의뢰하는 준 전문직의 지식에 의존하기 때문에, 언제 질문을 사서에게 의뢰하는가에 대한 직원교육이 모델의 효과적 이행에 필수적이다. 단순한 즉답형 질문과 복잡한 질문 사이의 경계선이 잘못 설정될 수 있으며, 불충분하게 훈련받은 준 전문직원이 이용자질문의 본질을 잘못 판단해서 의뢰에 실패하게 되면, 궁극적으로 이용자의 도서관 경험을 손상시킬 것이다. 한편, 소규모 도서관들은 여러 서비스지점을 지원할 인력, 자원, 시설을 보유할 수 없을 것이다. 별도의 정보데스크를 설정하고 직원을 훈련하기 위해서는 상당한 시간이 필요하다. 게다가, 일반 대중은 서비스 포인트 간의 차이를 거의 알지 못한다. 이용자들이 어떤 질문을 어디로 가져갈 것인지 식별하는 것은 부담이 될 수 있으며, 만일 그들이 데스크 사이를 오고 가도록 의뢰된다면 혼란을 초래하고, 따라서 서비스모델이 의도했던 효과를 달성하지 못하게 된다(Mosley 2007).

일부 도서관들은, 인적자원을 절약하고 서비스 접근을 개선하기 위해, "one-stop shop"을 활성화시켜 참고데스크를 대출데스크 같은 다른 서비스 포인트와 병합하였다(Aho, Beschnett, and Reimer 2011; Schulte 2011). 전면에서 서비스하는 직원들은 보통 준전문직이며, 그들은 이용자 질의를 잘 받아서 사무실에서 일하는 대기 중인 사서에게 적절히 의뢰할 책임이 있다. 통합 접근 포인트는, 이용자를 한 데스크에서 다른 데스크로 안내해서 많은 이용자들에게 짜증의 근원이 되는, "핑퐁"(ping-pong)효과에 대한 염려를 완화시킨다(Venner and Keshmiripour 2016). 이와 같은 단일 서비스 포인트는 종종 상당한 도서관 직원의 교차훈련과 직원 간의 우수한 대인 및 의사소통 능력의 향상을 필요로 한다(Bunnett et al. 2016).

참고데스크에 대한 논쟁에도 불구하고, Dennis Miles(2013)가 수행한 조사에 의하면, 참고데스크는 도서관계에서 여전히 우세한 것으로 나타났으며, 대학도서관의 66.4%가 참고서비스 제공을 위해 참고데스크를 활용하였고 77.2%가 개관시간 중 전부 또는 일부에 전문직 사서를 참고데스크에 배치하였다. 대학도서관은 또한 이동 참고서비스와 연구 상담과 같은 다른 방식의 참고서비스를 제공하였으며, 해당 서비스는 참고데스크를 대체한 것이 아니라 참고데스크에 추가하여 수행되었다. 이 연구가 참고데스크 서비스에 대한 사서들의 몰입을 암시하고 있는 한편, 이 연구의 조사 대상이 중규모 대학도서관들이었다는 점을 주목할 가치가 있다. 다른 유형의 도서관에서는 달리 나타날 수도 있을 것이다. 참고데스크의 운명을 결정하게 될 시점에서 모두에게 적합한 한 가지 해결책은 없다. 도서관에 가장 적합한 참고서비스 모델을 결정하기 위해서는 해당 도서관의 구성 요소, 예산, 그리고 문화에 기초한 주의 깊은 분석이 필수적이다.

6.2.2 연구 상담 서비스

연구 상담은 사서와 이용자 또는 이용자집단(예, 몇 명의 학생이 그룹프로젝트로 협동하는 경우) 사이의 개별적 회담이다. 이러한 회의는 예약에 기초하며 종종 사적인 장소(예, 사서의 사무실)에서 이루어진다. 회의 소요시간은 이용자의 특정 요구에 따라 다르다. 연구 상담은, 특히 대학도서관에서 인기가 있으며, 학생은 조용한 환경에서 사서로부터 심도 있는 연구

도움을 받고 사서는 개인적인 학생의 요구에 전적으로 집중할 수 있다(Gale and Evans 2007; Jastram and Zawistoski 2008).

연구 상담은, 특히 요구가 높을 때, 많은 시간이 소모될 수 있다. 사서들은 종종 정보원을 리뷰하고 동료들과 의논함으로써 회의를 준비해야만 한다. 동시에, 여러 가지 혜택이 식별되었다. 연구 상담은 "교실에서 충분히 인식되지 못한 학생 요구"(Yi 2003, 349)와 "규모가 큰 집단에서는 불가능한 방식으로 학생 각각의 고유한 관심사"(Reinstelder 2012, 263)를 표명할 중요한 현장이 될 것으로 생각된다. 만일 사서가 의식적으로 정보리터러시 목표를 학생과의 만남에 통합시킨다면, 연구 상담의 품질은 크게 향상될 수 있을 것이다. 연구 상담은 또한 도서관의 가치를 증진시키는 데 도움이 되며, 학생이 새로 배운 정보기술의 보강을 필요로 할 때 정보리터러시 프로그램을 훌륭히 보충하게 될 것이다(Faix, MacDonald, and Taxakis 2014; Gale and Evans 2017).

Trima J. Magi와 Patricia E. Mardeusz(2013)는 학생들의 연구 상담 경험에 관한 연구에서 학생들이 회의에서 도움을 받았던 다수의 방식을 서술하였다-데이터베이스 선택, 키워드 식별, 탐색 인터페이스 사용, 교수들의 과제에 대한 해석, 프로젝트 접근방법에 대한 브레인스토밍, 가능한 토픽 논의, 주제에 관한 지식 공유, 결과의 적합성과 신뢰성 평가, 다른 종류의 정보 조각들을 논문에 사용할 방법 결정, 그리고 한 학기 동안 프로젝트 조직을 유지하는 방법에 대한 이해. 학생들은 또한, 차후에 그들이 연구과정을 되풀이할 수 있도록 문제를 해결하는 사서를 관찰했던 것을 고마워한다. 사서들이 연구프로젝트에 심취된 학생들을 돕는 것을 중요시하고 다양한 정보리터러시 기술을 개발하면, 그들은 연구 상담을 참고서비스의 한 부분으로 만드는 것을 검토해야 한다. 연구 상담은 대학도서관에서 가장 일반적인 것이지만, 이것은 기록보관소에서 탐색하는 역사학자나 직업을 찾고 있는 공공도서관 이용자를 돕는 것과 같이, 다른 환경에서도 심도 있고 복잡한 질문에 대해 활용될 수 있다.

6.2.3 이동 참고서비스

이동 참고서비스는 도서관에 설치된 온라인목록 단말기와 CD-ROM 스테이션의 수가 증가하였던 1980년대 말과 1990년대 초에 시작되었다. 더욱더 많은 도서관이용자들이 컴퓨터를 활용하게 됨에 따라, 이용자들이 수많은 온라인 정보원을 탐색하는 동안에 사서로부터 도움을 받을 보다 편리한 방법에 대한 요구가 발생하였다. 이동하는 사서는 도움을 제공할 도서관이용자에(특히 당황하고 도움이 필요한 것처럼 보이는) 접근하기 위해 일반참고실을 순회할 때, 증가 일로의 전자적 환경 속에서 유용한 인간의 존재를 보여준다. 이동하는 것은, 참고데스크로 이용자가 오기를 기다리기보다 사서들이 주도적으로 이용자를 찾아가 그들이 필요로 하는 지점에서, 서비스를 제공할 수 있게 해준다. 특히, 여러 가지 이유로 참고데스크 사용을 주저하는 이용자들은 친절한 이동사서가 제공하는 도움을 통해 혜택을 받게 될 것이다(Courtois and Liriano 2000).

비록 이동서비스가 참고데스크의 연장이긴 하지만, 이것은 참고데스크의 만남과는 매우 다를 수 있는 대인 역동성을 초래한다. Martin P. Courtois와 Maira Liriano(2000)는 이동 참고서비스를 성공적으로 구현할 일련의 전략을 제공하였다:

- 이동할 직원 준비. 이동사서는 신뢰와 도움이 되는 모습을 보여야 하며, 모든 이동사서들은 적절하게 준비를 갖출 필요가 있다.
- 이동 시간 계획. 도서관의 충원 수준이 이동 담당자를 배치할 수 있다면, 참고데스크 직원의 부하를 덜어줄 수 있도록 바쁜 시간대에 이동시간을 정해서, 심도 있는 질문에 대해 데스크직원이 이용자를 상대로 일할 수 있게 하는 것이 이상적이다.
- 유능한 사람을 이동사서로 활용. 이용자의 신뢰를 얻고 그들을 참고트랜잭션에 참여시키기 위하여 사서 또는 유경력 지원직을 활용하는 것이 보다 효과적이다.
- 백업 또는 기술지원을 위한 보조원 활용. 기초적인 기술관련 질문을 처리하기 위한 보조원이 있다면, 이동사서는 더욱 복잡한 정보요구를 가진 이용자를 돕는 데 집중할 수 있을 것이다.
- 능동적 학습 분위기 조성. 참고자료실은 대화와 상호작용에 초점을 둔 능동적 학습을 위한 장소가 될 수 있다.
- 참고데스크 질의를 이동사서로 의뢰. 참고데스크에 접수된 질의가 도서관컴퓨터 상의 후속 조사를 포함할 경우, 질의를 이동사서에게 의뢰하는 것이 보다 효율적이다.
- 유용한 이동 기법의 적용. 이름표/배지 착용; 이동을 계속하고 한 이용자에게 너무 오래 머물지 않는다; 이용자의 진척상태를 점검하기 위해 사후 조사를

한다; 신중하게 의견을 말하고, 화면에 쓸모없는 탐색문이나 에러메시지가 나타나있을 때조차도 화면을 해결하기 전에 이용자에게 이야기한다; 이용자를 편안하게 할 우호적인 행동에 대해 생각한다; 이용자집단에게 도움을 제시하지 말고 각각의 이용자에게 제시한다; 도움이 거절되었을 때 냉담해지도록 대비한다.

- 진행에 대한 기록. 이동 참고서비스 트랜잭션의 내용과 수량을 모니터하기 위해 통계를 유지한다.

최근, 이동 참고서비스를 지원하기 위해 모바일 기술이 점점 더 많이 사용되고 있다. 휴대용 음성커뮤니케이션 장치는 이동사서가 다른 참고사서와 소통하고 의논할 수 있게 해준다. 그러한 장치 중 하나인 Vocera Badge는, 크기가 USB 드라이브 정도인데, 보통 보안태그처럼 목에 걸친다. 이것은 종종 전화시스템과 링크되고, 무선네트워크로 연결되어 음성명령어로 작동된다. 이것은 병원에서 널리 사용되었으며, 현재 일부 공공도서관에서도 이동 참고서비스뿐 아니라 직원 간 커뮤니케이션을 보조하기 위해 사용된다(Forsyth 2009). 아이패드와 태블릿 또한 이동사서들 사이에 인기를 얻고 있는데, 왜냐하면 사서들이 온라인 자원에 접근할 수 있고 이용자를 돕는 동안 탐색을 보여줄 수 있기 때문이다(May 2011).

이동 참고서비스가 반드시 도서관에 한정될 필요는 없다. 공공도서관 사서들은 서비스를 제공하기 위해 커뮤니티 센터, 농산물직판장, 기차역, 공원을 방문하고 대학도서관 사서들은 도움을 제공하기 위해 캠퍼스를 돌아다닌다. 캠퍼스 이동서비스는 보통 캠퍼스 카페 또는 기숙사처럼 학생과 교수진의 왕래가 빈번한 지점에서 이루어진다. 사서들이 도서관 외부에 있기 때문에, 배포할 인쇄물 가이드를(예, 온라인목록 탐색하기, 도서관상호대차 신청서 제출하기) 갖고 가는 것이 도움이 된다. 무선 랩탑과 휴대전화 또한 유용하다. 관외 이동서비스의 주된 이점은 필수적으로 도서관을 방문하지 않는 이용자들과 비공식적이고 자연스러운 관계를 맺는 것이다. 이것은 도서관 상호작용에 대한 장벽을 줄이고, 사서와 이용자 커뮤니티의 관계를 구축하고, 사서의 협동 정신을 전달하고, 도서관서비스를 명확한 방식으로 홍보하는 데 도움이 된다(Holmes and Woznicki 2010). University of Minnesota의 사서인 Peter Bremer(2017, 108)는 "가장 기본적 수준에서 이동사서 프로그램은 일종의 특사처럼 행동할 수 있다"는 의견을 제시하였다. 그는 관외 이동서비스가 사서로 하여금, 사방의 벽이 없는 한 가운데에서, 커뮤니티에서 무엇이 발생하고 있는가를 더 잘 파악할 수 있게 해준다고 생각하며, 성공적인 관외 이동서비스에 대해 다음과 같은 여러 가지 팁을 제공하였다.

- 올바른 장소 선택이 결정적이다. 가시성을 위해 왕래가 많은 지역이 필요하다.
- 타이밍이 가장 중요하다. 하루 중 알맞은 시간대 선택은 다수 학생들과의 접촉과 빈 공간에서 기다리는 것의 차이를 만든다.
- 첫인상이 중요하다. 랩탑을 들고 오는 것 외에, Bremer는 또한 표지판, 캔디, 그리고 Librarian on the Loose Quiz of Ultimate Fun이라고 부른 짧은 퀴즈를 가지고 온다. 매달 한 주제에 대한 일련의 퀴즈를 크게 다루었다. 토픽을 도서관/캠퍼스 행사 또는 국가적 뉴스에 연결시키는 것은 대화를 확장시키는 훌륭한 방법이다.
- 한동안 머문다. 일반적 규칙은 한 장소에 적어도 한 시간에서 한 시간 반 정도 머무는 것이다. 이것보다 적은 시간은 이동하고 설치 노력을 할 만큼 가치가 없다.
- 그곳에 있기를 원하는 것처럼 행동한다. 그저 혼자서 컴퓨터 화면을 응시하는 것은 효과가 없을 것이다. 외부 활동을 시작할 때는, 학생과 직원들이 느릿느릿 걸을 때 시도해보고 주도적으로 그들과 어울린다. 개방적이며 유머 감각을 지니는 것은 당신을 보다 접근 가능하게 만드는 데 도움이 된다. 참여했던 사람 각각은 바라건대 더욱 더 도서관을 이용하고 도움을 요청하게 될 사람 하나가 늘어나는 것이다.

6.3 원거리/가상 참고서비스

원거리 참고서비스가 제공되면, 이용자들은 도서관 안에 물리적으로 있어야 할 필요가 없이 사서로부터 도움을 받을 수 있게 되고, 또한 이것은 부끄러워서 대면 참고서비스를 회피하는 이용자에게 도달할 기회를 도서관에 제공한다. 인터넷 이전에는, 우편, 전화, 텔레타이프 등이 원거리 참고서비스 보급에 함께 사용되었다(Ryan 1996). 오늘날 전화 참고서비스는, 특히 전화 참고질의 전담 직원이 있는 도심의 공공도서관에서, 여전히 인기 있는 서비스이다.

1980년대에 도서관이 컴퓨터와 네트워크 기술(특히 인터넷)을 도입함에 따라, 디지털미디어는 더 넓은 지역의 이용자에게 도달할 수 있는 참고서비스 보급을 위한 대중적 선택이 되기 시작하였다. 디지털미디어 기반 참고서비스는 보통 "디지털 참고서비스"(digital reference services) 또는 "가상 참고서비스"(virtual reference services)라고 부른다. The Reference and User Services Association(2004)은 디지털 방식으로 제공되는 참고서비스에 대해 "virtual reference"란 용어 사용을 선택하였으며, 그것을 다음과 같이 정의하였다: "전자적으로 그리고 종종 실시간으로 이루어지는 참고서비스이며, 여기서 이용자들은 물리적으로 도서관에 오지 않고 참고직원과 소통하기 위해 컴퓨터 또는 기타 인터넷 기술을 사용한다. 가상참고서비스에서 빈번히 사용되는 커뮤니케이션 채널은 채팅, 비디오컨퍼런싱, 음성인터넷 프로토콜, 코브라우징, 이메일, 그리고 인스턴트 메신저이다." 일부 연구자들은 "가상 참고서비스"의 정의에 디지털/전자 정보원을 포함시키는 경향이 있음에도 불구하고(Tenopir and Ennis 2002), RUSA는 "가상 참고서비스 제공에 온라인 정보원이 종종 활용되고 있지만, 답변을 찾는 데 쓰이는 전자정보원 그 자체는 가상 참고서비스가 아니다"(2004)라고 서술함으로써 구별을 명확히 하였다. 오직 디지털미디어를 통해 제공되는 인간 중재 참고서비스만이 "가상 참고서비스"로 간주된다.

가상 참고서비스를 활용하여, 이용자들은 이메일이나 웹폼을 작성함으로써 질의를 보내고 이메일로 답변을 받거나, 또는 사서와 동시적으로 상호작용할 수 있는 온라인 실시간 채팅 참고세션에 들어가서 사서로부터 즉각적인 도움을 받는다. 도서관들은 또한 문자 참고서비스(SMS reference service)를 제공하는데, 여기서 이용자들은 질의를 사서에게 문자로 보내고 답변 또한 문자로 받을 수 있다.

가상 참고서비스는 도서관 웹사이트에서 종종 "Ask a Librarian" 또는 "Ask Us"라는 명칭으로 되어 있다. 가상 참고트랜잭션에서는, 답변이 추구될 때 질의가 디스플레이되어 있는데, 이것은 사서들에게 편리하다. 질의와 답변은 또한 통계조사나 기타 기록보관을 목적으로 쉽게 축적될 수 있다. 빈번하게 제기된 질문들은 사서로 하여금 어떤 정보가 보다 접근 가능하게 만들어져야 하고 도서관 웹사이트에서 이용할 수 있어야 하는가를 결정하는데 도움이 된다. 온라인 정보는 쉽게 답변에 포함될 수 있는데, 이것은 이용자로 하여금 도서관 전자정보원의 막대한 규모를 잘 파악할 수 있도록 해준다. 또한 도서관들은 협동하여 가상 참고서비스를 제공하고 직원을 교대로 근무할 수 있게 함으로써 비용을 절감하고 서비스 시간을 연장할 수 있다.

도서관서비스 접근을 확장하는 반면에, 가상 참고서비스는 또한 사생활에 대한 염려 그리고 익명성으로 인한 경박한 질문의 증가와 같은 새로운 문제들을 초래하였다(Luo 2008). 도서관은 이와 같은 문제에 대응하여 서비스 정책을 재고해야만 한다. 사서들은 또한 가상 참고서비스로 이용자들의 정보요구 충족을 성공적으로 돕기 위해 새로운 기술을 습득해야만 한다. 본 절에서는 세 가지 유형의 가상 참고서비스(이메일/웹폼, 채팅, 문자 서비스)를 개관하고, 가상 참고서비스를 성공적으로 제공하기 위한 전략을 논의한다.

6.3.1 이메일/웹폼 서비스

이메일 참고서비스는 이용자가 직접 질문을 보낼 수 있는 이메일 주소를 통해서 또는 이용자가 질문을 제출하기 위해 작성할 수 있는 웹폼을 통해서 제공된다. 두 가지 방식 모두 이용자들은 질문에 대한 답변을 이메일로 받는다(White 2001). 도서관이 자관의 이용자들을 위해서 이메일 참고서비스를 제공하고 있는 반면에, 보통 "Ask A"라고 불리는 일부 독자적 인터넷기반 서비스들도 일반 대중들의 질문에 답변하기 위해 이메일 참고서비스를 시작하였다(Lankes 1998). 이 서비스들은 대체로 주제별로 전문화되어 있다(Pomerantz 2003). 예를 들면, Ask Dr. SOHO(SOHO 2018)는 무인 인공위성에 대한 질문에 답변하며, Ask a Linguist(The Linguist List n. d.)는 언어 및 언어학에 대한 질문에 답변한다.

이메일 참고서비스는 이용자들을 시간과 장소의 제한으로부터 자유롭게 만들었으며, 이용자들은 인터넷 연결만 있으면 언제 어디서라도 질문을 제기할 수 있게 되었다(Bushallow-Wilber, DeVinney, and Whitcomb 1996). 그들은 도서관에서 누구에게 연락할지 알 필요가 없으며, 영어가 모국어가 아닌 사람들은 참고사서에게 말하는 것보다 질의를 메시지로 작성하는 것이 더 편안할 수 있다.

이메일은 비동시적 커뮤니케이션 수단이기 때문에, 사서들은 즉각적인 응답을 제공하도록 기대되지 않는다. 시간과 장소의 압박이 어느 정도 사라지고, 바쁜 참고데스크를 떠나서 이용자 질의가 답변될 수 있으며, 사서들은 완전한 탐색을 수행하기 위해 보다 많은 시간을 가질 수 있고, 답변을 작성할 때 동료들과 의논을 할 수 있게 되었다. 서비스의 처리시한은 보통 이메일 참고서비스 페이지 상에 서술되어 있다: 비록 도서관에 따라 다르긴 하지만, 대부분의 도서관들은 근무일 기준 1~2일 이내에 이용자 질의에 답변할 것을 약속한다.

비동시성의 단점은 불가피하게 이용자와 심도 있는 참고면담을 수행할 수 없고(Jane and Hill 2001), 따라서 이용자 정보요구를 충분히 이해하지 못하거나 또는 오해할 수가 있다는 것이다. 매체의 문제점에도 불구하고, 사서들은 여전히 이메일 참고서비스에서 참고면담을 수행하기 위해 노력한다. 그렇지만, 이메일 서비스에서의 면담과정은 너무 길어질 수 있다. 이메일 교환을 통해 실시된 참고면담을 마치기 위해서는 몇 주일이 걸릴 수도 있다.

이메일 참고서비스에 내재된 상호작용 결여에 대한 다른 한 가지 개선책은 이용자 정보요구를 이끌어내기 위해 설계가 잘 된 웹폼을 사용하는 것이다. 구조화된 웹폼은 이용자로 하여금, 사서가 질문에 답변하기 위해 유용한 것이지만 버려졌을 수도 있는, 필요 정보를 채워 넣도록 장려한다(Haines and Grodzinski 1999). 웹폼의 공통적인 항목은 이용자 이름과 주소(서비스가 도서관카드 보유자에게만 제공될 경우에는 도서관 카드번호), 이용자 신분(예, 교수진 또는 학생), 그리고 이용자 질의내용이다. 보다 구조화된 웹폼은 질의유형(예, 설명 또는 도서관 웹사이트), 질의의 주제, 또는 이미 찾아보았던 자료 등에 관한 정보를 이용자에게 물어볼 수 있다. 잘 구조화된 웹폼의 장점은 참고면담의 부족을 보완하고 이용자 정보요구에 대한 보다 나은 맥락을 제공한다는 것이다. 단점은 이용자들이 다수의 필수적 필드를 채워 넣어야 하는 문제를 겪고 싶지 않아서 서비스 이용을 선택하지 않게 되거나, 이용자들이 자기 질문의 주제 범주를 설정하거나 질문이 사실형인지 또는 정보원을 원하는 것인지를 결정하는 데 어려움을 겪을 수 있고, 양식에 나와 있는 항목에 대한 이용자들의 부적절한 이해로 인해 웹폼의 효과가 감소된다는 점이다(Carter and Janes 2000). 따라서, 웹폼을 설계할 때는, 이용자들을 혼란시키거나 당황시키지 않고 가능한 한 많은 정보를 그들로 하여금 이끌어낼 수 있는 균형 잡힌 구조를 유지하는 것이 중요하다. 그림 6.1은 San Jose State University Library 웹폼의 스크린샷이다.

이메일을 통해 참고면담을 수행하기가 어렵기 때문에, 사서들은 질의에 대한 답변에서 이용자들이 보다 복잡한 질의를 가지고 있는 경우에는 사서와 실시간으로 상호작용할 수 있는 다른 방식의 참고서비스(예, 데스크, 전화, 온라인 실시간채팅)를 이용하도록 추천하는 경향이 있다. 이러한 추천은 이용자 질의에 대한 사서의 이메일 응답 시그니처에 포함될 수 있을 것이다. 이것은, 도서관이 제공하는 참고서비스의 다양성을 홍보할 뿐 아니라, 이용자들이 어떤 방식의 서비스가 무슨 정보요구를 적절히 해결할 수 있는가를 잘 이해해서 참고서비스를 보다 효과적이고 효율적으로 이용하는 데 도움이 된다.

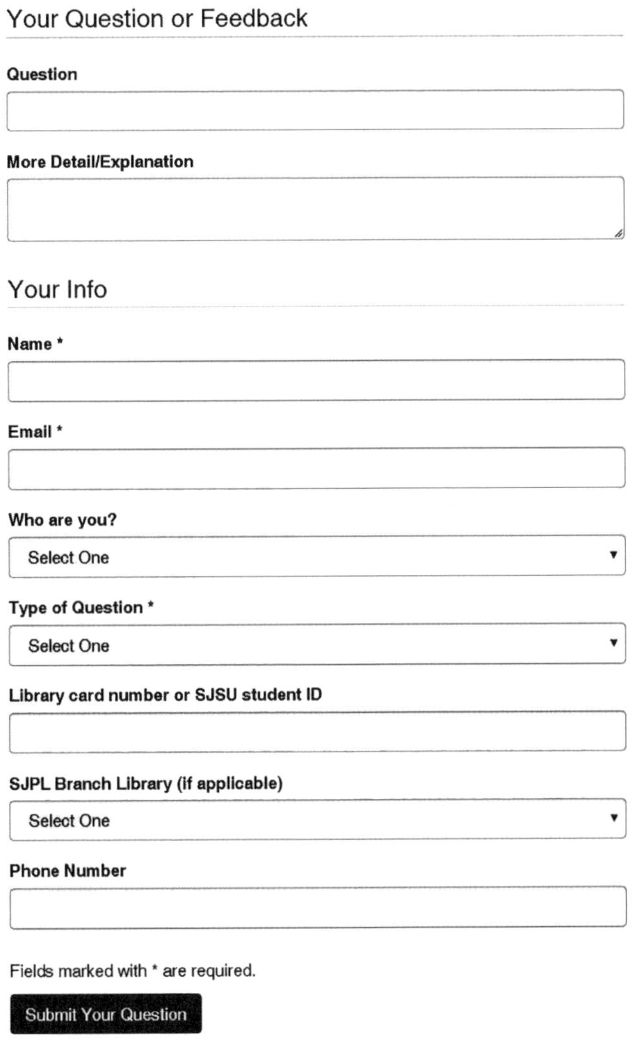

그림 6.1 San Jose State University 도서관의 가상 참고서비스 웹폼

이 그림은 San Jose University 도서관의 가상 참고서비스 웹폼의 스크린샷이다. 이용자들이 이름과 이메일 주소 같은 정보를 제출하기 전에 질문을 입력할 수 있도록 질문 필드가 첫 번째로 열거되어 있다. 이와 같은 설계는 보다 우호적이고 이용자로 하여금 형식을 작성해서 질의를 제출하도록 장려한다.

출처: San Jose State University Library로부터 허락을 받아 복제하였음.

6.3.2 온라인 실시간 채팅 서비스

도서관계에서는 1990년대 이래로 이용자들에게 동시적 참고서비스를 제공하기 위해 실시간 커뮤니케이션 기술을 실험해 왔다. 1990년대 중·후반에 비디오컨퍼런스 기반 참고서비스 프로젝트가 구현되었으나, 낮은 화면 전송 품질과 대역폭 제한 그리고 인프라 지원에 대한 한정된 접근 같은 기술력 부족은 서비스 발전을 어렵게 만들었다.

2000년대 초기에, 도서관들은 시청각 정보 입력 없이 문자메시지로 사서와 이용자가 서로 채팅할 수 있는 보다 단순한 기술을 채택하였으며 온라인 실시간 채팅 참고서비스를 시작하였다. 채팅 참고서비스는 그 이후 점점 더 인기를 얻어서 지금은 참고서비스의 주요 방식 중의 하나가 되었다. 일부 도서관에서는 채팅 참고서비스를 위한 자체 소프트웨어를 개발하지만, 대부분의 도서관들은 다른 기관에서 개발한 소프트웨어를 통해 서비스를 제공한다. 두 가지의 주된 채팅 참고서비스 소프트웨어가 있다: 인스턴트메신저처럼 단순하고 보통 무료로 제공되는 텍스트 기반 채팅 애플리케이션과 페이지 푸싱 또는 화이트보드 같은 고급 기능을 갖춘 완전한 상업적 소프트웨어(Ronan 2003).

인스턴트메신저는 온라인 실시간 텍스트전송을 제공하는 애플리케이션이다. 인스턴트메신저를 통한 채팅 참고서비스를 제공하려면, 도서관은 이용자가 그의 교신자 리스트에 추가하여 사서와 채팅 세션을 시작할 유저 네임을 구비할 필요가 있다. 인스턴트메신저의 장점은 대부분 무료이고 사용하기 쉽다는 것이다. 그 중 대다수는 또한 이용자들이 자신의 스마트폰 또는 태블릿에 설치할 수 있는 모바일 앱을 가지고 있다. 이미 인스턴트메신저를 사용하고 있는 이용자들은 익숙한 기술로 쉽게 도서관에 접근할 수 있다. 그렇지만 인스턴트메신저는 범용 채팅 애플리케이션이고 참고서비스를 위해 개발된 것이 아니기 때문에, 사서들은 이것이 서비스를 관리하고(예, 채팅 트랜스크립트 기록 및 이용통계 보고서 작성) 이용자 사생활을 보호하기에는 이상적이 아니라는 것을 알게 되었다. 모든 참고트랜잭션은 도서관이 가상 참고서비스를 위해 사용하는 인스턴트메시징 서비스의 서버에 기록되고 보관되는데, 도서관은 트랜스크립트가 보호되는 방법을 통제할 수 없기 때문에 사생활 문제가 초래된다. 반면에 이용자들은 다양한 인스턴트메신저를 사용할 가능성이 있으므로, 도서관은 가능한 한 많은 메신저를 갖추어야 하고 심지어 다른 인스턴트메신저를 사용하는 이용자와의 채팅을 지원하기 위하여 Trillian 같은 집적도구를 이용한다. 기술에 서툰 이용자들은 서비스 이용을 꺼려할 수도 있는데, 왜냐하면 인스턴트메신저를 다운로드해서 설치하는 것은 그들 기술지식의 한계를 넘는 것이기 때문이다. 또 한 가지 염려되는 것은 보안성 위험으로 인한 무료 소프트웨어에 대한 도서관 정보기술부서의 문제이다. 사서들은 소프트웨어 변경, 추가, 또는 삭제와 같은 통제를 행사할 수 없다. 예를 들면, 도서관계에서 인기 있는 무료 인스턴트메신저인 Meebo가 2012년 급작스럽게 서비스를 중단했을 때, 사서들은 채팅 참고서비스를 계속하기 위해 대체물을 찾으러 서둘러야 하는 큰 불편을 겪었다. 또한 최근에 AIM, Google Talk, Yahoo! Messenger 같은 주요 인스턴트메신저들이 점차적으로 중단되어, 도서관이 인스턴트메신저 기반 참고서비스를 제공하는 것은 더 이상 지속가능한 옵션이 아닌 것으로 나타났다.

인스턴트메신저의 대안으로 상업적 가상참고 소프트웨어가 있다. 이런 소프트웨어는 가상참고서비스를 위해 특별히 개발된 것이며 채팅뿐만 아니라 이메일과 문자서비스 제공 및 관리 요구에 대응하고자 노력한다. 이들은 대체로 구독(subscription) 서비스로 운영되며, 도서관들은 웹서버를 통해 소프트웨어에 접근하기 위하여 로그인 네임을 사용한다.

가상참고 소프트웨어와 더불어 각 도서관은 종합계정을 얻게 되고, 그 안에서 채팅 참고서비스를 담당하는 모든 사서들을 위한 하위 계정을 만들 수 있다. 각 사서는 근무시간 중에 자신의 계정을 사용해서 로그인하는데, 여러 명의 사서들이 동시에 로그인할 수 있다. 이용자들은 웹페이지상의 위젯(widget)에서 입력함으로써 서비스에 접근한다. 사서는 이용자 대기열을 모니터할 수 있으며 새로운 이용자가 진입하면 알림이 뜬다. Springshare의 *LibAnswers +Social*과 같은 가상참고 소프트웨어는 사서들로 하여금 이메일과 소셜미디어를 통해 접수된 질의를 모니터하고 응답할 수 있게 해준다.

가상참고 소프트웨어는 사서들에게 단순한 텍스트 교환보다 더 많은 기능을 제공한다. 예를 들면, 사서는 이용자의 스크린에 페이지를 푸싱할 수 있으며, 그의 메시지 안에 URL을 입력하면, URL이 인도하는 웹페이지가 이용자 스크린 상에 열리게 된다. 페이지 푸싱은 사서로 하여금 정보탐색과정에서 보다 효과적으로 이용자들은 보조할 수 있게 해주며, 가상참고서비스가 이용자 질의응답에 전자정보원을 많이 활용한다는 점을 고려해볼 때, 사서가 전자정보원을 이용자에게 전송하고 안내하는 것을 더욱 쉽게 만들었다(Tenopir and Ennis 2001). 또 다른 유용성은 미리 만들어놓은(pre-scripted)메시지이다－사서들은 응답에 자주 사용하는 인사말, 추가 권유, 인기 웹 자원의 URL과 같은 어구(script)를 생성할 수 있다. 이것은 타이핑하는 시간을 절약해서 트랜잭션을 보다 효율성 있게 만든다. 그림 6.2는 가상참고서비스를 위한 사서 인터페이스의 한 예이다.

	LibraryChat	
Library: Summerville Public Library		Librarian: M.Wong
Queue		Librarian [M. Wong]: Welcome to LibraryChat at Summerville Public Library. How can I help you?
Luis		
anon5763		Patron [Luis]: Do you have a copy of Kindred by Butler?
RachelM		
anon9425		
Scripts *click to send*		Librarian [M. Wong]: I'd be happy to check! Would you prefer a print book, audio book, or another format?
welcome Message		
Library Hours		
Catalog Link		Patron [Luis]: ⟨typing⟩
Librarians Online *click to transfer*		
L. Luo		
L. Saunders		
M. Wong		

그림 6.2 가상 참고서비스를 위한 사서 인터페이스 사례

오른쪽 편은 사서와 이용자 간의 대화이며, 왼쪽 윗부분은 서비스를 기다리는 이용자 대기열이고, 왼쪽 아래 부분은 채팅 세션 촉진을 위해 사서가 접근할 수 있는 스크립트 같은 다양한 도구를 제공한다.

각 채팅 세션이 끝날 때, 세션 트랜스크립트는 저장되고 이용자에게 이메일로 보내질 수 있다. 이것은 이용자들이 사서에 의해 제공된 자료로 되돌아가는 데 편리하다. 사서는 또한 질의가 충분히 답변되었는지, 사후 조사가 이루어질 것인지, 다른 곳으로 의뢰되었는지 여부를 표시하는 실행 코드를 세션에 할당할 수 있는데, 이것은 도서관이 서비스가 이용자 정보요구를 어느 정도 해결하고 있는지 추적하는 데 도움이 된다. 추가로, 가상참고 소프트웨어는 보통 시간대별 채팅세션 수, 실행코드 분포, 반복 이용자들의 질의 등과 같은 다양한 서비스 통계 보고를 할 수 있다.

가상참고서비스 소프트웨어는 다수의 동시 로그인을 지원하기 때문에, 사서들은 질문에 답변할 때 서로 소통하고 의논할 수 있다. 그들은 또한 이용자를 자관으로부터 다른 사서에게 넘겨줄 수 있는데, 이것은 협동 가상 참고서비스에서 종종 발생한다. 또한 Springshare의 *LibAnswers +Social* 과 같은 가상참고 소프트웨어는 도서관들이 비용 절감과 서비스 시간 확장 혜택을 가져올 서비스제공 협의체 형성을 가능케 한다. 협동 가상 참고서비스에서는, 참여 도서관들이 직원을 교대로 배치해서 이용자들이 소속 기관 이외의 다른 도서관 사서에게 연결될 수 있다. 현지 지식이 필요한 질의에(예, 특정 도서관의 정책이나 도서관내 자료의 위치 관련 질의) 올바로 답변하기 위해서, 사서들은 종종 이용자를 그의 소속 도서관 사서에

게 보내야만 한다.

　가상참고 소프트웨어가 인스턴트메신저보다 채팅 참고서비스를 지원하기 위해 더 많은 기능을 제공하고 있지만, 또한 제한점들이 있다. 일부 도서관들은 그 소프트웨어가 너무 비용이 많이 들고 습숙곡선이 너무 가파르다는 것을 알게 되었다. 시장에는 선택할 만한 다른 상업적 가상참고 소프트웨어들이 있다; 예를 들면, LibraryH31p는 인기 있는 하나의 옵션이다. LibraryH31p를 사용하여, 이용자들은 질의를 제출할 다양한 선택권을 가지며(예, 개인화된 채팅 위젯 또는 모바일 앱을 통해), 사서들은 단일 LibraryH31p 인터페이스를 사용하여 이용자들에게 답변할 수 있다. 다수의 사서들이 전문성을 서로 공유하면서 동시에 작동할 수 있고, 이용자들은 가능한 모든 직원, 목표 직원그룹, 또는 심지어 개인들에게로 보내질 수 있다.

　그럼에도 불구하고, 도서관이 채팅 참고서비스 플랫폼으로 어떤 소프트웨어를 선택하든 간에, 다음과 같은 요인들을 고찰할 필요가 있다: 이용자와 사서의 사용성, 소프트웨어 안정성, 비용, 확장성, 교육훈련 지원, 고객서비스 지원, 충원 유연성 지원, 다른 참고서비스 방식과의 호환성, 모바일 앱 지원, 그리고 협동 채팅 참고서비스 제공의 필요성. 명확한 서비스 목적, 도서관 요구사항에 대한 상세 내역, 그리고 각 가상참고 소프트웨어의 제공 사항에 대한 완전한 이해가 채팅 참고서비스를 지원할 적합 플랫폼 선택의 핵심이다. Box 6.2는 가상 참고서비스 선택 관련 논의를 위한 가설적 시나리오를 제공하고 있다.

Box 6.2
학습과제: 가상 참고서비스 옵션의 결정

21,000명의 학생을 가진 한 공립대학교 도서관은 무료 인스턴트메신저 서비스를 사용하여 채팅 참고서비스를 제공해왔다. 서비스 제공 회사는 방금 해당 서비스가 이번 달 말경에 중단될 것임을 통보하였다. 도서관장은 직원들에게 무료와 유료 서비스를 모두 포함하여 가상 참고서비스를 위한 새 플랫폼을 탐구하도록 지시하였으며, 다음과 같은 요인을 고찰하도록 요청하였다: 이용자와 사서에 대한 사용성, 소프트웨어 안정성, 비용, 확장성, 교육훈련 지원, 고객서비스 지원, 충원 유용성 지원, 다른 참고서비스 방식과의 호환성, 그리고 모바일 앱 지원. 도서관장은 또한 직원들에게 컨소시엄 가입이 올바른 선택인지 여부를 고찰하기를 바란다.

▪ 토론 질문
1. 당신은 가상 참고서비스 플랫폼 평가에서 어떤 요인이 가장 중요하다고 생각합니까?
2. 당신에게 이 업무가 주어진다면, 어떻게 접근할 것입니까?

앞서 언급했던 것처럼, 비디오컨퍼런스를 통해 가상 참고서비스를 제공하려는 시도는 기술적 한계로 인해 1990년대에는 성공하지 못했다. 최근 기술이 크게 발전하였고 Skype같은 VoIP 소프트웨어가 음성과 화상 채팅 도구로서 널리 인기를 얻었다. 도서관들은 가상 참고서비스 제공에 Skype 사용을 탐구하기 시작하였다. Skype의 장점은 가상 참고서비스에 시각적 그리고 비언어적 단서를 되찾게 해주는 것을 포함하여, 비디오 채팅 중에 인스턴트 메시지를 통해 링크, pdf, 기사, Jing video를 보내는 능력, 이용자와 화면을 공유하는 것 등이다. 단점으로는 컴퓨터에 Skype 소프트웨어를 장착해야 하는 것, "화면 상"(on screen)에 출현하는 어색함, 그리고 이용자들의 참고서비스를 위한 Skype 사용에 대한 관심 부족 등이 있다(Beaton 2012). 그렇지만, Skype는 아직 가상 참고서비스 현장의 한 부분이 되지 못했으며, Ohio University 도서관 같은 일부 초기수용자들이 서비스를 중단하였다. 이용자들 간의 관심 결여가 주된 요인일 것이다. 도서관 이용자들이 보기에는, Skype가 친구나 가족 간의 비공식 커뮤니케이션 수단이며 사서와의 상호작용에는 적합지 않을 것이다. Chad Boeninger(2010)가 Ohio University의 Skype 실험을 논의할 때 언급한 것처럼, "우리 이용자들은 결국 얼굴을 마주보고 우리와 말하기를 원할 만큼 편치 않을 것이다." 여전히 도서관과 사서들은 품질이 우수하고 향상된 참고서비스를 이용자들에게 제공하기 위해 새로운 기술의 실험을 계속해야만 한다. 실험은 항상 성공적이지 않겠지만, 그럼에도 불구하고 실험은 가치가 있다; Boeninger(2010)가 요약하였듯이, "그 과정에서 우리는 화상전화 옵션에 대해 배웠으며, 자바 스크립트로 페이지를 자동으로 닫는 방법, 무선 연결과 컴퓨터앱이 얼마나 불안정한지 등등을 알게 되었다. 우리는 또한 서비스 개선을 위해 유연성 있고, 참을성 있고, 여러 가지를 시도하게 되는 것을 학습하였다. 나는 우리의 서비스 경험이 차세대 기술 및 참고서비스 활동에(무엇이 되던 간에) 대해 준비를 갖추게 만들었다고 생각하며, 그러한 지식에는 값을 매길 수 없다."

6.3.3 문자메시지 서비스

문자메시징 또는 텍스팅은 인기가 증가하는 커뮤니케이션 수단이다. 문자 참고서비스는 도서관이용자들이 텍스팅을 통해 질의를 보내고 답변을 받을 수 있게 해준다. 이 서비스가, 다른 방식의 가상 참고서비스처럼 이용자로 하여금 원거리에서 도서관을 이용할 수 있게 만들었음에도 불구하고, 사람들은 종종 도서관 안에서 사서에게 문자를 보내며, 빈번하게 그들이 있는 장소에 대한 정보를 묻기도 한다(Pearce, Collard, and Whatley 2010). 다수의 이용자들이, 도움을 청할 수 있는 여러 옵션이 있을 때조차도, 문자로 소통하기를 좋아하는 것으로 나타났다. 그 이유는, 주어진 순간에 가장 편리한 것에 대한 실용적 관점에서부터 특정 소통 방식에 대한 보다 일반적인 이용자 선호도에 이르기까지, 다양하다. 예를 들면, 도서관컴퓨터에서 작업하고 있는 이용자들은 참고데스크를 방문하기 위해 짐을 싸고 로그아웃하는 것보다 사서에게 문자를 보내는 것이 더 편리하다는 것을 안다.

문자 참고서비스 초기에 일부 도서관은 이용자질문에 답변하기 위해 전용 모바일 기기(보통 스마트폰)에 의존하였다. 모바일기기에 기초한 모델은 매우 단순하다. 도서관은 문자서비스를 하기 위해 월간 플랜으로 휴대전화를 구입할 필요가 있다. 일부 도서관에서는, 근무시간 중 다른 참고서비스 포인트와 더불어 휴대전화가 참고데스크에 배치되고 참고데스크 담당사서가 모니터한다; 이것은 사용되지 않을 때는 제쳐 놓는다. 참고데스크가 바쁠 때는 대기자 순서 결정에 정보 중요도 우선순위가 적용된다. 문자 참고서비스는 대면, 전화, 그리고 채팅 질문 다음에 그 순서가 될 것이다(Kohl and Keating 2009). 일부 다른 도서관에서는 휴대전화가 서비스 포인트와 관계없이 운영된다; 휴대전화는 참고데스크에 보관되지 않고, 문자서비스 업무가 다른 참고서비스와 연결되지 않는다. 사서가 서비스를 모니터하기 위해 별도의 스케줄이 만들어지며, 전화기는 사서가 근무를 교대하는 사서와 함께 움직인다. 사서들은 공식화된 절차에 따르기보다는 그들 스스로 조정하여 넘겨준다.

휴대전화 서비스의 눈에 띄는 단점은, 기존의 어떤 가상 참고서비스와도 통합될 수 없기 때문에 사서에게 추가 업무를 부여한다는 것이다. 사서들은 참고서비스를 제공하기 위해 또 다른 기술을 익혀야만 하고 이 새로운 서비스의 포함을 주저하게 될 것이다. 한편, 휴대전화 키보드에 타자하는 것은, 가장 이용자친화적인 기종조차도, 컴퓨터 키보드에서 타자하는 것보다 훨씬 불편하고 서비스 반응시간을 느리게 만들 것이다. 휴대전화가 참고데스크에 위치하지 않은 경우, 직원 배치 또한 문제가 될 수 있다. 직원 배치 및 교대 경영을 효과적으로 하지 않으면, 일관적이고 신뢰할 만한 서비스 품질을 보장하기 어려울 것이다. 이러한 단점은 도서관에서 모바일기기에 기초한 문자 참고서비스 모델이 인기를 얻기 어렵게 만든다.

하나의 대안은 문자 참고질의를 접수하고 답변하기 위해 컴퓨터 앱을 사용함으로써 사서들이 친숙한 인터페이스로 새로운 방식의 참고서비스를 하는 것이다. 기술적인 견지에서 습숙곡선은 평평하며, 따라서 문자 참고서비스가 사서들 간에 보다 긍정적으로 환영받게 될 것이다. 이메일 및 채팅 참고서비스를 위한 대부분의 상업적 소프트웨어는 또한 문자 참고서비스를 지원한다. 예를 들면, LibAnswers +Social, LibraryH31p, 그리고 Mesio for Libraries는 모든 종류의 가상 참고서비스를 망라하며, 문자 참고서비스가 기존의 이메일 또는 채팅 참고서비스에 통합될 수 있다. 이와 같은 통합은 사서들의 기술 훈련을 최소화하고 도서관 가상 참고서비스가 새로운 서비스의 추가로 최신성을 유지하는 데 도움이 될 수 있다.

어떤 소프트웨어는 이용자 질문에 대한 사서의 답변 길이를 제한한다(Jensen 2010). 보통 답변은 2개 또는 3개의 메시지(320 또는 480자)를 초과하지 못하며, 초과될 경우 추가부분이 절단되어 이용자의 전화에 디스플레이되지 않는다. 그렇지만, 글자 수 세기와 URL 줄이기 같은 내장된 기능이(Weimer 2010) 사서가 답변을 간결하게 작성하도록 돕는 데 사용될 수 있다.

대부분의 상업적 소프트웨어는 도서관으로 하여금 이용자들이 자신의 휴대전화에 저장할 수 있는 전용 전화번호를 가질 수 있게 해준다. 일반적으로, 그 번호로 문자를 보내는 데 특별한 지시사항이 없다. 보다 더 중요한 것은, 서비스가 소프트웨어 밴더의 서버에서 운영됨에 따라 사생활이 더 잘 보호되고 이용자 정보에 대한 접근이 엄격히 제한된다는 점이다. 일부 소프트웨어는, 보다 더 사생활 문제를 완화하기 위해, 이용자의 전화번호를 숨기고 고유의 고객 ID로 대체한다. 문자 참고서비스를 위한 취급 방법과 소프트웨어 선택의 결정은 다수의 요인에 의존하며, 도서관 충원 수준, 사서의 준비 태세, 예산, 이용자들의 텍스팅 철학과 행동(이용자들은 텍스팅을 가족 및 친구들 간의 비공식 소통방식으로 간주하기 때문에 모든 이용자들이 사서와 텍스팅을 편안하게 느끼는 것은 아니다) 등이 최선의 방법을 결정하는 핵심이 된다.

6.3.4 성공적인 가상 참고서비스 제공

가상참고서비스를 위한 두 가지 직무 모델이 있다. 보다 일반적으로 채택된 모델은 참고사서가 자신의 사무실에서 또는 참고데스크를 떠나 다른 장소에서 일하는 것이다. 이 방식은 사서가 산만한 주변에 방해받지 않고 가상 참고트랜잭션에 집중할 수 있으며, 질문이 복잡하고 심도 있는 참고면담을 필요로 할 때 특히 유익하다. 참고부서 직원이 부족한 도서관에게는 개관시간 동안에 가상 참고서비스를 (특히 이용자들이 즉각적인 반응을 기대하는 동시적 채팅참고서비스) 담당할 충분한 직원을 보유하는 것이 문제가 된다. 서비스시간을 한정하는 대신 일부 도서관에서는 서비스를 협동으로 제공하기 위한 컨소시엄 구축을 선택한다. 보다 드문 직무모델은 참고데스크에서 가상 참고서비스 업무를 하는 것이다. 이 모델에서는, 우선순위가 전형적으로 대면 이용자에게 주어지며, 따라서 참고데스크가 바쁠 때 온라인 이용자들의 요구는 만족스럽게 해결될 수 없을 것이다.

어떤 모델을 선택할 것인가는 해당 도서관의 문화, 이용자요구, 예산, 그리고 직원 역량에 달려 있다. 가장 중요한 것은 가상 참고서비스 제공에 유능한 준비된 직원을 보유하는 것이다. 서비스 환경의 변화는 시대에 맞는 새로운 기법을 필요로 하는 도전을 초래하였다. 예를 들면, 참고면담 기술은 참고업무의 핵심 기술의 하나로 인정되었다. 그러나 참고면담을 수행하는 것은 서비스 방식마다 각기 다르다. 채팅 참고서비스가 사서와 이용자 간의 동시적 상호작용을 가능케 함에도 불구하고, 이것은 대면 참고면담을 완전히 모방할 수 없으며 심도 있는 질문협상을 필요로 하는 질의에는 효과적인 서비스 방식이 아니다. 그러므로, 시간이 걸리고 다루기 힘든 트랜잭션을 피하는 데 도움이 될 기법이 특히 채팅 참고서비스에서 중요하게 되었다. 그와 같은 기법은 적절하게 의뢰를 하거나 이용자 추적조사의 필요를 인식하는 것을 포함한다. 한편, 완전성과 같은 전형적인 참고서비스 가치 중의 일부가 채팅 또는 문자 서비스에서 수정되어야만 한다. 이것은 도전적일 수 있는데, 왜냐하면 참고사서는 이용자를 도울 때 보통 완전함과 상세함을 지향할 것으로 예상되기 때문이다. 그러므로, 사서들이 기대의 변화를 이해하고 적합한 심리상태에 적응하도록 돕는 것은 그들이 필수 지식과 기법을(예, 무뚝뚝하고 성급하게 보이지 않으면서 간략히 서술하는 방법) 갖추도록 하는 것만큼 중요하다.

참고사서 전문성의 많은 부분은 일반정보원과 전문정보원에 대한 지식으로부터 오는 것이다. 가상 참고서비스에서 그 지식은 특히 전자적 형태의 정보원에 집중된다. 인터넷 상의 정보원과 구독데이터베이스에 대한 사서의 친숙함이 가상 참고서비스 제공에 중대한 역할을 행사하는데, 왜냐하면 이용자들이 채팅 또는 문자 참고트랜잭션에서 즉시 이용 가능한 답변을 기대하기 때문이다; 답변은 즉각적으로 전달되기 위해 전자적으로 제공되어야만 한다(Coffman 2003).

이용자서비스에 대한 몰입은 참고업무에서 언제나 필수적 역량이었으며 가상 참고서비스에서도 예외가 아니다. 실제로, 비언어적 단서가 없고 이용자가 익명일 수 있다는 점에 비추어 볼 때, 이것은 가상 환경에서 한층 더 중요하다. 오해가 생기고 부적절한 이용자 행동이 나타나며, 그래도 여전히 사서들은 다양한 배경과 온갖 종류의 요구를 가진 이용자들을 다룰 때 전문성을 유지하고 고객서비스 정신을 가질 필요가 있다.

　모든 업무에는 부담감이 있다. 참고서비스에서 스트레스의 상당 부분은, 무례한 이용자를 맞이하고 힘든 질문을 접수하는 것처럼 시간적 압박 하에서 사람을 응대하는 것으로부터 온다. 가상 참고서비스의 출현으로, 여러 가지 새로운 부담이 스트레스 수준을 가중시켰다. 예를 들면, 언어적 시각적 단서의 부족은 사서와 이용자 간 커뮤니케이션을 복잡하게 만들 수 있고 양측에 불안과 오해를 불러일으키기도 한다. 기술적 장애 또는 채팅 중 급작스런 이용자 실종과 같은 예상치 못한 상황은 사서를 당황하게 만들 수 있다. 때때로 사서들은 가상 참고서비스와 참고데스크를 동시에 맡아서 가상 질문과 물리적 이용자질문을 한꺼번에 처리해야 하는데, 이것은 그들의 스트레스 수준을 증가시킬 수 있다. 가상 환경에 내재하는 모든 압박감은 사서에게 한꺼번에 여러 일을 하고, 신속하게 생각하고, 효과적으로 시간을 관리하고, 어려운 상황을 처리할 때 유연하고 침착하기를 요구한다.

　가상 참고서비스, 특히 채팅서비스에서는, 이용자에게 사서가 무엇을 하고 있는지 계속 알림으로써 진행상황을 전달하는 능력이 트랜잭션 성공에 필수적이다. 대면 참고서비스에서는 사서와 이용자의 물리적 만남이 이용자질문에 답변하기 위한 탐색과정의 전달을 보다 쉽게 만든다. 그렇지만 채팅 세션에서는 시청각 단서가 없고 커뮤니케이션 전체가 쓰인 메시지에 의존하기 때문에, 사서들은 불가결하게 이용자와의 연결 상태를 유지할 필요가 있다. 이용자에게 사서가 어떤 탐색활동을 하고 있는지 말해주는 것은 사서와의 연결을 이용자에게 확인시키고 이용자가 무시되었다고 느끼지 않게 만드는 효과적인 기법이다.

　가상 참고서비스 소프트웨어를 효과적으로 사용하는 능력은, 특히 서비스가 *LibAnswers +Social* 과 같은 소프트웨어를 통해 제공될 때, 필수적이다. 소프트웨어 사용능력이 가상참고세션의 기술적 작업을 보장하는 반면에, 온라인 커뮤니케이션 능력은 성공적인 트랜잭션에 매우 중요하다. 전문적이면서도 친근함을 유지하기 위해 사서들은 이메일, 채팅, 또는 문자로 효과적 커뮤니케이션을 할 수 있어야 하는데, 이것은 온라인 문화 및 에티켓에 대한 명확한 이해와 평가 그리고 온라인 및 텍스팅 언어를 적절히 사용할 수 있는 능력을 요구한다.

　회원들이 협동서비스 업무를 교대하는 가상 참고서비스 컨소시엄에서 사서들은, 타도서관 이용자들이 서비스를 제대로 받을 수 있도록 자관의 자료는 물론 다른 참여도서관들의 자료도 알아야 한다. 이용자들은 보통 소속도서관의 사서와 연결될 것을 기대하고 협동서비스를 이용하고자 방문하며 소속도서관 자료를 잘 아는 전문가와의 대화를 기대한다. 그러므로, 이용자들이 가능한 최고의 서비스를 받기 위하여, 가상 참고서비스 컨소시엄의 사서들은 회원도서관 자원에 대한 지식을 포함하도록 그들의 전문성을 확장해야만 한다.

가상 참고서비스를 성공적으로 제공하도록 사서들을 준비시키고 도움을 줄 수 있는 한 가지 효과적인 방법은 가상 참고세션의 트랜스크립트를 리뷰하는 것이다. 트랜스크립트는 이용자들이 이메일, 채팅 또는 문자로 질문을 나타내는 방법과 보편적인 커뮤니케이션 패턴에 대한 구체적인 견해를 제공할 것이다. 이것은 사서들로 하여금 이용자 정보요구를 보다 효과적이며 정확하게 해석하고 적합한 도움을 제공할 수 있게 해준다.

6.4 이용자를 찾아가는 서비스

19세기 말에 시작된 이래로, 참고서비스는 전달 방법에 있어서 크게 진화되었다. 오늘날 이것은 일종의 다중모드양식 서비스이며, 개인적 도움은 대면해서 제공될 뿐만 아니라 원거리에서 여러 가지 방식을 통해 가상적으로 제공된다. 이러한 방식들은 참고트랜잭션을 지원함에 있어 장점과 단점을 가지고 있으며, 사서들은 각각에 대해 확실한 이해를 가지고 최대로 활용할 필요가 있다. 예를 들면, 참고데스크의 대면서비스와 연구상담은 복잡한 질문을 처리하는 데 가상 참고서비스보다 더 효과적이다. 도서관의 가상 참고서비스 페이지 상에, 간단하고 기초적인 질의는 이메일, 채팅, 문자 서비스가 효과적이고 심도 있는 도움이 필요하면 전화, 또는 연구 상담 스케줄을 잡도록 이용자에게 알리는 진술을 써놓는 것은 도움이 될 것이다.

이용자들에게 최적의 서비스 경험을 제공하는 것은 참고서비스의 동력인 동시에 목적이다. 이용자들의 정보행동은 새로운 개발이 정보현장에 출현함에 따라 언제나 변화할 것이다. 사서들은 이 변화에 대하여 그리고 변화가 참고서비스를 어떻게 변경시키는가를 민첩하게 인지할 필요가 있다. 이용자 정보행동의 변화를 이해하고 도움을 제공할 최상의 방법을 식별하기 위해, 다음과 같은 질문을 끊임없이 생각하고 해결해야만 한다: 이용자들의 정보추구 과정은 어떠한가; 다양한 정보요구에 대해 그들이 사용하는 탐색전략은 무엇인가; 장애물은 어디에 있는가; 디지털 정보와 서비스에 접근할 때 그들이 걱정하는 것은(예, 사생활) 무엇인가.

유연성, 준비성, 창의성은 이용자가 있는 곳으로 가는 여행의 성공에 기여할 세 가지 필요불가결한 요인이다. 정보 커뮤니케이션 기술의 급격한 발전은 사서들이 새로운 서비스

가능성을 인식하고 탐구하며 새로운 서비스 모델에 적응하기 위한 유연성을 가지도록 요구한다. 서비스 조직과 전달의 변화에 효과적이며 효율적인 대응은 충분한 준비 없이 달성될 수 없다. 대체로 사서들은 제한된 예산과 인적자원에 당면하고 있으며, 기술을 활용하고 확장 및 서비스 제공을 위한 직원배치를 조율하는 데 창의적이어야 한다. 이용자가 있는 곳으로 찾아가고, 이용자들이 가장 원하고 환영하고 고마워하는 방식으로 서비스를 제공하는 것은 언제나 참고서비스가 최신성과 적합성을 유지하기 위한 핵심요소로 남을 것이다.

【참고문헌】

Aho, Melissa K., Anne M. Beschnett, and Emily Y. Reimer. 2011. "Who Is Sitting at the Reference Desk?: The Ever-Changing Concept of Staffing the Reference Desk at the Bio-Medical Library." *Collaborative Librarianship* 3 (1): 46-49.

Aluri, Rao, and Jeffrey W. St. Clair. 1978. "Academic Reference Librarians: An Endangered Species?" *The Journal of Academic Librarianship* 4 (2):82-84.

Beaton, Barbara. 2012. "New Technologies for Virtual Reference: A Look at Skype and Twitter." University of Michigan. http://www.lib.umich.edu/files/departments/SkypeTwitter%20112912.pdf.

Bell, Steven J. 2007. "Who Needs a Reference Desk?" *Library Issues: Briefings for Faculty and Administrators* 27 (6): 1-9.

Bing. http://www.bing.com.

Boeninger, Chad. 2010. "So Maybe This Is Why No One Uses Our Skype Reference Service." *Library Voice* (blog). http://libraryvoice.com/technology/so-maybe-this-is-why-no-one-uses-our-skype-reference-service.

Bremer, Peter. 2017. "Librarian on the Loose: A Roving Reference Desk at a Small Liberal Arts College." *The Reference Librarian* 58 (1): 106-10.

Bunge, Charles, and Chris Ferguson. 1997. "The Shape of Services to Come: Values-Based Reference Service for the Largely Digital Library." *College & Research Libraries* 58 (May): 252-65.

Bunnett, Brian, Andrea Boehme, Steve Hardin, Shelley Arvin, Karen Evans, Paula Huey, and Carey LaBella. 2016. "Where Did the Reference Desk Go? Transforming Staff and Space to Meet User Needs." *Journal of Access Services*

13 (2): 66-79.
Bushallow-Wilber, Lara, Gemma DeVinney, and Fritz Whitcomb. 1996. "Electronic Mail Reference Service: A Study." *RQ* 35 (3): 25-36.
Carter, David, and Joseph Janes. 2000. "Unobtrusive Data Analysis of Digital Reference Questions and Service at the Internet Public Library: An Exploratory Study." *Library Trends* 49 (2): 251-65.
Coffman, Steve. 2003. *Going Live: Starting & Running a Virtual Reference Service*. Chicago: American Library Association.
Courtois, Martin P., and Maira Liriano. 2000. "Tips for Roving Reference: How to Best Serve Library Users." *College & Research Libraries News* 61 (4): 289-90, 315.
Faix, Allison, Amanda Mac Donald, and Vrooke Taxakis. 2014. "Research Consultation Effectiveness for Freshman and Senior Undergraduate Students." *Reference Services Review* 42 (1): 4-15.
Ford, Barbara J. 1986. "Reference beyond (and without) the Reference Desk." *College & Research Libraries* 47 (5): 492-94.
Forsyth, Ellen. 2009. "Fancy Walkie Talkies, Star Trek Communicator or Roving Reference?" *The Australian Library Journal* 58 (1): 73-84.
Freides, Thelma. 1983. "Current Trends in Academic Libraries." *Library Trends* 31 (3): 457-74.
Gale, Crystal D., and Betty S. Evans. 2007. "Face-to-Face: The Implementation and Analysis of a Research Consultation Service." *College & Undergraduate Libraries* 14 (3): 85-101.
Giordano, Peter, Christine Menard, and Rebecca Ohm Spencer. 2001. "The Disappearing Reference Desk: Finding New Ways to Support the Curriculum of a Small Liberal Arts College." *College & Research Libraries News* 62 (7): 692-94.
Google. http://www.google.com.
Gorman, Michael. 2001. "Values for Human-to-Human Reference." *Library Trends* 50 (2): 168-82.
Green, Samuel S. 1876. "Personal Relations between Librarians and Readers." *American Library Journal* 1 (November 30): 74-81.
Haines, Annette, and Allison Grodzinski. 1999. "Web Forms: Improving, Expanding and Promoting Remote Reference Service." *College & Research Libraries News* 60 (4): 271-72.

Holmes, Claire, and Lisa Woznicki. 2010. "Librarians at Your Doorstep." *College & Research Libraries News* 71(1): 582-85.

Janes, Joseph, and Chrystie Hill. 2001. "Finger on the Pulse: Librarians Descrive Evolving Reference Practice in an Increasingly Digital World." *Reference & User Services Quarterly* 42 (1): 54-65.

Jastram, Iris, and Ann Gwinn Zawistoski. 2008. "Personalizing the Library via Research Consultations." In *The Desk and Beyond: Next Generation Reference Services*, edited by Sarah K. Steiner and M. Leslie Madden, 14-24. Chicago: Association of College and Research Libraries.

Jensen, Bruce. 2010. "SMS Text Reference Comes of Age: The My Info Quest Collaborative." *The Reference Librarian* 51 (4): 264-75.

Jing. https://www.techsmith.com/jing-tool-html.

Kohl, Laura, and Maura Keating. 2009. "A Phone of One's Own: Texting at the Brayant University Reference Desk." *College & Reference Libraries News* 70 (2): 104-6.

LaMagna, Michael, Sarah Hartman-Caverly, and Lori Marchetti. 2016. "Redefining Roles and Implementing a Triage Reference Model at a Single Service Point." *Journal of Access Services* 13 (2): 53-65.

Lankes, David. 1998. *Building & Maintaining Internet Information Services: K-12 Digital Reference Services*. Syracuse, NY: ERIC Clearinghouse on Information & Technology.

LibraryH31p. https://libraryh31p.com/.

LibAnswers +Social. Springshare. https://www.springshare.com/libanswers/.

The Linguist List. n. d. "Ask a Linguist." International Linguistics Community Online. http://www.linguistlist.org/ask-ling/.

Luo, Lili. 2008. "Chat Reference Evaluation: A Framework of Perspevtives and Measures." *Reference Services Review* 36 (1): 71-85.

Luo, Lili. 2014. "Slam the Boards: Librarians' Outreach into Social Q&A Sites." *Internet Reference Services Quarterly* 19 (7): 33-47.

Magi, Trina J., and Patricia E. Mardeusz. 2013. "Why Some Students Continue to Value Individual, Face-to-Face Research Consultations in a Technology-Rich World." *College & Research Libraries* 74 (6): 605-18.

Massey-Burzio, Virginia. 1992. "Reference Encounters of a Different Kind: A Symposium." *The Journal of Academic Librarianship* 18 (5): 276-81.

May, Fiona. 2011. "Roving Reference, iPad-Style." *Idaho Librarian* 61 (2). http://theidaholibrarian.wordpress.com/2011/11/23/roving-reference-ipad-style/.

Miles, Dennis. 2013. "Shall We Get Rid of the Reference Desk?" *Reference & User Services Quarterly* 52 (4): 320-33.

Mosio. https://www.mosio.com/.

Mosley, Pixie Ann. 2007. "Accessing User Interactions at the Desk Nearest the Front Door." *Reference & User Services Quarterly* 47 (2): 159-67.

Nolen, David S. 2010. "Reforming or Rejecting the Reference Desk: Conflict and Continuity in the Concept of Reference." *Library Philosophy and Practice* (May): 1-8.

Oud, Joanne, and Peter Genzinger. 2016. "Aiming for Service Excellence: Implementing a Plan for Customer Service Quality at a Blended Service Desk." *Journal of Access Services* 13 (2): 112-30.

Pearce, Alexa, Scott Collard, and Kara Whatley. 2010. "SMS Reference: Myths, Markers, and Modalities." *Reference Services Review* 38 (2): 250-63.

Pomerantz, Jeffrey. 2003. "Questions Taxonomies for Digital Reference." PhD dissertation, Syracuse University.

Poparad, Christa E. 2015. "Staffing an Information Desk for Maximum Responsiveness and Effectiveness in Meeting Research and Computing Needs in an Academic Library." *The Reference Librarian* 56 (2): 83-92.

Quora. http://www.quora.com.

Reference and User Services Association. 2004. "Guidelines for Implementing and Maintaining Virtual Reference Services." American Library Association. Last modified June 13, 2017. http://www.ala.org/rusa/resources/guidelines/virtrefguidelines.

Reid, Ian. 2017. "The 2017 Public Library Data Service: Characteristics and Trends." *Public Libraries Online* (September/October). http://publiclibrariesonline.org/2017/12/the-2017-public-library-data-service-report-characteristics-and-trends/.

Reinsfelder, Thomas L. 2012. "Citation Analysis as a Tool to Measure the Impact of Individual Research Consultations." *College & Research Libraries* 73 (3): 263-78.

Ronan, Jana. 2003. *Chat Reference: A Guide to Live Virtual Reference Services.* Westport, CT: Libraries Unlimited.

Ryan, Sara. 1996. "Reference Service for the Internet Community: A Case Study of the Internet Public Library Reference Division." *Library & Information Science Research* 18 (2): 241-59.

Schulte, Stephanie J. 2011. "Eliminating Traditional Reference Services in an Academic Health Sciences Library: A Case Study." *Journal of the Medical Library Association* 99 (4): 273-79.

Selby, Courtney. 2007. "The Evolution of the Reference Interview." *Legal Reference Services Quarterly* 26 (1/2): 35-46.

Skype. https://www.skype.com/en/.

Sloan, Vernie. 1998. "Service Perspectives for the Digital Library: Remote Reference Services." *Library Trends* 47 (1): 117-43.

SOHO: Solar and Heliospheric Observatory. 2018. "Ask Dr. SOHO." Last modified January 26, 2018. https://soho.nascom.nasa.gov/classroom/askdrsoho.html.

Summerhill, Karen Storin. 1994. "The High Cost of Reference: The Need to Reassess Services and Service Delivery." *The Reference Librarian* 43: 71-85.

Swanson, Patricia. 1984. "Traditional Models: Myths and Realities." In *Academic Libraries: Myths and Realities: Proceedings of the Third National Conference of the Association of College and Research Libraries*, edited by Suzanne Dodson and Gary L. Menges, 84-97. Chicago: American Library Association.

Tenopir, Carol, and Lisa Ennis. 2001. "Reference Services in the New Millennium." *Online* 25 (4): 40-45.

Tenopir, Carol, and Lisa Ennis. 2002. "A Decade of Digital Reference: 1991-2991." *Reference & User Services Quarterly* 41 (3): 264-73.

Trillian. https://trillian.im/.

Venner, Mary Ann, and Seti Keshmiripour. 2016. "X Marks the Spot: Creating and Managing a Single Service Point to Improve Customer Service and Maximize Resources." *Journal of Access Services* 13 (2): 101-11.

Vocera. https://www.vocera.com.

Weimer, Keith. 2010. "Text Messaging the Reference Desk: Using Upside Wireless' SMS-to-Email to Extend Reference Service." *The Reference Librarian* 51 (2): 108-23.

White, Marilyn Domas. 2001. "Diffusion of Innovation: Digital Reference Service in Carnegie Foundation Master's (Comprehensive) Academic Institution Libraries."

The Journal of Academic Librarianship 27 (3): 173-87.

Wikipedia. http://www.wikipedia.com.

Yi, Hua. 2003. "Individual Research Consultation Service: An Important Part of an Information Literacy Program." *Reference Services Review* 31 (4): 342-50.

Yahoo! Answers. https://answers.yahoo.com/.

【SUGGESTED READINGS】

Gorman, Michael. 2001. "Values for Human-to-Human Reference." *Library Trends* 50 (2): 168-82.

    Gorman gives a brief history of how human-to-human reference service has evolved and provides a discussion of its future. Particularly, he elaborates on the eight values (stewardship, service, intellectual freedom, rationalism, literacy and learning, equity of access, privacy, and democracy) derived from the author's earlier work and how each relates to the practices of human-to-human reference.

Kern, M. Kathleen. 2009. *Virtual Reference Best Practices: Tailoring Services to Your Library.* Chicago: American Library Association.

    Kern outlines the tools and decision-making processes that will help libraries evaluate, tailor, and launch virtual reference services that are appropriate for their specific user communities. The book departs from general guidelines and focuses on making concrete decision about integrating virtual with traditional reference.

Luo, Lili, and Emily Weak. 2011. "Texting 4 Answers: What Questions Do People Ask?" *Reference & User Services Quarterly* 51 (2): 133-42.

    This article provides a detailed view of how patrons use text reference service, especially what kinds of questions they ask and what types of information needs are fulfilled by text reference. Additional analysis of characteristics such as transaction length and interactivity provides a more in-depth picture of the nature of text reference. It strengthens the professional understanding of how to best deliver reference service via this emerging reference venue.

Magi, Trina J., and Patricia E. Mardeusz. 2013. "Why Some Students Continue to Value Individual, Face-to-Face Research Consultations in a Technology-Rich World." *College & Research Libraries* 74 (6): 605-18.

This article explores the value of research consultations from students' perspective. It examines students' views on why they schedule consultations, the kinds of assistance they receive from librarians during consultations, and what they find valuable about the consultations.

Miles, Dennis. 2013. "Shall We Get Rid of the Reference Desk?" *Reference & User Services Quarterly* 52 (4): 320-33.

This article studies the use of the reference desk in 119 academic libraries at universities offering master's level programs. It provides an empirically grounded view on the role of the reference desk at academic libraries.

Nolen, David S. 2010. "Reforming or Rejecting the Reference Desk: Conflict and Continuity in the Concept of Reference." *Library Philosophy and Practice* (May): 1-8.

Nolen provides a historical examination of the devate about the reference desk and challenges the assertion that there are two camps with diametrically opposed views of reference. He suggests that the protagonists and antagonists of the reference desk actually agree in their vision of reference, although their approaches are different.

Zemel, Alan. 2017. "Texts as Actions: Requests in Online Chats between Reference Librarians and Library Patrons." *Journal of the Association for Information Science & Technology* 68 (7): 1687-97.

Zemel examines virtual reference transcripts to demonstrate that patron requests are interactional achievements co-constituted by librarians and patrons through the exchange of text postings that are designed to be seen as requests. This article offers a new perspective on virtual reference and has practical implications for conducting the reference interview and delivering reference service in the virtual environment.

7

참고서비스의 경영

7.1 서론
7.2 경영자의 역할과 기대
7.3 직원 채용과 관리
7.4 팀 조직과 운영
7.5 커뮤니케이션
7.6 제휴, 협력, 지역사회 관계
7.7 평가, 기획, 예산
7.8 정책
7.9 경영 및 지휘 능력 개발
7.10 결론

참고정보서비스론

제7장 참고서비스의 경영

7.1 서론

어떤 사람은 도서관장(또는 참고서비스 부서장)이 되도록 태어났다. 나는 아니다… 오로지 나의 목적은, 될 수만 있다면, 최고의 참고사서가 되는 것이었다 (Oliver 2011, 6).

포부를 가진 참고사서들은, 신입 직원을 포함한 대부분의 전문 사서직이 어느 정도 경영 또는 관리의 책무를 포함한다는 것을 인식하지 못하고, 경영이 그들과 무슨 관계가 있는지 의아하게 생각할 것이다. 대부분의 사서들 역시 전문직 단체나 재직 도서관에서 다양한 공식 또는 비공식 지도자 역할에 참여하고 있다. 이것은 참고서비스 관련 커리어를 추구하는 거의 모든 사람들이 서비스 관련 계획에서 지도력을 발휘하거나 직접 또는 간접적으로 참고서비스 경영에 참여할 기회를 가지게 됨을 의미한다.

David A. Tyckoson(2011, 276)은 참고부서장의 핵심적 책임을 참고서비스의 네 가지 기본 기능-도서관과 자료의 이용법 교육, 특정 정보 질문에 대한 답변, 연구자들의 요구에 맞는 정보원 추천, 그리고 지역사회에 도서관 홍보-각각에 대해 어느 정도로 집중할 것인가를 결정하는 것이라고 주장하였다. 그러한 결단은 결과적으로 서비스별 직원배치 및 평가 관련 의사결정을 형성하게 된다. 이것은 경영과 지휘가 혼합되는 단 하나의 사례이며, 더 많은 사항들이 본 장의 마지막까지 탐구될 것이다.

본 장에서는 참고서비스 경영의 기법과 과학을 다루며, 구체적으로 경영의 역할과 기대, 직원 고용과 관리, 팀과 커뮤니케이션, 지역사회 관계와 제휴, 서비스 기획과 지원, 정책, 경영 및 지휘능력 개발 등을 포함한다.

7.2 경영자의 역할과 기대

참고서비스를 경영하는 사서들은 다양한 환경과 조직구조 안에서 책임을 수행한다. 조직 지배구조 안에서 참고서비스의 위치가 참고부서장 책무의 범위를 형성할 것이다. 따라서 참고서비스를 경영하는 직위에 부여되는 구체적인 명칭은, "부서장"(head: 지배구조 내에서 한 부서에 대한 감독과 책임을 의미함)으로부터 "관리자"(manager: 보통 기능적 단위 내에서 책임을 뜻함), "조정자"(coordinator), 또는 "팀장"(team leader)에 이르기까지 다양하다. 참고부서장이란 직책은 예전보다는 덜 일반적이며, 부서 합병으로 인해 참고부서장은 종종 교육이나 대출과 같은 다른 서비스에 대한 감독을 겸하게 되었다.

7.2.1 책무와 역할

그 직책이, 전통적 계층구조상의 참고부서장이든 수평적 조직의 팀장이든 또는 전적으로 다른 환경에 있든 간에, 모든 경영자에게 공통되는 역할과 책무가 있다. 가장 빈번하게 인용되는 경영자의 역할 중 하나인 Luther Gulick과 Lyndall Urwick(1937)의 POSDCoRB 모델은 다음과 같은 핵심 기능의 책무에 중점을 둔다:

1. 기획(planning): 목적을 설정하고 그것을 달성할 방법을 결의한다.
2. 조직(organizing): 부서별 업무를 배분하고, 임무를 성취하기 위한 절차를 확립한다.
3. 인사(staffing): 직원 채용과 평가를 포함한 모든 인사를 결정한다.
4. 지시(directing): 개인에게 업무를 할당하고 감독한다.
5. 조정(coordinating): 부서 간 활동을 조정한다.

6. 보고(reporting): 부서의 활동과 성과를 보고하고 상위 경영진에게 진척사항을 알린다.
7. 예산 편성과 집행(budgeting): 부서별 예산을 편성하고 통제한다.

이와 같은 책무는 오늘날의 현장에서도 여전히 중요하지만, 과도한 경영업무 부하, 집단 또는 팀 작업 지향적 패턴, 그리고 정보공유 강조 등과 같은 몇 가지 핵심적 차이가 있다(Martin 2006; Moran, Stueart, and Morner 2013, 270). 추가로 Joan Giesecke와 Beth McNeil(2010, 6)은 임무와 활동(조직, 감독)보다 사람의 역할(촉진자, 개발자)에 초점을 둠으로써, 도서관 경영자의 역할이 "감독자보다는 조언자, 지휘관이라기보다는 촉진자"가 되었음을 관찰하였다. Giesecke와 McNeil(2010, 6-14)은, 직원을 멘토링하고, 갈등을 완화하고, 직원 및 부서를 위해 상위 경영층 및 도서관 타 부서와 협상하고, 변화를 계획하고 경영하는 것처럼, 보다 협동적이고 대인관계적인 새로운 역할을 열거하고 있다. 이와 같은 고차원적 역할과 역량은 우수한 경영과 지도력을 고찰하는 출발점이다.

7.2.2 역량과 기술

참고부서장으로서의 성공은 일련의 책무 수행보다는 더 많은 것을 요구한다. The Referene and User Services Association의 "Professional Competencies for Reference and User Services Librarians"(2017)는 현장 직원과 참고서비스 관리자들에게 필요한 역량의 개요를 제공하고 있다. 참고사서가 되기 위한 기술과 역량은(정보의 수집, 조직, 분석 능력; 타인의 정보요구에 대한 정확한 이해 구축 능력; 사람들을 적절한 정보원과 도구로 연결해주는 능력) 성공적인 관리자가 되는 데 **필요한 소프트 스킬**을 발전시킬 우수한 기반을 제공한다. The Library Leadership and Management Association(2019)은 회원 대상 조사를 통해 도서관 경영자 및 지도자를 위한 14가지 역량을 식별하였는데, 그 중에는 팀 구축과 커뮤니케이션 능력 같은 토픽이 포함되어 있다. 웹사이트에 열거되어 있는 각각의 역량에 대한 추가 자료가 제시되어 있다.

Giesecke와 McNeil(1999, 160)의 "Core Competencies and the Learning Organization"은 자원 경영, 조직 이해, 글로벌 사고와 같이 경영자들이 심도 있는 능력 배양을 위해 노력해야 할 다수의 역량을 포함하고 있다. 이러한 고차원적 능력은 촉진자 및 개발자와 같은 확장된 경영자 역할과 동일한 선상에 있다. 커뮤니케이션, 시간경영, 진취적 정신과 같은 소프트스킬은 본 장에서 차후 논의될 세부적 책무에 도움이 되며, 종종 참고서비스 경영자에게 기대되는 지휘력 형성에 중요한 요인이 된다.

7.2.3 참고서비스를 위한 비전 설정

비전과 비전을 용어로 표현하는 능력 그리고 타인에게 영감을 주는 행동은 지도력의 특징이다. 비전은 어디로부터 생겨나게 될까? 전문분야의 대화에 뒤처지지 않는 것은 생각을 불러일으키거나 새로운 아이디어를 유발할 수 있지만, 단지 트렌드를 쫓아가는 것은 모순된 주장과 전망의 토끼굴로 들어가게 될 수도 있다. 지난 10년 동안 많은 논문들이 참고서비스의 미래를 고찰하였으며(Carlson 2007; O'Gorman and Trott 2009; Tyckoson and Dove 2015), 일부는 참고서비스의 소멸을 예고하였고(Campbell 1992; Kelley 2011), 다른 한편으로는 신기술을 통한 참고서비스의 부활 또는 트랜잭션 기반 참고서비스로부터 관계기반 연구지원 서비스로의 변형을 예고하였다(Gibson and Mandernach 2013; Murphy 2011; Radford 2012; Saunders, Rozaklis, and Abels 2014; Steiner and Madden 2008; Zabel 2007, 2011). 많은 아이디어가 있지만 하나의 길은 없으며, 다양한 환경과 새로운 서비스 모델을 탐구하고 재정적 불확실성에 대처하는 여러 사서들의 접근방법에 비추어 보면, 예상 못했던 바는 아니다.

독자적인 방법을 발견하고 비전을 개발하는 것은 참고서비스 경영자로 하여금 적어도 세 가지 사항에 관여하게 만든다. 첫째, Ranganathan(1931)의 다섯 가지 법칙과 같은 자료에서 주창하는 전문직 서비스 철학, 제 2장에서 논의된 윤리강령, 앞서 인용했던 Tyckoson(2011)과 기타 자료에서 식별된 참고서비스의 핵심기능에 대한 고찰 등에 나타나 있는 기본 원리를 살펴보는 것이다. 둘째, 현재의 요구와 기술 변화에 따라 생겨날 수 있는 요구, 업무, 관행, 인구통계 등을 조사하여 지역사회에 대한 심도 있는 지식을 구축하는 것이다. 마지막으로, 자신의 직관과 판단에 대한 신뢰를 터득하는 것인데, 이것은 진정한 비전을 개발하는 핵심이 된다.

7.3 직원 채용과 관리

두 사람 이상으로 구성된 모든 조직에는 직원별 역할과 직함이 있다. 책임을 질 사람이 유동적인 조직이 일부 있지만, 대다수의 도서관 환경에서는 지위가 교육, 훈련, 경력의 수준에 따라 규정되어 있다. 전통적으로 MLIS학위 소지자(전문가)와 MLIS학위가 없는 사람(준 전문직, 또는 사무직)을 구분하는 용어가 사용되고 있으며, 참고부서장은 표명되어 있는 다양한 수준의 직원 역할에 대한 지침을 알아야만 한다. 직원 채용의 변화는 이러한 용어에 영향을 미치고 있는데, 왜냐하면 MLIS학위 소지자들이 비사서직을 택하고 타분야 학위소지자들이 도서관에서 특수한 역할을 수행하게 되었기 때문이다. 이것은, 오직 특정 수준의 직원들만 참고데스크에서 일하거나 또는 일선 관리자로 일할 수 있다고 직원등급이 명기되어 있는, 노동조합 환경에서 특히 중요하다. 이러한 사람들은 참고서비스 구성과 인력배치의 변화를 겪고 있는 참고부서장에게 중요한 문제가 된다. 우수한 관리자들은 팀에 기여할 새로운 구성원을 채용하고 모집하는 방법을 숙지하고, 또한 신규직원과 기존직원들이 참고서비스 임무와 목적을 증진시키기 위해 함께 노력할 방법을 검토할 것이다.

7.3.1 채용과 모집

채용은, 그 중요성으로 인해, 신임부서장에게는 힘든 일이 될 수 있다. 거의 모든 기관에 그 과정을 용이케 하는 규칙과 절차가 있지만, 마지막으로 고용을 천거하는 일은 종종 부서장 또는 채용탐색위원회의 책임이다. 신임부서장은 이용 가능한 절차, 템플릿, 도구들을 발견하기 위해 인사부서에 연락해야 한다; 이는 관리업무를 절약하게 해주고 기관의 표준적 관행 준수를 보장해준다. 조직에 따라 세부사항은 다를지라도, 대부분의 채용과정은 몇 가지 요소로 구성되어 있다: 직무기술서 작성, 탐색위원회 구성, 지원자 모집, 면접, 그리고 최종 채용 결정.

공석이 생기거나 직위가 신설되면, 충원을 위해 행정당국 또는 예산담당부서와 직위 및 급여에 관해 의견을 교환해야만 한다. 이것은 현재뿐만 아니라 미래에 대한 직위의 중요성을 전달하는 능력과 비전을 필요로 한다. 우수한 전략은, 충원되지 않을 경우에 필수 업무가 수행되지 못할 뿐 아니라 충원이 조직 전체와 도서관이 봉사하는 커뮤니티에 혜택을 초래한다는 점을, 설명하는 것이다. 이와 같은 직위에 대한 정당화는 또한 필요한 직위가 기존의 것과 동일한 것인지 또는 해당 직위를 재고하고 재구성할 시점인지를 살펴볼 좋은 기회가 된다. 때때로, 새로 조성된 직위는 참고부서의 요구를 더 잘 충족시킬 뿐만 아니라 관내의 다른 요구를 병합할 수가 있어서, 특히 예산이 긴축되고 충원이 경쟁적일 때는 직위를 합리화하기가 보다 수월하다. 새로 정의된 직위는 여전히 일관되고 한 사람으로 채워질 수 있어야 하며, 관리할 수 없을 정도로 범위와 책임이 커서는 안 된다. 어떤 경우에는 공식적 직무기술서가 합리화 과정의 한 부분이 되는 반면에, 도서관에 따라 이것이 차후의 단계가 되기도 한다.

공식 직무기술서는 직위 책임뿐만 아니라 필요하거나 선호하는 자격을 서술한다. 부서장은, 조건을 갖추지 못한 지원자들이 면접과 채용에 선발되지 않도록, 주의해서 요구사항을 고찰해야 한다. 필수조건이 아닌 것은 우대사항에 열거될 수 있다. 직무기술서는 잠재지원자들이 직무와 조건을 충분히 이해하도록 상세하되 당혹할 정도로 포괄적이어서는 안 된다. 한 사람에게 희망 가능한 모든 것을 포함시키면 지원자를 너무 한정시키게 되어 다양한 인재 풀을 구하기 어렵게 만들고, 또한 해당 직위가 결속력이 없거나 기관이 현실적인 것 이상을 원한다고 해석될 수 있다. 인사부서는 모집공고에 다양한 성명과 기회균등 지침을 포함시키도록 조언할 수 있다. 유력한 모집공고를 작성하기 위하여 무엇이 도서관이 원하는 지원자를 유인할 것인지를 고려하여 유사한 기술서를 읽어 보자. 직무기술서가 채용공고의 기초가 될 뿐 아니라 종종 채용 후에 해당 업무를 안내할 내부 문서로 쓰인다는 점을 명심하자.

기관 및 상황에 따라, 채용은 해당 직위 관리자의 단독 결정이 되기도 하고, 행정부처 또는 이사회의 인정을 포함하기도 하며, 채용과정에 다양한 견해를 적용할 탐색위원회가 구성되기도 한다. 탐색위원회를 구성할 때는 부서 내외의 위원을 고려할 필요가 있는데, 왜냐하면 함께 일할 타부서 직원이 있을 수도 있고 외부 위원이 가치 있는 관점을 제공할 수가 있기 때문이다. 탐색위원회는 또한 채용과정에서 개인적 편견을 축소하거나 제거하는 데 도움이 될 수 있다는 점에서 중요하다.

직위에 대한 채용 승인이 나면, 모집공고가 게시되어야 한다. 공고가 게시될 장소와 기간은 누가 지원할 것인가에 영향을 미친다. 인사부처는 조직의 표준 채용절차와 지원자의 다양성 및 수준 확대 범위에 대한 정보를 제공한다. 해당 커뮤니티를 반영하기 위하여 도서관은 인종, 민족, 체력과 같은 범주 전체에 걸쳐 보다 다양한 노동력을 능동적으로 채용하고 있다. 다양성 있는 직장은 또한 종교와 성적지향이 다른 사람들에 대해 포용적이다. 배경과 경험이 다른 사람들은 보다 폭넓은 다양한 생각과 접근방법을 가져올 것이다. 참고서비스 관점에서 보면, 이것은 직원들 간의 학습환경을 강화시킬 뿐만 아니라 아웃리치 및 이용자

집단과의 연결에 긍정적 영향을 초래할 수 있다.

　모집공고를 게시하는 것 외에, 특정 자격을 갖춘 지원자의 모집은 후보자들에게 연락을 취하거나 지원을 신청하도록 권유함으로써 수행될 수 있다. 이것은 고용 또는 면접을 약속하는 것은 아니지만, 당사자가 충분한 자격을 갖춘 것으로 간주된다는 점을 암시한다. 이렇게 하지 않으면 직업을 찾지 않았을 일부 후보자들이, 직접 연락을 취했을 경우에 지원신청을 할 수가 있으며, 그래서 이 방법은, 전부는 아니지만, 경력직에 대해 보다 빈번하게 사용된다. 채용에 관련된 기관의 규칙을 아는 것은 중요하지만, 다수의 기관들은 목표지향 채용을 지원자 풀의 깊이와 다양성을 구축하는 한 방법으로 간주한다.

　면접 과정은, 채용의 다른 부분과 마찬가지로, 기관에 따라 크게 다르고, 한 시간에 끝나기도 하고 며칠씩 소요되기도 한다. 일부 기관에서는 보통 전화 또는 비디오컨퍼런스와 대면 면접 두 차례에 걸쳐 이루어지는데, 우수한 지원자가 많을 경우에 특히 유용하다. 면접형식, 횟수, 소요시간과 관계없이, 가장 중요한 국면은 면접 중에 지원자에게 어떤 질문을 했는지 그리고 지원자는 기관과 직위에 대해 어떤 정보를 입수하였는지에 관한 것이다. 면접질문을 할 때는, 이력서 상에 나타나 있는 것을 떠나서, 특정 사례를 도출하거나 지원자가 어떻게 생각하고 일을 하는지 특징을 드러내는 질문에 시간을 보낸다. 예를 들면, "참고면담 수행에 가장 효과적인 기법은 어떤 건가요?"와 같은 질문은 지원자의 접근방법이 기관의 기대에 어느 정도 부합하는지를 가늠하는 데 도움이 될 수 있다. Gail Munde(2013)는 특히 대학도서관의 채용과정에 관하여 고용법을 포함한 상세한 내용을 제공하고 있다.

　면담을 진행한 후, 부서장 또는 채용위원회는 후보자를 선발해야 한다. 기관에 따라, 후보자에게 채용제안을 하기 전에 선발의 타당성을 인사부서에 제시할 필요가 있다. 채용 제안과 협상조건은 후보자 배경 점검과 같은 기관의 다른 요구사항과 더불어 인사부서 또는 부서장에 의해 완료된다. 협상이 끝나면, 면접에 응했던 다른 지원자들에게 불합격 통보를 한다. 채용 및 모집 과정의 마지막 단계는, 일련의 절차와 체크리스트에 따른 직위, 참고서비스팀, 기관에 대한 신입직원 훈련과 오리엔테이션이다. 새로운 직위에 대한 구체적인 훈련은 직무명세서에 서술되어 있는 요구사항에 달려 있다.

7.3.2 성과 예측

　직위기술서는 직원 책임과 성과에 대한 기대를 정하는 시발점일 뿐이며, 끝이 아니다.

직위기술서는 측정 가능한 목적을 제시하지 않은 일반적 개요에 불과하다. 도서관에는 직원 리뷰와 목적 설정을 위한 기준이 있을 것이며, 그렇지 않을 경우 그것은 부서장의 소관이다. 성과 목적 설정과 리뷰를 위해 연 1회 또는 2회 열리는 회의는 업무 활동을 기관의 우선순위와 정규 평가에 맞도록 조율할 수 있게 해준다. 성과 기대치는 프로젝트와 구체적 결과뿐만 아니라 근무태도와 신뢰도, 의사소통, 이용자서비스, 팀워크와 같은 직책의 중요한 영역을 포함해야 한다.

직원과의 만남은 정규 리뷰에만 국한되어서는 안 된다. 부서장과 직원 간의 만남은 직원 및 부서장의 요구와 감독할 업무 유형에 달려 있다. 위임된 프로젝트는 해당 작업을 하는 직원을 돕기 위해 보다 밀접한 커뮤니케이션을 필요로 할 것이다. 신입직원은 장기근무 직원보다 더 많은 멘토링이 필요하다.

직원들이 기대치를 달성하지 못하거나 할당된 업무에 어려움을 겪을 때는 문서화 및 정례회의가 필요하다. 기대를 충족시키지 못한다고 직원들에게 얘기하는 것은 어렵고 불편한 일이다. 그렇지만 문제를 회피하는 것은 상황을 더 나쁘게 만들 뿐이다. 어떤 과정을 추천하는지 인사부서와의 상담이 필요하다. 조합이 있는 경우와 없는 경우 모두 공통적인 과정은 성과개선 계획인데, 이것은 직원에게 결함을 해결하고 성과가 모니터되는 동안 특정 목적을 충족시킬 기회를 허용하는 방안이다. 성과문제는 직원이 새롭게 나타난 것으로 기억하도록 즉시 해결되어야 하며, 관리자가 문제를 쌓아놓고 있다가 갑자기 드러내는 것처럼 보이지 말아야 한다. 관리자는 직원의 견해를 추구하고 존중하며, 문제를 해결할 계획을 만들기 위해 직원과 함께 일하고, 사후조사를 하기 위해 어떤 문제에 관한 커뮤니케이션에도 명확하고 공평하도록 노력해야만 하며, 개선을 위한 훈련과 지원을 제공하고 그 과정을 완전하게 문서화해야 한다.

7.4 팀 조직과 운영

신뢰받는 권한이 부여된 직원은 사소한 의사결정도 관리자에게 보고해야 하는 직원보다 더 나은 서비스를 제공한다(그리고 일을 더 잘 한다). [직원들은] 자율을 허용하면서 지시하는 관리자를 인정한다(Gordon 2005, 159).

팀은 업무를 조직하고 성취하는 효과적인 방식이 될 수 있다. 고도로 계층적인 기관에서조차도, 참고서비스와 관련된 특수 영역이나 계획의 감독을 포함하여 중요한 기능적이고 판단이 필요한 책임이 팀, 작업 그룹, 또는 위원회에게 주어진다. Rachel Singer Gordon(2005, 138)이 설명하는 바와 같이, 팀워크는 "협동, 협력, 커뮤니케이션을 장려하고 또한 사람들로 하여금 도서관의 목적을 위해 개인의 능력을 함께 활용하게 만드는 분위기"의 필수적인 부분이다. 어떤 환경에서도, 특정 과업과 책임을 개인에게 위임할 때 뿐만 아니라 집단으로 작업할 때, 효과적인 팀 구축원칙이 널리 적용될 수 있다. 직무를 원활히 수행하고 독자적으로 적합한 결정을 내리는 데 필요한 정보를 직원에게 전달하는 것은, 서비스 품질은 물론 생산적이고 유능한 모든 수준의 직원을 유지하는 데 필수적이다.

효과적인 팀을 구축하려면 무엇이 필요할까? Giesecke와 McNeil(2010, 24)은 "팀"(team)에 대한 정의를 Jon Katzenbach와 Douglas Smith(1993, 45)의 "공통의 목적에 전념하는 보완적 능력을 가진 … 스스로 책임을 지는 사람들"이라는 서술로부터 차용하였다. 그들은 팀의 효과성에 영향을 미치는 다음과 같은 다섯 가지 요인을 제시하고 있다(Giesecke and McNeil 2010, 50-51):

- 목표(goals)는 집단을 위한 방향을 정하며 명확하고 주체적이며 공유될 필요가 있다. 팀 전체가 목표 달성에 대한 책임을 진다.
- 역할(roles)은 관리자를 포함하여 누가 무엇을 행하는지를 명료화한다. 역할은 팀 구성원 전체에게 명확해야 한다.
- 과정(process)은 팀이 업무를 수행하는 방법, 의사결정 방법, 그리고 회의가 진행되는 방법을 결정한다. 과정의 문서화는 이해를 공유하도록 해준다.
- 관계(relationships)는 직장에서 역할과 과정에 의해 뒷받침된다. 팀은, 다른 견해와 관점이 표명될 수 있는 방법과 의견 불일치가 처리되는 방법을 규정한 가이드라인에 구성원들이 동의할 때, 최대로 작동한다.
- 환경적 영향(environmental influences)은 보상시스템, 조직구조, 자원, 정책 등과 같이 팀워크에 영향을 미치는 외적인 힘이다. 관리자는 팀이 당면한 임무 수행을 위해 필요한 자원을 갖도록 보장해야 한다.

팀은 그들을 실패에 노출시키는 경영적 도전을 초래한다. Elaine Russo Martin(2006, 275-77)은 도서관의 팀 적용에 대한 전반적인 긍정적 관점에도 불구하고, 그가 수행한 연구의 참여자들은 모두 해당 기관 내에서 적어도 한 개의 문제가 되는 팀을 지명할 수 있음을 발견하였다. 일부 팀장들은 과도한 권한을 갖고 모든 일을 했으며, 반면에 다른 팀장들은 지도자 역할에 불편을 겪었거나 또는 불명확한 명령계통을 언급하였다. 지나치게 과도한 권한을 피하기 위하여, 팀장은 위임을 고려해야만 한다. 효과적인 위임은, 책임을 부여받은 사람이 과제 수행에 필요한 정보와 자원을 가지고 임무의 목적과 변수를 분명히 이해하는지를 확신하기 위하여, 원활한 커뮤니케이션을 필요로 한다. 위임은, 올바로 이행될 경우에, 임무를 수용할 자율적인 사람에게 전달된다.

Martin 연구의 참여자들은 갈등이 있거나 팀이 어려울 때 지도자들이 개입할 필요를 강조하였지만, 반면에 팀 지도자들은 종종 동료들과의 갈등에 대응해서 우애관계를 파괴하는 위험을 꺼리고 있다고 보고하였다. 참고부서에 불화가 있는 경우에, 부서장은 원인을 이해하고 적절히 완화시키고자 노력해야만 한다. 긴장의 원천이 문화 또는 대인커뮤니케이션 방식 차이로부터 오는 결과일까? 원인이 집단에 대한 편견에 기반한 것인가? 원인이 단지 업무에 대한 다양한 견해에 관련된 것인가? 비관용과 차별은 분명할 수도 있고 포착하기 어려울 수도 있지만, 처리되고 부서장에 의해 기록되어야 한다. 커뮤니케이션 방식 또는 업무에 대한 견해 차이는 문화적 또는 개인적 배경에 기인할 수 있다. 기관의 인사부서는 문화감수성 개발에 관한 자료를 제시할 수 있을 것이다. 참고부서장이 항상 기억해야만 하는 것은, 모든 사람들이 친구가 될 필요는 없지만 누구나 부서장뿐 아니라 다른 사람들에 의해서 존경받고 경청되어야 한다는 것이다.

이상적으로 하나의 팀은 능력의 다양성 및 수준에서 서로 보완적인 구성원으로 이루어진다. 이것은 업무의 완성을 뒷받침할 뿐 아니라, 팀 구성원들이 보다 경험이 많은 동료로부터 배우고 서로 다른 기능을 알 수 있게 한다. 성격검사는 참고부서장이 상호보완적인 팀을 구성하는 데 도움이 되는 유용한 도구가 될 수 있다. 성격검사는 사람들의 특성을 측정하고 집단별로 범주화하는데, 그것은 성격이 다른 사람들의 일반적인 대인관계, 업무상 관계가 개선될 수 있는 방법, 직장을 보다 효과적으로 만들기 위한 개별 접근방식을 고찰하는 데 쓰일 수 있다. 예를 들면, 부하직원의 구체적 지시 선호 경향을 아는 것은 관리자로 하여금 업무를 위임하고 설명하는 방법을 조율하는 데 도움이 된다. *Myers-Briggs Type Indicator* 같은 도구는 종합적 성격 측정을 위한 것이며, *DiSC Profile* 같은 도구는 특정 직장이나 환경을 위한 것이다. 비용이 들더라도 연구가 잘 되어 있는 검사의 사용을 권장하는데, 왜냐하면 개발에 투입된 시간은 균형 있고 신중한 도구를 만들며 전통적으로 부정적인 특성조차도 도전과 기회로 제시하기 때문이다. 팀에 성격검사를 시행할 때는, 도구를 아는 외부 조력자의 이용이 권장된다. 조력자는 도구의 사용과 제한점을 제시하고, 사람들에게 "나쁜" 유형은 없으며 단지 유형별 차이가 있을 뿐이라는 것을 상기시키며, 팀 구성원들이 해당 정보를 직장에서 어떻게 사용할 것인가에 초점을 둔다.

이와 같은 유형화는 또한 개인에 대해서는 덜 언급하고 집단 내 구성원 간의 소통과 업무를 개선하는 변화에 집중하기 위해 성격 특성을 객관화할 수 있다. 팀 구성원 전체가 조사를 통해 배우고 혜택을 얻을 수 있는 반면에, "감독할 직원의 다양한 업무스타일을 이해하고 인정하고 조종해서"(Giesecke and McNeil 2010, 106-7) 직원들로부터 최고를 달성하도록 적용해야 하는 일은 관리자의 몫이다. 관리자가 직속 감독자가 아닐 경우라 해도, 타인의 업무스타일에 적응하는 방법을 배우는 것은 그들이 계발해야만 하는 품성이다.

팀은, 비록 조직에 따라 다를지라도, 전형적으로 상의하달식 경영이라기보다 참여경영 방식이다. 한 집단의 목적, 역할, 지침을 수립하는 것은 일찍이 팀을 공고히 하고 또한 지침의 엄수를 향상시킨다. 관리자 또는 팀장은 경향을 조율하고 팀의 산출과 팀 역동성에 대한 인식을 유지할 책임이 있다(Giesecke and McNeil 2010, 55; Trotta 2006, 55-56). 커뮤니케이션과 정보의 흐름은 핵심이 되며, 경영적 책임은 팀 내부와 팀들 간의 커뮤니케이션 그리고 기관의 타부서와의 커뮤니케이션을 포함한다.

7.5 커뮤니케이션

상향, 하향, 그리고 조직 전체에 걸친 커뮤니케이션은 참고서비스팀을 포함한 모든 팀에게 필수적이다. 다양한 집단과 소통이 가능하게 되고 정보와 아이디어의 경청과 공유에 활동적이 되는 것은 참고부서장에게 매우 중요하다. 핵심은 이야기를 전할 수 있는 가능한 모든 기회를 활용하고, 관련 증거를 공유하고 터득하며, 조직과 지역사회에서 발생하는 요구에 대응하여 참고서비스를 어떻게 발전시킬 것인가를 고찰하는 것이다. 오랜 기간에 걸친 직무 중 경영자 관찰에 근거한 경영업무에 대한 Henry Mintzberg(1980)의 전통적 모델은, 대부분의 경영자가 행사할 세 가지의 정보적 역할을 확인하였다:

1. 관측자(monitor). 전문적인 참고서비스 발전은 물론 조직 및 이용자커뮤니티에 관한 정보를 추구하고, 적합한 환경 변화를 모색한다; 직원 또는 팀 구성원들의 성과와 복지에 관심을 가진다.
2. 전파자(disseminator). 참고부서 또는 참고팀에 잠재적 가치가 있는 정보를 공유하고 해석하고 종합하는 정보전달자로서 봉사한다.
3. 대변자(spokesman). 참고부서 또는 참고팀을 대표하여 의견을 발표하며, 팀 외부의 사람들에게 계획, 성취, 정책에 대한 정보를 전달한다.

이와 같은 역할은 커뮤니케이션과 경영적 책임이 어떻게 교차하는가를 보여준다.

참고부서 또는 참고팀 내부의 올바른 커뮤니케이션은, 서비스 제공에 전념하고, 아이디어 공유할 능력이 있고, 문제 해결을 위해 협력하는 직원 개발을 촉진시킨다. 이것은 또한 노력이 보다 광범위한 목적과 성과를 향한 것임을 확고히 하는 데 도움이 된다. Gordon (2005, 163)은 한 조사에서 응답자가 "경영자들은 직원 모두가 무엇이 일어나고 있는지 그리고 전체의 틀 안에서 각자의 위치를 이해할 수 있도록 직원들과 충분한 정보를 공유할 필요가 있다. 직원들은 무언가의 이유와 방법을 이해할 때, 일을 올바로 수행하고, 직원의식을 갖고, 책임을 지고, 직무에 만족하는 경향이 있다"라고 서술한 것을 인용하면서 이 점을 강조하였다. 회의와 현장 커뮤니케이션은 일상적 커뮤니케이션을 돕는 두 가지 방법이며, 반면에 위기 커뮤니케이션은 예상치 못한 사건의 대응을 돕는다.

7.5.1 회의

공동의 업무와 목적에 집중하기 위해 한 집단이 정기적으로 모이는 것은 직원의 지위를 향상시키고 긍정적인 업무환경을 조성한다. 통신으로 연결되고 고도로 계획되어 있는 세계에서, 회의는 불필요하고 이메일이나 다른 기타 수단이 정보 공유에 더 효율적인 방식인 것처럼 보일 수 있다. 예를 들어 발표를 하는 것처럼 그 목적이 일방적 커뮤니케이션이라면, 이메일 또는 유사한 방식이 적절할지도 모르지만, 회의는 실제로 보다 효율적인 집단토론을 가능케 한다. 이것은 특히 서비스 스케줄과 기타 업무에 비추어 집단 전체가 만날 시간을 찾기 어려운 참고서비스의 경우에 유용하다. 회의는, 대면이건 온라인이건 간에, 정보공유, 아이디어 창출, 문제해결, 의사결정에 어울리는 독특한 장면이다.

물론, 단지 만남을 위한 회의소집은 생산적인 방법이 아니며, 올바른 회의 운영은 약간의 준비와 구조를 필요로 한다. 모든 참석자가 가치를 발견할 만한 회의 운영의 한 가지 핵심은 해야 할 일과 의사결정에 초점을 맞추는 것이다. 그렇지만 생산적이 되려면, 어떤 직원이 우수 경영자 중 한 명이 소집했던 주간 회의에 대한 다음과 같이 서술하고 있듯이, 편안하고 집단 협의적 분위기가 성공적으로 결합되어야 한다: "내가 경험했던 경영자 한 분은…금요일 아침에 회의를 했는데 보통 누군가 베이글을 가지고 왔다…우리는 간식을 즐기는 동안에 업무 절차, 회계연도 계획과 부처간 문제를 논의하여 결론지었다. 나는 이런 회의를 기다렸는데 음식 때문만이 아니라…우리가 실제로 생산적이었으며 에너지를 느꼈고 곧이어 성공적인 업무 수행을 위한 동기가 부여되었기 때문이다"(Gordon 2005, 164). Giesecke와 McNeil (2010, 146-57)은, 문제 행동의 처리 기술과 회의가 필요 없는 경우를 정하는 방법을 포함하여, 올바른 회의 진행에 대한 우수한 지침을 제공하고 있다.

민첩한 대응이 필요한 업무에 집중하는 소규모 작업집단이나 팀은 보다 빈번하고 짧은 집단 커뮤니케이션으로부터 혜택을 받는다. "애자일"(agile)로 간주되지 않는 집단조차도 보다 짧은 회의 형식에 적응하고 혜택을 받을 수 있다. 짧은 회의의 몇 가지 예는 서서하는(stand-up) 회의, 스크럼(scrum, circle-up, huddle이라고도 함), 또는 정기적인 15분 커피브레이크 등이 있으며, 여기서 팀 구성원들은 잠깐 들러서 진척사항을 공유하고, 문제점 또는 다음 단계를 식별하고, 업무 우선순위를 정한다(Bluedorn, Turban, and Love 1999; Sutton 2012). 회의 방법이 무엇이든 간에, 문제를 함께 해결하는 관습이 있는 참고부서나 참고팀은, 문제해결을 위한 소통, 신뢰, 그리고 협업이 더욱더 중요시되는 시대에, 위기나 주요 변화에 잘 대처해 나갈 것으로 보인다.

7.5.2 현장 커뮤니케이션

단지 참고데스크나 공중서비스가 정상적으로 작동하고 있는지 돌아보고 관찰하는 것도 직원이나 팀 구성원을 인지하고 커뮤니케이션을 유지하는 중요한 방법이 될 수 있다. 이것은 장애 해결을 위해 직원과 협동하고 서비스 개선 방법에 대한 감각을 키울 수 있는 비공식적 기회를 제공한다. 적어도 매일 이렇게 하는 것은 경영자로 하여금 직원 및 서비스와 밀접한 관계를 유지할 수 있게 해준다.

직무보조자료는 —처리절차 매뉴얼, 업무 개시 및 종료 체크리스트, 컴퓨터 헬프스크린—

필요한 시점과 장소에서 중요 정보와 기록을 제공하는 상황중심 커뮤니케이션의 한 형태이다. 가능하면, 직무보조자료는 현행 업무절차에 통합되어야 한다. 예를 들어, 누구나 참고데스크 업무교대 시점에서 이메일 대기열을 점검한다면, 여기가 질문이 발생할 학생과제에 대한 정보를 포함시킬 좋은 지점이 될 것이다. 직무보조자료는 Joe Willmore(2006)의 안내서에 보다 상세히 논의되어 있다.

7.5.3 위기 커뮤니케이션

커뮤니케이션은 참고서비스 경영자에게 중요한 도구이다: 그렇지만, 모든 상황에 대해 특정한 반응을 미리 계획하기는 불가능하다. 도서관의 비상사태로는 종종 장서훼손(예, 홍수, 해충 오염), 자연재해, 또는 도서관이용자나 직원에 대한 위협이 예상된다. 이것 외에도, 발생하거나 위기로 발전할 가능성이 있는 여러 가지 상황들이 있다: 전시 또는 강연자에 대한 항의, 공론화되고 논쟁을 일으키는 인사 문제, 직원 또는 이용자가 연루된 괴롭힘. 소셜미디어는 상황이 확산되어 도서관 위기로 될 수 있는 속도를 가속화시켰다. 참고서비스를 관리하는 사람들의 대부분은 최종결정권자 또는 섭외담당자가 아닌 중간경영자인데, 그럼에도 불구하고 그들은 위기 사건과 접하게 되고 대중과 미디어로부터 질문을 받을 직원을 감독하게 될 가능성이 있다.

기관 내 해당 분야에서 발생할 상황의 유형을 예상하고 의사결정 및 커뮤니케이션에 책임질 사람을 정하는 것이 핵심이다. 규모가 큰 기관에서는 특히 두 가지 다른 인물이 가능하다. 예를 들면, 도서관장이 결정을 내릴 수 있지만, 뉴스매체와의 소통은 도서관 이외의 홍보담당부서를 통해 처리될 수 있다. 독립된 도서관 안에서조차도 소셜미디어나 도서관 웹사이트를 업데이트하고, 뉴스매체와 소통하고, 피해입은 커뮤니티 집단에 아웃리치를 제공하는데 여러 사람들이 개입될 수 있다.

기획과 훈련은 또한, 현장 직원과 참고서비스 관리자들에게 비밀유지, 자유재량, 역할 명료성을 포함하는 커뮤니케이션에 대한 지침을 제공함으로써, 위기의 확대를 방지할 수 있다. 직원들은 위기 커뮤니케이션에 대한 자신의 역할, 질문을 의뢰해야 할 사람, 그리고 적절한 반응으로 무엇을 제공할 수 있는지에 관해 알아야 할 필요가 있다. Jan Thenell(2004, 55)은 참고서비스 경영자들에게 "도서관은 한 목소리로 말해야 할 필요를 재차 강조하고, 비상사태 동안 명확한 지휘계통이 있다는 것을 직원들에게 상기시키도록" 조언하고 있다.

Thenell의 저서인 *The Library's Crisis Communications Planner: A PR Guide for Handing Every Emergency* (2004)는 도서관 경영자가 긴장을 일으키는 사건에서 간과되거나 잘못 처리되는 것이 없도록 확신할 수 있는 위기 커뮤니케이션 계획을 개발하는 데 유용한 안내서가 될 수 있다.

7.6 제휴, 협력, 지역사회 관계

경영자들은 정보를 가져오고, 업무를 광범한 기관의 목적에 맞도록 조율하기 위해 다른 부서 및 팀들과 더불어 일하고, 외부에 자관의 목적과 요구를 표현할 책임을 가진다 (Giesecke and McNeil 1010, 57). 여러 가지 업무 영역에 대한 경험으로, 참고서비스 경영자는 기관 내부 및 외부와 협력 및 제휴를 수립할 수 있는 좋은 위치에 있다.

7.6.1 제휴와 협력

기관 전체의 관련 부서 및 기능과 협력하는 관계는 참고부서의 임무와 성공에 매우 중요하다. 이러한 관계는, 접근서비스 또는 목록 및 탐색시스템과 같이 참고서비스와 밀접하게 관련된 도서관 내 부서뿐만 아니라, 아웃리치 또는 교육계획 발전의 핵심 협력자가 될 교사, 교수진, 또는 지역사회기관을 포함한다. Kay Ann Cassell과 Uma Hiremath(2013, 294-97)는, 참고서비스가 전자정보원 관리, 웹사이트 관리, 마케팅과 같은 영역에서 중요하지만 항상 명확히 정의되지 않는 역할을 행사하게 됨에 따라, 참고서비스 부서에서 점점 더 일상화되는 "골치 아픈 제휴"(messy partnership)에 관해 말하고 있다. 이것은 종종 기관의 다른 부서와 비공식적 제휴를 포함하며, 참고부서 직원의 공헌은, 명백하게 만들고자 주의하지 않으면 제대로 인정되지 않을 수도 있다.

참고부서는, 업무를 조정하고 공동 서비스프로그램을 개발하기 위하여, 도서관 외부의 협력자들과 다양한 방식으로 작업한다. 예를 들면, 학습 공유공간을 개발하기 위해 정보기술 부서와 제휴하고; 학생들의 학습을 위한 통합 지원을 제공하기 위해 튜터링 또는 작문지도 서비스와 제휴하며; 건강관리, 소기업 개발, 또는 기타 지역요구와 관련된 서비스를 제공하기 위해 지역사회 기관과 제휴한다. 이와 같은 서비스 개발의 기회는 종종 기관 및 지역사회 전반에 걸친 핵심 이해관계자들과의 지속적 관계의 결과로 발생하며, 공동의 목적과 요구를 둘러싼 공식적 또는 비공식적 커뮤니케이션을 통해 조성된다. 참고부서장의 중요한 역할은 잠재적 동반자를 식별하고 협력을 강화하는 것이다. 정규적 또는 제휴 관계로 전개할 결정이 나면, 앞서 논의되었던 팀 구축 기법을 사용해서 실무 관계로 발전시킬 필요가 있으며, 또한 성문화된 제휴협정과 같이 보다 공식적인 체계를 조직할 필요가 있다.

7.6.2 지역사회 관계

이해관계자 및 지역사회 구성원들과의 대화에서, 참고부서장은 도서관 참고서비스를 최대로 성장시키고 발전시킬 방안에 영향을 미칠 경향 또는 새로운 방향에 귀를 기울여야 한다. 예를 들면, 원격 교육프로그램, 교과과정 개정, 커뮤니티센터 확장과 같이 참고관련 서비스를 위한 기회를 창출할 모기관의 새로운 전략이 존재하는가? 새로운 서비스기회 또는 요구 변화를 나타내는 지역사회 인구 변화가 발생하는가? 잠재적 제휴관계를 시작할 좋은 기회는 특정한 목적이 없는 비공식 모임에서 자신들의 조직에 대해 이야기하도록 사람들을 초청하고 대화를 통해 목적을 조율할 지점을 발견하는 것이다.

비공식적 대회는 또한 참고서비스에 관련된 새로운 발전 계획이나 프로젝트에 대한 흥미, 관심, 지원을 창출할 기회가 될 수 있다. 참고부서장은, 고위급 부서장이나 행정가, 영향력 있는 교수진 또는 지역사회 구성원 등을 포함한 핵심 이해관계자들에게 참고서비스의 중요성을 전달할 기회를 찾아야만 하는데, 이것은 그들이 염려하는 공동체 회복이나 학생들의 성공과 같은 성과에 참고서비스가 영향을 미치는 방식에 대한 이해를 구축하기 위한 것이다. 이러한 이해의 강화는 요구되는 자원이 참고서비스 활동을 유지하고 지원하는 데 유용하다는 것을 확인시키는 데 도움이 될 수 있다. 참고부서장은, 참고서비스는 무엇을 하며 왜 핵심 이해관계자들이 관심을 가져야 하는가에 대한 쉽고 간결하며 기억할 만한 진술, 즉 "엘리베이터 연설"(elevator speech)을 개발하기 시작해야만 한다. 인터넷 상에는 특별히 도서관을 위한 다수의 모델과 가이드라인이 있다. The Association for Library Services to Children(ALSC)은, Everyday Advocacy 프로젝트의 일부분으로, 효과적인 엘리베이터 연설과 조금 긴 "커피숍 좌담"(coffee shop conversation)을 만들기 위한 템플릿을 개발하였다. ALSC 웹사이트에 있는 한 예는 구체적이다: "나는, 아이들이 사회에 나아가 세상을 더 좋게 변화시키도록, 도서관에서 호기심을 고백하는 아동과 가족들을 돕는다"(Association for Library Services to Children n. d.). 유사하게, Christne Dettlaff (2008)는, "학생들이 그렇게도 쉽게 온라인으로 답변을 발견할 수 있는 시대에 왜 여전히 참고서비스가 필요한가"와 같은 질문에 대한 몇 가지 답변을 포함하여, 참고서비스 중요성에 관한 행정가 대상 주요 논쟁의 개요를 제시하고 있다. 이와 같은 진술은, 영향력 증대를 위해, 학교, 대학, 대학교, 또는 기타 기관의 임무와 전략적 목적에 맞게 특화될 수 있다.

기관 내에 강력한 팀을 구축하는 이런 종류의 양방향 커뮤니케이션은 또한 도서관이 봉사하는 커뮤니티와 관계를 증진하기 위해 필요하다. 앞서 언급했던 몇 가지 기법들은-주위를 둘러보기, 관찰하기, 일상적 상호작용을 최대한 활용하기-직원들과 마찬가지로 지역사회 구성원들과의 관계에도 효과적이다. 강연과 행사 참석, 점심식사와 커피모임 계획과 같은 비공식적 방법부터 포커스그룹 운영과 서베이 조사 같은 보다 공식적인 방법에 이르기까지, 참고부서장은 직원들이 광범위한 지역사회 관계를 발전시킬 기회를 촉진하고 조성할 수 있다.

7.7 평가, 기획, 예산

참고부서장은 계획과 자원 할당을 알리기 위해 서비스에 대한 계속적인 평가에 관여하는 중요한 관리 역할을 가지고 있다. 평가, 기획, 예산 편성은 각 부문이 다른 부문에 정보를 제공하도록 융합이 되어야 한다. Robert E. Dugan과 Peter Hernon(2018)은 그들의 데이터 기반 기획 및 예산에 관한 지침서에서 이 상호관계를 잘 보여주고 있다. 이 지침서는 업무기획자료, 스프레드시트, 전략계획에 대한 탬플릿을 포함하고 있는 "경영지도자"를 위한 훌륭한 정보원이다.

이 세 가지 연관된 활동은-평가, 기획, 예산편성-모두 고위급 행정가들과 핵심 정보를 공유하는 기회이다. 이러한 커뮤니케이션은 공식적인 것(예, 연간보고서, 외부평가, 또는 인정)으로부터 비공식적인 것(예, 회의 중의 업데이트, 엘리베이터 스피치)에 이르기까지 다양하다. 서비스 측정과 평가는 직원 시간과 기타 자원이 커뮤니티에 의미 있는 서비스를 위해 배정된 것이며 의도하였던 성과를 내고 있음을 확인하는 데 도움이 된다. 참고서비스의 평가는 제 8장에 자세히 망라되어 있다.

7.7.1 기획

효과적 경영은 미래 요구에 대한 기획과 커뮤니티, 자원, 또는 서비스 변화에 대한 준비를 포함한다. 미래를 위한 기획과 의사결정에 대한 몇 가지 접근방법이 요약되어 있다. 이것은 앞서 논의되었던 지역사회 안의 경향을 고찰하는 기법을 보완한다.

사서들은 도서관 외부에서 발생하고 있는 것을 새로운 가능성과 기회로 보기 위해 관심을 가져야만 한다. 이것은 경제와 기술 측면에서 타도서관 트렌드의 모니터링을 포함한다. 트렌드를 모니터하는 우수한 정보원으로는 도서관 및 관련 기술에 관한 Pew 인터넷 보고서(Pew Research Center), Public Library Data Service 연간 조사(Reid 2017), Association of College and Research Libraries(ACRL)의 *Top Trend in Academic Libraries (ACRL Research Planning and Review Committee 2018)* 등이 있다. *Reference & User Services Quarterly*에 게재되는 "Accidental Technology"컬럼은 혁신에 대한 최신성 유지에 도움이 될 유용한 참고서비스 관련 기술에 관한 정기적인 업데이트를 제공한다. Box 7.2에 나와 있는 전국적 그리고 주 단위의 조직과 리스트서브는 타도서관에서 무엇이 일어나고 있는지에 관한 정보를 얻기에 좋은 출처이다. 관리자나 직원이 직접 관찰한 트렌드가 간과되어서는 안 된다: 도서관 안에 다수의 태블릿 사용자들이 있는가? 그것은 도서관 웹사이트의 서비스나 사람들이 참고사서에게 연락하는 방법에 어떻게 영향을 미치게 될까? 트렌드에 대한 인식이 변화의 첨단에 있을 필요는 없다; 각각의 관리자와 조직은 자신에게 맞는 속도에 맞춘다.

참고서비스 이용 패턴에 대한 지식은 참고부서장으로 하여금 자관의 이용자집단에 적합한 서비스를 제공하면서 한정된 자원을 가장 잘 활용하는 변화를 계획할 수 있게 해준다. 의사결정에 사용되기 위해서, 참고통계는 단지 매일 접수되는 질문의 숫자 이상의 것이어야만 한다. 참고질문을 시간대, 이용자 유형, 질문의 주제와 본질, 요일, 또는 월, 그리고 커뮤니케이션 방식과 같은 요인에 따라 추적하는 것은 직원을 활용하는 최선의 방법을 결정하는 데 유용하게 사용될 수 있다. 시간대별 변화에 대한 관심은 새로운 서비스포인트 조성, 서비스포인트 결합에 대한 조절, 서비스포인트 담당자의 개선을 위한 정보를 줄 수 있다(Todorinova et al. 2011; Ward and Phetteplace 2012). 예를 들면, 저녁 무렵에 가장 어려운 참고질문이 접수된다면, 그 시간대에 사서 또는 유경력 직원을 배치하는 것이 맞을 것이다. 참고데스크와 연구상담을 통해 접수된 질문의 주제를 추적한 정보는 또한 교육과 장서개발에 관해 알려줄 수 있다. 채팅 참고트랜스크립트와 이메일을 읽어보는 것은 참고상호작용에 대해 수집된 메타데이터 분석보다는 많은 시간이 걸리지만, 이것 또한 훈련과 장서개발에 대한 풍부한 정보원이 될 수 있다.

접수된 참고질문의 본질과 시간에 따른 변화에 관한 통계는 우수한 의사결정 도구가 되지만, 그것이 완전한 이야기를 말해주지는 않는다. 트렌드와 통계에 대한 조사는 제대로 추론된 결정을 내리기 위해 다른 무엇을 알아야 하는지를 보여줄 것이다. 도서관에서 많은 사람들이 태블릿을 사용하는 것이 관찰되었다면, 그들이 무엇을 하고 있는가? 그들은 전자책을 대출하고 있는가, 참고질문을 묻고 있는가, 게임을 하는가, 아니면 다른 무엇을 하는가? 포커스집단, 면담, 경청 세션 등은 관찰된 트렌드 또는 서베이 결과를 계속 탐구하기 위해 커뮤니티 구성원으로부터 추가적이고 보다 미묘한 정보를 얻을 수 있는 방법이다.

직원들은 의사결정에 중요한 아이디어와 견해를 가지고 있는 또 다른 집단이다. 매일 참고데스크에서 일하는 사람들은, 붐비는 특정 시간대 또는 캠퍼스 밖에서 오는 질문 증가와 같이 드러나기 시작하는 패턴을 경영진에게 알리는 최적의 위치에 있다. 이러한 관찰은, 변화 발생의 기초가 될 지점의 시작을 인지할 추가적 정보가 있는 기존 데이터 및 장서의 점검으로 이어질 수 있다.

대부분의 참고부서장은 또한 직원 공간과 이용자 공간에 대해 어느 정도의 책임과 영향력을 가지고 있다. 직원 공간에 관해서는, 업무 수행에 필요한 설비와 가구가 이용 가능한지를 확인하고 공간과 사무실 배정에 대한 결정을 내린다. Giesecke와 McNeil(2010, 140)은 관리자들은 "직원의 작업공간을 살펴보고 직원의 관점에서 공간을 보려고 노력하는 것부터 시작하라"고 조언한다. 참고부서장은 또한 서비스포인트와 그 주위의 이용자 공간에 대한 계획에 참여할 기회를 가지고 있다. 서비스포인트가 업무 흐름에 맞게 위치하고 또한 서비스포인트의 재설계가 발전하는 서비스모델 에 적응할 만큼 유연성이 있는지를 보장할 이런 기회를 최대로 활용할 방안에 대해 제 6장을 참조하시오.

7.7.2 예산 편성과 집행

참고부서장은 자료 또는 장서에 할당된 재원 이외의 예산에 대해 직접 관리를 할 수도 있고 그렇지 않은 경우도 있다. 따라서 본 절에서는 기초적인 사항만을 다루며, 예산편성, 지출관리, 그리고 특정 프로젝트나 기금 신청에 관련된 몇 가지 핵심 개념에 대한 개요를 제공한다.

　모든 도서관은 어떤 비용이(급여, 물품, 설비, 장서 등) 참고부서에 할당되고 어떤 비용이 중앙에서 지불되는가에 대한 결정과 예산상의 추적 및 보고에 대해 자체의 관행을 가지고 있다. 참고부서장은 지출, 보류, 결산, 또는 잔여 기금의 월간 조정 보고서를 모니터링할 책임을 가지고 있다. 이러한 보고서를 읽고 해석하는 방법을 아는 것은 필수적이며, 따라서 타부서 관리자 또는 도서관 예산 담당관에게 도움을 요청하는 데 주저해서는 안 된다. 도서관이 보고서를 제공하지 않거나 또는 표준적 보고서가 필요한 상세 내용을 제공하지 않는 경우에는, 참고부서장이 기금을 추적하기 위한 독자적인 내부 시스템을 개발할 필요가 있다. 스프레드시트는 그래프를 만드는 데 사용될 수 있다. 부서장은 부서나 팀에 있는 소프트웨어에 익숙한 사람에게 책임을 위임할 수는 있지만, 예산 감독 책임자로서 다른 사람이 작성한 어떤 보고서라도 리뷰하고 이해할 수 있어야만 한다.

　이것이 왜 중요한가? Giesecke와 McNeil(2010, 140)이 설명하는 바와 같이, "정확한 기록을 가지고 변화를 기대하는 것이 중요한데," 왜냐하면 이것은 참고부서장으로 하여금 상위 경영진에게 제언을 하고 예산을 재배정할 경우에 주도적으로 반응할 수 있게 해주기 때문이다. 예산을 파악하고 어떤 자금이 여전히 이용 가능한지를 아는 관리자는, 특수 프로젝트를 위한 시급직 고용이나 연말에 남은 자금으로 설비를 구입하는 것 같이, 발생 가능한 기회를 활용할 융통성을 가질 것이다.

　특수프로젝트와 새로운 발전계획은 종종 재원을 필요로 한다. 이것은 일회성 투자비용을 요청하거나, 반복 발생비용을 합리화하거나, 또는 기금을 신청할 기회가 될 수 있다. 요청서는 다음과 같은 사항을 포함해야 한다: 요구에 대한 신뢰할 만한 진술; 프로젝트가 목표 이용자 커뮤니티에 미칠 영향을 강조하는 명백히 정의된 목적과 목표; 성과를 평가할 계획; 프로젝트 지원에 차입될 기존 자원에 대한 회계 보고; 직원 시간, 설비, 라이선스 또는 계약 비용을 포함하는 비용 추정치에 기초한 예산. 승인 기관은 필요조건과 지침을 가지고 있으며, 관리자는 그것을 면밀하게 준수해야 하고 성공적 신청의 사례를 찾도록 노력해야만 한다. Blanche Woolls, Ann C. Weeks, and Sharon Coatney(2014)는 새로운 프로그램 지원을 위한 단계별 제안서 작성 지침을 제공하고 있으며, M. Kathleen Kern(2009)은 새로운 서비스 지원에 필요한 예산과(신규 배정) 비용을(재할당될 기존 직원시간을 포함한 총 비용) 모두 추정하는 과정에 대한 유용한 개요를 제공하고 있다.

7.8 정책

모든 도서관은 아닐지라도 대부분의 도서관은, 목적과 목표 그리고 목적과 목표를 달성하기 위해 준수될 광범한 전략에 대한 포괄적인 서술을 제공하는, 참고서비스 정책의 개발이 유용하다는 것을 알고 있다(Katz 2002, 184-86). 이러한 정책은, 모기관의 임무 안에서 참고서비스의 위치를 부여하는 데 도움이 되며, 서비스의 일차적인 봉사대상을 명확히 하고, 서비스의 우선순위를 수립하고, 사람들로 하여금 도서관으로부터 무엇을 기대할 수 있는지 알게 하며, 직원들을 위한 하나의 기준이 된다. 최선의 서비스 정책은 서비스에 대한 공유된 철학에 근거를 두며 모기관에 참고서비스가 어떤 의미가 있는지에 대한 사려 깊은 고찰로부터 나온다(Kern 2009, 32).

전문직단체의 지침서와 기준은 정책을 개발할 때 가치 있는 안내를 제공하며 또한 정책이 도전을 받을 때 직원들을 지지할 수 있다. 예를 들면, Madison Library의 "Reference Assistance Policy"는 특정하게 도서관 기록 비밀유지에 관한 주 법령과 미국도서관협회(American Library Association)의 "Code of Ethics"를 모두 인용하고 있다(Madison Public Library Board 2001). 전문직단체의 원칙은 참고서비스를 위해 개발된 모든 정책을 알려주어야 하며 해당 정책들이 사서들의 핵심적 가치와 일치함을 보장하기 위해 유념해야만 한다. 그림 7.1은,

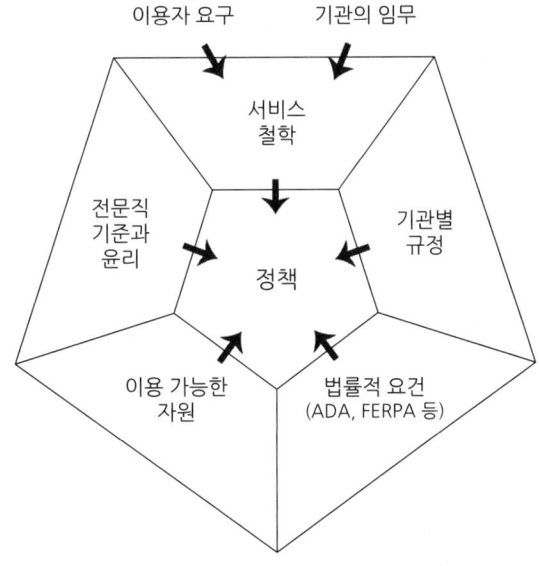

그림 7.1 참고서비스 정책 개발 구성요인

이용자요구, 기관의 임무, 법률적 요건, 기관별 규정, 이용 가능한 자원, 그리고 전문직 기준과 윤리를 포함하여, 참고서비스 정책에 기여하는 다수의 요인들을 보여주고 있다.

참고부서장은, 일반적인 참고서비스 정책에 추가하여, 가상참고서비스 같은 새로운 서비스 전달 방식의 범위를 명료화하기 위해 정책을 만드는 일에 관여하게 된다. 수요가 많은 정보자원에 모든 사람이 동등한 접근을 갖도록 보장하기 위한 관점에서, 인터넷 사용과 같은 제한된 자원의 접근에 관한 상세한 정책이 운영에 도움을 줄 수 있다. 참고부서장은 또한 이용자행동 또는 보호자가 없는 아동과 같은 일반적인 이용자서비스 문제에 관한 정책의 개발 또는 개정에 관여할 수 있다.

Sandra Nelson과 June Garcia(2003, 8)는 정책의 일차적 기능 중 하나는 도서관 경영자와 직원이 도서관 서비스의 우선순위를 행동으로 옮기기 위한 매커니즘을 제공하는 것이라고 지적하였다. 정책은 실제로 행동을 위한 가치 있는 지침을 제공할 수 있지만, 다른 모든 지침과 마찬가지로, 이것은 단지 방향감각을 제시할 뿐이며 불가침의 규칙은 아니다. 참고부서장은 정책에 대한 가능성 있는 도전과 예외에 대해 준비되어야 한다. 직원들에게는 사람들을 돕기 위해 규칙이 조절될 수 있는 경우와 예외 관련 의사결정권을 부여받을 직원에 대해 명확한 지침이 제공되어야 한다. 예를 들면, 정규직원은 지침서에 따라 예외를 행사할 수 있지만 학생보조원은 행사할 수 없다. 일반적으로, 정책은 보다 많은 서비스 또는 우수한 서비스를 제공하기 위해 수정된다. 직원들은 항상 임박한 특정 상황에 대응하여 예외가 이루어졌음을 소통해야만 한다. (예를 들면, "우리는 통상적으로 방문학자들을 위해 도서를 꺼내오지 않습니다. 그렇지만 우리가 지금 일할 직원이 있고 당신이 캠퍼스에 머무는 시간이 너무 짧기 때문에, 당신이 내일 데스크에 들를 때 책을 가질 수 있도록 준비하겠습니다.") 이것은 개인 또는 개인적 행동이 아니라, 특수한 상황에 대응하여 예외가 이루어졌음을 명확히 하는 데 도움이 될 것이다. 매우 잘 쓰인 정책과 서비스 우선순위에 대한 명확한 지식이 있더라도, 상황은 애매모호해질 수 있다. 전문가적인 판단이 필요한 시점이 있다. Box 7.1은 그와 같은 몇 가지 사례를 보여준다.

Box 7.1
정책의 실제: 원칙, 정치, 그리고 서비스 책무의 조화

(시나리오 1)
한 공공도서관의 주민들이 아동실로 가는 길목에 위치한 컴퓨터에서 외설물을 보고 있는 남자에 대해 불평을 합니다.

• 토론 질문
1. 도서관에 정책이 없다면, 당신은 직원에게 이 상황에 대하여 어떻게 대응하라고 말할 것입니까?
2. 당신은 도서관 안에 있는 사람들에게 우호적이고 포용적인 환경을 유지하면서 정보에 대한 접근 개방의 균형을 유지하는 정책을 개발함에 있어서 어떤 요인들을 고찰할 것입니까?

(시나리오 2)
한 직원이 정기적으로 도서관을 방문하는 어떤 이용자가 그녀의 외모에 대해 달갑지 않은 말을 하며 너무 가까이 서 있어서 불쾌감을 준다고 보고합니다. 당신은 이것이 U.S. Equal Employment Opportunity Commission(n. d.)이 규정한 바에 의하면 성희롱에 해당한다는 것을 압니다.

• 토론 질문
1. 예를 들어 고등교육기관에서 적대적 환경을 조성하는 행위를 금지하는 교육법 수정안 9조와 같이, 당신의 커뮤니티에 있는 정책과 규제가 이런 종류의 행동을 포함하고 있습니까? 당신은 직원이 피고용인인 동시에 서비스 제공자인 그들 자신에 대해 해당 정책과 규제가 가지고 있는 함의에 대해 알고 있다고 어떻게 확신합니까?
2. 당신은 이런 사건이, 사생활을 존중하면서도 안전을 위해, 기관 내 다른 사람들에게 알려져야 한다는 것을 어떻게 확신할 수 있을까요? 당신은 관리자로서 사건 보고에 대한 후속 조치를 어떻게 할 것입니까?
3. 당신은 부적절한 행동의 인식과 대응에 관하여 직원들을 어떻게 훈련할 것입니까? 당신이 그들을 대신하여 응대할 적합한 시점은 언제일까요?

힌트: 최근 *American Libraries*에 실린 기사, "Stop Sexual Harrassment in Your Library: Protecting Librarians from Inappropriate Patrons"(Ford 2017)는 다음과 같은 몇 가지 가능한 대응을 제시하고 있다:
• "그런 언급/행동은 부적절합니다."
• "이런 행동이 계속된다면, 당신을 돕는 일을 다른 사람이 끝내도록 하겠습니다."
• "이런 행동이 계속된다면, 당신이 도서관을 떠나기를 요구할 것입니다."

Amy Carlton(2017)은 경영자가 어떻게 성희롱에 대응하는 직원에게 권한을 부여하고 직원을 지지할 수 있는가를 보다 상세히 서술하고 있다.

7.9 경영 및 지휘 능력 개발

사람을 관리하는 것은 하나의 예술이다… 당신은 오직 주의 깊게 관찰하고, 실행하고, 실수하고, 실수로부터 터득하고, 당신의 방식을 고치고, 성공 경험이 있는 관리자들의 두뇌를 선택하고, 그렇게 하여 점차적으로 개선됨으로써 인적자원 관리를 잘 배울 수 있다(Verbesy 2009, 192).

경영자들은 실무로부터 알게 된 교훈과 타인들의 통찰 및 교훈으로부터 배운다. G. Edward Evans와 Camila Alire(2013, 4-5)는 "교과수업과 워크샵은 당신이 훌륭한 경영자가 될 것을 보장하지는 않지만, 이러한 수단은 당신의 경영 기능을 개선시킬 수 있다."고 관측하였다. 다양한 출처와 경험으로부터의 학습에 개방적인 경영자들은 직력 전체를 통해 성장과 발전을 계속할 것이다.

    신규 경영자들은 조언과 영감을 얻게 될 동료, 선후배, 멘토들 그리고 경험과 아이디어를 공유할 수 있는 사람들과 네트워크를 구축해야 한다. 전문직 단체, 워크샵, 지휘력 또는 경영 전문기관 연수 프로그램에 참여하는 것은, 이 네트워크를 한층 더 수립하는 방법이 될 수 있다. 전문성 개발을 위한 이러한 기구는 구조화된 학습기회와 비공식적 학습 및 네트워킹을 위한 공간을 제공하는 두 가지 목적을 충족시킨다. 리스트서브, 블로그, 그리고 기타 소셜미디어는, 가상 네트워크 구축을 돕고 출장 기회가 제한된 사람들에게 특히 유용하다. 해당 도서관과 유사하거나 다른 타도서관은 물론 다른 서비스 기관과 기업들도 아이디어와 모델을 제시할 수 있다. 연락을 하면, 다수의 도서관들이 내부 정책, 절차, 연간보고서, 또는 기타 기록물을 공유할 것이다. 대부분의 사서들은 기꺼이 이런 정보를 공유하며, 이것은 전문적 네트워크를 구축함은 물론 경영 정보의 긴급한 요구를 돕는 다른 한 방법이 된다. 참고부서장으로서의 능력을 발전시키고 전문적 네트워크를 구축하기 위한 핵심 정보원이 Box 7.2에 나타나 있다.

Box 7.2
도서관경영자를 위한 전문성 개발 정보원

전문 협회
- Library Leadership & Management Association(LLAMA). LLAMA는 현저한 지도력과 경영 실무를 발전시키고 현 시대의 야심찬 도서관 지도자를 개발하는 데 초점을 둔 ALA의 한 분과이다. LLAMA는 모든 유형의 도서관으로부터 사서를 모집한다.
- Reference and User Services Association(RUSA). RUSA는 모든 유형의 도서관에서 참고서비스 제공에 관련된 사람들을 연결하는 우수한 공간을 제공한다. RUSA의 Reference Services Section은 Management of Reference Committee를 포함하고 있다.
- State and regional library associations. 이 단체들은 지리적으로 인접한 도서관들과 네트워킹하기에 좋다. 여러 단체에서 긴 여행을 하지 않고도 참석할 수 있는 컨퍼런스 또는 워크샵을 개최하며, 그 중 일부는 또한 온라인 웨비나를 제공한다.

리스트서브(Listservs)
- 앞서 열거한 단체들의 대다수가 리스트서브를 보유하고 있으며, 그 중 일부는 비회원의 리스트 가입을 허용한다.
- LibRef-L은 이슈와 경향을 조사하고 정보와 조언을 추구하기 좋은 곳이다.

전문교육기관과 웨비나(Webinars)
- *WebJunction*. OCLC가 후원하는 이 "사서를 위한 학습장"은 도서관 기술, 경영, 그리고 서비스와 관련된 무료 웨비나와 교과목을 주관한다. 과거에 수행된 세션을 주제별로 조직한 아카이브는, 관련 정보원에 대한 링크와 더불어, 주문형 자율학습을 지원한다.
- *TRLN Management Academy*. 이것은 실험적 학습프로그램인데, 직원, 예산, 기술의 건전한 경영에 중점을 두고 대학도서관 중간경영자들이 복잡하고 다양한 정보자원을 관리하도록 준비시키는 데 집중한다.
- *Regional or state library organizations*. 다수의 소규모 조직들이 관리자를 위한 워크샵 또는 며칠간 계속되는 교육을 제공하며, 때로는 특정 도서관 유형에 초점을 둔다.

학술지와 상업적 출판물
- 해당 도서관 유형을 전문으로 하는 학술지를 정독한다. 예를 들면, *portal: Libraries and the Academy*, *Public Libraries*, 그리고 *School Library Research*가 있다.
- *Reference Services Review*, *Reference & User Services Quarterly(RUSQ)*, 그리고 *The Reference Librarian*과 같은 정평 있는 참고서비스 학술지들을 훑어본다.
- 경영 전문 학술지인 *Library Leadership and Management*, *Library Management*, *Journal of Library Administration*, 그리고 *The Bottom Line*에서 도서관 경영자에 대한 관심 있는 주제를 탐구한다.
- *American Libraries*와 *Library Journal* 같은 전문 상업 출판물은 전문직 전반에 걸친 새로운 주제와 발전에 대한 개요를 제공한다.

7.9.1 경영스타일 식별과 개발

> 경영자는 일을 올바르게 한다; 반면에 지도자는 올바른 일을 한다(Bennis and Nanus 2007, 45).

경영과 지휘는 뚜렷이 구별이 되지만 보완적인 행동 양식인데, 지휘는 미래를 위한 비전과 전략 개발에 초점을 두고 사람들이 그 비전을 실현하도록 집결시키는 반면에, 경영은 의도하는 결과를 산출하기 위해 기획하고 자원을 효율적으로 사용하는 것을 포함한다(Kotter 1990). 대부분의 참고부서장은 경영과 지휘 두 가지 모두 수행하도록 요구된다. 사람들 중에는 운 좋게도 상황의 필요에 따라 적용할 수 있도록 지휘력과 경영 능력을 모두 갖춘 경우도 있지만, 개인은 보통 그 중 하나에 더 강하다.

신규 참고부서장은 자신의 강점과 약점을 솔직히 평가해야 하며, 그리고 나서 주변에 그의 약점을 보완할 힘을 가진 강력한 팀을 개발하도록 노력해야 한다. 지휘보다 경영이 더 편안한 사람들은, 보다 비전을 가진 협력자에 귀를 기울이거나 또는 지도력 있는 동료에게 동기를 부여하고 영감을 주는 데 도움이 되도록 요청하는 것을 중요시할 수 있다. 그들은, 자신의 경영능력을 활용하여 구현시킬 혁신적 아이디어를 도출해내기 위해, 집단 브레인스토밍 또는 해커톤 같은 기회를 마련할 수 있다. 경영자가 이용할 수 있는 다른 전략은, 해당 커뮤니티로부터 의견을 모아서(예, 포커스그룹 또는 자문위원회), 보다 큰 그림을 유지하는 데 도움이 될 시나리오기반 기획 또는 환경평가 접근법을 시도하는 것이다. 반대로, 강한 지도자들은 절차와 최종기한을 수립하고, 다른 직원이나 팀 구성원의 업무를 조직하고, 의도한 결과를 향한 진행을 관찰하고 평가할 능력이 있는 팀을 주변에 구축하기를 원할 것이다.

경영 분야의 문헌은 경영자로서의 개인적 접근방법을 고찰하고 개발할 좋은 시발점이 될 수 있다. 그 중 일부는 특정한 접근방법을 촉진시키며, 반면에 다른 것들은 자신의 지휘 스타일을 결정하는데 도움을 준다. 막대한 문헌 중에 어디서 시작할지를 선택하는 것은 리뷰가 잘된 것을 발견하는 참고 기술을 적용하는 하나의 연습이다. 올바른 시작점은 행정가 또는 상급자에게 조언을 요청하는 것인데, 왜냐하면 그들의 선택이 조직문화 또는 적어도 조직문화에 대한 그들의 포부로 인도할 수 있기 때문이다.

모든 조직은 의사결정 방법, 경영 구조, 직급을 망라한 전 직원에 대한 기대에 영향을 미치는 문화를 가지고 있다. 경영자로서 성공적이려면, 조직의 문화, 행동과 규범(종종 암묵적인)을 이해할 필요가 있다. Carol Shepston과 Lyn Currie(2008)는 조직문화를 분석하기 위한 공식 과정을 제시하고 있다. 적절한 시간과 관찰, 오래 근무한 직원과의 대화는 조직문화를 배우는 비공식 방법이다.

새 기관으로 전근하거나 또는 새 직책을 맡게 될 때, 개인의 스타일을 새 직장문화에 어떻게 적용할 것인가를 고찰하도록 조언한다. 예를 들면, 협동하는 문화에서 하향식 결정은 고압적인 것처럼 보이고 저항을 마주하게 되는 반면에, 시간이 걸리는 협동 과정은 의사결정에서 앞서나가는 지도자들에 더 익숙한 문화에서는 느리고 우유부단한 것처럼 보인다. 성공적인 경영자들은 해당 조직 안에서 효과적으로 일하는 방법을 염두에 두어야 할 것이다. Box 7.3은 다른 전문직과의 대화, 개인적 생각, 그리고 연구를 기초로 독자적인 경영철학을 개발하기 위한 활동을 요약한 것이다.

Box 7.3
학습과제: 자신의 독자적 경영철학 개발

"올바른 사람을 선택하고, 그들을 믿고, 책임과 더불어 권한을 위임하고, 진정한 팀을 구축하고, 지원을 하라"는 것은 훌륭한 경영철학의 한 예이다(Evans and Alire 2013, 7). 신규 참고부서장은 자신의 경영철학에 대한 간략한 서술을 시작하면서 직무를 잘 수행하게 될 것이다. 착수하는 방법:

- 과거에 그 밑에서 일했던 훌륭한 경영자와 별로 훌륭하지 못한 경영자에 대해 생각해 본다. 당신이 모방하고 싶은 습성은 어떤 것이 있나? 회피하고 싶은 것은 어떤 것인가?
- 당신이 존경하는 경영직 또는 지휘직에 있는 동료와 대화를 하고 그들의 경영철학과 접근방법에 관해 물어본다. 유사한 문제점에 대한 다른 지도자들의 다양한 방식과 우수한 결과에 여러 가지 개념정의를 경청한다.
- 경영 및 지휘 접근법을 보다 심도있게 살펴보기 위해 본 절의 서두에 제시하였던 정보원을 사용한다. *Harvard Business Review*도 영감을 얻기 위해 훑어볼 훌륭한 자료이다. 당신은 어떤 접근방법에 공감합니까? 무엇이 당신의 핵심가치와 일치합니까? 당신의 어떤 감정과 잘 맞습니까?

7.10 결론

경영이란 일을 성사시키는 것을 의미하며, 더 많은 사람들이 성사시키는 방법을 알수록, 도서관 전체는 더욱 더 성공적이 될 것이다(Applegate 2010, 4).

참고서비스는, 온갖 다양한 형태와 "복잡하게 얽힌 제휴관계"속에서 (Cassell and Hiremath 2013, 394), 발견의 과정에 연구자들과 도서관직원이 함께 참여하는 중요한 업무이다. 참고부서장은 서비스가 요구되는 시간과 장소와 방법으로 도서관이 사람들을 지속적으로 만족시키도록 노력한다. 참고부서장은, 계속 진화하는 정보환경 속에서, 서비스의 미래를 형성할 의사결정의 책임을 가지고 조직의 중심적인 역할을 행사한다. 이 역할을 할 수 있게 되는 것은 -경영자로서 능력과 지도자로서 개인적 목소리를 개발하는 것- 시간을 두고 전개되며 경험으로 심화되는 과정이다. 우연이든 고의든 간에 참고부서장은 이 역할을 받아들이고 온갖 새로운 도전 및 기회와 더불어 배우고 성장할 것이다.

【참고문헌】

ACRL Research Planning and Review Committee. 2018. "2018 Top Trends in Academic Libraries." *College & Research Libraries News* 79 (6). https://crln.acrl.org/index.php/crlnews/article/view/17001/18750.

American Libraries. 1970-. Chicago: American Library Association. https://

americanlibrariesmagazine.org/.
Applegate, Rachel. 2010. *Managing the Small College Library*. Santa Barbara, CA: Libraries Unlimited.
Association for Library Service to Children. n. d. "Elevator Speech." American Library Association. http://www.ala.org/everyday-advocacy/speak-out/elevator-speech.
Bennis, Warren G., and Burt Nanus. 2007. *Leaders: Strategies for Taking Charge*. New York: HarperCollins.
Bludorn, Allen C., Daniel B. Turban, and Mary Sue Love. 1999. "The Effects of Stand-Up and Sit-Down Meeting Formats on Meeting Outcome." *Journal of Applied Psychology* 84 (2): 277-85.
The Bottom Line. 1998-. Bingley, Uk: Emerald. https://www.emeraldinsight.com/loi/bl.
Campbell, Jerry D. 1992. "Shaking the Conceptual Foundations of Reference: A Perspective." *Reference Services Review* 20 (4): 29-36.
Carlson, Scott. 2007. "Are Reference Desks Dying Out? Librarians Struggle to Redefine-and in Some Cases Eliminate-the Venerable Institution." *The Reference Librarian* 48 (2): 25-30.
Carlton, Amy. 2017. "Fighting Sexual Harassment in the Library: Knowing What to Do When Patrons Go Too Far." *American Libraries*, June 27. https://americanlibrariesmagazine.org/blogs/the-scoop/fighting-sexual-harassment-library.
Cassel, Kay Ann, and Uma Hiremath. 2013. *Reference and Information Services: An Introduction*. 3rd ed. New York: Neal-Schuman.
Dettlaff, Christine. 2008. "Managing to Keep Academic Reference Service." In *Defining Relevancy: Managing the New Academic Library*, edited by Janet McNeil Hurlbert, 161-69. Westport, CT: Libraries Unlimited.
DiSC Profile. https://www.discprofile.com/
Dugan, Robert E., and Peter Hernon. 2018. *Financial Management in Academic Libraries: Data-Driven Planning and Budgeting*. Chicago: Association of College and Research Libraries.
Evans, G. Edward, and Camila Alire. 2013. *Management Basics for Information Professionals*. 3rd ed. New York: Neal-Schuman.
Ford, Anne. 2017. "Stop Sexual Harassment in Your Library: Protecting Librarians from Inappropriate Patrons." *American Libraries*, November 1. https://

americanlibrariesmagazine.org/2017/11/01/stop-sexual-harassment-your-library/.

Gibson, Craig, and Meris Mandernach. 2013. "Reference Service at an Inflection Point: Transformations in Academic Libraries." In *Imagine, Innovate, Inspire: The Proceedings of the ACRL 2013 Conference in Indianapolis, Indiana*. April 10-13, edited by Dawn M. Mueller, 491-99. Chicago: ACRL.

Giesecke, Joan, and Beth McNeil. 1999. "Core Competencies and the Learning Organization." *Library Administration and Management* 13 (summer): 158-66.

Giesecke, Joan, and Beth McNeil. 2010. *Fundamentals of Library Supervision*. 2nd ed. Chicago: American Library Association.

Gordon, Rachel Singer. 2005. *The Accidental Library Manager*. Medford, NJ: Information Today.

Gulick, Luther, and Lyndall Urwick. 1937. *Papers on the Science of Administration*. New York: Institute of Public Administration, Columbia Unversity.

Harvard Business Review. 1992-. Boston, MA: Harvard Business Publishing. https://hbr.org/.

Journal of Library Administration. 1980-. Philadelphia, PA: Routledge. https://www.tandfonline.com/toc/wjla20/current.

Katz, William A. 2002. *Instruction to Reference Work*. 8th ed., 2 vols. New York: McGraw-Hill.

Katzenbach, Jon, and Douglas Smith. 1993. *The Wisdom of Teams*. Boston, MA: Harvard Business School Press.

Kelley, Michael. 2011. "Geeks Are the Future: A Program in Ann Arbor, MI, Argues for a Resource Shift toward IT." Library Journal, April 26. http://lj.library journal.com/2011/04/technology/geeks-are-the-future-a-program-in-ann-arbor-mi-argues-for-a-resource-shift-toward-it/#.

Kern, M. Kathleen. 2009. *Virtual Reference Best Practices: Tailoring Services to Your Library*. Chicago: American Library Association.

Kotter, John P. 1990. "What Leaders Really Do." *Harvard Business Review* 68 (3): 103-11.

Library Journal. 1876-. New York: Library Journals, LLC. http://lj.libraryjournal.com/.

Library Leadership and Management. 2009-. Chicago: American Library Association. https://journals.tdl.org/llm/index.php/llm.

Library Leadership and Management Association. http://www.ala.org/llama/.
Library Leadership and Management Association. 2019. "Leadership and Management Competencies." American Library Association. http://www.ala.org/llama/leadership-and-management-competencies.
Library Management. 1979-. Bingley, UK: Emerald. https://www.emeraldinsight.com/loi/lm.
LibRef-L. https://listserv.kent.edu/cgi-bin/wa.exe?A0=LIBREF-L.
Madison Public Library Board. 2001. "Reference Assistance Policy." Last modified August 16, 2001. http://www.madisonpubliclibrary.org/policies/reference-assistence.
Martin, Elaine Russo. 2006. "Team Effectiveness in Academic Medical Libraries: A Multiple Case Study." *Journal of the Medical Library Association* 94 (3): 271-78.
Mintzberg, Henry. 1980. *The Nature of Managerial Work.* New York: Harper & Row.
Moran, Barbara B., Robert D. Stueart, and Claudia J. Morner. 2013. *Library and Information Center Management.* 8th ed. Santa Barbara, CA: Libraries Unlimited.
Munde, Gail. 2013. *Everyday HR: A Human Resources Handbook for Academic Library Staff.* Chicago: Neal-Schuman.
Murphy, Sarah Anne. 2011. *The Librarian as Information Consultant: Transforming Reference for the Information Age.* Chicago: American Library Association.
Myers-Briggs Type Indicator®. https://www.themyersbriggs.com/en-US.
Nelson, Sandra, and June Garcia. 2003. *Creating Policies for Results: From Chaos to Clarity.* Chicago: American Library Association.
O'Gorman, Jack, and Barry Trott. 2009. "What Will Become of Reference in Academic and Public Libraries?" *Journal of Library Administration* 49 (4): 327-39.
Olver, Lynne. 2011. "So You're the New Director? Twelve Points to Help You Survive the First Year." *Public Libraries* 50 (2): 6-7.
Pew Research Center. http://www.pewinternet.org/.
portal: Libraries and the Academy. 2001-. Baltimore, MD: JHU Press. https://www.press.jhu.edu/journals/portal-libraries-and-academy.
Public Libraries. 1962-. Chicago: Public Library Association. http://www.ala.org/pla/resources/publications/publiclibraries.

Radford, Marie L., ed. 2012. *Leading the Reference Renaissance: Today's Ideas for Tomorrow's Cutting-Edge Services*. New York: Neal-Schuman.

Ranganathan, S. R. 1931. *The Five Laws of Library Science*. Chennai (formerly Madras), India: The Madras Library Association.

Reference & User Services Quarterly. 1997-. Chicago: American Library Association. https://journals.ala.org/index.php.rusq.

Reference and User Services Association. http://www.ala.org/rusa/.

Reference and User Services Association. 2017. "Professional Competencies for Reference and User Services Librarians." Last modified September 7, 2017. American Library Association. http://www.ala.org/rusa/resources/guidelines/professional.

The Reference Librarian. 1981-. Philadelphia, PA: Routledge. https://www.tandfonline.com/toc/wref20/current.

Reference Science Review. 1973-. Bingley, UK: Emerald. https://www.emeraldinsight.com/loi/rsr.

Reid, Ian. 2017. "The 2017 Public Library Data Service: Characteristics and Trends." *Public Libraries Online* (September/October). https://publiclibrariesonline.org/2017/12/the-2017-public-library-data-service-report-characteristics-and-trends/.

Saunders, Laura, Lillian Rozaklis, and Eileen G. Abels. 2014. *Repositioning Reference: New Methods and New Services for a New Age*. Lanham, MD: Rowman & Littlefield.

School Library Research. 1951-. Chicago: American Library Association. http://www.ala.org/aasl/pubs/slr.

Shepstone, Carol, and Lyn Currie. 2008. "Transforming the Academic Library: Creating an Organizational Culture That Fosters Staff Success." *The Journal of Academic Librarianship* 34 (4): 358-68.

Steiner, Sarah K., and M. Leslie Madden. 2008. *The Desk and Beyond: Next Generation Reference Services*. Chicago: Association of College and Research Libraries.

Sutton, Bob. 2012. "The Virtues of Standing Up in Meetings and Elsewhere." *Work Matters*. April 3. http://bobsutton.typepad.com/my_weblog/2012/04/the-virtues-of-standing-up-in-meetings-and-elsewhere.html.

Thenell, Jan. 2004. *The Library's Crisis Communications Planner: A PR Guide for Handling Every Emergency*. Chicago: ALA Editions.

Todorinova, Lily, Andy Huse, Barbara Lewis, and Matt Torrence. 2011. "Making Decisions: Using Electronic Data Collection to Re-Envision Reference Services at the USF Tampa Libraries." *Public Services Quarterly* 7 (1-2): 34-48.

TRLN Management Academy. https://sites.google.com/site/trlnmanagementacademy/home.

Trotta, Marcia. 2006. *Supervising Staff: A How-to-Do-It Manual for Librarians*. New York: Neal-Schuman.

Tyckoson, David A. 2011. "Issues and Trends in the Management of Reference Services: A Historical Perspective." *Journal of Library Administration* 51 (3): 259-78.

Tyckoson, David A., and John G. Dove, eds. 2015. *Reimagining Reference in the 21st Century*. West Lafayette, IN: Purdue University Press.

U.S. Equal Employment Opportunity Commission. n. d. "Facts about Sexual Harrassment." https://www.eeoc.gov/eeoc/publications/fs-sex.cfm.

Varbesy, J. Robert. 2009. "What I've Learned from 30 Years of Managing Libraries." *Catholic Library World* 79 (3): 192-94.

Walters, Carolyn Mary, and Elizabeth Ann Van Gordon. 2007. "Get It in Writing: MOUs and Library/It Partnerships." *Reference Services Review* 35 (3): 388-94.

Ward, David, and Eric Phetteplace. 2012. "Staffing by Design: A Methodology for Staffing Reference." *Public Services Quarterly* 8 (3): 193-207.

WebJunction. https://www.webjunction.org/home.html.

Willmore, Joe. 2006. *Job Aids Basics: A Complete How-to Guide to Help You Understand Basic Principles and Techniques, Create and Use Job Aids Effectively, Enable Top Performance*. Alexandria, VA: ASTD Press.

Woolls, Blanche, Ann C. Weeks, and Sharon Coatney. 2014. *The School Library Manager*. 5th ed. Westport, CT: Libraries Unlimited.

Zabel, Diane. 2007. "A Reference Renaissance." *Reference & User Services Quarterly* 47 (January): 108-10.

Zabel, Diane, ed. 2011. *Reference Reborn: Breathing New Life into Public Services Librarianship*. Santa Barbara, CA; Libraries Unlimited.

【SUGGESTED READINGS】

Evans, G. Edward, and Camile Alire. 2013. *Management Basics for Information Professionals.* 3rd ed. New York: Neal-Schuman.

> Evans and Alire provide a good balance between the practicalities of hands-on management and the broader philosophical and professional issues, further supplemented with sidebars highlighting the real-life experiences of the authors and an advisory board. The chapter on "Managing Money" is a good guide to understanding librarywide budgeting processes and cycles.

Giesecke, Joan, and Beth McNeil. 2010. *Fundamentals of Library Supervision.* 2nd ed. Chicago: American Library Association.

> This book provides a practical introduction to the issues and strategies of library supervision in all areas of library work. The emphasis is on building supervisory skills and in turn creating a better working environment with motivated and productive staff. New managers, in particular, will find this work approachable and helpful with concrete suggestions.

Madden, M. Leslie, Laura Carscaddon, Denita Hampton, and Brenna Helmstutler. 2017. *Now You're a Manager: Quick and Practical Strategies for New Mid-Level Managers in Academic Libraries.* Chicago: Association of College and Research Libraries.

> Written by a group of middle managers at Georgia State University, the primary audience is academic, but this is a great resource for any library manager. Plenty of practical, actionable advice is packed into a few brief chapters on topics such as "Creating a Respectful Workplace and Dealing with Problem Employees," "Mentoring and Coaching," and "Conducting Effective Meetings."

McKnight, Michelynn. 2010. *The Agile Librarian's Guide to Thriving in Any Institution.* Santa Barbara, CA: Libraries Unlimited.

> Addressing librarians at all stages of their careers who want to develop skills and practices that will allow them to effectively demonstrate their worth, McKnight emphasizes evidence-based decision-making as well as strategies for communicating effectively, expanding influence, marketing, setting priorities, and managing time.

8

참고서비스의 평가

8.1 서론
8.2 용어 정의
8.3 평가 사이클
8.4 무엇을 평가하는가?
8.5 어떻게 평가하는가?
8.6 데이터 수집 방법
8.7 지속적 평가
8.8 평가의 문화

참고정보서비스론

제8장 참고서비스의 평가

8.1 서론

　평가는 정보자료와 서비스의 품질, 이용자 만족, 또는 목적을 향한 진척과 같은 것을 측정하기 위해 데이터를 수집하고 분석하는 과정이다. 참고사서는 이용자의 정보요구를 지원하기 위해 다양한 정보원과 서비스를 제공하는데, 그 모든 것들은 평가될 수 있고 평가되어야만 한다. 다양한 기법을 통하여, 참고사서는 제공 서비스와 자료의 효과와 품질은 물론 이용자들의 만족 수준을 평가하고 목적을 향한 진행 상태와 서비스의 효과를 진단할 수 있다.

　평가는 이해관계자들에게 품질, 개선, 그리고 임무와 목적을 향한 진척에 대한 증거를 제공하는 책무와 연계되어 있다. 평가는 책임과 경쟁이 증가하는 시대에 점점 더 중요해지고 있다. 인터넷과 모바일 장치들은 막대한 양의 정보를 즉시 접근 가능하게 만들었다. 이용자들은 정보접근을 위한 다수의 옵션을 가지고 있으며, 그 중 일부는 도서관보다 이용하기가 더 편리하고 쉬울 수 있다. 이러한 경쟁 상황에서, 일부 도서관에서는 참고질문 수의 급격한 감소가 나타났다(Martell 2008). 그 결과, 이해관계자들은 도서관에게 그 가치를 입증하도록 압박하고 있다. 이해관계자 중 일부는 도서관 이용자들이다. 또 다른 일부 관계자들은 직접 이용자는 아닐지라도 도서관이 제공하는 서비스와 자료에 대해 염려한다. 간접적인 이해관계자들은 공공도서관을 지원하는 납세자, 학교도서관과 대학도서관을 이용하는 자녀를 둔 학부모, 또는 도서관에 재정적 지원을 제공하는 지방정부, 주정부, 연방정부를 포함한다.

이해관계자들에게 가치를 보여주는 것 외에, 평가는 도서관에게 해당 지역사회와 서비스에 대해 더 잘 파악하고 지속적 개선을 위해 정보에 기반한 결정을 할 기회를 제공한다(Oakleaf 2010). 일선에서 서비스를 제공하는 사람으로서, 참고사서는 매일 이용자와 상호작용하며 서비스에 대한 이용자의 견해와 인식을 느끼고 있지만, 그것은 하드데이터와 동일한 것이 아니다. 사서들이 체계적으로 피드백을 제기할 때에만 해당 커뮤니티가 원하는 것과 필요로 하는 것 그리고 도서관이 커뮤니티에 미치는 영향을 이해할 수 있다. 도서관 평가에 대한 중요성은 Association of College and Research Libraries(ACRL n. d.)의 Assessment in Action Project 같은 사업, American Library Association(ALA) Office for Research and Evaluation의 연구 및 평가 지원, Library Assessment Conference와 같은 학술회의에 반영되어 있는데, 이 모든 것들은 평가와 관련된 실무자 교육을 후원한다. 평가 연구를 통하여, 사서들은 의사결정에 필요한 데이터를 산출하고, 지속적으로 서비스와 프로그램을 개선하고, 이해관계자들에게 도서관의 가치에 대한 증거를 제시할 수 있다.

본 장에서는 참고서비스에 적용되는 평가의 개념을 살펴본다. 용어의 정의와 평가의 실제 및 동향에 대한 개관으로 시작하여 참고서비스에 대한 구체적인 적용을 고찰한다. 본 장은 요구에 대한 참고트랜잭션과 관련 서비스의 평가 방법에 초점을 둔다. 정보자원 그리고 서비스 및 인적자원 경영에 관한 평가는 이 책의 다른 장에서 다루어질 것이다.

8.2 용어 정의*

용어들이 종종 상호 교환적으로 사용되고 있는데, "평가"(evaluation)와 "진단"(assessment)은 "다른 것이지만 서로 연결된 개념과 과정"이다(Hernon, Dugan, and Nitecki 2011, 2). 평가는 "특정 서비스나 활동에 대한 데이터를 수집하고, 그 성공을 판단할 수 있는 기준을 수립하고, 서비스와 활동의 품질 그리고 해당 서비스와 활동의 경제적 효율과 목적 및 목표의 성취수준을 결정하는 것이다"(Hernon and Schwartz 2012, 79). 평가는 경영활동이며 정치적 함의를 가질 수 있는데, 왜냐하면 경영자들은 직원과 자원 배정의 의사결정에 평가데이터를 사용할 수 있기 때문이다. 한편 진단은, 자원과 서비스가 커뮤니티에 미치는 영향에 초점을 두고, 특정 결과 또는 목적에 대한 진척을 측정하는 과정을 말한다. 진단은 "교육, 학습, 연구에 대한 도서관의 영향을 측정코자 하는 활동은 물론 이용자요구를 식별하고 이용자 인식 또는 만족을 가늠하려는 계획이다. 전반적인 목적은 데이터에 기반하고 이용자 중심적인 도서관장서와 서비스의 지속적 개선이다"(Ryan 2006, 78). 진단은 프로그램 또는 서비스의 현황과 영향에 대한 이해와 개선을 위한 피드백 제공에 중점을 두는 반면에, 평가는 프로그램 또는 서비스를 판단하고 그것의 전반적 가치 또는 품질을 결정하기 위한 측정에 관여한다(Starr 2014). 진단과 평가는 매우 유사한 개념처럼 보이며, 이 용어들은 종종 상호교환적으로 사용되는데, 실무자들은 둘을 구별하려고 한다.

성능에 대한 증거를 제시하는 데 추가하여, 평가와 진단은 근거기반 실행(evidence-based practice)을 지지한다. 보건학 분야에서 전개된 근거기반 실행은 의사결정을 지시하는 데이터 사용을 수반한다. 도서관학에서 근거기반 실행은 "질문을 제시하고 발견하며, 비판적으로 평가하고, 도서관학(그리고 타학문)으로부터 얻은 증거를 실무에 통합함으로써, 도서관 전문직을 개선하는 수단으로 설명되었다. 이것은 또한 사서들로 하여금 고품질의 질적 그리고 양적 연구를 수행하도록 격려한다"(Crumley and Koufogiannakis 2002, 62). 연구를 수행함으로써 사서들은 프로그램과 서비스에 관한 올바른 결정에 필요한 종류의 데이터를 수집할 수 있다. 발견한 것을 공유한다면, 그들은 또한 타기관의 동료들에게 근거기반 실행을 위한 정보를 제공할 수 있다. Box 8.1은 평가, 진단, 그리고 근거기반 실행을 추가로 정의한 것이다.

Box 8.1
정의

평가는 도서관장서 또는 서비스의 품질이나 해당 장서 또는 서비스에 대한 이용자 만족 수준을 결정하는 과정이다. 평가는 다음과 같은 질문을 제기한다; "도서관은 대부분의 이용자 질문에 답변할 적합한 인쇄본과 온라인 자료를 가지고 있습니까?" "이용자들은 대출데스크에서 제공된 서비스에 만족합니까?" **진단**은 도서관 서비스와 교육프로그램의 영향을 측정하는 과정이다. 진단은 다음과 같은 질문을 제기한다; "도서관의 새로운 아웃리치 프로그램은 건강관리 정보에 대한 접근을 얼마나 개선했습니까?" "이력서 작성 워크숍에 출석한 후, 참석자들은 과거 경력 서술에 행위동사를 사용하고 있습니까?" **근거기반 사서직**은 정보에 따른 의사결정을 위해 연구 데이터와 증거를 전문직 실천에 통합하는 것을 포함한다. 근거기반 실행은 다음과 같은 질문을 제기한다; "가상참고서비스 제공에 대한 모범규준은 무엇입니까?" "학부생들의 정보리터러시 능력에 관한 최신 연구는 어떻게 도서관의 교육 프로그램에 변경 정보를 제공할까요?"

- 토론 질문
1. 서비스 개선을 위해 연구하는 정보 현장에 대한 논문 또는 사례를 찾아보세요. 당신은 그 연구를 평가 혹은 진단 중 어느 것이라고 여깁니까? 그 이유는? 연구결과는 이용자서비스 또는 도서관 업무 효율성 개선을 위해 어떻게 사용되었습니까? 당신이 친숙한 정보환경이나 도서관에 대해 생각해 보세요. 이 연구의 결과는 해당 도서관에 적용 가능합니까? 당신이 도서관장이라면, 이 연구결과를 실무에 어떻게 사용할 수 있습니까?

2. 당신이 일하고 싶은 도서관 유형이나 정보센터에 대해 생각해 보세요. 사서들은 거기서 제공하는 서비스와 프로그램의 품질을 어떻게 평가할 수 있을까요? 도서관은 그 프로그램과 서비스의 영향을 어떻게 진단할 수 있을까요?
3. 당신이 대규모 도서관의 참고부서장으로 채용되었다고 상상해 보세요. 중요한 결정을 내리기 전에, 당신은 부서와 직원들 및 서비스에 관해 더 많은 것을 알고 싶습니다. 당신은 어떤 종류의 질문을 제기할까요? 부서의 전반적인 품질과 영향을 더 잘 이해하기 위하여 2개의 평가 질문과 2개의 진단 질문을 작성해 보세요. 당신은 이 질문에 답변하기 위해 어떻게 증거와 데이터를 수집할 것입니까?

✱ 역자 주: 본 장의 2절을 제외한 나머지 모든 부분에서는, 우리말 표현상의 혼돈을 피하고 이해를 돕기 위해 "assessment"와 "evaluation"에 대한 번역을 "평가"로 통일하여 기술하였음.

8.3 평가 사이클

평가 과정은 종종, 목적을 향한 진척을 측정하기 위해 데이터를 수집하고 해석한 후에 의사결정에 정보를 주고 새로운 목적을 수립하는, 하나의 사이클로 묘사되었다(Oakleaf 2009). 이런 의미에서 평가는 되풀이되는, 즉 하나의 사이클이 끝나면 새로운 사이클이 시작되는 것이다. 그림 8.1은 다섯 단계를 포함하는 평가의 한 형태를 보여주고 있다: 목적 설정, 데이터 수집과 분석, 의사결정, 결과 공유, 그리고 목적 재점검.

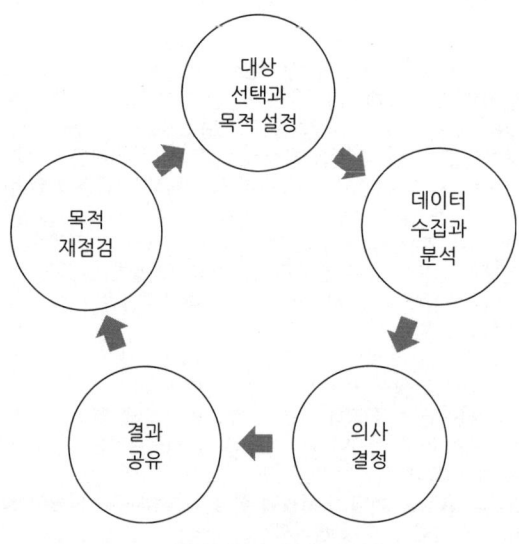

그림 8.1 평가 사이클

8.3.1 대상 선택과 목적 설정

평가의 첫 단계는 목적을 결정하고 연구할 서비스 국면을 한정하는 것이다. 예를 들면, 사서는 90% 만족률 달성을 목적으로 가상참고서비스의 이용자 만족도 수준을 연구할 수 있다. 아니면, 그들은 질문에 답변할 때 직원들이 얼마나 정확한지 또는 학생들이 참고트랜잭션으로부터 배우고 있는지 여부를 조사할 수 있을 것이다. 연구의 목적은 결과가 측정될 기준을 정하며 필요한 데이터의 유형과 해당 데이터를 수집하기 위해 가장 적합한 방법이 무엇인지를 결정한다.

8.3.2 데이터 수집과 분석

목적이 식별되고 나면, 데이터 수집이 시작될 수 있다. 데이터 수집에는 여러 가지 다른 방법이 있으며, 그 중 일부를 여기서 보다 상세히 설명할 것이다. 데이터 수집 방법을 선택할 때 가장 중요하게 고려할 것은 어떤 유형의 데이터가 필요한가—예를 들면, 이용자 견해와 작업흐름과정—그리고 나서 무슨 방법이 해당 데이터를 산출하는가를 결정한다. 예를 들면, 서베이와 포커스집단은 종종 이용자 피드백과 견해를 얻을 좋은 방법이다.

이 단계는 데이터 수집으로 끝나지 않는다. 일단 데이터가 수집되면, 그것은 분석되어야 한다. 분석방법은 어느 정도 수집된 데이터의 유형에 달려있다. 예를 들면, 서베이에서 얻은 수량적 데이터는 백분율과 평균값을 사용해서 요약될 수 있다. 데이터가 포커스그룹 또는 면접 트랜스크립트처럼 질적인 것이라면, 내용의 패턴과 주제를 위해 텍스트가 읽혀야 할 필요가 있다. 그렇지만 가장 중요한 것은 데이터에 숨겨진 의미를 찾는 것이다. 이용자의 75%가 참고서비스에 만족한다고 말했다면, 그것은 무엇을 의미하는가? 덜 만족하는 사람들 간에 어떤 패턴이나 동일성이 있는가? 이 결과는 직원들이 스스로 설정했던 목적에 어느 정도로 근접한가?

8.3.3 의사 결정

평가연구의 궁극적 목적은 행동을 취하기 위한 것이다: 단지 데이터를 수집하고 분석하는 것은 충분치 않다. 데이터가 수집되고 분석된 후, 그것은 직원 배정, 예산편성, 프로그램의 지속이나 중지, 또는 개선을 위한 새로운 목적 설정에 대한 의사결정에 사용되어야 한다.

8.3.4 결과의 공유

평가 결과를 소통하는 것은 연결고리를 종결하는 중요한 부분이며 또한 너무 자주 간과되는 부분이다. 이해관계 집단들은, 이용자들로부터 이사회, 지방행정부처, 또는 대학이사진과 총장에 이르기까지, 연구로부터 습득한 것이 무엇인지 그리고 해당 정보로 무엇을 할 것인지 알고 싶어 한다. 연구에 참가했던 사람들과 결과를 공유하는 것은 피드백이 진지하게 받아들여지고 있으며 또한 그들의 견해가 중요하다는 것을 참가자들에게 알리는 한 방법이다.

8.3.5 목적 재점검

평가는 반복되는 과정이다. 도서관이 목적을 얼마나 잘 달성하는지 알아내기 위해 결과가 분석된 다음에, 연구에 기초하여 서비스에 대한 의사결정이 이루어지고, 사이클은 다시 시작된다.

8.4 무엇을 평가하는가?

사서들은 항상 자원과 서비스에 대한 데이터를 수집해왔지만, 그들은 결과물과 서비스에 초점을 두었다. 그와 같은 데이터는 활동을 추적하고 유사 기관에 대한 벤치마킹을 하는 데 유용하며 계획 수립에 사용될 수 있다. 그렇지만 투입과 산출은 한계가 있는데, 왜냐하면 그것은 자원과 서비스의 품질이나 효과를 측정할 수 없기 때문이다. 그것은 "얼마나 많은가"를 말해주지만 "얼마나 잘 하는가"를 말해주지 않는다. Lynn Silipigni Connaway(2014, 1)는 다음과 같이 설명한다:

> 투입척도는 표준에 대하여 도서관의 원재료(예산, 공간, 장서, 설비, 직원)를 평가하는 것이지만 전체적인 평가로서는 불충분하다. 산출척도는, 대출된 자료 수, 답변된 참고질문 수, 또는 도서관 이용교육 참여자 수와 같이, 수행된 업무를 수량화하지만, 이러한 요인을 도서관의 전체적인 효과에 관련시키지 못한다. 산출척도는 수요, 성능 효율, 이용자만족을 암시하지만, 성능을 설명하지 못하거나 도서관

서비스 및 시스템 이용으로 초래되는 성과 또는 혜택을 식별하지 못한다.

이해관계자들이 도서관에 그 가치를 입증하도록 더 큰 압력을 가함에 따라, 투입과 산출을 계산하는 것으로부터 품질을 평가하고 성과를 판단하는 것으로 초점이 변천되어 왔다. "품질"(quality)이란 자원이나 서비스가 얼마나 우수한가를 말한다. 참고서비스의 품질은 Reference and User Services Association의 "Guidelines for Behavioral Performance of Reference and Information Services Providers"(2013)와 같은 외부의 표준 또는 자기보고식 이용자 만족도 수준에 의해 측정될 수 있다. "성과"(outcome)란 도서관 자원이나 서비스의 결과와 개인 또는 커뮤니티에 미치는 그 영향을 말한다. The Institute of Museum and Library Services(n. d. -b)는 성과를 "사람들에 대한 혜택: 특히, 프로그램 참가자들의 기술, 지식, 태도, 행동, 환경, 생활상태의 성취 또는 변화로 ('방문자들은 어떤 건축이 그들의 환경에 기여하는가를 알게 될 것이다,' '참가자의 리터러시는 개선될 것이다')," 그리고 성과 기반 평가를 "확실하게 변화 또는 바람직한 상태를 보여줄 수 있는 관찰로 ('연간 과학전시회 작품의 향상된 품질,' '가족사에 관한 흥미,' '정보를 효과적으로 사용하는 능력')" 정의하고 있다.

참고서비스의 품질과 성과의 평가는, 가상 또는 물리적 참고데스크 서비스에 대한 이용자 만족도, 서비스의 품질과 효과, 참고트랜잭션의 학습 성과를 포함한 다양한 국면은 물론 가상참고서비스 또는 디자인과 표지판을 포함한 참고서비스 공간의 사용성에 관한 것에도 초점을 둘 수 있다. 일부 사서들은 또한 도서관의 경제적 가치를 지역사회에 보여주기 위한 시도로, 비용-편익 그리고 투자자본수익률 평가에 관여한다(Kelly, Hamasy, and Jone 2012). 마지막으로 평가연구는 직원 성능에 초점을 둘 수 있는데, 이것은 직원훈련 프로그램 평가와 관계가 있으며 직무만족과 같은 영역을 포함할 수 있다.

무엇을 평가할 것인가의 선택은 각 도서관의 몫이다. 실제로 어떤 서비스나 자원이라도 살펴볼 수 있지만, 개별 도서관과 참고부서는 자관의 요구, 도서관 임무, 그리고 도서관 이해관계자에 따라 초점을 둘 영역을 결정할 필요가 있다. 대학도서관이나 학교도서관은 참고 상호작용을 통한 학습에 중점을 두고 시작할 수 있으며, 반면에 시정부당국은 공공도서관에 투입된 세금에 대한 수익률 또는 공공도서관 이용자들의 만족도에 관심이 있을 것이다. 다음은 참고서비스 평가의 몇 가지 전통적인 국면과 새로운 국면에 대하여 약술한 것이다.

8.4.1 참고질문 수의 산정

제기된 참고질문의 수와 유형을 추적하는 것은 모든 도서관종에서 공통적인 참고사서의 활동이다. 사서들은 이 통계를 Institute of Museum and Library Services(IMLS)와 National Center for Education Statistics(NCES)같은 기관에 보고한다. NCES의 Integrated Postsecondary Education Data System(2015)은 대학도서관과 학교도서관 통계를 이용 가능하게 만들고, 도서관들로 하여금 유사한 도서관을 벤치마킹할 수 있게 해주며 시간 경과에 따른 전체적 이용 동향을 볼 수 있게 해준다. IMLS는 공공도서관과 주립도서관에 대한 유사한 데이터를 제공한다(Institute of Museum and Library Services n. d. -a).

참고데스크 통계는 여러 가지 방법으로 추적될 수 있다. 제기된 전체 질문 수에 추가하여, 사서는 상호작용 형태를 (대면, 이메일, 채팅, 전화 등) 추적할 수 있다. 많은 도서관들은 또한 질문 유형에 따라 분류한다. 가장 단순한 수준에서 질문은, 전문적 지식이나 정보자료 활용이 필요 없는 방향적 또는 설비 관련 질문("화장실이 어디에 있습니까?" 또는 "프린터에 종이를 더 넣어 주실 수 있습니까?")과 달리, 참고질문으로 구별된다. 참고질문들은 다시, 즉답형 질문, 연구상담, 독자자문 등의 유형에 따라 구분될 수 있다.

참고질문의 수와 유형에 관한 데이터는 자원과 직원의 배정을 위한 정보를 제공한다. 분주한 시간대와 요일을 식별하고 또한 전형적으로 심도 있는 질문이 많이 제기되는 시점을 아는 것은 참고부서장으로 하여금 각기 다른 서비스포인트를 망라하기 위한 계획을 수립하는 데 도움이 된다(Dugan and Hernon 2002). 유용한 것이긴 하지만, 참고질문의 수는 산출척도 이며 서비스의 품질이나 이용자 만족에 대한 통찰을 제시하지 못한다. 사서들은 직원 배정과 벤치마킹을 위해 이러한 통계 추적을 계속할 것이다. 그렇지만 앞서 지적한 바와 같이, 트렌드는 투입과 산출척도를 뒤로 하고 품질과 성과를 측정하는 쪽으로 이동하고 있다.

8.4.2 정확성

한 고전적인 연구에서, Peter Hernon과 Charles McClure(1986)는 질문할 대리인들을 (연구자가 모집해서 훈련한 개인들) 다양한 참고데스크로 보냈다. 연구자들은 각 기관이 제기된 질문에 답변할 수 있는 자료를 소장하고 있음을 확인하였다. 그럼에도 불구하고, 거의 반 정도의 경우에 참고데스크 직원은 질문의 답변에 실패하였다. 이 결과에 기초하여 연구자들은 사서가 질문에 정확한 답변을 제공하는 비율을 설명하는 "55퍼센트 규칙"이란 어구를 만들었다. 참고트랜잭션의 정확성에 대한 다른 연구들은 낮게는 24%부터(Profeta 2006) 높게는 80%까지(Pomerantz, Luo and McClure 2006) 매우 다양하며, 가상 참고 채팅 트랜스크립트에 대한 한 연구는 즉답형 질문에 대한 정확성을 90%로 산정하였다(Radford and Connaway 2003). Hernon과 McClure의 연구는 중요한데, 왜냐하면 투입과 산출을 넘어 제공된 서비스의 정확성을 평가하기 위해 전진하고 사서들이 참고면담에 전념하는지 또는 의뢰를 하는지를 살펴봄으로써 서비스의 품질을 가늠하였기 때문이다. 그렇지만, 이 연구는 참고트랜잭션의 성공을 단지 사서의 답변에 대한 정확성으로만 측정했다는 비판을 받았다. 사서의 태도와 유용성 그리고 이용자 만족은 결과의 부분으로 간주되지 않았다. 추후 연구자들은 참고면담의 전반적 성공에 대한 요인으로서 이용자 만족과 사서의 행동에 보다 더 초점을 두었다.

8.4.3 이용자 만족도

우수한 고객서비스는 어떤 기관에게도 중요하다. 사람들은 좋은 경험보다도 나쁜 경험을 친지 및 가족들과 훨씬 더 많이 공유하는 경향이 있으며(Dixon, Freeman, and Toman 2010; Estep 2011), 한 가지 나쁜 경험은 다른 사람들의 서비스 이용을 저지하는 파급효과를 일으킨다. 사서들은 이용자들이 제공된 자원과 서비스 전체에 만족하기를 원하고 있지만, 대면이든 가상환경에서든 참고트랜잭션이 이용자서비스의 중요한 요소가 된다.

Joan Durrance(1989)는 우수한 고객서비스 경험이 이용자가 다른 질문을 가지고 참고사서에게 다시 올 것인지 여부를 결정하는 가장 중요한 요인 중 하나라는 것을 발견하였다. Durrance는, 참고사서의 대인관계 능력이 우수하다고 평가했던 이용자들이 차후에 도움을 받기 위해 해당 참고사서에게 돌아갈 것이라고 말하는 경향이 더 많다는 것을 발견하였다. 이용자들은, 비록 사서가 질문에 정확히 답변했다 하더라도, 단정적으로 판단을 내리고 또는 관심이 없는 것으로 여겨지거나 불편하게 느끼도록 만드는 사서에게는 다시 가려고 하지 않는 경향이 많다. 다른 연구들도 유사한 발견을 하였는데, 이용자들은 참고트랜잭션이 성공적이었는지 여부를 설명할 때 사서가 우호적이고 상냥했는지 여부와 같은 "관계적 국면"(relational aspects)에 훨씬 더 중점을 두는 경향이 있고(Radford 1996), 사서의 친절은 이용자들의 전반적인 만족과 강한 상관관계가 있었다(Dewdney and Ross 1994). 유사한 조건이 가상참고서비스에서도 사실로 나타났으며(Connaway and Radford 2010), 참고서비스의 전반적 성공에 대한 이용자 만족도의 중요성을 입증하였다. 더 나아가 이러한 연구들은 정보전문직의 행동과 태도가 참고트랜잭션의 성과에 큰 영향을 미친다는 것을 암시한다. 실제로, 연구들은 사서의 태도 그리고 접근 가능성을 포함한 참고데스크의 공간 배치가 이용자의 참고트랜잭션 시작 의지에조차 영향을 미칠 수 있다는 것을 보여주었다(Bonnet and McAlexander 2013; Cortés-Villalba, Gil-Leiva, and Artacho-Ramirez 2017).

8.4.4 서비스 품질

품질은 상품과 서비스를 구성하는 종합적인 속성 또는 특성을 말하며, 그것은 개인이 서비스를 처음 이용하거나 미래에 해당 서비스로 돌아가는 데 영향을 미친다(Pass et al. 2006). 예를 들면, 우수한 품질의 자동차는 잘 달리고, 오래 지속되며, 일반적인 유지보수 외에 수리를 필요로 하지 않는다. 고객서비스는 단지 고객의 견해에 -말하자면 자원이나 서비스가 얼마나 우수한가에 대한 고객의 주관적 인식- 달려 있지만, 품질은 다른 관점에서 측정될 수 있다. 앞서 제시된 사례에서, 다수의 연구가 도서관이용자는 사서의 친절에 기반하여 참고트랜잭션의 품질에 대해 판단한다는 것을 발견하였다. 이러한 결과는 고객의 관점으로부터 대인관계 능력이 품질의 중요한 국면이라는 것을 보여준다. 반면에, 사서들은 종종 참고트랜잭션의 성공이나 품질을 달리 판단한다. Marie Radford(1999)는 참고대면의 성공을 논의함에 있어 사서들은 질문의 내용 그리고 이용 가능한 자료의 양과 품질에 초점을 두는 경향이 있음을 발견하였다. 사서의 관점에서는 질문에 대해 완전하고 정확한 답변을 제공하는 것이 품질을 결정하는 가장 중요한 요인 중 하나처럼 보인다.

품질연구의 초점이 제공된 서비스에 주어질 때, 서비스품질이라고 칭한다. 품질은 내부와 (도서관) 외부의(이용자) 모든 관점에서 볼 수 있지만, 서비스품질은 이용자 편에 중점을 둔다. 서비스품질은 이용자의 판단과 이용자들의 경험에 대한 인식에 의존한다는 점에서 만족과 관련이 있으며, 품질은 일반적으로 이용자가 만족되었는지 여부에 속한 요인이다. 그러나 평가 연구에서는 서비스품질이 만족과는 차별화된다. 만족은 보통 단일 요소 또는 트랜잭션에 초점을 두며, 반면에 서비스품질은 이용자의 전반적인 경험을 망라하는 보다 일반적인 개념이다(Parasuraman, Zeithaml, and Berry 1988). Peter Hernon과 Ellen Altman(1996, 2)에 의하면, 도서관 서비스품질은 "도서관과 도서관의 봉사대상인 사람들

사이의 상호적 관계를 포함한다. 자료를 수집하고 조직하고 관리하고 보존하기 위해 전문적으로 인정된 모든 규칙과 절차를 지키고 있지만 이용자가 없는 도서관은 품질을 주장할 수 없는데 왜냐하면 주된 요소가 결여되어 있기 때문이다: 정보에 대한 사람들의 요구, 요청, 그리고 욕구를 만족시키는 것." 기본적으로 서비스품질은 일관성 있게 서비스포인트 전체에 걸쳐 이용자 기대를 충족시키는 (또는 능가하는) 것을 의미한다(Lewis and Booms 1983). 한 기관이 이용자의 기대를 충족시키지 못하면, 그 실패는 서비스의 갭으로 식별되고, 개선을 위한 행동이 취해져야만 한다(Bannock et al. 2003).

University of Mississippi의 사서들은, 이용자들에게 일련의 도서관서비스 품질에 대해 최소한(minimum), 바람직한(desired), 지각된(perceived) 3단계로 등급을 매기도록 요청하는 표준화 조사를 사용해서, 서비스품질을 측정하였다. 10년 동안 이 조사를 사용하여 종단적 분석을 하였으며, 직원에 대한 이용자들의 인식이 시간이 경과됨에 따라 개선되었음을 발견하였다(Greenwood, Watson, and Dennis 2011). 다른 연구는 기록보존소 참고서비스 이용자들을 조사하여 그들의 참고트랜잭션 품질에 대한 인식을 그들이 인식한 서비스 중요성과 비교하였다. 기대와 실제 품질간의 갭이 식별되었으며, 직원들은 서비스를 개선하기 위해 그 반응을 이용하였다(Battley and Wright 2012).

대체로 이용자의 견해에 의존하기 때문에 서비스품질은, 시제품의 수용 또는 거절 여부를 결정하기 위해 제조업에 적용되듯이 "객관적"(objective) 척도로 간주되는 품질과는 다르다. 비록 서비스품질에 대한 주관적 본질에 어느 정도 불편함이 있지만, 궁극적으로 이용자의 인식은 그들의 현실이다. 사서들이나 다른 이용자가 동일한 서비스를 평가한 방법과 상관없이, 한 개인이 기대했던 것보다 낮은 품질의 서비스를 받았다고 생각한다면, 그들은 불만족한 것이다. 다시 말하면, Box 8.2에 나타나 있는 바와 같이, "고객들이 양질의 서비스가 있다고 말한다면, 있는 것이다. 말하지 않으면, 없는 것이다. 기관이 자신의 서비스 수준에 대해 믿고 있는 바는 중요하지 않다"(Hernon and Altman 1996, 6).

Box 8.2
실습과제: 양질의 서비스

이 인용문을 고찰해 보세요: "고객들이 양질의 서비스가 있다고 말한다면, 있는 것이다. 말하지 않으면, 없는 것이다. 기관이 자신의 서비스 수준에 대해 믿고 있는 바는 중요하지 않다"(Hernon and Altman 1996, 6).

• 토론 질문
1. 당신은 동의합니까? 그 이유는?
2. 자관의 서비스에 대한 기관의 믿음이 그 이용자들의 믿음보다 타당할 상황이 있을까요?

8.4.5 학습

교육은 참고서비스의 중요한 부분이다. 참고면담 도중에, 사서는 정보탐색 과정을 통해 이용자를 지도할 기회를 가지고 있으며, 상호작용 중에 이용자가 새로운 전략과 기법을 배우는 것이 가능하다. 참고대면 중에 학습이 발생하는 정도를 측정함으로써, 사서는 참고서비스가 모기관의 교육 임무에 어떻게 공헌하는가를 보여줄 수 있다.

몇 가지 연구에서 사서가 참고서비스 도중에 교육 활동 또는 행동에 관여하는 정도를 진단하기 위해 가상 참고 트랜스크립트를 사용하였다(Passanneau and Coffey 2011; Taddeo and Hackenberg 2006). 이 연구들의 초점은 교육에 있는데, Wartburg College의 사서들은 조사 대상 학생들의 90% 이상이 사서가 참고서비스 중에 그들을 가르쳤다고 답변하고 있음을 발견하였다(Gremmels and Lehmann 2007). 유사하게, Indiana University의 사서들은 이용자의 정보리터러시 수준을 진단하는 한 방법으로 참고질문을 분석하고 분류하였는데, 이 학생들이 참고상호작용을 학습경험으로 인식했음을 발견하였다(Cordell and Fisher 2010). 또 다른 연구에서는, 학생들이 채팅 참고서비스 도중 교육을 받는 데 개방적이었음을 발견하였고, 사후 포커스그룹 연구에서도 이 학생들은 사서로부터 배웠던 정보와 전략을 다시 언급하였다(Jacoby et al. 2016). Megan Oakleaf와 Amy VanScoy(2010, 386)는 사서들에게 "[가상참고트랜잭션 중에] 사서의 교수전략이 학생들의 학습에 미치는 직접적 영향을 탐구하도록" 촉구하고 있다.

8.4.6 사용성

사용성이란 "이용자가 얼마나 효과적으로, 효율적으로, 그리고 만족스럽게 이용자인터페이스와 상호작용할 수 있는가"라고 정의되어 있다(Usability. gov 2015a). 사용성은 전체 이용자 경험의 부분으로서, 시스템에 대한 이용자의 사용용이성과 만족도를 조사한 것이다.

Usability. gov(2015a)는 사용성에 영향을 미치는 여섯 가지 요인을 식별하였다:

1. 직관적 디자인. 거의 노력 없이 사이트의 구조와 탐색에 대해 이해하는 것.
2. 학습 용이성. 이전에 이용자인터페이스를 본 적이 없는 사람이 얼마나 빨리 기초 작업을 수행할 수 있는가.
3. 이용 효율성. 경험 있는 이용자가 업무를 성취할 수 있는 속도.
4. 기억 용이성. 이용자가 차후 방문에서 사이트를 효과적으로 사용할 만큼 충분히 기억할 수 있는지 여부.
5. 오류 빈도와 심각성. 시스템을 사용하는 동안 이용자가 얼마나 자주 실수를 하는가, 그 실수의 심각성은 어떠한가, 그리고 이용자가 실수로부터 어떻게 복구하는가.
6. 주관적 만족도. 이용자가 시스템을 사용하기를 좋아하는지 여부.

보다 많은 참고서비스와 정보원이 온라인으로 이동함에 따라, 사서들은 해당 서비스와 정보원의 사용성을 평가할 필요를 인식하고 있다. 사용성은 중요한데, 왜냐하면 이용자들이 *Google*과 *Amazon* 같이 그들이 친숙한 서비스와 도서관 웹사이트를 용이성, 속도, 편리성에 대해 비교할 것이기 때문이다. 도서관사이트가 너무 복잡하거나 투박해 보인다면, 이용자들은 이용하지 않으려고 할 것이다. 한 사용성 연구에서 원거리 가상참고서비스의 몇 가지 형태를 비교하였는데, 채팅이 효율성, 효과성(작업 완성 견지에서), 그리고 만족도에서 높은 점수를 받아 선호하는 방법으로 나타났다(Chow and Croxton 2014). University of Saskatchewon의 사서들은 가상참고서비스의 설계 전체를 계획하기 위한 한 방법으로 사용성을 채택하였다(Duncan and Fitcher 2004). 가상참고서비스에 추가하여, 사용성 테스트는 연구가이드 같은 온라인 참고도구를 위해서도 구현될 수 있다(Vileno 2010).

8.4.7 비용 대 편익

이해관계자들은 종종 도서관에 소요된 비용의 경제적 가치를 알고 싶어 한다. 한 연구에서는, 사서들이 건강관리팀에 합류한 동안 정보를 효과적이고 효율적으로 찾을 수 있었기 때문에, 해당 팀이 답변된 질문 당 $13-20을 절약할 수 있었음을 발견하였다(Ganshorn 2009). 일부 사서들은 해당 지역사회에게 도서관의 경제적 가치를 보여주기 위한 시도로서,

비용 대 편익 그리고 투자수익률 평가에 관여하였다(Kelly, Hamasu, and Jones 2012). 한 대학도서관은, 이용자가 도서관으로부터 자료와 서비스를 얻기 위해 소비할 의지가 있는 비용을 시간과 금전적 측면에서 추정하였으며, 달러당 $4 이상의 투자수익을 도서관이 제공할 것으로 결론지었다(Kingma and McClure 2015). 연구결과들을 대상으로 한 체계적 리뷰에서는, 몇 가지 보건분야의 사례에서 사서들이 함께 근무하는 전문직들의 시간을 절약하게 만들고 조직의 전반적인 비용 대 효과에 기여한다는 것을 발견하였다(Weightman and Williamson 2005).

8.5 어떻게 평가하는가

각 평가프로젝트는 착수되기 전에 정의되어야 할 다섯 가지의 고유한 국면을 가지고 있다: 무엇이 연구될 것인가, 누가 연구의 초점이 될 것인가, 어디서 연구가 이루어질 것인가, 언제 연구가 이루어질 것인가, 그리고 데이터는 어떻게 수집될 것인가. 전체적으로 이 다섯 가지 국면은 종종 연구프로젝트의 논리적 구조라고 부른다.

(what)

논리적 구조의 "what"은 연구의 초점을 말한다: 구체적으로 무엇이 평가되고 있는가. 앞서 요약하였듯이, 거의 모든 자원(예, 웹사이트, 패스파인더, 장서) 또는 서비스(예, 가상 또는 대면 참고서비스, 이용교육)가 평가될 수 있다. 평가를 위한 초점의 영역을 선택하는 것 외에, 자원 또는 정보원의 어떤 국면이(예, 이용자 만족, 품질, 학습) 평가되고 어떤 관점을 취할 것인지를(예, 이용자의 관점, 도서관의 관점) 정의하는 것은 매우 중요하다.

(who)

"who"는 연구 대상이 될 사람들이다. 경우에 따라 이들은 도서관카드 소지자 또는 족보학자처럼 매우 광범위할 수도 있고, 특정 연령의 학생 또는 특정 과목의 수강생처럼 보다 제한적일 수 있다. 중요한 것은 인구집단이 연구의 초점에 맞는지를 확인하는 것이다. 종종 인구집단 전체를 연구하는 것은 불가능하거나 비현실적이다. 그럴 경우에 사서들은 모집단의 표본을 추출하는데, 무선표집을 하거나 그렇지 않으면 모집단을 대표할 표본 추출에 주의를 기울인다. 본 장의 말미에 열거된 추천자료들은 연구에 적합한 표본 추출 방법의 개요를 제공하고 있다.

(where)

연구에서 "where"은 연구가 초점을 두거나 연구에 관계된 기관 또는 장소를 말한다. 평가연구는 일반적으로 현지적 속성이 있기 때문에 ―말하자면, 자관의 서비스를 연구해서 해당 기관의 의사결정에 정보를 제공하기 위한― 평가연구프로젝트의 "where"는 보통 연구가 수행되는 도서관 또는 정보기관이다.

(when)

"when"은 연구가 수행될 시간표를 결정한다. 적절한 시간대를 선택하는 것은 중요하다. 예를 들어, 참고부서가 참고데스크의 고객서비스를 연구하고자 한다면, 다양한 이용자와 질문이 제기되는 활동이 많은 시점을 알아야 할 필요가 있다. 예를 들면, 대학도서관은 전형적으로 다수의 학생들이 캠퍼스를 떠나는 봄방학 기간에 연구를 수행코자 하지 않는다.

(how)

"how"는 데이터를 수집하기 위해 사용될 방법을 말한다. 참고서비스 연구를 위한 여러 가지 방법이 있으며, 이 방법에 대한 포괄적 리뷰는 본 장의 범위 밖에 있다. 그렇지만, 보다 많이 쓰이는 방법 몇 가지는 나중에 논의될 것이다. 본 장의 말미에 있는 추천자료들은 이런 방법에 대한 심도 있는 설명은 물론 여기서 논의되지 않은 다른 방법에 대한 개요를 제공하고 있다.

(용어 정의와 기준)

평가프로젝트 수립의 한 부분으로, 어휘 및 연구 요소의 측정 방법을 포함한 연구 각 국면에 대한 명료화가 필요하다. 첫 번째 단계는 연구의 용어들을 정의하는 것으로서 종종 조작화라고 부르는 과정이다. 앞서 기술한 연구 중 몇 가지는 참고서비스 성공에 대해 다른 정의를 사용하였다. 어떤 연구는 참고데스크의 성공을 이용자의 사서 재방문 의지로 정의하였고, 반면에 다른 연구에서는 참고서비스의 성공을 사서가 제공한 답변의 정확성 또는 완전성으로 측정하였다. 조작화의 주안점은 연구의 모든 국면이 정의된 방법의 명확성을 보장하기 위한 것이다.

용어가 정의된 다음에, 사서들은 연구의 각 국면을 어떻게 측정할 것인지 결정해야 한다. 예를 들어 참고서비스 성공의 예를 계속 보자면, Durrance(1989) 그리고 Dewdney와 Ross(1994)는 단지 이용자들이 참고데스크를 재방문할 의지가 있는지 여부뿐만 아니라 어떤 요인이 그들로 하여금 더욱 재방문하도록 만드는지를 알 필요가 있었다. 그들은 이용자들로 하여금, 사서의 다양한 행동 양상을 포함한 여러 가지 기준의 참고 상호작용을 평가하게 했다. 그 기준은 사서의 성능이 측정되는 표준이다.

비록 자체개발 척도를 정하는 것이 가능하더라도, 종종 외부에서 정의한 척도를 발견하는 것이 바람직하다. ALA, Public Library Association, ACRL과 같은 여러 전문직 협회에서 평가에 사용될 수 있는 정의, 표준, 그리고 척도를 출판하였다. 예를 들면, Reference and User Services Association(RUSA)는 "Guidelines for Behavioral Performance of Reference and Information Service Providers"(2013)를 제시하였는데, 이것은 종종 참고 대면 중 사서의 성능을 평가하는 데 사용된다. 연구자들은 추가적으로 참고서비스 연구에 기반한 표준을 제안하였다. 예를 들면, R. David Lankes, Melissa Gross, and Charles R. McClure(2003)는 가상참고서비스 평가에 사용될 수 있는 여섯 가지 품질 표준을 제안하였다: 예의, 정확성, 만족도, 재방문이용자수, 인지도, 그리고 비용. 외부의 표준은 사서들로 하여금 독자적 척도를 개발하는 시간과 노력을 절약하게 해주며 또한 동일한 표준을 사용했던 연구결과들과 벤치마킹 및 비교를 가능하게 해준다.

8.6 데이터 수집 방법

평가연구는 매우 다양한 방법을 통해 수행될 수 있다. 대부분의 방법은 두 가지 기본적 범주의 하나에 속한다: 양적(quantitative) 또는 질적(qualitative). 양적 방법은 수치로 표현될 수 있는 정보에 초점을 두며 빈도, 백분율, 비율을 포함할 수 있다. 양적 측정치를 수집하기 위한 방법의 일반적 형태는 다음과 같은 것을 포함한다: 서베이, 설문지, 여론조사(폐쇄형 질문); 트랜잭션 로그 분석(웹사이트 접속과 전자정보원 이용의 리뷰 포함); 계량서지학(인용분석 포함). 반면에 질적 연구는 관찰과 서술에 의존한다. 질적 연구의 일반적 유형은 면담, 포커스집단, 문헌분석, 그리고 비공개적 관찰을 포함한다.

각 방법론적 접근은 강점과 약점을 가지고 있다. 양적 방법은 종종 규모가 큰 집단에 적용될 수 있는데, 이는 결과를 더 큰 모집단에 일반화할 수 있는 대표성 있는 표본을 구할 가능성이 더 많음을 뜻한다. 반면에, 질적 방법은 심도 있게 살피고 양적 결과 뒤에 숨어있는 정황을 이해한다. 예를 들면, 서베이는 이용자들이 참고서비스에 만족한다는 것을 말해줄 수 있는 반면에, 포커스집단 연구는 사람들이 다른 국면에 만족하는 이유를 발견할 수 있으며 또한 만족과 불만족에 대한 원인을 구별할 수 있다. 따라서 연구주제에 대해 보다 완전한 면모를 알기 위해서는 양적 방법과 질적 방법을 함께 사용하는 것이 유리할 수 있다. 다음은 참고서비스 연구에 적용된 보다 일반적인 연구방법의 일부를 요약한 것이다.

8.6.1 서베이

서베이는 평가연구에서 가장 많이 쓰이는 방법이다. 폐쇄형 질문, 즉 응답자가 선택해야 할 정해진 답변 세트를 갖고 있는 질문으로 구성되어 질적방법보다 시행하는 데 시간이 적게 걸리고, 일반적으로 신속하게 분석될 수 있으며, 대규모 인구집단에 대한 올바른 선택이다. 서베이는, 인구통계, 지식, 견해, 그리고 인식을 포함하여 다양한 정보를 유도할 수 있다. 서베이는 추가적으로 응답자가 자신의 반응을 글로 쓸 수 있도록 개방형 질문을 포함할 수 있다. 이러한 질문은, 응답자들에게 폐쇄형 질문에 대한 답변을 정교화 또는 명료화할 기회를 제공하며, 따라서 연구에 질적 양상을 추가한다.

서베이는 이용자서비스 피드백을 위해 정기적으로 사용되지만, 한편 다른 쪽으로 구현되기도 한다. 예를 들면, Gillian S. Gremmels와 Karen Shostrom Lehmann(2007)은 참고트랜잭션 동안의 학습에 대한 이용자 인식을 측정하기 위해 서베이를 사용하였다. 서베이는 또한 참고서비스를 통한 이용자요구 지원 방법을 파악하기 위한 정보추구 행동 연구에 (Head 2013; Mokhtari 2014) 그리고 이용자들의 모바일기기 사용 수준을 파악해서 기기에 대한 접근 지원으로 서비스를 개인화하는 연구에 사용되었다(Becker, Bonaclie-Joseph, and Cain 2013; Dresselhaus and Shrode 2012). 한 연구는 이용자들이 참고데스크에 대한 도서관표지판을 이해하는지 여부를 결정하기 위해 서베이를 사용하였다(O'Neill and Guilfoyle 2015). 도서관서비스와 자원에 대한 이용자의 인식을 조사하는 것은 마케팅과 아웃리치 캠페인을 기획하는 데 도움이 될 수 있다(Del Bosque et al. 2017).

서베이는 한 가지 관점에 중점을 두고 있지만, 비교와 대조를 위해 여러 가지 관점으로부터 피드백을 얻는 것이 또한 가능하다. 예를 들면, 1980년대에 Marjorie Murfin, Gary Gugelchuk, and Charles Bunge가 개발한 Wisconsin-Ohio Reference Evaluation Program(WOPER)은 참고트랜잭션 마지막에 작성할 두 부분의 서베이로 구성되어 있다(Murfin and Gugelchuk 1987). 서베이의 하나는 이용자가 작성하는 것으로 이용자 만족도와 사서의 정서 및 행동에 관한 것을 묻는다. 서베이의 다른 하나는 사서가 작성하는데, 질문의 내용, 답변의 완전성, 그리고 대기 중인 다른 이용자의 존재여부 또는 질문이 도서관 장서 범위에 속하는지 여부 등과 같은 사항을 묻는다. 서베이의 두 부분은 다시 결합되고 비교될 수 있도록 코딩된다.

두 가지 관점을 가짐으로써, 사서들은 트랜잭션 성공에 대한 그들의 견해가 이용자의 견해와 일치하는지 여부를 파악하고, 일치하지 않는다면 불일치하는 데가 어디인지를 알 수 있게 된다. 예를 들면, Pennsylvania State University의 사서들은, 직원들이 참고트랜잭션에 대한 이용자들의 만족을 과대평가하고 있음을 발견하였다(Novotny and Rimland 2007). 그들은 이 발견에 기초하여, 사서들이 답변에 더 많은 자료를 활용하고 이용자에게 더 많은 시간을 쓰고, 원하는 자료가 없을 때에는 대안을 제공하도록 권장하는 훈련 세션을 구현하였다. 후속 연구에서, 훈련 시행 이후 전체적인 만족도가 개선된 것으로 나타났다. 이와 같이 평가연구는 사서들로 하여금 문제를 식별하고 서비스 개선을 위하여 정보에 기반한 결정을 하게 해준다. WOPER에 기초한 다른 연구에서는, 사서와 도서관학과 학생들이 자기들 스스로에게 주는 점수보다 이용자들이 사서에게 더 높은 점수를 주는 것을 보아, 사서들은 종종 참고트랜잭션의 성공을 과소평가하는 것으로 나타났다(Butler and Bird 2016; Saunders 2016).

기존의 서베이를 사용할 것인지 또는 독자적인 서베이를 개발할 것인지 여부를 결정하는 것은 중요한 사항이다. 타당성 있는 도구와 데이터 분석 보조를 제공하는 LibQUAL+®과 Counting Opinions같은 확립된 서베이들이 있다. 또한 다수의 서베이가 문헌정보학 분야에서 출판된 논문에 포함되어 있으며, 또는 요청을 하면 저자로부터 획득할 수 있다. 그럼에도 여러 사서들은 자체적 서베이 개발을 선택하는데, 아마도 예산상의 이유(표준화 도구는 많은 비용이 들 수 있다) 또는 질문을 자관 이용자에게 맞추기 위함일 것이다. 일반적으로 서베이는 다른 데이터수집 도구보다 개발하는 데 사용할 자료가 풍부하고 시간이 적게 걸린다. 그렇지만, 신뢰성 있고 타당한 데이터를 도출할 서베이를 고안하는 것은 결코 쉽지 않다. 서베이 개발에 관한 지침은 본 장 말미의 추천도서에 열거된 책에서 찾아볼 수 있다.

전반적으로 서베이는 광범위한 커뮤니티 구성원으로부터 거의 모든 주제에 관한 피드백을 수집하는 우수한 방법이지만, 서베이도 한계를 가지고 있다. 서베이의 폐쇄질문형 특성은 상황의 단편을 제공할 수 있음을 의미하며, 일반적으로 상황 이면의 해석을 심도 있게 구명할 수 없다. 추가로, 사람들은 여러 출처로부터 서베이를 받게 되는데, 이것은 서베이 소진 신드롬을 야기한다. 서베이 응답에 지치게 되면, 이용자들은 답변에 성실하지 못하게 되거나, 끝까지 계속하지 않거나, 또는 전혀 답변하지 않는다. 마지막으로, 서베이의 본질과 형태는 응답에 장애를 초래할 수 있다. 왜냐하면 서베이는 글로 쓰인 것이고 일정 수준의 독서능력을 필요로 하므로, 어린이와 비원어민 그리고 문해능력이 낮은 이용자들은 참여할 수 없을 것이다. 신뢰할 만한 인터넷 연결이 없는 사람들은 온라인서베이에 접근할 수 없다. 반면에 인쇄본 서베이는 보통 도서관 안에서 배포되므로, 비이용자, 원거리이용자, 또는 서베이 시행 중 도서관을 방문하지 않은 사람들이 제외된다. 연구자들은 서베이를 계획할 때 이 모든 제한점을 고려해야 하며 다수의 이용자에게 도달할 최선의 방법을 결정해야 한다.

8.6.2 포커스집단

서베이는 표본이 큰 경우에 적합하지만 일차적으로 폐쇄형 질문에 제한되는 경향이 있는 반면에, 포커스집단은 보다 심도 있게 한 집단의 관점을 모으고 생각을 탐구할 여지를 부여한다; 상호간에 아이디어를 제시하고; 의견이 일치하거나, 불일치하거나, 질문을 하거나, 이의를 제기한다(Liamputtong 2011). 참여자들은 종종 토론 중에 서로 배우며, 연구자들은 참여자의 의견이 어떻게 서로 영향을 미치는지 볼 수 있다. 서베이와 달리, 참여자의 답변이 불확실하거나 또는 그들이 특별히 흥미 있는 사항을 제기할 경우, 후속 질문을 하는 것이 가능하다. 그 외에 포커스집단은 그 자체로 마케팅 도구가 될 수 있는데, 왜냐하면 참여자들은 "실제로 귀를 기울여 주는 기회를 고마워하며 도서관이 그들의 경험을 구할 만큼 충분한 관심을 갖고 있는 것으로 여긴다"(Massey-Burzio 1998, 214).

포커스집단 방법은 어떤 유형의 연구 문제 또는 질문에도 적용될 수 있지만, 이것은 참여자들로부터 직접적이고 개방형 피드백을 강조하기 때문에, 이용자들의 참고서비스에 대한 인지도뿐만 아니라 서비스에 대한 만족과 견해를 살펴보는 데 유용하다. 한 연구는 이용자들이 질문하기를 불편해하며 참고서비스를 이용했을 때 도움이 되지 못했다는 것을 발견하였다. 더욱이 그들은 빈약한 표지판을 불평했으며 보통 사서를 만날 수 없거나 사서를 식별하기 어렵다고 제시하였다(Messey-Burzio 1998). 반대로, 다른 연구의 포커스집단 참여자들은 그들의 요구가 참고데스크에 의해 충족되었다고 제시하였다(Fitzpatrick, Moore, and Lang 2008). 포커스집단은 또한 다른 서비스 형태에 대한 이용자들의 선호도를 가늠하기 위해 사용될 수 있다. 예를 들면, 대면, 전화, 채팅 상호작용에 대한 이용자 선호도 연구(Granfield and Robertson 2008; Naylor, Stoffel, and Van der Laan 2008), 또는 채팅 참고서비스에 대한 인식을(Jacoby et al. 2016) 탐구한 연구가 있으며, 반면에 참고서비스 도움을 받지 못한 이용자들의 모바일 기기 사용을 조사한 연구가 있다(Owen 2010).

포커스집단은, 서베이보다 훨씬 적은 세션당 7~12명의 참여자만으로, 주제를 깊이 살펴보는 데 매우 유용하지만, 그 결과는 또한 제한점이 있다. 각 방법론의 단점을 최소화하면서 장점을 최대화하는 한 가지 방식은 두 가지 방법을 함께 사용하는 것이다. 서베이는 커뮤니티의 관점에 대한 전반적인 것을 알기 위해 사용될 수 있으며, 다른 한편으로 후속 포커스집단 연구에서는 서베이에서 야기된 질문이나 관심사를 규명할 수 있다.

8.6.3 관찰

관찰은 오랫동안 참고서비스 연구에 많이 사용된 방법이다. 명칭이 암시하는 것처럼, 이 방법은 활동 중의 참고사서를 관찰하는 체계적 접근방법이며 그들의 업무와 행동을 정해진 일련의 기준에 대해 비교하거나 벤치마킹한다. 관찰은, 피관찰자들이 언제가 될지는 몰라도 그들이 관찰되고 있음을 알도록 공개적으로 이루어질 수도 있고, 또는 피관찰자들이 관찰되고 있음을 알지 못하는 상태에서 비공개적으로 이루어질 수도 있다. 예를 들면, Peter Hernon과 Charles McClure(1986)는 55%규칙을 수립했을 때 비공개적 방법을 사용하였으며, 마찬가지로 Durrance(1989) 그리고 Dewdney와 Ross(1994)도 이용자들의 재방문의지를 조사할 때 비공개적 방법을 사용하였다. 위 연구에서, 연구자들은 관찰자들에게 참고데스크에서 질문을 하고 나서 그들의 경험을 보고하도록 하였다.

미스터리 쇼핑(mistery shopping)은 일부 도서관에서 채택했던 비공개적 관찰의 한 형태이다. 원래 소매상에서 사용되었던 미스터리 쇼핑은 서비스, 커뮤니케이션, 행동의 효과성과 직원의 고객서비스 지향성을 진단하기 위하여 도서관서비스를 이용하는 훈련받은 대리인들을 사용한다. 미스터리 쇼퍼는, 반드시 현재 도서관 이용자여야 할 필요는 없으며, 모집이 되어 정규이용자가 하듯이 도서관서비스를 이용하도록 훈련받는다(Jankal and Jankalova 2011).

참고서비스에서 이 쇼퍼들은 참고질문을 하고 RUSA(2013)의 "Guidelines for Behavioral Performance of Reference and Information Services Providers"와 같은 정해진 일련의 기준에 따라 사서를 평가한다. 이 접근방법은 대학도서관과(Kocevar-Weidinger et al. 2010) 공공도서관의(Backs and Kinder 2007) 고객서비스 양상을 평가하기 위해 성공적으로 사용되었다. Australia의 Kent Libraries는, 장애가 있는 주민들이 미스터리 쇼퍼로 활동한 미스터리 쇼핑 프로그램을 묘사하는 비디오를 제공하였는데, 도서관이 특정 요구를 갖고 있는 이용자들을 보다 잘 지원할 수 있는 방법에 대한 통찰을 보여주고 있다(CILIP 2011).

연구자들이 관찰과 미스터리 쇼핑을 실행 가능한 결과를 도출하는 데 효과적 방법이라고 추천함에도 불구하고, 일부 실무자들은 이 접근방법에 대해 불편함을 느낀다. 첫째 이유로는, 인간을 피험자로 하는 연구는 전형적으로 관여되는 사람들로부터 고지에 입각한 동의를 받을 필요가 있다. 그렇지만, 비공개적 관찰이 유효하게 작용하기 위해서는, 피험자가 그들이 관찰당하고 있다는 것을 몰라야만 한다. 그렇지 않으면, 그들은 자연스럽게 행동하지 않게 될 것이다. 비공개적 관찰을 실시하기로 결정한 사서들은 이 문제를, 정확히 언제 누구에 의해 관찰이 실행되는지는 말해주지 않은 상태에서 관찰이 이루어지고 있음을 직원들에게 알리고 목적을 논의함으로써, 개선할 수 있다. 직원들이 이 과정에 느끼는 불편에 대하여, 연구자들은 관찰과 미스터리 쇼핑은 일반적인 문제를 진단하기 위한 것이며 특정 직원을 목표로 의도된 것이 아니라는 점을 명확히 할 필요가 있다. Mihaela Banek Zorica, Tomislav Ivanjko, and Sonja Spiranec(2014)은 미스터리 쇼핑 프로그램 수행에 관해 명확한 안내를 제공하였다. Box 8.3은 미스터리 쇼핑과 관련된 간단한 활동 하나를 제시한 것이다.

Box 8.3
학습과제: 미스터리 쇼핑

한 도서관이 자관의 참고부서에 대한 미스터리 쇼핑 연구를 하기로 결정하였다. 도서관장은 이용자의 질문이 얼마나 잘 답변되고 있는가(다시 말하면, 사서가 능력이 있는 한 완전하고 정확한 답변이 제공되는가) 그리고 이용자들이 우수한 고객서비스를 경험하는지 여부를 발견하는 데 관심이 있다. 질문의 리스트와 미스터리 쇼퍼가 상호작용 후에 작성할 관찰기준을 개발해 보세요. 예를 들면, 그들은 사서가 찾아본 자료의 수를 적어야 할까요? 그들이 도착했을 때 사서가 눈을 마주치고 인사를 했는지 여부는? 미스터리 쇼퍼가 대응하고 보고할 5~10건의 리스트를 만들어 보세요.

8.6.4 트랜스크립트 리뷰

채팅 또는 이메일로 수행된 참고 상호작용은 보통 트랜잭션을 기록한 트랜스크립트를 산출한다. 이 트랜스크립트는, 사서의 인사로부터 시작하여 물어본 참고면담 질문, 교육적 시도, 제공된 답변의 형태, 인용된 정보원, 그리고 면담이 어떻게 종료되었는지에 이르기까지, 상호작용의 모든 양상을 보여준다. 따라서 가상참고서비스 트랜스크립트는 참고면담과 참고서비스 전체의 품질을 평가하는 데 유용하다. 다수의 연구는, 참고트랜스크립트를 RUSA(2013)의 "Guidelines for Behavioral Performance of Reference and Information Service Providers"와 비교해서, 사서가 권장되는 행동에 전념하는지 여부를 알아보았다. 그 중에서도 이 연구들은 사서가 트랜잭션을 시작할 때 친근한 인사를 했는지 여부, 그리고 사서가 전문가적이면서도 친절한 어조를 유지하였는지 여부를 살펴보았다(Maness, Naper, and Chaudhuri 2009; Zhou et al. 2006). 다른 접근방법으로, Joanne B. Smyth와 James C. Mackenzie(2006)는 이용자들이 참고트랜잭션이 끝난 다음에 제출한 만족도 서베이로 채팅참고서비스 트랜스크립트를 분석하였다. 두 개의 문헌을 비교함으로써, 연구자들은 참고트랜잭션의 어떤 국면이 이용자 만족도에 영향을 미치는가를 알 수 있다.

몇 가지 연구에서는 가상 참고서비스의 직원배치를 개선하기 위해 트랜스크립트 리뷰 방법을 사용하였다(Dempsey 2017; Mungin 2017). Paula Dempsey(2017)는 가상 참고서비스에 대한 직원배치 모델과 정책은 사서가 질문응답에 사용하는 정보원의 범위와 교육제공 여부에 영향을 미칠 수 있음을 제시하였다. Michael Mungin(2017)은 또한 가상참고서비스 담당 사서가 완전한 참고면담에 전념하지 않는 특정 시점이 있으며, 이 관행이 부정적 성과와 관계가 있다고 지적하였다. 리뷰는 또한 사서가 완전한 정보요구를 알아내기 위해 면담을 하는지 여부, 교육을 하는지 여부, 그리고 답변을 제공할 때 정보원을 인용하는지 여부를 살펴볼 수 있다.

채팅 참고트랜스크립트가 유용한 평가도구로 나타났지만, 이것은 이용자 그리고 사서에 대한 개인 식별 정보를 포함할 수 있다는 것을 기억할 필요가 있다. 트랜스크립트는 타자할 때 자동적으로 개인의 이름을 삽입할 수 있으며, 또는 관련된 사람들이 대화 중에서 그들을 식별할 수도 있다. 관련된 사람의 사생활과 비밀을 보호하기 위하여, 리뷰하기 전에 이름이나 다른 어떤 개인정보를 먼저 삭제함으로써 트랜스크립트를 무기명화하는 것이 올바른 관행이다. 이것은 이용자의 사생활을 보호할 뿐만 아니라 직원들에게 리뷰의 목적이 직원 개인을 목표로 하는 것이 아니라 서비스 전체를 살펴보고 개선하기 위함이라는 것을 강조하기 위해서도 중요하다. Box 8.4는 분석을 위한 채팅 참고트랜잭션의 한 사례를 제시하고 있다. Box 8.5에서는 토론 질문과 함께 하나의 연구 시나리오를 제공함으로써 방법에 관한 본 절을 마무리한다.

Box 8.4
학습과제: 트랜스크립트 분석

다음은 채팅 참고트랜잭션을 발췌한 것이다. 참고면담과 RUSA(2013) "Guidelines for Behavioral Performance of Reference and Information Service Providers"를 염두에 두고 읽은 후 비평해 보세요. 사서는 환영하는 어조로 질문에 관심을 나타내고 있습니까? 사서는 이용자요구를 명료화하기 위한 후속 질문을 했습니까? 사서가 물어볼 수 있었던 추가 질문들이 있습니까? 이용자의 질문에 얼마나 잘 답변한 것으로 보입니까? 면담에 대해 올바른 종결을 하였습니까?

이용자: 안녕하세요. 나는 초등학교 아동을 위해 광물과 돌에 대한 정보를 찾고 있습니다.
사　서: 안녕하세요. 참고채팅을 이용해 주셔서 감사합니다. 우리의 자료를 살펴볼 수 있도록 잠시만 기다려주세요, 내가 발견한 것을 알려드리겠습니다.
이용자: 감사합니다. 그게 좋겠습니다.
사　서: 나는 당신의 관심사가 될 몇 가지 책을 발견하였습니다. 도서관 홈페이지로 가서 "Research & Resources"를 클릭하면, 우리가 소장한 데이터베이스를 훑어볼 수 있습니다. 거기에서 Library and Information Science 드롭다운 메뉴로부터 "Children's Core Collection"을 선택할 수 있습니다. 광물과 돌에 대한 키워드 탐색을 하면 해당 주제의 초등학생 대상 도서가 결과로 제시될 것입니다. 유감스럽게도, 도서관은 그 중 많은 것을 소장하지는 않은 것 같습니다. 그렇지만 당신은 이 자료들을 도서관 상호대차를 통해 요청할 수 있습니다. 그것은 "full-text"를 클릭하고 나서 "request via interlibrary loan"을 클릭함으로써 수행할 수 있습니다.
이용자: 감사합니다. 나는 또한 바위와 광물을 식별하는 방법에 대한 학생 대상 수업계획을 찾고 있습니다. 내가 그것을 찾을 수 있는 웹사이트가 있습니까?
사　서: 물론입니다. United States Geological Survey 또는 USGS부터 시작하면 좋겠습니다. 이것은 교사를 위한 자료 섹션을 갖고 있습니다. 직접 링크는 다음과 같습니다: http://education.usgs.gov/. 거기에서 돌과 광물 섹션이 있는 geology를 링크함으로써 3-5학년을 위한 교육자료를 탐색할 수 있습니다. 여기에 Schoolyard Geology라고 불리는 수업계획을 포함한 웹 자원이 있습니다: https://www.usgs.gov/science-support/osqi/yes/resources-teachers/zchool-yard-geology.
이용자: 훌륭합니다. 도와주셔서 감사합니다.
사　서: 천만에요. 찾고 있는 또 다른 자료가 있습니까?
이용자: 매우 감사합니다, 내가 필요한 것은 모두 얻은 것 같습니다.
사　서: 좋습니다! 당신을 도울 수 있어서 기쁩니다.

> **Box 8.5**
> **학습과제: 이용자 만족도**
>
> 한 도서관이 만족도 서베이를 수행하였는데, 그 결과는 직원들이 기대하는 것만큼 이용자들이 참고 서비스에 만족하지 않는 것으로 나타났다. 참고데스크는 서비스에 대한 만족도를 1(부족하다)부터 5(우수하다)까지 등급을 매기도록 요청하였는데, 평균치는 3.5이고 최빈치는 3으로 나타났다. 도서 관장은, 이용자들이 덜 만족하는 이유를 보다 많이 알아보기 위하여, 참고부서장에게 사후조사를 수 행하도록 요청하였다.
>
> ▪ 토론 질문
> 1. 참고트랜잭션을 연구하기 위해 어떤 방법이 사용될 수 있을까, 그리고 그 이유는 무엇인가? 당신의 연구를 이끌어 갈 3~4개의 질문을 식별해 보세요.

8.7 지속적 평가

평가연구의 목적은 행동을 취하기 위한 것이라는 점을 기억할 필요가 있다. 예를 들면, 채팅 참고서비스의 트랜스크립트 리뷰가 사서들이 상호작용 도중에 교육을 제공할 기회를 놓치고 있는 것을 보여준다면, 부서장은 사서들이 보다 많은 교육을 서비스에 통합시키도록 돕기 위해 훈련과정을 개발할 수 있을 것이다. 언제나 초점을, 개인들을 목표로 하거나 개인에 대해 행동을 취하는 것이 아니라, 지속적으로 서비스를 개선하기 위한 조치를 취하는 데 두어야만 한다(참고서비스 개선을 위한 직원훈련과 기타 노력들은 제 9장에서 보다 상세히 논의된다). 새로운 결정, 프로젝트, 또는 서비스가 이행될 때마다, 사서들은 새로운 목적을 설정하고 평가과정을 시작해야 한다.

평가의 고리를 종결짓는 다른 하나의 국면은 연구 결과를 다른 사람들과 공유하는 것이다. 평가는 개선을 위한 것이며, 평가 연구로부터 나온 데이터는 커뮤니티에 대한 도서관 가치의 증거가 될 수 있기 때문에, 평가결과를 시당국, 학장, 이사진 또는 기타 도서관을 감독하는 사람들과 같은 이해관계자들과 공유하는 것이 현명하다. 결과를 공유하는 것은 도서관이 진지하게 피드백을 하고 있음을 보여주고 또한 향후 연구에 보다 많은 커뮤니티의 참여를 진작시킬 수 있다. 마지막으로, 사서들은, 상호간의 경험으로부터 배울 수 있도록, 연구결과를 타기관의 동료들과 공유하는 것을 고려해야만 한다.

8.8 평가의 문화

도서관은 계속 다른 정보제공자들과의 더 큰 경쟁과 이해관계자들로부터 더 많은 감독을 맞이하게 될 것이다. 참고서비스의 평가와 진단은 사서들로 하여금 증거를 생산하고 커뮤니티에 대한 그들의 가치를 표명하게 해 준다. 평가는 또한 목적을 향한 진척을 검토하고, 결정을 위한 정보를 제공하고, 지속적으로 서비스를 개선하기 위해 중요하다. 이와 같은 활동의 중요성에 비추어볼 때, 사서들이 평가문화를 개발해서 수행하고 있는 모든 업무의 필수 부분으로 만드는 것은 매우 중요하다.

이것은 평가에 대한 책무가 모든 직무명세의 한 부분이 되어야 함을 뜻한다. 도서관 관장과 부서장들은 평가활동의 중요성을 강조하고 직원들에게 평가에 필요한 자원을 제공하는 행동모형을 조성해야 한다. 참고서비스는 정기적으로 평가되어야 하며, 새로운 프로그램이나 발전방안은 모두 평가계획과 더불어 개발되어야 한다. 이와 같은 조직 전체의 노력과 더불어, 사서들은 고품질의 서비스와 지속적인 이용자 만족을 보장할 수 있다.

【참고문헌】

Amazon. http://www.amazon.com.

American Library Association. http://www.ala.org.

American Library Association. Office for Research and Evaluation. http://www.ala.org/aboutala/offices/ore.

Association of College & Research Libraries. http://www.ala.org/acrl/.

Association of College & Research Libraries. n. d. "Assessment in Action." http://www.ala.org/acrl/AiA.

Backs, Stephen M., and Tim Kinder. 2007. "Secret Shopping at the Monroe County Public Library." *Indian Libraries* 26: 17-19.

Bannock, Graham, Evan Davis, Paul Trott, and Mark Uncles. 2003. "Perceived Service Quality." *The New Penguin Business Dictionary*. London, UK: Penguin.

Battley, Nelinda, and Alicia Wright. 2012. "Finding and Addressing the Gaps: Two Evaluations of Archival Reference Services." *Journal of Archival Organization*

10 (2): 107.

Becker, Danielle Andre, Ingrid Bonadie-Joseph, and Jonathan Cain. 2013. "Developing and Completing a Mobile Technology Survey to Create a User-Centered Mobile Presence." *Library Hi Tech* 31: 688-99.

Butler, Kathy, and Jason Bird. 2016. "Research Consultation Assessment: Perceptions of Students and Librarians." *The Journal of Academic Librarianship* 42: 83-86.

Chow, Anthony S., and Rebecca A. Croxton. 2014. "A Usability Evaluation of Academic Virtual Reference Services." *College & Research Libraries* 75: 309-61.

CILIP: Chartered Institute of Library and Information Professionals. 2011. "Kent Libraries and Archives." YouTube video, 3:08. June 8, 2019. http://www.youtube.com/watch?v=f69sfZXEkZs.

Connaway, Lynn Silipigni. 2014. "Why Libraries? A Call for User-Centered Assessment." *BiD* 32: 1-4.

Connaway, Lynn Silipigni, and Marie L. Radford. 2010. "Virtual Reference Service Quality: Critical Components for Adults and the Net Generation." *LIBRI: International Journal of Libraries & Information Services* 60: 165-80.

Cordell, Roseanne M., and Linda F. Fisher. 2010. "Reference Questions as an Authentic Assessment of Information Literacy." *Reference Services Review* 38: 474-81.

Cortés Villalba, Carmina, Isidoro Gil-Leiva, and Miguel Ángel Artacho-Ramírez. 2017. "Emotional Design Application to Evaluate User Impressions of Library Information Desks." *Library and Information Science Research* 39: 311-18.

Counting Opinions. http://www.countingopinions.com.

Crumley, Ellen, and Denise Koufogiannakis. 2002. "Developing Evidence-Based Librarianship: Practical Steps for Implementation." *Health Information & Libraries Journal* 19: 61-70.

Del Bosque, Darcy, Rosan Mitola, Susie Skarl, and Shelley Heaton. 2017. "Beyond Awareness: Improving Outreach and Marketing through User Surveys." *Reference Services Review* 45 (1): 4-17.

Dempsey, Paula R. 2017 "Resource Delivery and Teaching in Live Chat Reference: Comparing Two Libraries." *College & Research Libraries* 78 (7): 898-919.

Dewdney, Patricia, and Catherine Sheldrick Ross. 1994. "Flying a Light Aircraft: Reference Service Evaluation from a User's Viewpoint." *RQ* 34: 217-30.

Dixon, Matthew, Karen Freeman, and Nicholas Toman. 2010. "Stop Trying to Delight Your Customers." *Harvard Business Review* 88: 116-22.

Dresselhaus, Angela, and Flora Shrode. 2012. "Mobile Technologies and Academics: Do Students Use Mobile Technologies in their Academic Lives and Are Librarians Ready to Meet This Challenge?" *Information Technology and Libraries* 31: 82-101.

Dugan, Robert E., and Peter Hernon. 2002. "Outcomes Assessment: Not Synonymous with Inputs and Outputs." *The Journal of Academic Librarianship* 28: 376-80.

Duncan, Vicky, and Darlene M. Fitcher. 2004. "What Words and Where? Applying Usability Testing Techniques to Name a New Live Reference Service." *Journal of the Medical Library Association* 92: 218-25.

Durrance, Joan. 1989. "Reference Success: Does the 55 Percent Rule Tell the Whole Story?" *Library Journal* 114 (April 15): 31-36.

Estep, Meredith. 2011. "New Survey Shows Unhappy Customers Spread the Word." *Intelligent Help Desk* (blog), *Unitiv*. May 16, 2019. https://web.archive.org/web/20111201142235/http://www.unitiv.com/intelligent-help-desk-blog/bid/64134/New-Survey-Shows-Unhappy-Customers-Spread-the-Word.

Fitzpatrick, Elizabeth B., Anne C. Moore, and Beth W. Lang. 2008. "Reference Librarians at the Reference Desk in a Learning Commons: A Mixed Methods Evaluation." *The Journal of Academic Librarianship* 34: 231-38.

Ganshorn, Heather. 2009. "A Librarian Consultation Service Improves Decision-making and Saves Time for Primary Care Practitioners." *Evidence Based Library & Information Practice* 4: 148-51.

Google. http://www.google.com.

Granfield, Diane, and Mark Robertson. 2008. "Preference for Reference: New Options and Choices for Academic Library Users." *Reference & User Services Quarterly* 48: 44-53.

Greenwood, Judy T., Alex P. Watson, and Melissa Dennis. 2011. "Ten Years of LibQUAL: A Study of Qualitative and Quantitative Survey Results at the University of Mississippi 2001-2010." *The Journal of Academic Librarianship* 37: 312-18.

Gremmels, Gillian S., and Karen Shostrom Lehmann. 2007. "Assessment of Student

Learning from Reference Service." *College & Research Libraries* 68: 488-501.

Head, Alison J. 2013. "Learning the Ropes: How Freshman Conduct Research Once They Enter College." Project Information Literacy. Last modified December 5, 2013. https://www.projectinfolit.org/uploads/2/7/5/4/27541717/pil__2013__freshmenstudy__fullreportv2.pdf.

Hernon, Peter, and Ellen Altman. 1996. *Service Quality in Academic Libraries*. Norwood, NJ: Ablex Publishing.

Hernon, Peter, Robert E. Dugan, and Danuta Nitecki. 2011. *Engaging in Evaluation and Assessment Research*. Santa Barbara, CA: Libraries Unlimited.

Hernon, Peter, and Charles R. McClure. 1986. "Unobtrusive Reference Testing: The 55 Percent Rule." *Library Journal* 111 (April 15): 37-41.

Hernon, Peter, and Candy Schwartz. 2012. "The Assessment Craze." *Library & Information Science Research* 34: 79.

Institute of Museum and Library Services. n. d.-a "Data Catalog." Institute of Museum and Library Services. https://www.imls.gov/research-tools/data-collection.

Institute of Museum and Library Services. n. d.-b "Outcome Based Evaluation: Basics." Institute of Museum and Library Services. https://www.imls.gov/grants/outcome-based-evaluation/basics.

Integrated Postsecondary Education Data System. National Center for Education Statistics. https://nces.ed.gov/ipeds/.

Jacoby, JoAnn, David Ward, Susan Avery, and Emila Markcyk. 2016. "The Value of Chat Reference Services: A Plot Study." *portal: Libraries and the Academy* 16: 109-29.

Jankal, Radoslav, and Miriam Jankolova. 2011. "Mystery Shopping: The Tool of Employee Communication Skills Evaluation." *Business: Theory and Practice* 12: 45-49.

Kelly, Besty, Claire Hamasu, and Barbara Jones. 2012. "Applying Return on Investment (ROI) in Libraries." *Journal of Library Administration* 52: 656-71.

Kingma, Bruce, and Kathleen McClure. 2015. "Lib-Value: Values, Outcomes, and Return on Investment of Academic Libraries, Phase III: ROI of the Syracuse University Library." *College & Research Libraries* 76 (1): 63-80.

Kocevar-Weidinger, Elizabeth, Candice Benjes-Small, Eric Ackermann, and Virginia R.

Kinman. 2010. "Why and How to Mystery Shop Your Reference Desk." *Reference Services Review* 38: 28-43.

Lankes, R. David, Melissa Gross, and Charles R. McClure. 2003. "Cost, Statistics, Measures, and Standards for Digital Reference Services: A Preliminary View." *Library Trends* 51: 401-13.

Lewis, Robert C., and Bernard H. Booms. 1983. "The Marketing Aspects of Service Quality." In *Emerging Perspectives on Services Marketing*, edited by G. Lynn Shostack, Leonard L. Berry, and Gregory D. Upah, 99-107. Chicago: American Marketing Association.

Liamputtong, Prance. 2011. *Focus Group Methodology: Principles and Practice*. Thousand Oaks, CA: Sage Publications.

LibQual+®. https://www.libqual.org/home.

Library Assessment Conference. https://libraryassessment.org/.

Maness, Jack M., Sarah Naper, and Jayati Chaudguri. 2009. "The Good, the Bad, but Mostly the Ugly: Adherence to RUSA Guidelines during Encounters with Inappropriate Behavior Online." *Reference & User Services Quarterly* 49: 151-62.

Martell, Charles. 2008. "The Absent User: Physical Use of Academic Library Collections and Services Continues to Decline 1995-2006." *The Journal of Academic Librarianship* 40: 259-63.

Massey-Bruzio, Virginia. 1998. "From the Other Side of the Reference Desk: A Focus Group Study." *The Journal of Academic Librarianship* 24: 208-15.

Mokhtari, Heidi. 2014. "A Quantitative Survey on the Influence of Students' Epistemic Beliefs on Their General Information Seeking Behavior." *The Journal of Academic Librarianship* 40: 259-63.

Murfin, Marjorie E., and Gary M. Gugelchuk. 1987. "Development and Testing of a Reference Transaction Assessment Instrument." *College & Research Libraries* 48 (4): 314-39.

Mungin, Michael. 2017. "Stats Don't Tell the Whole Story: Using Qualitative Data Analysis of Chat Reference Transcripts to Assess and Improve Services." *Journal of Library & Information Services in Distance Learning* 11 (1): 25-36.

Naylor, Sharon, Bruce Stoffel, and Sharon Van der Laan. 2008. "Why Isn't Our Chat

Reference Used More? Findings of Focus Group Discussions with Undergraduate Students." *Reference & User Services Quarterly* 47: 342-54.

Novotny, Eric, and Emily Rimland. 2007. "Using the Wisconsin-Ohio Reference Evaluation Program (WOREP) to Improve Training and Reference Services." *The Journal of Academic Librarianship* 33: 382-92.

Oakleaf, Megan. 2009. "The Information Literacy Instruction Assessment Cycle: A Guide for Increasing Student Learning and Improving Librarian Instructional Skills." *Journal of Documentation* 65: 539-60.

Oakleaf, Megan. 2010. *The Value of Academic Libraries: A Comprehensive Research Review and Report*. Chicago: Association of College & Research Libraries.

Oakleaf, Megan, and Amy VanScoy. 2010. "Instructional Strategies for Virtual Reference: Methods to Facilitate Student Learning." *Reference & User Services Quarterly* 49: 380-90.

O'Neill, Kimberly L., and Brooke A. Guilfoyle. 2015. "Sign, Sign, Everywhere a Sign: What Does 'Reference' Mean to Academic Library Users?" *The Journal of Academic Librarianship* 41: 386-93.

Owen, Victoria. 2010. "Trialling a Service Model of the Future: Mobile Technologies in Student Support." *Multimedia Information & Technology* 26: 26-27.

Parasuraman, A., Valerie A. Zeithaml, and Leonard L. Berry. 1988. "SERVQUAL: A Multiple-Item Scale for Measuring Consumer Perceptions of Service Quality." *Journal of Retailing* 64: 12-40.

Pass, Christopher, Bryan Lowes, Andrew Pendleton, Malcom Afferson, and Daragh O'Reilly, eds. 2006. "Quality." In *Collins Dictionary of Business*. London: Collins.

Passanneau, Sarah, and Dan Coffey. 2011. "The Role of Synchronous Virtual Reference in Teaching and Learning: A Grounded Theory Analysis of Instant Messaging Transcripts." *College & Research Libraries* 72: 276-94.

Pomerantz, Jeffrey, Lili Luo, and Charles R. McClure. 2006. "Peer Review of Chat Reference Transcripts: Approaches and Strategies." *Library and Information Science Research* 28: 24-48.

Profeta, Patricia C. 2006. "Effectiveness of Asynchronous Reference Services for Distance Learning Students within Florida's Community College System." *Community & Junior College Libraries* 14: 35-61.

Public Library Association. http://www.ala.org/pla/.

Radford, Marie L. 1996. "Communication Theory Applied to the Reference Encounter: An Analysis of Critical Incidents." *The Library Quarterly* 66: 123-37.

Radford, Marie L. 1999. *The Reference Encounter: Interpersonal Communication in the Academic Library.* Chicago: Association of College & Research Libraries.

Radford, Marie L., and Lynn Silipigni Connaway. 2013. "Guidelines for Behavioral Performance of Reference and Information Service Providers." American Library Association. Last modified May 28, 2013. http://www.ala.org/rusa/resources/guidelines/guidelinesbehavioral.

Ryan, Pam. 2006. "EBL and Library Assessment: Two Solitudes?" *Evidence Based Library and Information Practice* 1 (4): 77-80. http://ejournals.library.ualberta.ca/index.php/EBLIP/article/view/136/177.

Saunders, Laura. 2016. "Teaching the Reference Interview through Practice-Based Assignments." *Reference Services Review* 44: 390-410.

Smyth, Joanne B., and James C. MacKenzie. 2006. "Comparing Virtual Reference Exit Survey Results and Transcript Analysis: A Model for Service Evaluation." *Public Services Quarterly* 2: 85-99.

Starr, Susan. 2014. "Moving from Evaluation to Assessment." *Journal of the Medical Library Association* 102: 227-29.

Taddeo, Laura, and Jill M. Hackenberg. 2006. "The Nuts, Bolts, and Teaching Opportunities of Real-Time Reference." *College & Undergraduate Libraries* 13: 63-85.

Usability.gov.2015a. "Glossary." http://www.usability.gov/what-and-why/glossary/u/index.html.

Usability.gov.2015b. "Usability Evaluation Basics." http://www.usability.gov/what-and-why/usability-evaluation.html.

Vileno, Luigina. 2010. "Testing the Usability of Two Online Research Guides." *Partnership: The Canadian Journal of Library and Information Practice & Research* 5: 1-21.

Weightman, Alison L., and Jane Williamson. 2005. "The Value and Impact of Information Provided through Library Services for Patient Care: A Systematic Review." *Health Information & Libraries Journal* 22 (1): 4-25.

Zhou, Fu, Mark Love, Scott Norwood, and Karla Massia. 2006. "Applying RUSA Guidelines in the Analysis of Chat Reference Transcripts." *College & Undergraduate Libraries* 13: 75-88.

【SUGGESTED READINGS】

Connaway, Lynn Silipigni, and Marie Radford. 2017. *Research Methods in Library and Information Science*. 6th ed. Santa Barbara, CA: Libraries Unlimited.

> This is a thorough overview of basic research methods, clearly tailored for librarians. While it includes some sections on qualitative and historical research, the primary focus is on quantitative methods, including survey research and experiment design. It also includes a section on applied research that includes topics like Delphi studies, bibliometrics, action, and evaluation research. This book includes sections on statistical analysis, writing up results, and publishing research.

Hernon, Peter, Robert E. Dugan, and Joseph R. Matthews. 2013. *Getting Started with Evaluation*. Royersford, PA: Alpha Publication House.

> *Getting Started with Evaluation* is a practical guide emphasizing evidence-based practice and the use of evaluation data for decision-making and planning purposes as well as continuous improvement. The volume addresses stakeholder perspectives and the development and definition of library metrics for gathering data. Separate chapters are devoted to satisfaction, service quality, and return-on-investment studies.

Matthews, Joseph R. 2017. *Library Assessment in Higher Education*. 2nd ed. Santa Barbara, CA: Libraries Unlimited.

> With a focus on academic libraries, Matthews organizes his book around areas of library impact, including impact on student learning, retention, teaching, and the research environment. For each area, he provides overviews of metrics and examples of how these metrics have been measured, drawing on specific examples from across higher education. Less of a step-by-step guide, this book offers a broad overview of the assessment landscape in academic libraries, encouraging practitioners to develop their own culture of assessment.

Pickard, Alison Jane. 2013. *Research Methods in Information* Chicago: Neal-Schuman.

Pickard offers a solid and broad overview of various research methods with a focus on application in the information professions. She includes approaches to the research process, such as formulating questions and crafting research proposals, as well as attention to a range of data collection tools and instruments such as case studies, Delphi method, and ethnography, and sections on quantitative and qualitative data analysis. This handbook also includes chapters on using existing external data sets and managing research data.

9

직원 훈련과 전문성 개발

9.1 서론
9.2 훈련프로그램의 구조
9.3 훈련의 설계와 실시
9.4 훈련프로그램 관리
9.5 결론

제9장 직원 훈련과 전문성 개발

9.1 서론

　참고사서들은 모두 일상 업무에서 습득한 풍부한 지식과 기술을 가지고 있다. 그 중 일부는, 네트워크에 로그인하고, 알고 있는 자료를 탐색하고 또는 다른 곳으로 의뢰하는 것과 같이 매일 시행하는 절차적 지식이다. 다른 지식은, 덜 자주 쓰이지만 특정 참고질의에 관해 찾거나 사용할 수 있도록, 깊이 축적되어 있다. 시간이 경과됨에 따라 이러한 지식과 기술의 축적은 심화되고 고도의 전문성으로 안착된다.

　훈련은 지식과 기술의 체계적이고 계획적인 발전을 제공하기 위한 조직의 기능이다. 훈련 프로그램을 설계하기 위해서는, 직원들의 기존 능력을 측정하고, 직무수행에 요구되는 능력과 기존 능력 간의 갭을 식별하고, 그리고 갭을 해결할 학습기회를 고안할 필요가 있다. 추가적으로 훈련 및 개발 프로그램은, 전형적인 초보자 수준이 아닌 지도력과 경영 역량 또는 전문적 기술을 목표로 함으로써, 직원들이 경력을 형성할 수 있는 기회를 포함해야 할 것이다.

　본 장은 참고서비스 훈련프로그램의 구성요소에 대한 개요를 제공하고; 훈련이 인적자원관리 절차와 어떻게 연결되고 조율되는가를 설명하고; 훈련을 설계하고 시행하고 평가하는 기초적 개념을 소개한다.

9.2 훈련프로그램의 구조

훈련 및 개발 프로그램은 여러 가지 다른 부분으로 구성되어 있으며 그 각각은 별도의 목적을 가지고 있다. 훈련프로그램의 전형적인 양상은 오리엔테이션, 직무능력개발, 그리고 계속교육을 포함한다. 비록 그 초점은 다를지라도, 각 부분의 내용은 서로 관련되어 있으며 적어도 어느 정도 중복되거나 반복되는 경향이 있다. 예를 들면, 오리엔테이션 중의 초기 훈련에서는 토픽을 소개하고, 반면에 후속 훈련에서는 토픽을 보다 심도 있게 다루게 된다. 훈련프로그램 각 부분에 대한 목적과 의도를 인지하는 것은 직원들이 각 유형의 훈련으로부터 혜택을 받은데 도움이 될 것이다.

9.2.1 오리엔테이션과 적응 프로그램

모든 유형의 도서관은 신입 직원을 위한 오리엔테이션 과정을 가지고 있어야 하며, 공중서비스 책무를 지닌 사람들에게는 오리엔테이션의 많은 부분이 참고서비스에 할애될 것이다. 최근에 참고서비스의 모델과 접근방법이 확대되었지만(제 6장 참조), 모든 도서관은 이용자 질문에 답변하는 방법에 관한 지침을 가지고 있을 것이다. 적응 프로그램 과정에서 신입직원은 기관의 문화, 관행, 목적에 대한 것은 물론 참고서비스 정책과 절차에 대해 배우게 될 것이다.

"적응 프로그램"(onboarding)은 새로 고용된 사람에게 기관에 대해 소개하는 과정이다 (Bauer 2010, 1). 도서관이 소속되어 있는 모기관이(예, 대학, 학교, 지자체) 복지옵션, 휴가와 병가, 원천징수, 그리고 기타 거의 모든 직장에 공통적인 사항에 대한 정보를 제공하는 신입직원 오리엔테이션이란 명칭의 행사를 후원할 수도 있다. 적응 프로그램은 기관의 운영, 신규직원 업무 및 직위의 부서별 적합도와 공헌도, 그리고 기관의 임무와 비전에 대한 학습에 더 긴 시간을 채운다. 일반적으로 적응 프로그램은 관리자가 조정하게 되는데, 그는 부서별 네트워크 드라이브 접근방법, 열쇠 픽업 장소, 휴가 보고 방법, 예상 근무시간과 같은 사항들의 체크리스크를 사용한다(Morgan 2009, 45). 이 체크리스트는 또한 보다 자세한 채팅 참고서비스 철학, 참고서비스의 범위, 고객서비스 우선순위와 같은 기관 고유의 항목들을 포함할 수 있다(Box 9.1 참조).

적응 프로그램 조정자는 신입직원을 위해 기관의 다른 사람들과의 모임 일정을 조율한다. 적응 프로그램 초기 단계는 또한 부서 구성원들과의 모임, 타도서관 투어(해당 도서관이 캠퍼스나 시스템에 있는 여러 도서관 중 하나인 경우), 관련된 타부서의 직원 소개, 참고서비스 철학일반에 대한 논의, 그리고 신입직원이 모든 정보를 흡수할 사색 및 처리 시간 등을 포함한다. 적응 프로그램이 효과적이고 효율적이기 위해서 모든 절차는 해당 기관의 경력자가 이끌어야 하며 신입직원에게 스스로 파악하도록 맡겨두어서는 안 된다.

**Box 9.1
오리엔테이션 체크리스트 사례**

각 도서관이 해당 기관의 특수성을 반영한 고유의 오리엔테이션 체크리스트를 가지고 있음에도 불구하고, 다음은 신입 참고직원이 그 리스트에서 발견할 것으로 예견되는 항목들의 한 예이다.

첫 날:
- 열쇠
- 주차
- 사무실/ 책상
- 사무용품
- 일정표
- 근무시간 기록표
- 도서관 투어

1주 이내:
- 복지
- 직무사항
- 컴퓨터, 네트워크, 도서관
- 플랫폼 등록
- 설비 작동법
- 전화시스템
- 참고서비스 정책
- 조직도

1개월 이내:
- 부서의 로그인과 패스워드
- 통계 관리
- 시작 및 종료 절차
- 진행 중 정책 리뷰
- 이용자 불만처리
- 성능평가 과정
- 관리 및 의사 결정 과정

9.2.1.1 정책과 절차

모든 도서관은 참고서비스를 관리하는 정책과 절차를 가지고 있다. 정보서비스 또는 복잡한 도서관시스템의 경우에, 특히 대면 서비스 포인트에서 가상 참고서비스를 제공하는 경우에는 다수의 정책이 있게 될 것이다. 전형적인 정책과 절차는 비상사태에 관한 준비, 시간대와 일정조율, 이메일 또는 채팅 참고질문 답변방법, 서비스 우선순위, 질문 추적 방법, 채팅소프트웨어 사용방법 등을 포함한다. 도서관은 종종 참고서비스 정책을 포함한 모든 정책에 대한 링크를 배열하고 있는 웹페이지를 가지고 있다; 그렇지 않으면 참고서비스 관련 정책과 절차의 모든 것을 함께 모아놓은 랜딩 페이지, 블로그 또는 위키가 있을 것이다. 물리적 서비스 포인트가 있다면, 도서관은 또한 공간을 열고 닫는 정책과 절차를 갖고 있을 것이다; 누군가 병가를 내거나 또는 교대시간에 나타나지 않으면 어떻게 할 것인가; 문제를 일으키는 이용자 또는 보호자가 없는 아동과는 어떻게 상호작용할 것인가. 신입직원은 전화시스템과 채팅소프트웨어 사용법을 교육받아야 하며 위험성이 낮은 훈련 환경에서 실습해볼 기회를 가져야만 한다. 추가적으로, 신입직원은 참고데스크 또는 이동 참고서비스를 지켜볼 수 있고, 일대일 참고/ 연구상담에 자리를 같이하거나, 또는 적절한 행동을 보이고 일반적인 정책의 적용을 설명할 수 있는 유경력 멘토와 함께 일할 기회를 가져야만 한다. 동료를 관찰하고 동료로부터 배우는 것은 신입직원으로 하여금 정책과 절차에 쓰여진 문구가 여러 가지 일상적 상황 및 이용자에게 어떻게 시행되는가를 이해하도록 도와준다. 이와 같은 관찰과 멘토링은 또한 도서관의 문화 그리고 도서관이 그 가치를 어떻게 실천에 옮기는가를 보여준다.

9.2.1.2 조직의 문화와 실제

도서관의 문화를 익히는 것은 적응 프로그램의 계속되는 부분이다; 실제로, 문화는 신입직원이 완전히 이해하는데 1년 이상이 걸릴 것이며, 특히 공공도서관시스템, 대학, 또는 컨소시엄처럼 보다 더 큰 기관의 한 부분일 경우에는 그럴 것이다. 참고서비스 맥락에서 문화적 가치의 일부는 정책, 지침, 또는 철학의 진술에(예, 이메일이나 채팅 참고질문 답변 방법에 철학의 개요가 서술되어 있습니까?) 그리고 직원들이 이용자와 상호작용하는 방식에 스며들어 있다. 채팅 또는 이메일로 대면하는 이용자의 우선순위에 관한 정책이 있다면, 그것도 또한 기관의 우선 사항을 반영하는 것이다. 채팅 트랜스크립트나 완료된 이메일 질문을 읽어보는 것은 기관의 가치 그리고 가치가 어떻게 실행에 옮겨지는가에 대한 통찰을 제공할 수 있다. 관리자와 동료들은 가치와 문화를 논의해야 하며 신입직원이 환경에 적응할 수 있도록 명료화를 위한 그들의 질문을 허용해야 한다.

9.2.2 특정 직무능력 개발

일반적인 오리엔테이션과 앞서 설명했던 참고서비스 훈련 이외에 각 직위는 발전이 필요한 직무고유의 기술을 가지고 있을 것이다. 이 직무기술은 직무 명세에 명확히 표현되어 있으며, 직원이 관리자 또는 자문위원회와 협의하여 새로운 목적과 목표를 설정함에 따라, 매년 갱신되어야 한다. 특정 직무기술은 오리엔테이션에서 소개되고 훈련하는 동안에 강화되어야 한다. 피드백, 일대일 회의, 그리고 보다 공식적인 성능 리뷰는 개별 직위에 필요한 기술의 유지를 보장할 기회를 제공한다. 리뷰와 일대일 회의는 또한 미래 기술 습득에 대한 포부를 개관하고 더 많은 책무와 지식에 대해 직원을 준비시키는 시간이 되어야 한다.

구인광고와 직무명세는 해당 업무담당자를 훈련하고 발전시킬 영역에 대한 지침이 된다. 대부분의 경우, 본인의 직무에 참고서비스가 포함되어 있는 직원은 어느 정도 다른 책임도 (예, 장서개발 또는 교육) 가질 수 있어서 훈련은 여러 가지 다른 훈련코스 중의 하나가 될 수도 있다(Johnson 2019, 92). 새로 고용된 사람이 정해진 직무명세에 있는 모든 기술과 지식을 소지하는 경우는 드물 것이다. 따라서 훈련 순서를 결정하기 위해 훈련 요구에 대한 어떤 판단이 이루어져야 한다. 예를 들면, 참고데스크에서 일하는 모든 직원들이 경영 정보원 일반에 대해서 정통한 반면에, 경영전문사서는 경영대학원 교수와 학생이 사용하는 전문정보원을 알아야할 필요가 있다. 이것은 간단한 서베이, 교육적 성찰, 또는 지식 갭을 알아내기 위한 훈련교사와 신입직원 간의 대화를 포함할 수 있다. 직무명세는 물론 신입 직원의 기존 능력 조사결과에 기초하여 보다 개인화된 훈련 절차, 목적, 그리고 목표가 개발될 수 있다. 목적과 목표는 명확하게 쓰여진 일련의 성능 표준이어야 하며, 그렇게 함으로써 직원과 관리자가 모두 직원이 표준을 달성하거나 또는 초과한 시점을 알 수 있을 것이다(Stewart, Washington-Hoagland, and Zsulga 2013, 33). 앞서 언급한 바와 같이, 직원이 특정 기술에 능숙하게 되고 새롭고 깊이 있는 지식을 얻게 되고, 개발하고 발전시킬 영역을 이해하기 시작함에 따라, 이러한 목적은 매년 변경될 것이다.

9.2.3 커리어 발전

잘 관리되고 발전된 훈련프로그램은, 직원의 현행 직무를 위한 훈련과 계속교육의 기회를 제공할 뿐 아니라, 또한 그들에게 커리어의 다음 단계를 위해 준비할 사서직의 양상을 보여준다. 이것은 인적자원 관리와 감독에 관한 워크샵을 제공하는 지도층에 있는 사서로부터 사서직의 최첨단 토픽에 관한 상급훈련을 제공하는 외부 전문가, 그리고 지도자 역할에 대한 웨비너 시리즈의 단체 관람 및 토론에 이르기까지, 여러 가지 형태를 취할 수 있다. 훈련 조종자는, 신입직원이 자신의 기존 능력과 숙련도를 분석할 수 있고, 바람직한 미래상을 생각할 수 있고, 그렇게 될 수 있는 훈련과 발전 전략을 브레인스토밍 할 수 있는, 세션을 설계할 수 있을 것이다. 이러한 방식으로 직원들은 훈련내용 형성에 관계하게 된다. Box 9.2는 특정 직무능력과 커리어 발전 두 가지 모두를 위한 전문성 개발에 대해 숙고할 기회를 제공한다.

Box 9.2
학습과제: 전문성 개발 목적에 대하여 생각하기

당신은 커리어 초기에 현행 직무를 위한 기술 습득과 미래를 위한 경험 사이에서 어떻게 균형을 이룰 수 있을까요? 하나의 전략으로서, 당신이 현재 필요한 직무기술 두 가지와 당신의 커리어 발전에 도움이 되리라 생각하는 두 가지를 식별해 보세요. 이들 개발 영역 각각을 위해 당신은 어떻게 훈련을 추구할 것입니까?

9.2.4 직장 내 계속교육

참고사서직은 오늘날 사회 어느 곳에서도 볼 수 있는 빠른 변화로부터 제외되지 않는다. 신기술, 진보하는 이용자 기대, 참고 모델 또는 서비스 혁신, 그 밖의 변화는 끝이 없는 지속적 학습을 필요로 한다. 도서관은 이용자들의 생애교육을 지원하고 돕기 때문에, 지식노동자인 도서관직원들 또한 기존 지식과 능력의 한계를 떨쳐버릴 계속교육에 참여하는 것이 중요하다.

(효과와 효율)

참고서비스는 종종 참고데스크나 일선의 서비스 포인트에서 제공된다. 이용자의 시간을 존중하고 답변이 정확하다는 신뢰감을 불어넣기 위해서, 직원은 어떤 형태로든(예, 대면, 전화, 채팅, 이메일) 효과적이며 효율적으로 참고질문이나 연구질문에 답변할 준비가 되어있어야 하며, 해당 서비스포인트에 요구되는 모든 업무를 수행해야만 한다. 일주일에 여러 공중서비스를 교대로 근무하는 것이 그러한 기능을 실습하기에 충분할 것으로 보이지만, 어떤 일과는 활력이 없이 기계적으로 수행되기 쉽다. 유경력 전문직들조차도 계속교육으로부터 다양한 이용자를 올바로 응대하는 방법, 보다 효과적으로 가르치고 경청하는 방법, 또는 바쁜 참고데스크에서 경쟁적인 수요에 능숙하게 균형을 잡는 방법을 배울 수 있다.

(지식베이스 구축)

문헌정보학 대학원은 참고서비스 과목을 개설하고 있지만, 가장 포괄적인 교과목조차도 주어진 질문과 해당 도서관 장서에서 정확히 어떤 자료를 사용할 것인지 알 만큼 신입직원을 준비시킬 수 없을 것이다. 게다가 오늘날의 도서관과 참고집서는, 예산과 이용자 요구에 따라 온라인자료를 구독하거나 또는 중지함에 따라, 보다 덜 획일적이고 계속 변경된다. 추가적으로, 다수의 공공도서관과 대학도서관은 직원 모두가 알고 사용해야 하는 고유의 장서를 디지털화 하고 있다. 이 모든 것은 직원들이 자관의 참고집서에 있는 자료가 무엇인지를 배우고 자료의 사용법에 능통하며, 해당 자료가 답변을 가장 잘 할 수 있는 참고질문이나 연구질문이 무엇인지 이해할 필요가 있음을 뜻한다.

참고서비스 교과목과 신입직원의 훈련에서, 새로운 직원들이 적절한 자료를 사용해서 답변하게 될 일련의 질문 리스트를 사용하는 것은 일반적 관행이었다. 인터넷이 인구수, 영화데뷔 년도, 범죄 통계와 같은 즉답 질문을 위해 도서관에 접근했던 요구를 감소시킨 이후로, 이용자들이 도서관에 요청하는 질문들은 보다 복잡하고 미묘한 것으로 되었다. 정보원에 대한 계속교육은 정기적으로 수행되는 세션에 새로 수집된 데이터베이스, 전자백과사전이나 사전, 인쇄정보원 뿐만 아니라 무료로 이용할 수 있는 온라인 참고자료도 포함시켜야 한다. 직원들 참여를 위해, 많은 도서관들은 직원들이 접수했던 실제 질문들을 모으고, 구성원들로 하여금 답변과정을 통해 동료들을 지도하고 답변스크립트를 만들게 한다(Todaro and Smith 2006, 51). 대규모의 대학도서관은 매년 너무 많은 직원과 학생 보조원들이 새로 들어와서, 정보자원과 채팅 참고소프트웨어 같은 도구에 대해 학기별로 정해진 훈련세션 일정을 가지고 있다. 대규모 공공도서관 시스템도 또한 핵심 주제에 대한 정기적인 훈련일정을 제공하고 있다. 채팅 트랜스크립트 리뷰는 또한 참고질문이 답변되는 방법을 비공개적으로 분석하고 훈련 중 실습에 사용될 질문으로 사용될 수 있다(Ward 2003, 48). Box 9.3은 제기되었던 질문이 훈련 목적으로 사용될 수 있는 방법의 실제를 보여주고 있다.

> **Box 9.3**
> **학습과제: 표본 참고질문 실습**
>
> 사서들은 종종 참고서비스 훈련을 위해 다음과 같은 실제 질문을 사용한다. 당신이 참고부서장이라고 상상해 보세요. 당신은 다음 질문을 가지고 참고훈련 프로그램을 어떻게 설계할 수 있습니까? 아래 질문들과 상호작용 하면서 피교육자들은 어떤 기술과 행동을 개발할 수 있을까요? 당신은 구체적으로, 피교육자들로 하여금 이용자 정보요구를 명료화하고 답변을 위해 취할 조치를 결정하기 위해 이용자에게 물어볼 질문을 탐구하도록, 어떻게 유도할 것입니까?
>
> - "나는 논쟁적인(강사가 우리들에게 그렇게 말했습니다) 논문을 작성하고 있습니다. 나는 마리화나 합법화의 찬·반에 대한 전문가들의 논문을 찾고자 합니다. 도와주실 수 있습니까?"
> - "안녕하세요, 나는 조상을 찾고 있는데, 분가한 구성원들이 귀 도서관이 있는 주에 살았다는 것을 알았습니다. 내 가족 구성원들의 출생 및 사망 기록을 어떻게 얻을 수 있을까요?"
> - "도서관 웹사이트에는 내가 필요한 이 논문의 전문을 얻을 수 있다고 써있습니다. 그러나 내가 해당 링크를 클릭하면, 에러메시지가 나옵니다. 어떻게 된 것입니까?"
> - "나는 내 논문에 사용하기 위해서 귀 도서관 특수집서에 소장된 책에 있는 그림을 필요로 합니다. 이 그림의 사본을 얻어서 복제를 하려면 어떻게 해야합니까?

9.2.5 전문직 발전과 참여

지방, 주 단위, 또는 전국적 규모의 전문직 단체에 가입하는 것은 진행 중인 훈련 및 개발에 참여하는 가장 중요한 방법 중의 하나다. 많은 도서관에서 전국적 컨퍼런스를 위한 여비지원이 점점 더 예산상으로 제한되고 있지만, 더 많은 접근 가능한 기회가 있다. American Library Association과 Special Library Association의 지역 단위 또는 주 단위의 지부와 기타 특수 분야의 전문직 단체들은 합리적인 여비와 등록비로 훈련, 컨퍼런스, 네트워킹, 교육 등을 제공한다. 소속 도서관이 이러한 단체의 회원이라면, 웨비너와 온라인 수업에 할인된 요금으로 참여할 수 있다. 한때는 컨퍼런스에서 직접 모여야 했던 전국위원회 조차도, 참여의 장벽을 낮추고 다양한 의견을 포용하기 위한 시도로서, 종종 온라인 전용 회의로 변경되었다. 신입직원들은 소속도서관이 어떤 종류의 전문직 개발 및 참여 지원과 프로그램을 제공하는지 알 수 있어야 하며, 훈련프로그램 조정자는 이 모든 기회를 편성해서 홍보해야만 한다. American Library Association의 Reference and User Services Association (RUSA)에서 제공하는 것은 특히 참고업무에 적합한 것이다.

참고서비스직은 매우 다양하며 전문성 개발로 여러 가지 업무가 달라진다. 전반적으로 RUSA에 대해 숙지하는 것 외에, 각 개인들은 스스로 설정한 교육계획을 탐구하고 개발할 기회를 가져야만 하며, 그것은 자신의 흥미와 야망은 물론 직무 및 관련 책무를 반영해야 한다. 사서들이 이를 수행하는 보다 상세한 내용은 본 장의 다음 섹션에서 다루어질 것이지만, 앞서 언급했던 직무능력과 명세를 조사하고 개발과 관심이 필요한 국면을 파악하고 갭을 메꾸기 위해 배워야할 사항을 결정하는 것은 자기주도적 발전에 필수적이다. 이러한 진행 과정과 더불어, 연간 목표의 구축은 어떤 전문성 개발이 가장 적합한가를 깨닫게 하며, 다양한 전문단체에 관여하고 있는 동료들과의 대화는 자신의 노력과 참여의 방향을 결정하는데 도움이 된다.

개개인의 학습이 중요하지만, 그것 또한 장기간의 혜택을 위해 기관 전체의 성능에 영향을 미칠 필요가 있다. Catherine Hakala-Ausperk(2013, 12)이 서술한 바와 같이, 도서관은 직원의 능력과 기술 발전을 위해 노력하는 작업장, 즉 학습기관이 되고자 하는 포부를 가져야 한다. 비록 한 사람이 특정 분야의 전문가가 된다고 해도, 그 정보와 전문성이 기관에서 공유되지 않는다면, 해당 기관은 그 사람이 떠날 때 가치 있는 전문성을 잃게 될 것이다. 훈련조정자는, 유일한 기술을 가진 구성원들이 기관 내 보다 많은 사람들과 기술을 공유할 수 있도록, 어떤 부서에 누가 있는지를 파악해야만 한다. 예를 들면, 참고부서 직원 중 누군가 정부간행물에 정통해야 한다면, 해당 지식이 단 한사람에 집중되지 않도록 지식을 공유할 다수의 기회를 마련해야 한다. 이상적으로는, 참석할 수 없는 직원을 위해서 또는 미래에 보기 위해서 해당 지식이 녹화되는, 대면 훈련세션을 통해 전수하는 것이다. 이와 같은 세션의 설계와 보급을 위한 모범 사례가 본 장에서 나중에 다루어질 것이다.

기관은 또한 직원들이 앞서 언급했던 수많은 전문직 단체에 적응하도록 도움을 줄 수 있다. 도서관에 새로 온 사람들은 온라인으로 옵션을 조사하고 동료나 멘토와 이야기를 해야 하겠지만, 그들이 소속된 도서관은 또한 각 단체 및 특징 그리고 위원회나 프로젝트팀에서 봉사했던 동료들의 개인적 경험에 대해 알려주는 세션을 제공해야 한다.

9.3 훈련의 설계와 실시

훈련프로그램이 효과적이려면 해당 도서관 및 직원들의 요구를 충족시킬 수 있도록 유의해서 설계되어야만 한다. 때로는 도서관 직원을 워크샵이나 세미나에 보내거나 온라인으로 교육을 받도록 함으로써 훈련이 제공될 수 있다. 이와 달리 도서관은 내부적으로 훈련프로그램을 개발할 수도 있다. 따라서 본 절에서는 훈련프로그램의 설계와 실시에 대해 고찰해 보도록 한다.

효과적인 훈련프로그램 개발은 요구의 진단, 목적 및 목표의 식별, 수업설계, 훈련실시, 그리고 평가를 포함한다. 비록 신입 참고사서가 훈련 프로그램 전체를 관리하는 책임을 맡지 않겠지만, 훈련프로그램이 어떻게 개념화되는가를 이해하는 것은 새로 온 직원이 특정 토픽의 전문성을 공유하는 세션을 이끌게 될 때 유용할 것이다.

9.3.1 요구의 진단

직원들이 갖고 있는 일차적인 그리고 계속적인 훈련요구를 결정하는 것은 훈련프로그램이 피교육자들에게 적합하고 도서관의 우선순위 및 현실에 맞는 것인지를 확신하기 위해 매우 중요하다. 본질적으로 요구의 진단은 직원들의 기존 지식 및 기술과 그들의 직무수행에 필요한 지식 및 기술 간의 갭을 결정하는 과정이다. 요구의 진단은 이용자집단, 정보구조, 자원의 변화에 대응하여 기관의 크기와 복잡성에 따라 1년~3년 주기로 계속되어야 한다.

요구 진단은 또한 직원들이 장기적 직력개발 및 승계의 관점에서 발전시키고자 하는 지식과 기술을 식별하기 위한 것이다. 요구 진단을 수행하기 위한 전략은 다양하며, 문헌리뷰, 서베이, 관찰, 테스트 등을 포함한다. 본 장의 말미에 있는 추천자료에 도서관 훈련프로그램의 개요를 제공하는 다수의 도서가 포함되어 있다.

참고서비스 훈련프로그램 또한 여러 가지 전문직 역량기준에서 추출할 수 있다. American Library Association의 "Core Competences of Librarianship"(2009, 3-4)은 이 분야의 중심적인 지식과 기술에 대한 수준 높은 서술을 제공하는 참고 및 이용자 서비스 섹션을 포함하고 있다:

5. 참고서비스와 이용자 서비스

5A. 모든 연령의 개인과 집단에게 정확하고 적합한 기록지식과 정보에 접근을 제공하는 참고 및 이용자 서비스에 관한 개념, 원칙, 그리고 기법.

5B 모든 연령의 개인과 집단이 이용할 수 있도록 다양한 출처로부터 정보를 검색, 평가, 종합하는데 필요한 기법.

5C 모든 연령의 개인과 집단이 기록된 지식과 정보를 이용하도록 상담, 중개, 안내를 제공하기 위해 성공적으로 상호작용하는 방법.

5D 정보리터러시/정보역량 기법과 방법, 수치와 통계리터러시.

5E 개념과 서비스를 홍보하고 설명하기 위해 특정 대상에 도달하는데 필요한 지지확보의 원칙과 방법.

5F 다양한 이용자요구, 이용자 집단, 이용자 선호도를 평가하고 대응하기 위한 원칙.

5G 적합한 서비스 또는 정보원 개발을 설계하고 시행하기 위해 새로운 상황과 환경의 영향을 평가하는데 필요한 원칙과 방법.

RUSA는 "Professional Competencies for Reference and User Services Librarians"(2017)에서 이와 같은 역량을 참고서비스 실무자들이 갖추어야 할 전문적 지식과 기술을 정교화하는 기초로 사용하였다. 예를 들면 다음과 같다:

5B. 다양한 출처로부터 정보를 검색, 평가, 수집, 종합하는 역량, 높이 평가되는 정보원을 식별하고 제시한다.
  1. 이용자에게 다양한 정보원을 식별할 수 있는 도구를 연결해 준다.
  2. 이용자에게 강력히 추천되고 신중하게 선택된 여러 형태의 정보원을 연결한다.
  3. 참고도구와 자원에 대해 품질, 적합성, 신뢰성, 권위, 포괄성을 평가한다.
  4. 정보원에 대한 모든 편견 또는 관점을 파악한다.
  5. 전문영역에 대한 연구가이드, 웹페이지, 서지, 검색보조자료, 기타 적절한 도구를 만든다.
  6. 주요 인구집단의 문화적 다양성을 반영하는 프로그램, 전시, 튜토리얼, 기타 특수 교육자료를 개발한다.

RUSA는 또한 "Guidelines for Behavioral Performance of Reference and Information Service Providers"(2013)를 선포하였는데, 이것은 참고서비스와 관련된 행동 특성을 상세히 다루고 있다. 그 특성은 5가지 범주로 ―가시성/접근용이성, 흥미, 경청/질문, 탐색, 그리고 사후조사― 구성되어 있으며 대면 서비스와 원거리 서비스 환경에 대한 사항을 모두 포함하고 있다.

역량 리스트는 전형적으로 능력과 기술에 대한 포괄적인 목록을 제공하기 위한 것이며, 따라서 훈련에 포함되어야 할 사항의 체크리스트가 아니라 훈련내용 선택을 위한 출발점으로 간주되어야 함을 기억하는 것이 중요하다. 직원들이 인식하는 훈련요구 조사와 관리자들이 관찰한 훈련요구는 훈련프로그램을 개발하는데 매우 유용할 것이다(역량을 사용한 자기평가 활동에 대하여는 Box 9.4를 참조하시오). 역량에 대한 서술은 그와 같은 조사의 기초가 될 수 있다. 그리고 참고 직무명세에 열거된 임무와 책임은 당연히 참고 훈련프로그램 구성과 관련이 된다.

Box 9.4
학습과제: 자가 역량진단과 개선

RUSA리스트로부터 역량을 선택하여 해당 항목에 대한 당신의 전문기능을 1~5의 척도로(1은 "미숙련", 5는 "매우 숙련") 점수를 매겨 보세요. 해당 영역의 역량을 어떻게 개선할 수 있을지 그리고 어떤 훈련이 도움이 될지 생각해 보세요. 만약 당신이 개선의 여지가 크지 않은 역량을 선택하였다면, 발전 여지가 더 많은 다른 역량을 고찰하고 어떤 훈련이 당신에게 유용할지 생각해 보세요.

9.3.1.1 요구 우선순위와 훈련 순서

갭을 식별하는 것 외에, 요구 진단은 지식 및 기술의 불일치 해결을 위한 우선순위와 순서를 정할 필요가 있다. 한 기관의 직원으로서 기능하는데 필요한 것은 일반적으로 오리엔테이션과 적응 프로그램에서 최우선 순위에 있다. 직무기술 훈련과 전문성개발 토픽은 계속 진행될 것이며 해당 직위에서 가장 많이 하는 업무가 어떤 것이지 그리고 기관 내 다른 사람이 신입직원이 훈련받는 동안 기능을 담당할 수 있는지 여부에 기반해야만 한다.

최고의 시나리오는 훈련요구가 직원의 연간 업적평가와 전문성 개발 계획 과정을 통해 식별되는 것이다. 적응프로그램과 오리엔테이션 이후에, 직원의 성능 결핍을 해결하기 위한 훈련이 높은 순위를 차지한다. 예를 들면, 도서관은 건강에 관한 참고질문을 많이 받고 있는데 신입직원이 *Pubmed*에 익숙지 않다면, 즉각적인 데이터베이스 훈련이 정당화될 것이다. 비록 모든 성능 결핍이 훈련요구를 암시하는 것은 아니지만, 대부분은 훈련의 필요성을 암시하며, 필요한 직원 훈련을 제공하는 것은 도서관 경영의 책무이다(Saunders 2012, 399). 직원의 목적, 특히 직무와 관련된 목적은 또한 훈련프로그램의 최우선 순위에 있다.

업적평가 과정을 통해 알려진 훈련요구에 접근함으로써, 훈련조정자는 참고부서 전체에 걸친 요구를 종합하여 집단적인 요구를 만족시킬 프로그램을 개발하고 고유의 개별적인 필요에 대해서는 다른 자원을 추천할 수 있다.

우선순위에 추가하여, 훈련의 순서를 정할 필요가 있다. 어떤 훈련 내용에 대하여도 특정 기술 및 능력 개발에 선행되어야할 기술 및 능력이 있을 것이다. 예를 들면, 채팅 소프트웨어를 사용해서 질문에 응답하기를 실습하기 전에, 채팅 참고소프트웨어의 로그인과 네비게이션 과정을 배울 필요가 있다. 참고업무의 흐름은 또한 내용의 순서와 시간을 좌우한다. 대학도서관에서 처음 일하는 사람은 학기가 시작하기 전에 지정도서에 대해 알아야할 필요가 있으며, 박사학위 논문을 도서관 리포지토리에 축적시키는 방법에 대한 질문은 동료에게 의뢰할 수밖에 없는데, 왜냐하면 그것은 학생들이 논문을 마치는 학기말이 될 때까지는 드문 질문일 것이기 때문이다. 마찬가지로 공공도서관에서는, 연방 및 주 납세신고와 이것을 돕는 도서관정책에 관한 연례 훈련은 12월과 1월에 일정이 잡힐 것이다.

마지막으로, 의무적 훈련 사항은 본질적으로 우선순위가 높고 그 순서와 일정은 관외로부터 결정될 수 있다. 도서관기록, 비밀보호법, 성희롱 방지 및 보고, 아동학대보고 등은 도서관 직원이 반드시 받아야하는 훈련의 몇 가지 사례이다. 비록 이런 훈련이 참고서비스 환경에만 적용되는 것은 아니지만, 이것은 참고서비스 훈련프로그램에 영향을 미친다.

9.3.1.2 훈련 프로그램

훈련요구의 우선순위와 순서를 정하는 것이 어려운 일이지만, 그것은 전체 훈련계획을 구상하는 기초가 된다. 대부분의 경우 참고훈련은 주제와 순서를 명시한 연간계획이 될 것이다. 몇 가지 주제는 반복될 수 있으며, 일부는 필요시에만 제공될 수 있다. 어떤 주제가 반복될 것인가는 내용의 우선순위 뿐 만아니라 훈련을 필요로 하는 직원의 수를 반영하게 된다.

Box 9.5
대학도서관 연간 훈련계획 사례

8월: 참고데스크 정책과 절차; 기본 참고도구의 개요; 참고트랜잭션의 기록; READ Scale
9월: 참고면담(대면과 채팅)

```
10월: 다양한 인구집단에 대한 서비스
11월: 전자정보원과 전자책의 장애해결
12월: 스트레스가 쌓인 학생들 지원
 1월: 납세신고서와 기타 정부문서(인구조사 통계 포함)
 2월: 채팅 트랜스크립트 리뷰
 3월: 신문 참고서비스
 4월: 연간 업적평가 과정
 5월: 경영 정보원
 6월: 과학기술 정보원
 7월: 다문화 및 민속 연구 정보원
```

9.3.2 목적과 목표

요구진단이 수행되고 전체 훈련계획이 만들어진 다음에, 사서들은 특정 훈련세션의 설계와 실시에 주목하게 된다.

각 훈련세션에 대해서 상세한 목표가 수립되어야만 한다. 훈련 목표는 또한 개별 도서관의 목적 또는 성과를 환기시킬 수 있다. 어떤 용어가 사용되던 간에, 이러한 진술은 훈련이 의도하는 결과를 암시한다. 따라서, 훈련 목표는 훈련세션의 초점을 맞추는데 도움이 되며 내용 구조화의 일관성을 제공하고, 교수법을 용이하게 하며, 평가 메커니즘을 제공한다. 훈련목표는 도서관 직원에게 훈련목적을 전달하고, 명확한 기대를 설정하며 자기성찰을 촉진한다. 목표는 내용, 기대, 결과에 대한 상호간 이해를 창출하며, 따라서 훈련을 보다 효과적이고 효율적으로 만드는데 도움을 준다.

대부분의 참고서비스 훈련세션은 실제적인 목적과 목표를 지향하고 있는데, 왜냐하면 참고업무 환경이 개념과 원칙을 이해하는 추상적 지식과 해당 지식을 직무에 적용하는 것을 모두 필요로 하기 때문이다. 다시 말하면, 훈련의 결과로 직원들은 지식을 갖추며 또한 그들이 아는 것을 가지고 일을 할 수 있어야 한다. 직원의 참여와 의욕은, 직원 스스로 그것을 하는 이유를 이해한다면, 향상될 수 있다. 따라서 훈련세션은 항상 실제적 또는 실용적 목표를 가지고 있어야 하지만, 세션은 또한 일반적 지식과 메타인지를 반영하는 목표를 가질 수 있다. Box 9.6은 훈련세션의 한 예를 제시하고 있으며 추상적 목표와 실용적 목표를 모두 포함하고 있다.

> **Box 9.6**
> **훈련세션 해설과 목표**
>
> **해설**
> 본 세션에서 진행자는 참고면담을 정의하고 구성요소를(관계적/대인관계적 사항과 내용/답변 사항) 확인하고 설명하며, 참고면담의 기반 이론을(즉, 성공에 대한 내용/관계 모델과 탐색과정에 대한 Carol Kuhlthau의 개입구간) 참여자들과 논의한다. 참여자들은 이론을 실행에 옮기기 위하여 롤플레잉 활동에 관여할 수 있다. 마지막으로, RUSA의 "Guidelines for Behavioral Performance of Reference and Information Service Providers"를 리뷰하게 될 것이다.
>
> **학습목표**
> 참여자들은 다음과 같은 능력을 갖추게 된다.
> - 원만한 참고면담 수행을 위한 참고면담의 구성요소를 서술한다;
> - 그들의 참고면담이 얼마나 성공적인가를 평가하기 위하여 세션 중에 논의 되었던 이론과 가이드라인을 요약한다;
> - 참고데스크와 채팅에서 참고면담에 대한 모범규준을 구현한다.

훈련 목표를 서술할 때, 학습자가 항상 행위자로 쓰여진다. 다시 말하면, 훈련목표는 훈련의 결과 또는 직원이 알게 되거나 할 수 있게 될 것을 서술한다. 훈련목표는 학습을 촉진하기 위해 훈련담당자가 무엇을 할 것인지를 서술하지 않는다. 훈련담당자가 행하는 것은 물론 중요한데도 훈련담당자의 업무는 훈련목표라기보다는 교수설계나 교수방법으로 훈련세션 계획 또는 교안에 기재되어 있다. 목표 서술의 전형적인 시작은 "직원은 ~할 수 있게"이며, 이 어구는 예상하는 종류의 이해나 적용을 나타내는 동사로 이여진다.

효과적인 세션에서는 훈련 목표가 평가의 기초가 되기 때문에, 목표가 훈련 결과 및 직무성과와의 관계를 정확하게 표현해야 한다는 것은 매우 중요하다. 직원들은, 성공적으로 훈련을 완수했음에도 직무성과에 실패한다면, 좌절하게 될 것이다.

9.3.3 교육 내용

교육 내용은, 훈련 목표를 고찰함으로써 그리고 목표를 달성하기 위해 필요한 정보와 경험과 생각이 무엇인지를 질문해 봄으로써 선정된다. 특정 훈련세션에 대한 내용을 여기서 상세히 다룰 수는 없지만, 내용을 숙고하는 유용한 방법은 선언적, 절차적, 조건적 내용을 구별하는 것이다. 선언적 내용은 해당사항이 무엇인지를(what) 설명하고 말해주는 정보이다. 절차적 내용은 해당사항이 어떻게(how) 수행되는지에 대한 정보이다. 조건적 내용은 특정한 선언적 그리고 절차적 내용이 관련된 상황에 대한 정보이다. 조건적 내용은 학습자들에게 선언적 절차적 내용에 있는 "what"과 "how"에 대한 지식을 언제("when") 사용하는지를 말해준다. 예를 들면, 무엇이(what) 지역 또는 국가도서관 온라인목록에 포함되어 있는지 그리고 저자명 서명 키워드로 어떻게(how) 탐색하는지에 관한 훈련은 또한 언제(when) 지역도서관 온라인목록을 사용하고 언제(when) 국가도서관 온라인 목록을 사용하는지를 포함해야만 한다. 이렇게 함으로써 훈련받는 사람들은 그들의 기술을 적절한 상황에서 사용하도록 준비될 수 있다.

교육내용 개발에서 순위 또한 고려되어야만 한다. 대체로 선언적 그리고 조건적 내용은 절차적 내용에 대한 기초가 된다. 핵심 개념과 조건의 이해는 여러 과정의 수행에 밑바탕이 된다. 대부분의 훈련세션에서, 포함될 가능성 있는 내용은 시간이 허용하는 것보다 훨씬 많으며, 따라서 중심적인 것과 주변적인 주제, 그리고 알 필요가 있는 것과 알면 좋을 것에 대한 결정을 또한 해야만 한다. 내용을 간소화하고 우선순위를 매기는 것은 훈련을 이해할 수 있게 만들고 학습자의 정보 과부하를 피하기 위해 매우 중요하다.

9.3.4 교수법과 교재

직원들이 알아서 해야 할 것이 무엇인지 그리고 인지하고 수행하는데 필요한 내용이 무엇인지를 설정한 이후에, 훈련을 실시하는 방법에 대하여 결정해야만 한다. 훈련방법의 선정은 훈련을 어떻게 실행할 것인지 그리고 다양한 교수법에 따를 훈련담당자의 능력을 고찰할 필요가 있다.

훈련 실행 방법에 대한 일차적 고려사항은 훈련을 온라인으로 진행할 것인지 또는 대면하여 진행할 것인지 여부이다. 그리고 온라인으로 진행한다면, 동시적인지(즉, 학습자가 훈련하는 동안 훈련담당자의 참관), 아니면 비동시적인지(즉, 자습)여부이다. 동시적 온라인 훈련과 대면 훈련은 그 구조와 속도면에서 유사하며 참고서비스 훈련프로그램에서 흔히 사용되고 있다. 비동시적 온라인 훈련은 참고서비스 훈련에는 덜 사용되는데, 그럼에도 불구하고 학대 방지 훈련과 같이 직원 모두에게 요구되는 의무적 훈련에서는 종종 사용된다. 따라서 본 섹션은 훈련담당자가 주도하는 훈련 개발에 초점을 둔다.

훈련이 대면으로 수행되건 온라인으로 수행되건 관계없이, 세 가지 일반적인 교수법이

사용될 수 있다: 말하기, 보여주기, 코칭하기. 각각의 교수법에 대해 상응하는 피훈련자의 역할이 있다: 듣기, 주시하기, 행하기. 이러한 일반적인 방법에 대해 알맞게 사용될 수 있는 다수의 교수 전략과 도구들이 있다. 어떤 교수 전략이나 도구라도 모든 상황에 맞는 것은 아니며, 전략 및 도구의 적합성은 훈련 목표, 피훈련자들의 수용, 그리고 방법에 대한 훈련담당자의 숙련에 달려있다. 보통, 단일 세션에서 한 가지 이상의 방법이 사용 된다; 예를 들면, 훈련 세션은 멀티미디어를 포함한 짧은 강의로 시작해서 소그룹 피훈련자 브레인스토밍으로 이어지고, 그룹 전체가 해결책을 논의한 후, 피훈련자 각각이 개인적으로 선호하는 전략을 실습하는 것으로 끝난다.

다양한 교수법 사용은 학습자의 관여와 반응을 유지하며, 모든 교수전략은 장점과 단점을 가지고 있다. 특정 교육환경을 위해 선정된 전략의 효과를 보장하기 위하여는 그 장점과 제한점에 대한 주의 깊은 고찰이 필수적이다. 예를 들면, 강의는 다른 어떤 방법보다 많은 양의 내용을 전달하는데 매우 효과적이다; 그렇지만, 훈련담당자가 코치하는 실습은 응용기술을 발전시키고 피훈련자에 대한 피드백 제공에 더 좋을 것이다. 전략 결정은 훈련목표, 훈련 내용, 교육공간, 시설, 시간, 그리고 비용에 대한 주의 깊은 분석에 기초해야만 한다. 그렇지만, 전략의 선택과 순서에서 가장 중요한 고려사항은 훈련의 목표이다: 직원들이 수행하도록 요구되는 것.

9.3.4.1 말하기 - 강의

강의는 훈련담당자가 정보를 소개하거나 또는 사항을 설명하는 표현이며 알려주기 위해 사용된다. 강의는 일방적이다; 말하자면, 훈련담당자가 피훈련자에게 사항을 말한다. 그 목적은 정보를 전달하는 것이며, 피훈련자 집단의 크기는 전달에 영향을 미치지 않는다. 강의는 고도로 효율적인 교수법이다; 그렇지만, 피훈련자들이 경청 모드에 있기 때문에 그 효과를 실시간으로 모니터하기가 어려울 수 있고, 피훈련자들이 잘못이해하거나 관심을 기울이지 않는지 여부가 불분명할 수 있다. 강의를 토론으로 보완하는 것은 문제 해결에 도움이 될 수 있다. 토론은 질문을 제기하거나, 답변 또는 반응을 유도하거나, 훈련담당자와 피훈련자들 간의 대화를 포함한다. 토론은 강의보다 많은 시간이 걸리며 그룹의 크기가 그 효과에 영향을 미칠 수 있다; 그렇지만 이것은 또한 피훈련자들이 보다 더 참여하는 교수법이다. 강의와 토론의 결합은 강의의 효율과 토론의 참여를 얻기 위한 효과적 전략이 될 수 있다. 예를 들면, 문헌탐색 전략에 관한 강의는 피훈련자들이 이전에 사용했던 전략과 그들이 경험했던 문제점에 대한 토론과 결합될 수 있다.

9.3.4.2 보여주기 - 시연

시연을 통해서, 훈련담당자는 무엇을 하며 어떻게 하는지를 피훈련자들에게 보여주는 과정을 수행한다. 시연은 보통 해당 과정이 이루어지는 시점, 장소, 이유를 지적하는 설명을 동반한다. 그 목적은 피훈련자가 시연 이후에 동일한 기술을 반복할 수 있게 하는 것이다. 전문가들은 종종 자신이 매우 익숙한 과정을 수행할 때 그들이 행하는 모든 것을 명백하게 인식하지 않기 때문에, 훈련담당자가 과정의 단계를 주의 깊게 상술하기가 어렵다. 다수의 훈련담당자들은 그들이 피훈련자들을 지도할 때 그 과정의 단계를 피훈련자들이 구현하도록 만드는 것이 유용함을 발견하였다. 이것은 코칭과는 다른데, 왜냐하면 훈련담당자가 여전히 일정 투입부분을 지도하고 있기 때문이다; 피훈련자는 독립적으로 작업하지 않는다. 오히려 이 시연기법은, 피훈련자가 지도를 필요로 함에 따라, 훈련담당자를 과정의 모든 단계에 포함시키는 방법이다. 시연은 또한 토론과 병행될 수 있다.

9.3.4.3 코칭하기 - 실습 계획 및 모니터링

코칭에서 피훈련자는 독립적인 작업을 수행한다. 훈련담당자는 더 이상 강의를 하거나 토론을 촉진시키거나 또는 시연을 하는 것처럼 훈련의 중심이 아니다. 대신에, 그들이 배운 기술과 과정을 실습하는 피훈련자들이 중심이 된다. 그럼에도 불구하고 훈련담당자는, 비록 중심은 아닐지라도, 실습의 효과를 위해 사전에 실습 활동을 계획하고 학습자의 실수와 혼란을 적극적으로 모니터할 필요가 있다. 실습시간 동안에는 피실습자 집단의 크기와 실습 활동의 복잡성에 따라 모니터링 보조원을 두어야할 필요가 있을 것이다.

9.3.4.4 교재

교재는 훈련세션을 지원하고 보완하기 위해 만들어진 모든 자료를 포함한다. 가이드, 워크시트, 비디오, 튜토리얼, 도서 등이 포함될 수 있다. 아마도 교재의 가장 일반적인 형태는 유인물일 것이다. 평범하건 화려하건 또는 단순하건 복잡하건 간에, 유인물은 학습자가 필요로 하는 정보와 지시사항을 제공하지만 실습이 없이는 쉽게 기억할 수 없다. 때로 정보는 매우 드문 경우에 필요할 수도 있다. 유인물은 매우 유연성이 있다. 실습시간을 포함하는 훈련세션에서 구조화된 연습은 피훈련자에게 새로운 정보원이나 기술을 탐구할 기회를 제공할 것이다. 훈련세션에 실습시간이 포함되어 있지 않은 경우에, 피훈련자들은 스스로 실습할 필요가 있으며, 일종의 과제에 따라 지도되어야 한다. 대부분의 훈련담당자들은 또한 강의, 토론, 시연을 위해 시각 보조자료로 사용할 슬라이드 또는 기타 자료를 가지고 있을 것이다. 이것을 피훈련자들에게 제공할지 여부는 자료가 자습보조자료로서 유용할 정도로 세부사항을 포함하고 있는지 여부에 달려있다. 학습 목표, 내용, 교수전략, 교재가 식별되면, 모든 조각들을 일관성있는 교육계획으로 함께 모아야할 시점이 된다. 신규 훈련자들은 보통 내용의 개관과 교수법 그리고 활동 및 평가 개요에 대한 세션 요약을 작성하는 것이 유용하다는 것을 알게 될 것이다. 이와 같은 자료는 완전 정확하게 작성될 필요는 없으며 단지 교육을 안내하기 위한 요약이면 된다. 유경력 훈련자들 조차도 이와 같은 자료는 고려해야 한다. 이러한 개요는 훈련자들이 세션을 수행하기 전에 생각을 조직하는데 도움이 될 뿐만아니라, 한 세션과 다음 세션간의 일관성을 유지할 수 있고, 다른 훈련자가 세션에 진입할 때 지침을 제공할 수 있다.

Box 9.7은 참고면담 수행에 관한 대면 세션 훈련계획의 한 예를 포함하고 있다.

Box 9.7
훈련 계획: 참고면담 수행

이 훈련계획은 참고데스크에서 새로 일하게 된 도서관직원을 위해 90분간 진행되는 대면세션을 위해 만들어진 것이다. 강의와 토론에 추가하여, 피훈련자는 쟁점적인 동영상을 보고 파트너와 면담기법을 실습한다; 그러므로 훈련은 복수의 교수법을 사용하는 것이다. 공공도서관 직원이 만들어서 유튜브에 탑재한 동영상들은 연관성이 있고 종종 재미있으며 피훈련자의 참여를 강화시킨다. 또한 상대적으로 시간이 걸리지 않는 비디오 관람, 토론의 재개, 그리고 사이클의 반복은 새것을 선호하는 사람들이 좋아하는 한편, 일상적이고 명확한 것을 선호하는 사람들은 여전히 예측가능한 패턴을 따른다. 세션 마지막의 반성 부분은 피훈련자들로하여금 그들의 기술 발전을 스스로 평가하고 실습이 더 필요한 영역을 식별하게 해 준다. 동시에, 자료에 대한 타인들의 반응을 보는 것은 모든 사람들이 참고면담이 도전적인 것임을 발견하도록 강조하고 이 주제를 처음 대하는 사람들에게 확신을 준다.

- 환영인사와 소개(5분) - 훈련담당자는 세션에 온 모든 사람들을 환영하고, 훈련세션을 소개하고, 질문에 답변한다.
- 강의와 토론(20분) - 훈련담당자는 참고면담의 단계를 개관하고, 문헌으로 부터 다양한 이론을 끌어내고 이용자 또는 도서관 직원으로서의 학습자 사전 경험에 관여한다.
- 참고면담 평가(25분) - 일련의 *YouTube* 참고면담 동영상을 활용하여, 집단이 함께 동영상을 관람하고 나서 사서가 잘한 것이 무엇이며 개선될 수 있는 것이 무엇인지 논의한다. 훈련담당자가 대화를 유도하지만, 분석은 피훈련자에 의해 수행된다.

- 파트너와 함께 작업(30분) - 피훈련자는 질문사례들을 사용한 참고면담 실습을 위해 2인조로 작업하며 사서 또는 이용자로 바꾸어 롤플레잉을 한다.
- 반성적 논의와 종료(10분) - 훈련담당자는 집단을 다시 모아서 그들의 참고면담 실습 경험을 논의한다.

본 개요는 Instructional Design for LIS Professionals(Wong 2019)로부터 허락을 받아 개작된 것임.

9.3.5 훈련 프로그램 평가

각각의 훈련세션은 학습자들이 목표를 달성하였는지 그리고 훈련이 개선될 수 있는지를 밝히기 위해 평가되어야 한다. 훈련프로그램 평가에는 세 가지 중요한 고려사항이 있다: 학습성과, 피훈련자반응, 그리고 업무성과로의 학습전이. 훈련세션 평가의 마지막 고려사항은 훈련에 지출된 비용에 대한 투자수익률이 될 것이다.

9.3.5.1 학습성과와 피훈련자 반응

훈련세션 평가에 대해 가장 즉각적인 고찰은 학습현장에서 성과를 측정하는 것이다. 훈련이 끝난 후 피훈련자가 능력과 지식을 갖고 있지 않다면, 그들은 배운 것을 작업환경에 적용할 수 없을 것이다. 따라서, 학습성과 측정은 피훈련자로 하여금 훈련세션 목표에 서술되어 있는 기술의 적용을 시연하는 것을 포함한다. 이것은 또한 훈련 측정이 훈련자체와 통합되어야 한다는 Lily Todorinova와 Matt Torrence(2014)의 권장사항과 일치한다. 이러한 성과는 다소 업무보다는 훈련환경에 맞게 만들어지겠지만, 측정을 주의 깊게 설계함으로써 업무환경에 근접한 측정이 가능할 수 있다. 만일 집단의 크기가 성과를 평가하기 위한 훈련담당자의 직접 관찰에 방해가 된다면, 성과측정은 차후의 리뷰를 위한 기록 메커니즘을 포함해야만 한다. 이것은 워크시트, 온라인처리에 대한 스크린캡처, 또는 비디오녹화의 형태가 될 것이다.

비록 엄격한 학습평가가 아니고 일종의 훈련에 대한 반응을 측정하는 것이지만, 훈련경험을 평가하기 위해 직원들에게 질문하는 것 또한 바람직하다. 훈련이 효과적이지만 유쾌하지 않다면, 그것은 동기와 참여에 부정적 영향을 미칠 것이다. 직원들은 훈련 참여에 저항하거나 또는 세션 중에 그만둘 수도 있다. 가장 좋은 시나리오는 피훈련자들이 즐거워하고 학습과 직무성과 개선으로 이어지는 것이다. 훈련에 대한 반응은 전형적으로 서베이 또는 단답형 응답을 사용하여 측정된다. 대규모 훈련프로그램에서는 또한 참가자 표본으로 된 포커스집단이 사용될 수 있다.

9.3.5.2 직무성과로의 학습전이

불행하게도, 훈련환경에서 능숙함을 보였던 직원이 업무환경에 성과를 이전할 것이라고 가정할 수는 없다(Box 9.8 참조). 직무성과는 단순히 지식의 적용이 아니라 훈련환경과 다른 환경에서 지식을 적용하는 것이다. 예를 들면, 한 직원은 조용하고 집중가능한 교실에서 특정 과정을 완벽하게 수행할 수 있었지만, 이용자들이 줄서서 기다리고 시간 압박을 받는 참고데스크 환경에서 그렇게 하기 위해서는 고분군투할 것이다. 학습이 업무성과로 전이되지 않는다면, 훈련은 효과적인 것이 아니며 성과를 위한 작업환경 요구를 고려하여 개정될 필요가 있다.

Box 9.8
학습과제: 학습으로부터 업무성과로

당신이 도서관직원으로서 또는 다른 직업에 종사하면서 참여했던 훈련세션을 생각해 보세요. 당신이 워크샵이나 훈련세션에서 배운 것을 직무에 전이시킬 수 있는지 여부를 훈련담당자가 어떻게 알 수 있습니까? 그들은 무엇을 예상할까요? 이점을 피훈련자의 견지에서 생각해 보세요. 만일 당신이 훈련에서 배운 것을 업무로 전이시키고자 분투하고 있다면, 당신은 상급자에게 어떻게 접근하겠습니까?

9.3.5.3 투자수익률

훈련프로그램은 재정적 투자이다. 프로그램에는 직원, 자원, 공간, 그리고 시간이 소요된다. 사용된 자원에 대한 훈련프로그램의 전반적 효과에 대한 모니터링은 도서관 예산의 올바른 회계관리 요구에 상응하는 것이다. 업무성과에 작은 이득이 막대한 금전적 투자를 필요로한다면, 해당 훈련목표는 재고될 필요가 있다. 아마도 참고서비스 팀원 모두 특정 기술을 구축하기 보다 해당 전문가를 고용하는 것이 더 효과적일 것이다. 반대로, 보다 효과적인 질문의뢰시스템 구현에 필요한 훈련은 참고직원과 이용자를 위해 막대한 시간을 절약할 뿐아니라 전반적인 참고서비스 만족도를 개선할 것이다. 훈련에 대한 투자가 업무

성과와 이용자 경험에 어떻게 영향을 미치는가를 이해하는 것은 도서관으로 하여금 참고서비스 훈련프로그램으로부터 최대의 혜택을 얻을 수 있게 해 준다.

9.4 훈련프로그램 관리

    모든 도서관과 시스템은 도서관서비스를 관리하고 운영하는 접근방식이 다르다. 대규모 공공도서관시스템은 소규모 공공도서관 보다는 오히려 대규모 대학도서관과 유사하며, 반면에 특수도서관과 학교도서관은 기업의 관행과 주 및 지역 법규에 따라 다르다. 도서관 훈련 행정부서의 위치는 다양한 조직구조에 달려 있다: 유지되어야 하는 것은 해당 부서의 존재, 부서가 제공하는 것과 활동의 품질, 그리고 참고직원에 대해 표명된 기회의 적합성이다.

    일부 도서관들은 고도로 중앙집중화되어서, 업무별부서가 분관이나 주제전문도서관보다 오히려 더 큰 시스템으로 운영된다. 예를 들어 대규모 공공도서관시스템에서는, 수서 및 장서관리가 중앙도서관에 있는 한 장소에서 운영되며, 반면에 분관들은 소규모의 투입자원 또는 영향력을 가지고 있다. 대규모 대학도서관들은 여전히 단행본이나 연속간행물에 대한 최종 구입 결정을 하는 분야별 주제전문사서를 보유하고 있으며, 반면에 도서관시스템 전체를 위한 일회용 물품 구매를 위해 회계연도 말에 미사용 재원을 통합한다. 훈련과 개발은 조직 문화에 따라 유사한 상황에 있는 기능이다: 이것은 중앙의 한 곳에 위치하거나, 또는 훈련요구가 큰 분관이나 부서에 분산된 전담직원을 가질 수도 있다. 훈련프로그램의 효용성은 구조와 관계없이 강력해야 한다; 이것은 직원들과 함께 일하며, 피드백과 개별적 요구에 반응하면서도 진취적이어야하고, 프로그램운영자들이 조직에 대한 큰 그림을 볼 수 있는 위치에 있어야한다.

    대규모 도서관시스템이나 기업도서관에서는, 인사부서가 훈련 및 개발을 위한 적합한 장소가 될 것이다. 훈련과 마찬가지로, 인사부서는 조직 전체에 봉사하며, 부서 직원 전체가 고용을 감독함으로써 승진과 평가에 참여하고, 법과 규제의 정황을 파악하고 있다. 이것은 훈련 및 개발 조정자에게 유리한 입장이 되고 직원은 도서관서비스와 정책에 영향을 미칠 이슈와 주기적으로 상호작용하는 팀의 일원이 될 수 있다. 반면에, 이용자/대공중서비스부서가 존재한다면, 훈련 및 개발은 그쪽에 위치할 수 있는데, 왜냐하면 전통적인 훈련의 많은 부분이 참고서비스, 연구, 교수/학습에 초점을 두고 있기 때문이다. 이것은 훈련을 필요로 하는 다른 영역에 영향을 미칠 수 있으므로, 도서관시스템 전체에 발생할 수 있는 학습에 대한 균형을 바로잡기 위해 도서관 크기와 상관없이 여러 부서에 훈련연락담당을 둘 수도 있다. 매우 작은 도서관에서는 직원 한명이 모든 직원의 훈련을 담당할 수 있으며 이런 경우에는 도서관 전체의 훈련 및 개발 요구를 파악할 기회가 큰 행정부서에 소속될 가능성이 있다.

도서관 또는 시스템에서 훈련을 조정하는 사람, 특히 참고서비스 훈련을 조정하는 사람은 수많은 역할을 가지게 된다. 이 직원은 조직리더쉽, 또는 인적자원 개발(문헌정보학을 대신하거나 또는 문헌정보학에 추가하여) 학위를 소유한 사람이 될 수 있다. 직원은 유경력 참고사서 또는 경력 중 상당기간을 신규직원이나 학생보조원 훈련에 종사했던 대공중서비스 사서가 될 수 있다. 참고/연구 및 교육 부서의 책임자가 이 역할을 할 수도 있고, 또는 지정된 훈련 및 개발 사서가 이 책임을 맡을 수도 있다.

9.5 결론

모든 도서관은 전문적 훈련과 개발에 대해 명백한 의지를 가지고 있어야 한다. 직원이 새로 들어오는 도서관은 그 유형을 막론하고 사려깊고 조절된 훈련이 구비되어야할 필요가 있다. 이것은 여러 형태를 취할 수 있지만, 프로그램에 대한 지원과 보장은 가시적이며 쉽게 표현되어야 한다. 도서관은 말 그대로 생애학습의 수단을 제공한다. 직원들의 계속교육, 직무교육, 능력과 사고방식의 도전은 참고직원이 도서관 이용자를 돕고 나아가 전문직을 발전시키는데 기여한다. 개별 직원들은, 도서관과 도서관시스템이 제공해야하는 계속교육에 대한 절대적 노력이 없이, 이러한 목적을 성취할 수 없다. 주목을 많이 받는 최전선의 서비스인 참고서비스를 하는 사람들은 학습을 지속하고, 개인적으로 그리고 전문가로서 몰입하며, 항상 도서관이용자들의 변화하는 요구에 적응할 필요가 있다. 강력한 훈련과 직원 및 프로그램 개발은 이와같은 사서직 핵심 영역의 필수적 부분이다.

【참고문헌】

American Library Association. 2009. "Core Competences of Librarianship." http://www.ala.org/educationcareers/careers/corecomp/corecompetences.

Bauer, Talya N. 2010. *Onboarding New Employees: Maximizing Success*. Alexandria, VA: SHRM Publishing.

Hakala-Ausperk, Catherine. 2010. *Build a Great Team: One Year to Success*. Chicago: ALA Editions.

Johnson, Anna Marie. 2019. "Connections, Conversations, and Visibility: How the Work of Academic Reference and Liaison Librarians Is Evolving." *Reference & User Services Quarterly* 58 (2): 91-102.

Morgan, Pamela J. 2009. *Training Paraprofessionals for Reference Service*. New York: Neal-Schuman.

PubMed. National Library of Medicine. https://www.ncbi.nlm.nig.gov/pubmed/.

Reference and User Services Association. 2013. "Guidelines for Behavioral Performance of Reference and Information Service Providers." American Library Association. http://www.ala.org/rusa/resources/guidelines/professional.

Saunders, Laura. 2012. "Identifying Core Reference Competencies from an Employers' Perspective: Implications for Instruction." *College & Research Libraries* 73 (4): 390-404.

Stewart, Andrea Wigbels, Carlette Washington-Hoagland, and Carole T. Zsulya, eds. 2013. *Staff Development: A Practical Guide*. Chicago: American Library Association.

Todaro, Julie, and Mark L. Smith. 2016. *Training Library Staff and Volunteers to Provide Extraordinary Customer Service*. New York: Neal-Schuman.

Todorinova, Lily, and Matt Torrence. 2014. "Implementing and Assessing Library Reference Training Programs." *The Reference Librarian* 55 (1): 37-48.

Ward, David. 2003. "Using Virtual Reference Transcripts for Staff Training." *Reference Services Review* 31 (1): 46-56. https://doi.org/10.1108/00907320310460915.

Wong, Melissa A. 2019. *Instructional Design for LIS Professionals: A Guide for Teaching Librarians and Information Science Professionals*. Santa Barbara, CA: Libraries Unlimited.

YouTube. http://www.youtube.com.

【SUGGESTED READINGS】

Allan, Barbara. 2013. *The No-Nonsense Guide to Training in Libraries.* London: Facet Publishing.

    Allan provides a succinct discussion of developing workplace learning environments along with three main approaches: content-centered, learner-centered, and social. She explores a variety of learning and teaching methods to make training interesting, including action planning, group work, guest speakers, hands-on sessions, inquiry-based learning, problem-based learning, and the use of stories and metaphors. Additionally, she provides an overview of different ways current technologies can be incorporated into training, while acknowledging that the speed of change in this area makes it difficult to keep up to date.

Hakala-Ausperk, Catherine. 2013. *Build a Great Team: One Year to Success.* Chicago: ALA Editions.

    While this book is aimed squarely at supervisors, team leaders, or managers, its content is relevant for anyone who has gone through the hiring, training, and career growth process. Organized month by month, the author's ebullient tone keeps things interesting, as do the exercises for the reader to complete. The "Month 5: Blending" chapter is of particular note for training and orientation.

Hawks, Melanie. 2013. *Designing Training.* Chicago: ACRL.

    A short book in the ACRL Active Guides series that offers both theory and practice on designing effective training sessions for librarians, it is divided into four sections: designing for the adult learner, designing for takeaway value, designing for purposeful engagement, and designing for learning transfer. Reflection questions and activities for the reader are very helpful in moving one's training plan along, and sample worksheets and activities for training participants provide great templates for other applications.

Trotta, Marcia. 2011. *Staff Development on a Shoestring.* New York: Neal-Schuman.

    This work is based on the assumption that the most cost-effective way to accomplish good staff training "is to design in-house training programs that turn experienced staff ingo proficient trainers"(ix) and so is focused on developing individualized training programs. In addition to vocerage of assessing needs, developing training, using technology, and assessing training, this book discusses the manager's role in customizing job descriptions, helping staff solve problems, internal marketing, mentoring employees, evaluation performance, and recognizing effective performance. Also included are model training programs.

10

참고서비스의 마케팅과 홍보

10.1 서론
10.2 마케팅이란 무엇인가?
10.3 마케팅 프레임워크
10.4 시장조사와 이용자요구 평가
10.5 목적과 목표 설정
10.6 마케팅계획의 수립
10.7 계획 구현을 통한 가치 및 관계 조성
10.8 도서관이용자들의 가치 평가
10.9 일반적인 마케팅 도구
10.10 결론

참고정보서비스론

제10장 참고서비스의 마케팅과 홍보

10.1 서론

 최상의 참고정보원과 서비스를 보유하는 것은 고객의 이용과 참여를 보장하기에 충분치 않다. 모든 도서관은, 그 유형을 막론하고, 해당 자원과 서비스 마케팅에 전념할 필요가 있다. 대부분의 사서들은 자신을 마케팅전문가로 간주하지 않는다. 그럼에도 불구하고, 그들은 가능한 한 많은 커뮤니티 구성원들이 도서관 자원과 서비스로부터 혜택을 받기 원한다. 마케팅은 이것을 성취하기 위한 핵심이다.
 본 장은 기본적인 마케팅 개념을 소개하고, 참고서비스에 적용된 마케팅 프레임워크를 제시하고, 이 프레임워크가 도서관에 어떻게 적용될 수 있는지에 대한 사례를 제공한다. 일반적으로 사용되는 마케팅 도구에 대한 실무적 논의와 모범규준을 포함하여 현실에 맞는 팁과 제안들이 제시되어 있다.

10.2 마케팅이란 무엇인가?

 많은 사람들이 마케팅을 매매, 광고, 그리고 홍보로 간주한다. 홍보는 마케팅의 한 국면인 반면에, 정확히 하자면 그 과정이 훨씬 더 전체적이고 포괄적이다. Phillip Kotler, Gary

Armstrong, and Lloyd D. Harris(2017, 27)는 마케팅을, 고객을 위해 가치를 창출하고, 고객과 유익한 관계를 수립하고, 고객으로부터 가치를(금전적 또는 비금전적) 획득하기 위해 사용되는 과정이라고 서술하고 있다. 이 정의는 범위가 넓고, 전형적으로 영리를 위해 운영하지 않는 도서관에 적용하기에는 추상적이고 불명확한 것처럼 보인다. 그렇지만, 이것은 참고서비스와 도서관서비스 마케팅에 적용될 수 있을 것이다. 도서관마케팅은, 도서관의 봉사대상자를 식별하고, 해당 이용자들에게 가장 유용한 제품과 서비스가 무엇인지 결정하고 가치를 보여줌으로써 이용자에게 서비스와 제품을 홍보하고, 이용자에 대한 가치를 계속 증가시키기 위해서 피드백을 유도하고 귀를 기울이는 것이다.

10.3 마케팅 프레임워크

마케팅에 대한 정의는, 도서관서비스 마케팅에 맞춰진 것이라 해도 실제적 프레임워크가 적용될 때 보다 많은 도움이 될 것이다. 다음 리스트는 사서를 위한 5단계 마케팅 프레임워크를 요약한 것이다. 또한, 대부분의 도서관들은 이윤추구 기관이 아니고 사서들은 전형적으로 이용자를 전통적 의미의 고객으로 간주하지 않기 때문에, 이러한 단계는 사서들의 요구에 적합할 것이다.

1. 시장조사를 수행하고 이용자 요구를 예측한다.
2. 마케팅 목적과 목표를 설정한다.
3. 목표이용자에게 도달하기 위한 마케팅 계획을 수립한다.
4. 계획을 구현함으로써 가치와 이용자관계를 조성한다.
5. 도서관이용자로부터 가치를 포착한다.

마케팅은 시장조사를 통하여 도서관이용자들의 요구와 결핍을 이해하는 것으로부터 시작된다. 이 단계에서, 사서는 도서관이용자들을 검토하고 이용자 습관과 특징을 식별하고, 이용자들을 전형적인 집단으로 나누고 현재의 이용자와 잠재적 이용자를 더 잘 이해하기 위해서 이용자 페르소나(personae)를 만든다. 사서들은 시장조사를 사용하여, 마케팅계획으로 목표로 할 이용자집단과 이용자 요구와 도서관 목적의 접점을 식별함으로써, 현실적인 목적과 목표를 설정할 수 있다.

그러고 나서 사서들은 이용자를 위한 가치 창출 방법을 식별하고, 이용자와 잠재이용자에게 전해질 특정 메시지를 요약하고, 이용자에게 가장 잘 도달할 수단을 결정하는 종합적 마케팅계획에 노력을 경주할 것이다. 계획을 구현하는 동안에 가치가 창출되고, 사서들은 새로운 서비스의 보급과 홍보를 통해 이용자들과 관계를 형성한다. 다음 단계에서, 프로그램 참가자 증가와 서비스와 장서 이용 증가를 통해 이용자들로부터의 가치가 포착된다. 마지막으로, 사서들은 피드백을 수집하고 분석함으로써 그들의 마케팅 노력을 평가해야만 한다. 이러한 개념 각각은 본 장에서 상세히 다루어질 것이며 사서들이 현장에서 적용하는데 도움이 될 팁과 더불어 제시될 것이다.

10.3.1 홍보 및 섭외 vs. 총체적 마케팅

모든 도서관경영자와 사서들이 마케팅의 전체 범위를 이해하는 것은 아니며, 대신에 홍보와 대외관계 국면에만 초점을 두게 된다. 그렇지만, 이용자에 대한 확실한 이해에 기초하지 않은 홍보 및 섭외와 특정 아웃리치 목표는 효과적이지 못할 것이다. 따라서, 사서들이 마케팅 과정을 이해하고 현장의 다른 사람들과 명확하게 소통하는 것이 중요하다. 도서관 전문용어가 외부인들에게 혼란스러운 것처럼, 마케팅 언어는 오해를 초래하고 잘못 사용될 수 있다.

용어 "홍보"(promotion)와 "섭외"(public relations)는 종종 마케팅과 상호교환적으로 사용된다. 그렇지만 둘 사이에는 중요한 차이가 있다. 그림 10.1에 예시되어 있는 것처럼, 마케팅은 홍보에 훨씬 앞서 시작되며 홍보캠페인이나 보도자료 이후에도 오랫동안 지속된다. 홍보는 단지 도서관이 이용자가 들었으면 좋겠는 것을 퍼트리거나 그들에게 말해주는 것이다. 반면에 섭외는 전통적으로 저널리스트, 기자, 편집자 등을 대상으로 내용을 만들어내는 것으로 여겨졌으며, 우수한 섭외전문가는 전통적인 미디어 종사자들과 견고한 관계를 수립하였다(Kotler, Armstrong, and Harris 2017, 409). 홍보와 섭외가 효과적이려면 전체 마케팅계획 안에 부합해야만 한다. 마케팅과 동떨어진 홍보와 전통적 섭외는 정보의 일방향적 흐름이 된다. 반대로, 마케팅은 이용자들과 관계를 수립하는, 이용자요구로 시작하고 끝나는 하나의 순환과정이다. 홍보와 섭외는 단지 과정의 일부이다.

오늘날 마케팅 시대에서, 섭외와 마케팅 간의 경계선은 흐릿해졌다. 사서들은 지금 이용자들과 직접 관계하고 이용자들에게 도달할 수 있는데, 왜냐하면 그들이 보다 많은 콘텐츠를, 전통적 미디어를 통하지 않고, 도서관 웹사이트나 소셜미디어 계정에 출시하기 때문이다. 이제 섭외는 긍정적 평판을 얻고 부정적 평판을 피함으로써 도서관에 대한 좋은 평판을 구축하는 것으로 정의될 수 있다. 이러한 변화에도 불구하고, 전통적 미디어와의 관계는 전체 마케팅계획의 한 부분으로 도서관에 매우 유익할 수 있다. 섭외 영역이 성장하고는 있지만, 이것은 여전히 이용자요구를 연구하고 서비스와 산출물을 선택하고 효과를 평가하는 마케팅과정 전체를 포괄하지 못한다.

마지막으로, "마케팅"이란 용어가 어떤 사람에게는 부정적인 느낌이 있다는 점을 지적할 필요가 있다. 이것은 종종 믿을만하지 않은 광고 및 매매 방법과 관계가 있다. 그렇지만, 올바르게 수행된다면, 마케팅은 이용자들을 원하는 서비스로 연결시킴으로써 더 나은 봉사가 이루어진다. 마케팅이 제대로 수행되면 사서와 도서관 이용자 모두 명백히 혜택을 받는다.

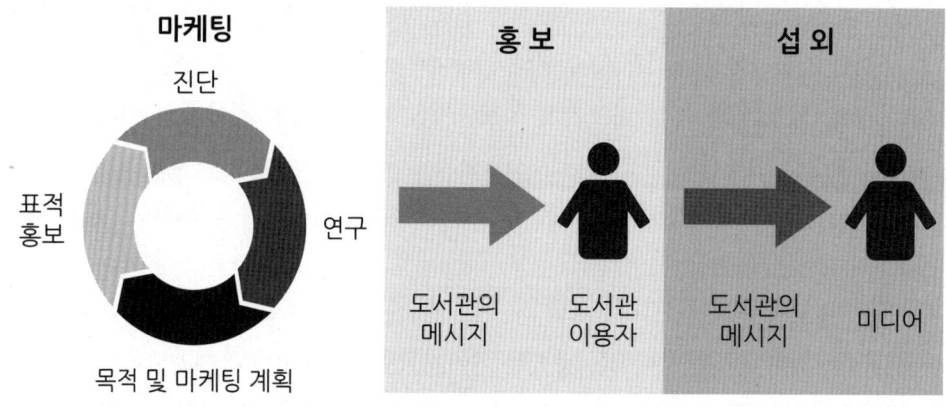

그림 10.1 홍보 및 섭외 vs. 총체적 마케팅

위 그림은 홍보 및 섭외와 총체적 마케팅(holistic marketing) 간의 차이를 보여준다. 홍보 및 섭외가 이용자와 미디어에 대한 직접 메시지를 포함하는 반면에, 총체적 마케팅은 연구에 기초하고 특정 목적과 연결된 목표지향 홍보 사이클이다.

10.4 시장조사와 이용자요구 평가

효과적인 마케팅 노력의 첫 번째 단계는 환경을 훑어봄으로써 도서관의 시장을 파악하는 것이다. 시장을 이용자와 잠재이용자가 도서관서비스와 상호작용하는 영역으로 생각하는 것은 도움이 될 수 있다. 시장조사는 사서들로 하여금 도서관과 소장 자료에 대해 통찰하고, 이용자들의 요구를 이해하고, 잠재이용자들을 식별하고, 마케팅계획의 위험을 최소화시킬 수 있게 해준다. 이용자와 잠재이용자에게 그들의 필요와 희망을 묻지 않는다면, 마케팅계획은 핵심을 놓치게 될 것이다. 조사는 또한 이어지는 총체적 마케팅 계획을 위한 초점과 정당성을 제공하며, 보다 성공적인 노력, 이용증가, 그리고 이용자들과의 관계개선에 기여하게 된다.

10.4.1 환경 분석

도서관의 시장에 대한 통찰을 얻기 위하여, 사서들은 도서관운영과 밀접하게 연관되어 있는 미시적환경과 도서관이 소속되어 있는 보다 넓은 사회시스템인 거시적환경에 대한 분석을 수행해야 한다.

사서들에 대한 미시적환경은 다음과 같이 구성되어 있다: 예산 및 직원과 같은 내부자원; 도서관이 봉사하는 커뮤니티와 이해관계자; 이용자에게 봉사하는 도서관 능력에 영향을 미치는 활동가들. 도서관 미시적환경에 영향을 미치는 집단의 예는 재정지원 기관(예, 지방정부), 학생회 또는 지역단체, 도서관 후원단체, 자원봉사자, 이사회 등을 들 수 있다. 사서들은 도서관 및 참고부서에서 이용 가능한 기존의 모든 자원, 과거의 마케팅 노력, 이전과 이후의 직원참여 가능성, 마케팅 예산 잠재력을 평가해야만 한다. 이러한 분석은 장서와 기술과 같은 기타 인프라 구조의 강점 뿐 아니라 주제전문성, 프로그래밍 경험, 언어와 같은 직원들의 능력을 또한 포함할 수 있다. 이것은 또한 핵심 이해관계자들과 대인관계 및 그들의 능력을 고려해야 한다.

효과적인 마케팅계획을 창출하기 위하여, 사서들은 또한 사회 안의 경향과 변화 또는 거시적환경을 구성하는 거대한 사회력에 대해 주의를 기울여야만 한다. 이러한 힘은 경제적, 정치적, 문화적, 인구통계적, 환경적인 것이다. 예를 들면, 연령, 교육, 국적, 종교를 포함하는 규모가 큰 커뮤니티의 인구통계는 도서관마다 다르다. 경제적 변화는 이용자들 또는 도서관의 예산에 영향을 미친다. 또한 신기술의 등장, 그것이 사용되는 방식, 해당 기술을 가장 필요로 하는 이용자집단과 같은 트렌드와 취향에 대해 알고 있어야만 한다. 이것은 관련 문헌을 찾아서 읽고, 컨퍼런스에 참여하고, 동료들과 소통함으로써 성취될 수 있다. 이러한 정보가 일단 수집되면, 사서들이 잠재이용자를 어디에서 발견할 수 있는지, 무엇이 그들을 실제이용자로 바꿀 수 있는지, 어떻게 도서관서비스의 가치가 전달될 수 있는지를 식별하는 데 도움이 될 것이다.

미시적환경과 거시적환경을 분석하기 위한 공통적 도구는 SWOT 즉, 강점(strengths), 약점(weaknesses), 기회(opportunities), 위협(threats) 분석이다. SWOT분석은 내부적 요인과(강점과 약점) 외부적요인(기회와 위협)을 모두 고찰한다. 사서들이 소속기관의 강점과 약점을 파악하면, 그들은 강점을 살리고 약점을 개선하는 방안을 전략화할 수 있다. 나아가 사서들이 외부환경의 기회와 위협을 식별함으로써 그들은 기회를 활용하고 위협을 회피하거나 최소화하도록 힘의 균형을 이룰 수 있다. SWOT분석의 우수한 예로는 Marie R. Kennedy와 Cheryl LaGuardia(2018)의 *Marketing Your Electronic Resources*를 참조하시오.

요약하면, 포괄적 환경분석은 전형적으로 다음과 같은 사항을 포함한다.

- 장서와 도서관이용자 및 광범한 지역사회에 대한 인구통계적 분석
- 시장경쟁에 대한 조사와 평가
- 내부와 외부의 이해관계자 분석
- 자원, 기술, 능력에 초점을 둔 도서관구조 조사
- 내부와 외부의 기술사용과 해당 분야의 기타 경향에 대한 평가
- SWOT분석

10.4.2 특정 프로그램의 시장조사

환경분석이 필수적이며 여러 가지 활동을 알려주기 위해 사용될 수 있지만, 그것은 개별적 마케팅 캠페인(예, 어린자녀를 가진 35-45세 아빠들의 프로그램 참여 확대 방안)에 대해 충분한 특정 정보를 포함하지는 않을 것이다. 필요한 데이터가 존재하지 않거나 신빈성이

없거나 또는 최신성이 요구될 때, 사서들은 자체적으로 프로그램 고유의 시장조사를 수행해야만 한다. 도서관 시장조사는 목적이 있는 계획, 수집, 분석, 그리고 도서관이 당면한 마케팅 상황에 적합한 데이터의 보고로 정의될 수 있다. 추가적 시장조사를 수행하기 전에, 부서 또는 기관의 다른 사서들에게 유용한 데이터의 수집 여부를 묻는 것은 도움이 된다.

적합한 연구기법은 관찰, 면접, 포커스집단, 행동데이터, 서베이(우편, 전화, 도서관 내, 또는 온라인), 그리고 즉석면접을 포함한다. 면접관이 거리나 관외에서 사람들을 세우고 질문을 하는 즉석면접은 새로운 이용자에게 접근을 시도할 때 특히 유용할 수 있다. 소셜미디어 또는 이메일로부터 인구통계에 따라 발언, 논평, 참여율을 수집하는 것 또한 유용한 것으로 판명되었다. 평가목적으로 수집된 데이터의 유형에 관한 더 이상의 내용은 제 8장을 참조하시오.

사서들은 전 과정을 통해 도서관 마케팅조사의 장소에 대해 주의해야 한다. 처음부터 조사의 목적을 결정하고 정보의 목표를 식별한 후, 표적이 될 이용자나 잠재이용자 집단을 정하고 적합한 조사기법를 선택해야 한다. 예를 들어, 학생들이 종종 채팅서비스를 통해 소통한다면, 해당 트랜스크립트를 리뷰하는 것이 유용할 것이다. 공공도서관 노인이용자들은 더욱 더 참고데스크에 전화를 하는데, 전화대화의 발언을 수집하는 것은 마케팅 목표에 따라 보다 표적에 맞는 데이터를 제공할 것이다.

기법을 결정한 후, 사서들은 선정한 기법을(예, 서베이, 수집방법) 사전테스트해야만 한다. 정교한 조정을 거친 후에, 데이터를 수집하고 분석하며, 이용자들 간의 패턴과(다음 절에서 설명하는 이용자 세분화를 가능케하는) 이용자 우선순위와 가치를 찾는다. 마지막으로, 시장조사는 마케팅계획이 시작될 때 종료해서는 안되며, 계획의 구현 중에 그리고 구현된 이후에 성능 측정을 위해 사용될 수 있다.

10.4.3 이용자 세분화

도서관이 항상 모든 이용자들에게 마음에 들 수는 없다. 이용자들을 파악하고 이용자요구와 그들이 얼마나 독특한지를 판단하는 것이 성공적인 마케팅계획에 필수적이다. 도서관이 캠페인을 통해 모든 잠재이용자들에게 도달하려고 노력한다면, 특정 이용자집단과 공감할 가능성은 없을 것이다. 명확한 목적과 목표 메시지가 없다면, 마케팅은 무력하게 될 것이다. 이용자 세분화와 페르소나 설정은 사서들로 하여금 이용자 요구를 판단하고 마케팅계획의 목적과 목표를 정의하게 해 준다.

충분한 시장조사가 완성되면, 그것은 이용자 세분화와 도서관이용자 페르소나를 알려줄 것이다(Box 10.1 참조). 인구의 연령 및 직업과 같은 환경분석으로부터 수집된 데이터를 사용해서, 사서들은 이용자 유형을 집단으로 분리시키는 반복적 특징 또는 이용패턴을 찾아보아야 한다. 예를 들면, 캠퍼스에서 사는 대학도서관 이용자들은 저녁 프로그램에 참여하는 경향이 많고, 반면에 캠퍼스 밖에 사는 이용자들은 전자정보원을 사용하는 경향이 많다. 이렇게 이용자들 또는 잠재이용자들을 세분화하는 것은 사서들로 하여금 어떤 서비스로 어떤 사람들의 요구가 충족되고 있는지 그리고 개선의 여지가 어디에 있는지를 볼 수 있게 해 준다.

Box 10.1
학습과제: 세분화에 대한 생각

이용자 세분화는 성공적인 마케팅계획을 만드는데 필수적 부분이다. 이 점을 염두에 두고, 다음 질문에 답변하시오.

- 토론 질문
1. 특정한 대학도서관, 공공도서관, 특수도서관의 이용자들을 생각해 보세요. 이 도서관을 이용하는 사람들은 누구이며, 이 집단은 어떻게 표적이용자들로 세분화될 수 있습니까?
2. 동일한 도서관을 사례로 해서, 마케팅 과정에서 이용자 세분화가 의사결정에 사용될 수 있는 방법들을 브레인스토밍 해 보세요. 표적집단을 정의하는 것이 어떻게 마케팅노력을 개선할 수 있습니까?

일단 이용자집단이 식별되면, 사서들은 그 결과를 도서관, 부서, 그리고 행정당국의 다른 사람들과 공유해야만 한다. 내부의 이해관계자들이 모두 도서관이 도달하려고 결정한 표적이용자집단을 파악한다면, 그들은 의심할 여지없이 마케팅 노력을 보다 많이 지원할 것이며, 더 나은 정보기반 의사결정을 하게 될 것이다.

10.4.4 페르소나 설정

이용자 페르소나(persona)는 도서관 산물과 서비스에 특정한 관심을 갖거나 또는 도서관이 해결할 문제를 갖고 있는 것으로 확인된 이용자 유형의 표상이다. 예를 들면 대학도서관의 가장 일반적인 참고서비스 이용자들은 학부생, 대학원생, 교수진, 그리고 직원이다. 도서관이 학부생들의 어떤 요구를 충족시키고 있는가? 학부생들은 교수진들 보다 연구와 인용에 친숙하지 못하며, 도서관이 제공하는 일반적 서비스 또는 정보원 신뢰성 평가 방법에 대해 알 필요가 있을 것이다. 교수진들은 반면에, 동료평가를 거친 특정 논문의 접근에 보다 많은 요구가 있으며 도서관 상호대차를 더욱 빈번하게 필요로 할 것이다. 이용자 페르소나의 견지에서 도서관과 참고서비스에 대해 생각할 때, 마케팅전략을 표적이용자집단에 맞추어야 할 필요는 명백해진다.

이용자 페르소나는, 이용자들을 과정의 정면에 두고 사서들로 하여금 이용자 유형 각각에 대한 올바른 메시지를 파악할 수 있게 함으로써, 마케팅계획에 초점을 가져다준다. 페르소나는 도서관의 주요 이용자집단 각각에 대해 이용자세분화 과정에서 나타난 대로 만들어져야 한다. 각 이용자페르소나는 표적이용자에 대한 질문을 함으로써 만들어진다. 이것은 다음과 같은 사항을 포함해야한다: 이름; 연령; 가족구성원; 목적; 행동; 태도; 경력과 교육수준; 그리고 가능하면 페르소나가 실제 도서관이용자처럼 느끼게 만드는 이야기, 인용문 등. 비록 필요성에 의해 일반화되었다 할지라도, 페르소나는 고정관념이 아니라 환경분석과 캠페인 고유의 시장조사를 통해 수집된 데이터에 근거한 것이다.

표 10.1은 가상적인 도서관의 이용자집단을 대표하는 두 개의 페르소나를 보여주고 있다. 첫 번째 페르소나인 Alexis는 대규모 공립대학교의 학부 1학년 학생을 대표한다. 두 번째 페르소나인 Christoper는 도시에 있는 공공도서관시스템의 자녀를 가진 35-40세 이용자집단을 대표한다.

표 10.1 대표적 페르소나의 사례
가상적인 대학도서관과 공공도서관의 이용자집단을 대표할 두 가지 페르소나에 대한 서술

	대규모 공립대학 도서관의 페르소나	도시 공공도서관의 페르소나
이 름	• Alexis	• Christopher
성 별	• 여성	• 남성
연 령	• 18-20	• 35-55
가 족	• 기숙사에서 룸메이트와 생활 • 모친과 동생은 자택에서 생활	• 아내와 4세, 6세의 두 자녀
직 업	• 학부생 • 지역의 커뮤니티 미디어센터에서 인턴	• 재택근무 교본 편집자
교육수준	• 고등학교 • 대학 0-2년	• 석사학위
사회적 관심사	• 영화, 사회변화, 퀴디치팀, 얼티밋 프리즈비, 스터디그룹	• 만화/잡지, 수제맥주, 홈브루잉, 요리, 자전거타기

	대규모 공립대학 도서관의 페르소나	도시 공공도서관의 페르소나
정보원	• 버즈피드 • 스냅챗 • 인스타그램 • 유튜브 • 휴대폰 경보	• Reddit • The Daily Show • The Atlantic • Vice News • 대중적 논픽션 도서
특 성	• 사실적, 연고가 있고, 단호함	• 견문이 넓고, 개방적, 모험심 있음
요 구	• 중간고사 과제를 위한 자료 찾기 • 정보원 인용법 지원	• 유아 문자해득용 도서 찾기 • 비용이 적게 드는 아동 활동

10.5 목적과 목표 설정

이용자 요구의 윤곽이 결정되면, 무엇이 마케팅계획의 목적과 목표가 되어야 하는 가를 쉽게 알 수 있다. 목적과 목표는 이용자 요구와 기관의 목적이 겹쳐지는 지점이다(Solomon 2016). 사서들은, 목적을 설정할 때, 도서관 임무에 대한 서술을 살펴보고 도서관의 전략계획에 익숙해져야만 한다. 예를 들면, 표 10.1에 있는 대표 페르소나인 Christopher는 타 부모들과의 상호작용과 자녀를 위한 저렴한 활동을 필요로 한다. 유아 문자해득 진흥은 이 공공도서관 임무 중의 하나이다. 기관의 목적과 이용자요구를 충족시킬 한 가지 마케팅 목적은 무료 유아문자해득 프로그램에 부모의 참여를 높이는 것이 될 수 있다. 이 목적은 Christopher 같은 부모와 그들의 자녀를 끌어들일 새로운 "Dad Storytime"을 고안함으로써 이룩할 수 있다.

마케팅계획의 목적이 수립된 다음에는, 이해관계자들에게 그것을 분명히 하는 것이 중요하다. 이것은 도서관장 및 관리자들 뿐 만아니라 모든 직원들을 포함한다. 마케팅 과정에 직원전체를 포함시키는 것은 성공가능성을 훨씬 크게 만든다. 마케팅노력이 서로 보강되는 진정한 통합마케팅캠페인을 산출하기 위하여, 마케팅과 병행되는(온라인이든 유인물이든 간에) 모든 부분들과 구현되거나 주관하는 모든 프로그램들이 마케팅계획의 목적을 지원해야하며, 이용자요구의 충족과 도서관의 전략적 계획에 부응하도록 밀접하게 관련되어야 한다.

10.6 마케팅계획의 수립

통합마케팅계획을 구축하는 것은 본질적으로 표적집단의 요구를 가장 잘 충족시켜서 표적집단에 대한 가치를 창출하는 방법을 결정하고, 표적집단에게 도서관의 메시지를 알릴 수 있는 의사소통 방식을 결정하는 것이다. 우수한 마케팅계획은 몇 가지 마케팅 도구와 플랫폼을 고찰하고 페르소나 또는 표적이용자에게 그중에서 가장 적합한 것을 적용한 이후에 수립될 수 있다. 모든 단계와 마찬가지로 사서들은 다양한 직원으로부터의 투입을 요청해야만 하는데, 왜냐하면 광범위한 견해를 가질 필요가 있기 때문이다. 공식적인 마케팅위원회를 만드는 것이 불가능할 때조차도, 사서들은 계획을 구축하는 동안 투입에 기여할 수 있는 직원 또는 도서관이용자 중에서 동조자들을 알아볼 수 있다.

이 진행단계에서 마케팅 믹스의 4P —product(제품), price(가격), promotion(촉진), place(장소)— 를 고찰하는 것은 도움이 될 것이다(Kotler and Lee 2007). 우선 표적이용자들의 요구를 충족시키기 위해 어떤 제품(product)을 제공할 것인가를 결정해야 한다. 도서관에 있어서 제품은 예를 들어 특정 참고서비스, 서비스를 제공하는 새로운 방법, 도서관프로그램, 또는 신규데이터베이스가 될 수 있다. 이용자 요구를 가장 잘 만족시키는 서비스 또는 정보원을 제공함으로써, 사서들은 실제로 이용자들을 위한 가치를 창조할 수 있다. 예를 들면, 앞서 언급했던 "Dad Storytime"은 Christopher의 요구에 부응하는 프로그램을 제공함으로써 공공도서관시스템의 가치를 증대시킨다. 마케팅계획을 고찰할 때, 사서들은 대체로 이용자 요구를 만족시킬 수 있는 새로운 서비스나 추가서비스에 대해 생각한다. 가능성 있는 새로운 서비스에 대한 평가와 기존 서비스에 대한 평가가 모두 필요하다.

페르소나의 요구와 습관을 평가한 후, 사서들은 기존 서비스가 변경될 필요가 있는지, 새로운 방식으로 마케팅 되어야 할지, 또는 더 이상 이용자들의 요구와 희망을 해결하지 못하므로 철수해야 할지 결정할 수 있다.

언뜻 보기에 두 번째 P, 즉 가격은 모든 도서관에 적용 가능할 것처럼 보이지 않는다. 비록 대부분의 서비스가 무료이고 이익을 내는데 관심이 있는 도서관이 거의 없지만, 다수의 서비스는 이용자에 대한 비용이 든다. 프린트는 항상 무료가 아니며, 도서관상호대차와 팩스서비스에는 요금이 있고, 일부 프로그램은 재료비를 부과한다. 도서관이용자들은 또한 도서관으로 이동하고 정보원 접근방법을 익히는데 상당한 시간과 비용을 소모하며 서비스들은 시간이 걸린다. 어떤 결과물 또는 서비스가 표적이용자들의 요구에 부응할지를 결정할 때, 사서들은 이용자들의 비용이 표적집단의 일부에게 감당하기 어려운지 여부를 고찰해야만 한다. 이익에 초점을 두기보다는, 결과물과 서비스의 가격을 가능한 한 많은 사람들에게 이용 가능하도록 만들기 위한 노력의 관점에서 살펴본다. 프로그램 또는 서비스가 그것을 필요로 하는 사람들의 접근을 보장할 수 있게 제공될 수 있는가? 비용이 결과물과 서비스를 가장 필요로 하는 사람들을 위해 경감될 수 있는가?

마케팅 믹스의 세 번째 P는 촉진이다. 잘 구축된 마케팅계획의 틀 안에서 촉진은 적합한 사람들에게 도서관에 대한 올바른 사항을 말해주는 것이다. 사서들은 오랫동안 서비스의 홍보에 참여해 왔지만, 마케팅 캠페인의 목적과 표적이용자에게 계획적으로 맞추어감으로써 더욱 개선할 수 있다. 특히 온라인 홍보를 고려할 때, 콘텐트 마케팅의 개념이 중요하다. 콘텐트 마케팅은 도서관과 도서관서비스에 대한 관심을 생성할 온라인자료를 만들고 공유하는 것으로 정의될 수 있다. 전형적으로 이것은 이미지, 밈(memes), 비디오, 소셜미디어네트워크상의 게시물, 블로그포스트를 포함한다. 콘텐트 마케팅은 하나의 도서관서비스를 명시적으로 홍보할 필요는 없지만, 대신에 도서관 스토리를 말해주거나 간접적으로 흥미유발을 겨냥할 수 있다. 도서관은 우주에서 *Facebook*으로 아동도서를 읽고 있는 우주비행사의 비디오 링크를 공유할 수 있을 것이다. 이것은 도서관서비스를 직접적으로 홍보하지는 않지만, 유아문해를 증진시키고 관심있는 이용자들의 소셜미디어를 통한 도서관 참여를 조장한다. 모든 홍보와 마찬가지로, 콘텐트 마케팅은 도서관이용자에게 가치를 제공하는 목적을 가지고 있으며, 목표대상이 있고 지속적이다(Solomon 2016, 6-17).

네 번째 P인 장소를 고찰할 때, 사서들은 이용자들이 있는 장소에서 홍보를 하고 있다는 점에 확신을 가져야 한다. 물리적 장소와 온라인 공간 그리고 도서관 내외를 모두 생각해야만 한다. 예를 들면, 어린 아동을 가진 부모를 위한 공공도서관 이벤트는 가족친화적인 농산물직판장과 지역사회 페스티벌 같은 지방의 행사는 물론 아동실 내에서도 활성화될 수 있다. 대학 신입생을 표적으로 하는 도서관서비스는 학생회관, 오리엔테이션 행사, 그리고 *Instagram*과 *Snapchat* 같은 소셜미디어를 통해 홍보를 달성할 수 있다.

10.6.1 마케팅 도구 선정

마케팅 계획을 수립하는 동안에, 사서들은 홍보 내용에 적합한 플랫폼을 고찰해야 한다.

이용자 페르소나를 개발하면서 사서들은 각 집단이 정보를 얻는 방법과 표적이용자에게 도달하는 최선의 접근 수단을 식별하였다. 만일 25-30세 연령대의 이용자에게 도달하는 가장 좋은 방법이 인스타그램이라면, 여기가 바로 사서들이 해당 인구집단을 위해 고안된 서비스에 대해 게시해야 할 곳이다. 스펙트럼의 다른 쪽 끝에 있는 은퇴자들을 위한 서비스는 전통적 인쇄매체 또는 페이스북 홍보가 더 나을 것이다. 이것은 단순한 인구통계 뿐 아니라 흥미에도 적용된다; 예를 들면, 지역의 만화책 서점에 도서관의 만화 전시 포스터를 걸어두는 것은 의미가 있다. 여러 가지 마케팅 도구와 소셜미디어 플랫폼이 본 장의 마지막에 심도있게 논의되었다.

이러한 도구가 효과적이기 위하여는, 내용이 표적집단과 커뮤니케이션 채널에 맞게 만들어져야 한다. 예를 들면, 사서들은 도서추천에 대한 홍보비디오 제작을 위해 지역의 기지국과 제휴할 수 있다. 영상 자체는 페이스북에 게시할 수 있지만, 정지화상은 인스타그램 게시가 이상적이다. 특정 도서에 대한 인용은 트위터를 통하고, 도서전시는 언급된 모든 책을 포함하도록 만들어질 수 있다. 사서들은 동일한 이미지와 텍스트를 모든 플랫폼에 반복게시하지 말아야하는데, 왜냐하면 스팸으로 오해를 살 수 있기 때문이다. 표 10.2에 나타나 있는 바와 같이, 각 내용의 제시물은 해당 플랫폼과 표적집단 인구에 맞도록 특별히 고안된 언어를 사용해야 한다.

표 10.2 도서관 페르소나에 대한 다양한 마케팅 조사와 도구

대표 페르소나	Alexis(대학도서관)	Christopher(공공도서관)
이용자 요구	• 중간고사 보고서를 위해 기사를 찾아 서지 만들기	• 즐겁고 연령에 적합한 아동도서 찾기 • 다른 부모들 만나기
이용자 요구 충족	• 참고데스크에서 인용법 보조 • 1:1 교육세션 • 트래픽이 많은 연구공간에 팝업 citation 스테이션	• 독자자문 서비스와 자료 • "Dad Storytime" 프로그램 도입
목적(측정가능한 성과)	• 참고질문의 증가, 1:1 약속, RefWorks 사용, 데이터베이스 탐색의 사용	• storytime 참여와 아동자료 대출의 증가 • 25-45세 남자들 간의 소셜미디어 사용증가

대표 페르소나	Alexis(대학도서관)	Christopher(공공도서관)
표적 이용자에 대한 마케팅 콘텐트 개인화		
다른 정보원을 제치고 도서관을 선택하는 이유	• 성적/논문품질 향상 • 궁극적으로 시간절약	• 직원의 전문성 • 다른 부모들과 교류 • 무료
어디에서 그들에게 접촉할 수 있나 (물리적 공간, 온라인, 전통적 매체)?	• 교실 • 카페테리아 • 기숙사 • 캠퍼스게시판 • 소셜미디어: 인스타그램, 페이스북, 트위터, 스냅챗 • 대학신문	• 어린이집과 학교 • 지역사회게시판 • 공원 • 커피숍 • 소셜미디어: 인스타그램, 페이스북, 트위터, 레딧 • 지방신문(온라인판)
유행어/표적집단의 언어	• 미루기, 카페인, 심야/밤샘	• 유아/아동, 아동발달, 놀이/놀이집단/놀이약속/지역사회
마케팅 도구의 적용	• 카페테리아, 기숙사, 욕실칸막이 등에 포스터 부착 • 소셜미디어에 그래픽, 밈(meme), 링크, 가이드 게시 • 교육세션, 참고데스크, 팝업 citation 스테이션에서 유인물 배포	• 도서관과 지역사회에 포스터 부착 • 소셜미디어에 사진과 영상 게시 • 어린이집/학교에 정보 발송 • 도서관과 웹사이트에서 이용 가능한 도서리스트 제공 • 월간 뉴스레터에 독서와 프로그램 추천
인플루언서(influencer) 식별 및 입소문 마케팅	• 오리엔테이션 직원, 학생보조원, 교수 • 학생회 지도자	• 지역사회안의 아빠들 • 육성회 위원 • 대출/공중서비스 직원

마케팅 및 홍보자료를 한 명이 만들든 열 명의 팀이 만들든지 간에, 직원들이 호소력있는 적절한 자료를 만드는데 도움이 되도록 명확한 스타일가이드와 일련의 모범규준이 있어야 한다. 스타일가이드는 성공적인 마케팅캠페인 구축에 필수적이다. 일관성있는 스타일의 적용은 모든 자료가 기관의 목적과 도서관 브랜드의 인식에 도움이 될 것을 보장한다. Box 10.2는 도서관마케팅 자료의 스타일 일관성을 평가하고 고찰할 기회를 제공하고 있다.

Box 10.2
학습과제: 마케팅자료의 스타일 일관성 평가

동일한 도서관의 마케팅자료(예, 환영브로슈어, 소셜미디어 게시물, 행사포스터, 웹사이트그래픽) 3~5건을 수집하세요. 가능하면, 인쇄물과 디지털 자료를 모두 수집해 보세요.

- 토론 질문
1. 이러한 자료가 동일 도서관의 것이라는 점이 명백합니까? 이 자료들은 도서관의 브랜드, 임무, 문화에 대해 무엇을 전달합니까?
2. 모든 자료가 도서관 또는 행사 로고를 사용하고 있습니까? 자료들이 동일한 로고버전을 사용하고 있습니까?
3. 자료들이 유사한 폰트와 그래픽을 사용합니까? 그렇다면, 그것은 어떤 효과를 가져올까요? 그렇지 않다면, 그 점이 중요한 이유는 무엇일까요?
4. 동일한 행사(또는 서비스) 홍보에 둘 또는 그 이상의 품목이 사용된다면, 행사와 관련된 명확한 문양, 그래픽, 색채배합이 있습니까? 그것은 왜 중요할까요?

10.6.2 페르소나에 마케팅도구 적용

이러한 아이디어를 실행에 옮기기 위해서는, 본 장에서 앞서 정의하였던 Alexis와 Christopher 두 페르소나를 고찰하는 것이 도움이 된다. 표 10.2에 있는 것처럼 페르소나의 요구와 습관을 깊이 있게 생각함으로써 사서들이 이 사항들을 위해 어떻게 가치를 창조할 것인지가 더욱 명확해진다. 각 페르소나의 요구에 맞는 제품과 서비스의 개요 그리고 이용자에 대한 비용이(비용이 있다면) 열거되었다. 그리고나서, 각 페르소나에 도달할 수 있는 장소가(대면 및 온라인) 고찰되었다. 마지막으로, 페르소나에게 이러한 산물의 가치를 잘 전달하기 위해 사용될 도구가 열거되어 있다.

본 장의 말미에 열거되어 있는 것을 포함하여 다수의 도서관마케팅 관련 도서와 지침서들이 특정 프로그램에 대한 마케팅계획의 많은 사례를 제공하고 있다. 마케팅계획 사례를 리뷰할 때, 앞서 언급했던 마케팅 믹스의 4P를 고려하는 것이 유익할 것이다. Box 10.3에서는 페르소나에 대한 마케팅도구 적용과 마케팅 믹스 4P의 관련성을 고찰한다.

Box 10.3
학습과제: 마케팅 믹스의 4P 고찰

마케팅 믹스의 4P는 상품, 가격, 촉진, 그리고 장소이다. 이 개념과 표 10.2를 활용하여 다음의 질문에 답변하세요.

- 토론 질문
1. 표 10.2에 나타나 있는 정보와 관련된 4P는 무엇인가? 표의 어느 곳에 4P의 개념이 적용되어 있는가?
2. Christopher와 Alexis의 도서관 요구를 충족시킬 수 있는 다른 가능한 정보자원과 서비스를 브레인스토밍 해 보세요. 해당 정보자원과 서비스가 제공되는 방법에 4P가 어떻게 영향을 미칠 수 있을까요?

10.6.3 계획 일정 작성

계획의 성공을 보장하기 위하여, 사서들은 필요한 일이 언제 누구에 의해 수행되는가를 명시한 일정을 수립해야 한다. 일정 그리고 직원 각자에 대한 기대가 현실적이어야 한다는 것이 중요하다. 일부 직원은 소셜미디어 관리와 같은 일상업무를 도울 수 있을 것이며, 반면에 다른 직원들은 주간 업무나 월간 업무를 도울 수 있다. 각각의 업무가 완성되었음을 확인하는 것 외에, 일정은 또한 사서들이 이용자가 가장 원하는 때에 그들에게 도달하고 있음을 의미한다. 명확한 커뮤니케이션 계획과 일정을 구비하는 것은 한계를 설정하고, 가장 효과적인 방법이 사용되며, 추후 과정의 성공을 평가하는 것을 뜻한다.

표 10.3은 페르소나를 위해 설계된 서비스에 대한 마케팅캠페인 일정의 예를 보여주고 있다. 홍보 중인 서비스가 진행되고 있기 때문에, 일정은 연속선상으로 나타나 있다. 마케팅캠페인이 특정행사에 대한 것이라면, 일정은 행사까지 거꾸로 세는 날짜로 구조화될 것이다. 한 가지 우수한 경험칙은 적어도 1달 내지 45일 이전에 홍보를 시작하는 것이다. 행사규모가 크면, 홍보를 더 일찍 시작할 필요가 있다. 다수의 대규모 도서관시스템에서는 또한 분기별로 행사를 홍보하며, 사서들은 도서관의 홍보계획 내에서 업무 일정을 조절하도록 준비되어야 한다.

표 10.3 도서관 페르소나에 대한 마케팅캠페인 일정

	업무	일자/빈도	직원
Alexis	소셜미디어: 인스타그램, 페이스북, 트위터, 스냅챗	일간	소셜미디어 팀
	관내 구두 마케팅 홍보	일간	적합한 모든 공중서비스 직원/ 시간이 허용하는 한
	팝업 citation 스테이션 운영	주간	참고/리에종 사서
	포스터 부착/대체하기	월간	참고/리에종 사서
	교육세션 중 홍보	학기별	참고/리에종 사서
	학생 블로그 게시	1회/학기	관심 있는 학생보조원 채용
Chris	독서리스트 보완	일간/필요시	아동실 직원
	관내 구두 마케팅 홍보	일간	적합한 모든 공중서비스 직원/시간이 허용하는 한
	소셜미디어 ; 인스타그램, 페이스북, 트위터, 레딧	주간	소셜미디어 팀
	전자뉴스레터 홍보	월간	마케팅 사서
	지역 어린이집, 기업체, 지역사회 공간에 포스터 게시	분기별	마케팅 사서

10.7 계획 구현을 통한 가치 및 관계 조성

앞서 언급한 바와 같이, 우수한 마케팅계획은 이용자 요구를 충족시킴으로써 가치 창출을 목적으로 하며 이용자와 잠재이용자들에게 그 가치를 보여준다. 이것은 가치가 마케팅계획의 구현 단계에서 실제로 만들어지는 것을 의미한다. 구현은, 가장 필요로 하는 서비스가 제공되었음을 확신할 뿐만 아니라 해당 서비스 홍보를 통해 지역사회에 관여하는 새로운 방법을 발견하여 이용자들과 관계를 형성하고 강화함으로써, 가치를 창출한다. 이용자들로 하여금 그들의 요구가 인식되어(또는 예상되고) 충족되었다는 점을 알게 함으로써, 사서들은 이용자들을 기쁘게 하고 도서관에 대한 이용자의 믿음을 심화시킨다. 이것은 종종 마케팅캠페인의 가장 감동적인 부분이다.

1차 피드백이 나오기 시작하고 더 많은 이용자들이 신규서비스를 알게 되면, 계획을 예단하고 싶을 것이다. 그럼에도 불구하고 사서들이 이용자요구 충족에 전념하고 마케팅계획이 가능한 모든 방법을 동원하고 있다고 믿는다면, 그들은 계획이 도서관 커뮤니티에 창출하는 가치와 이용자관계에 미치는 효과를 발견함으로써 결실을 맺는데 자신감을 가져야 한다. 마케팅계획 전체에 대한 장기간의 몰입이 중요하다.

이것은 이용자피드백이 과정 중에 고려될 수 없음을 뜻하는 것이 아니다. 마케팅계획의 틀 안에서 이용자들에게 적응하는 것은 무엇보다도 중요하다. 캠페인 도중에 이용자피드백에 따라 적절한 조치를 취하는 것은 특히 소셜미디어 상에서 필수적이다. 사서들은 콘텐츠의 특정 부분이 성과가 없을 때 좌절하지 말아야하며, 그 대신 작용하는 것과 작용하지 않는 것을 주시하면서 마케팅계획의 범위 안에서 고품질 콘텐츠 보급을 계속해야 한다.

10.8 도서관이용자들의 가치 평가

이용자 요구를 충족시켜 가치를 창출한 계획을 구현한 후에, 사서들은 창출된 가치를 평가해야만 한다. 마케팅에서 가치 평가는 종종 창출로 가치를 현금화하는 것을 뜻한다. 도서관의 경우에 대부분의 사서들은 달성한 가치를 프로그램, 서비스, 장서의 이용증가로 측정한다. 계획을 구현하는 동안 형성된 관계 또한 더 많은 사람들이 도서관서비스를 이용하는 것으로 환산된다.

　사서들이 본 장의 가이드라인을 따르고 있다면, 그들은 마케팅계획의 가치평가에 대해 정의가 명확한(예, 더 많은 잠재이용자에 접근, 이용 증가) 목적을 설정하였을 것이다. 이러한 목적의 성취여부를 식별하고 가치를 표명하는 것이 어떻게 가능할까? 마케팅계획과 이행의 성공을 입증하는 단 한 가지 척도가 있는 것은 아니며, 평가에 대한 생각은 계획 실행 이전에 시작해서 끝까지 계속되어야 한다. Solomon(2016, 90)은 계획에 착수하기 전에 세 가지 질문을 숙고하도록 제안하였다: 마케팅 채널이 어떻게 모니터 될 것인가? 마케팅계획을 통해 성취될 목적이 무엇인가? 어떤 지표가 성공을 측정하는데 사용될 것인가?

　평가를 위한 지표는 도서관이나 마케팅계획에 따라 그리고 의도하는 목적에 따라 다양할 것이다. 도서관의 전형적인 가치평가 지표는 입장/방문자 수, 대출통계, 프로그램 참가자 수, 신규등록자 수, 그리고 웹사이트 방문자 수를 포함한다. 오늘날 전자정보원과 콘텐츠마케팅에 초점을 둔 환경에서는 추가적인 지표가 이용 평가에 사용될 수 있으며, 때로는 반드시 필요한 경우도 있다. 사서들은 또한 마케팅에서 전환률(conversion rate)이라고 불리는 온라인 상호작용을 측정할 수 있다. 예를 들면, 사서가 좋아하는 책을 게시하도록 사람들에게 요청하는 트윗을 만들었는데, 트윗을 본 200명 중 40명이 응답해서 게시하였다면, 해당 전환률은 20%가 된다.

　지표는 플랫폼과 목적에 따라 다르지만, 소셜미디어 플랫폼상에서는 종종 '좋아요', 공유, 리트윗, 댓글, 클릭 등과 같은 참여지표를 포함한다. 다수의 마케팅채널은 내장된 분석기능을 제공한다. 이 중에는 무료로 제공되는 것도 있고, 비용이 부과되고 보다 많은 기능을 제공하는 것도 있다. 청중의 크기 또는 팔로어의 수, 그리고 증가율 또한 마케팅캠페인에서 추적할 가치가 있다. 마케팅계획에서 블로그 및 웹사이트 방문자수가 중요하다면, 열람횟수(page view), 순 방문자수(unique visitors), page depth(방문자가 블로그나 '웹사이트에 머무는 시간), bounce rates(단지 하나의 페이지만 방문하는 수)등이 측정되어야 한다. 이메일 캠페인과 전자뉴스레터에서는, 오픈률(open rate), 클릭률(click rate), 수신거부율(unsubscribe rate), 전달률(forwards)을 측정하는 것이 유용하다.

　통계와 분석으로 성공의 모든 것이 측정될 수 있는 것은 아니다. 소셜미디어 상의 일화적 이야기 또는 도서관이용자들과의 대화가 캠페인의 성공을 입증하는데 사용될 수 있다. 대공중서비스 직원들에게 이용자 스토리를 수집하도록 요청할 수 있다. 통계처럼 직접적인 것은 아닐지라도, 이러한 일화들은 공감을 주며 마케팅캠페인의 힘을 보여주는데 도움이 될 것이다. 허락을 받아서 이용자 일화들이 마케팅캠페인에 포함될 수 있다. 예를 들면, 사서의 도움을 받아 직업을 확보할 수 있었던 이용자는 전자뉴스레터 또는 예정된 예산협의회에서 기꺼이 도서관이야기를 공유하고자 할 것이다.

도서관이 마케팅계획 및 전략의 평가를 중단하는 시점은 마케팅이 질적인 면에서 저하되는 시점이다. 마케팅계획이 성공적일 때조차도, 개선의 여지가 있다. 도서관이용자들과의 관계는 언제나 강화될 수 있다; 신규이용자들은 언제나 접근가능하다. 무엇보다도 사회, 인구통계, 기술변화, 그리고 이용자들은 도서관 및 도서관서비스가 그들의 앞서 제시된 정보와 요구 충족에 계속 적응하기를 기대할 것이다. 사서들은 도서관마케팅 평가에 제8장에 있는 평가척도 및 도구를 적용해야 한다. 효과가 있는 것은 개선하고(사람들이 그것을 좋아한다면, 그들을 보다 더 기쁘게 하도록 노력한다), 예상보다 좋지 못했던 잠재적 아이디어의 활용을 시도하고, 제대로 작용이 안 되는 것에서 손을 놓도록 하는 것이 중요하다. 도서관이용자와 잠재이용자들이 필요로 하고 가치가 있는 정보원에 연결될 수 있도록 지속적으로 개선하는 것이 중요하다.

10.9 일반적인 마케팅 도구

본 장에서 여러 가지 마케팅 도구들이 논의된 바 있다. 사서들은 의심할 여지없이 이러한 도구의 일부에 친숙하지만, 마케팅계획의 관점에서 다시 한번 고찰할 필요가 있다. 본 절에서는 이 분야 사서들이 보통 사용하는 마케팅 도구와 인쇄물과 온라인플랫폼에 대한 모범규준을 소개한다. 마케팅 도구를 살펴보는 것은 마케팅 과정의 흥미로운 국면이며 사서들이 자신의 디자인기술과 독창성을 활용할 좋은 기회이다.

10.9.1 인쇄물

온라인 자원 및 상호작용의 유입에도 불구하고, 도서관은 물리적 공간이며 인쇄자료는 여전히 중요하다. 포스터, 테이블텐트, 달력과 같은 홍보물은 도서관을 이용하고 있는 사람들에게 도달하는 효과적인 방법이다. 공공도서관에서 인쇄물은 컴퓨터 사용이 편치 않거나 또는 가정에 인터넷이 없는 이용자들에게 특히 중요하다. 인쇄자료가 독창성과 유머를 위한 훌륭한 장이 될 수 있지만, 인쇄 홍보물의 일관성과 전문성을 유지하는 것은 매우 중요하다. 표지판과 포스터는 도서관을 표현하며 이용자들에게 인상을 남긴다. 이용자들이 게시판에 손으로 써 있는 메모를 보고 컴퓨터교실에 참석할 가능성이 있을까? 아닐 것 같다.

대부분의 사서들은 그래픽디자이너가 아니며, 멋있고 전문적이면서 눈길을 끄는 표지판을 만드는 것은 두려운 일이다. 그렇지만, 전문적인 마케팅 자료를 만드는데 도움이 되는 도구들이 있다. 많은 사서들이 눈길을 끄는 포스터를 쉽게 만들기 위해 *Canva*를 활용한다. 포토샵과 기타 크리에이티브 클라우드 프로그램 그리고 GIMP 같은 오픈소스 프로그램도 강력한 디자인 도구들이다. 자료를 전문적으로 인쇄하는 것 또한 큰 영향을 미친다. 고품질 유인물 인쇄를 지역 인쇄소에 외주 제작할 필요가 생길 수 있다.

인쇄자료를 위한 모범규준은 다음과 같다:

- 모든 자료에 도서관의 명칭, 로고, 주소, 연락처가 나타나 있는지 확인한다.
- 도서관을 위한 컬러패럿을 만들어 모든 공식 표지판에 사용한다.
- 포스터는 필수 정보로 제한하더라도, 링크 또는 담당직원과 같이 이용자들이 더 많은 정보를 발견할 수 있는 방법을 제공한다.
- 분명하게 볼 수 있도록 큰글자체를 사용한다.
- 무늬가 있는 배경이나 사진 위에 텍스트를 두지 않도록 유의한다.

10.9.2 온라인 마케팅 도구

10.9.2.1 도서관 웹사이트

웹사이트는 종종 잠재이용자가 도서관에 대해 알게 되는 첫 장면이다. 따라서 도서관 웹사이트는 마케팅 가능성을 극대화하도록 설계되어야 한다. 특집 자료와 행사에 관한 홈블록은 신규데이터베이스 또는 곧 있을 행사를 알릴 이상적 공간이다. 페이지 상단의 뉴스 섹션 또한 도서관홈페이지 이상으로는 항해하지 않는 이용자들에게 도달하기 좋은 공간이다. 도서관 웹사이트 안에는 향후 프로그램에 대한 정확한 서술 및 일정과 도서관이 제공하는 모든 데이터베이스, 정보원, 서비스에 대한 링크의 리스트가 있어야만 한다. 마지막으로, 웹사이트가 모바일기기 상에서 정확하게 디스플레이 되어야 한다.

웹사이트를 만들거나 또는 업데이트할 때, 언어는 주의 깊게 고려되어야 한다. 탐색엔진 최적화는 어려운 기술적 업무처럼 들리지만, 이것은 단순히 이용자와 사이트가 서로를 발견하도록 가장 대중적 탐색용어들을 알아내서 그 동일한 언어를 웹사이트에서 사용하는 것이다(Potter 2012, 82). 어떤 면에서 이것은 표적이용자를 유인하기 위해 특정 전문용어를 사용하는 것과 유사하다. *Google Trends*는 인기검색어와 구식표현을 구별하는데 도움이 될 것이다.

10.9.2.2 전자 뉴스레터

전자 뉴스레터는 도서관이용자들에게 직접 메시지를 보내는 우수한 방법 중 하나다. 사서들은 전자 뉴스레터 구독 신청을 도서관카드 등록 양식에는 물론 웹사이트 상에도 포함시켜야 한다. 다수의 이메일마케팅 서비스는 사서들로 하여금 보기 좋은 뉴스레터를 만들도록 도와줄 뿐 아니라 이메일 오픈율과 클릭률을 추적할 수 있는 템플릿과 내장된 분석도구를 제공한다. 가능하다면, 뉴스레터는 특정 이용자에게 도달하도록 개인화되어야 한다. 예를 들면, 썸머리딩 프로그램에 참여하는 아동들의 부모에게만 발송된 뉴스레터 여름호는 표적집단의 받은 메일함에 직접 들어가기 때문에 열어보게 될 가능성이 높다. 뉴스레터는 이용자들에게 직접 배포될 수도 있고 또는 특정 집단에 도달하는 리스트서브를 통해서 배포될 수도 있다.

10.9.3 소셜미디어

소셜미디어 플랫폼은 이용자들 서로 간에 상호작용하고 습득하게 된다는 점에서 다른 홍보 채널과 다르다. 소셜미디어는 서비스 및 행사 홍보뿐만 아니라 피드백을 받고 도서관이용자들에게 직접 개입하는 공간이다. 본 장에서 앞서 언급한 바와 같이, 이 플랫폼은 섭외를 위한 강력한 도구가 될 수 있다. 소셜미디어 채널은 또한 기본적으로 무료이기 때문에 도서관에서 많이 쓰이는 홍보도구이다.

2018년 Pew Research Center 연구에 따르면, 미국인 10명 중 7명이 소셜미디어를 사용한다(Smith and Anderson 2018). 이것은 도서관이용자와 잠재이용자들이 이 플랫폼에서 도서관에 참여하고 작용할 막대한 기회를 보여주고 있다. 이와 같이 유망한 도구는 사서들이 언제 무엇을 게시하고 이용자 참여에 어떻게 반응할 것인지를 전략적으로 고찰해야할 중요한 것이다. 소셜미디어 게시물은 도서관과 관련된 것이어야 하지만, 또한 팔로어들을 증가시키고 이용자 참여를 유인하기 위해 이용자들에게 가치를 제공해야 한다(Potter 2012, 93). 현행 사건과 경향에 대한 게시를 시도하는 것은 도서관의 소셜미디어 존재에 가치를 부가하는 좋은 방법이다. 예를 들면, 휴가철 이후의 1:1 기술보조서비스에 대한 게시물은 기기를 선물 받은 이용자들에게 도서관이 특정 요구에 도움이 될 수 있음을 보여준다.

도서관 유형에 관계없이, 전략적 소셜미디어 계획은 게시된 콘텐츠의 가시성를 개선하고 참여를 지원한다. 도서관의 이용자 페르소나를 기억하는 것은 소셜미디어에 게시할 때 특히 중요하다. 특정 집단에 유행하는 단어와 어구의 사용은 해당 집단이 내용을 보다 쉽게 이해하도록 만들고 참여를 증가시킨다(Solomon 2016, 66). 명백히 소셜미디어는 홍보채널 그 이상의 것이다: 이것은 이용자 관계를 조성하고 이용자를 대화에 참여시키는 공간이다. 그럼에도 불구하고, 모든 콘텐츠는 도서관의 목적을 지지해야만 한다. 다수의 소셜미디어 플랫폼은 이용자로 하여금 콘텐츠를 게시하기 좋은 요일 및 시간 그리고 출시된 콘텐츠에 참여하는 이용자들의 인구통계적 정보를 알 수 있도록 내장된 분석도구를 갖추고 있다.

10.9.3.1 페이스북

*Facebook*은 현격하게 가장 널리 사용되는 소셜미디어 플랫폼이다: Pew 연구는 미국 성인의 68%가 *Facebook* 이용자임을 제시하고 있다(Smit and Anderson 2018). 도서관의 *Facebook* 계정은 단지 행사와 장서를 홍보하는 공간 이상의 것이 되어야 한다. 앞서 논의하였듯이, 마케팅은 일방도로가 아니다. 도서관이 오락, 정보, 그리고 흥미 있는 콘텐츠를 발견할 수 있는 공간으로 수립될 수 있다면, 이용자들은 더욱 도서관을 따르고 참여를 계속할 가능성이 있다.

*Facebook*은 이용자의 뉴스 피드(news feed)에 디스플레이 된 콘텐츠를 선정하는 알고리즘을 사용한다. 이것은 이용자가 어떤 페이지의 콘텐츠를 자주 선호한다면, 앞으로 뉴스피드에 있는 해당 페이지의 게시물을 더 많이 보게 된다는 것을 의미한다. 많은 사람들이 어떤 게시물과 상호작용하게 되면, 그것은 그들의 뉴스피드에 더 많이 나타날 것이며 또한 그들 친구들의 뉴스피드에 나타나게 된다. 사서들은 많은 사람들이 상호작용하고 연이어 다른 사람들도 보게 될 흥미 있는 콘텐츠를 게시함으로써 도서관에 유리하도록 이 알고리즘을 사용하기 위해 노력해야만 한다. 질문은 이용자 상호작용을 추진하는 좋은 방법이다. 반대편에서 보면, 게시물간에 중단이 길거나 또는 게시물이 선호되지 않고 댓글이 없다면, 이용자들이 도서관의 콘텐츠를 조금이라도 볼 기회가 감소된 것이다.

많은 경우에, 몇몇 직원들이 *Facebook* 콘텐츠에 기여한다. 이것은 왜 마케팅계획이 필수적인가에 대한 또 다른 이유이다. 너무 많은 게시물은 팔로워들을 압도하게 되지만, 코멘트에 대한 응답을 기다리는 날들은 도서관 측에 나쁘게 반영되며 플랫폼의 사회적 특성을 활성화시키지 못한다. 계획은 매일 이용자 질의에 대한 게시와 답변을 책임질 사람을 확보해야 한다. *Facebook* 또한 이용자들이 포스팅타임과 페이지 팔로워들의 인구통계 일반을 볼 수 있도록 내장된 어낼리틱스를 갖추고 있다.

Facebook 의 모범 규준은 다음과 같은 사항을 포함한다:

- 도서관 로고를 프로파일사진(profile picture)으로 사용함으로써 브랜드 인지도를 구축한다.
- 가능하면, 1일 3회 이상이나 2시간 이내 간격으로 게시하는 것을 피한다.
- 추가적 콘텐츠는 인스타그램 스토리와 유사한 새 기능인 *Facebook* 스토리로 공유한다.
- *Facebook* 이용자들이 이해하고 알아볼 수 있는 언어를 사용한다 – 특히 공공도서관 계정에서는 도서관 전문용어를 사용하지 않는다.
- 이용자들이 질문을 제기함으로써 직접 참여하도록 장려한다.

10.9.3.2 트위터

페이스북 및 모든 소셜미디어 플랫폼과 마찬가지로, *Twitter* 는 도서관 행사와 자원을 홍보하는 플랫폼일 뿐만 아니라 이용자들과 직접 상호작용하고 보다 광범위한 대화에 참여하는 공간이다. 이용자들은 사건을 업로드하고, 280자까지 콘텐츠를 쓸 수 있으며(tweeting이라고도 알려짐), 콘텐츠를 리트윗하거나, 댓글을 달거나, 또는 '좋아요'를 남길 수 있다. 이용자들은 팔로우하거나 해시태그를 살펴봄으로써 다른 사람들이 무엇을 말하고 있는지 볼 수 있다. 해시태그는 콘텐츠를 범주화하는 방법인데, 본질적으로 이용자들이 특정 주제에 속하는 콘텐츠를 볼 수 있게 하는 메타데이터 태그이다. *Twitter* 의 구조는 이것을 빨리 전개되는 대화와 접속을 위한 훌륭한 공간으로 만들었다. *Twitter* 이용자들의 막대한 수와 이용자들이 서로 반응하는 속도로 인하여, 이것은 일시적인 성격을 갖고 있다. *Twitter* 는 올바로 사용된다면, 대단히 강력한 입소문 도구가 될 수 있다.

Twitter 의 모범 규준은 다음과 같은 사항을 포함한다:

- 도서관과 정보리터러시 전반에 관한 기사와 같은 흥미 있는 콘텐츠를 트윗한다.
- 콘텐츠에 표적페르소나가 이해하기 쉽도록 격의 없는 어조를 사용한다.
- 이용자들에게 가능한 한 신속히 응답하고, 오리지널 트윗과 유사한 언어를 사용한다.
- 대화에 관여한다.

10.9.3.3 인스타그램

*Instagram*은 이미지에 크게 의존하는 소셜미디어 플랫폼이며 특히 젊은이들 간에 인기가 있다. Pew 연구에 따르면, 18세-24세 미국인의 71%가 인스타그램을 사용한다(Smith and Anderson 2018). 주요 기능은 비디오와 사진과 같은 미디어를 게시하고, 다른 이용자들을 팔로우하고, 이미지에 '좋아요' 또는 댓글을 다는 것이다. 이용자들이 콘텐츠를 게시하는 세 가지 방법이 있다: 홈페이지 상에 게시하면 팔로워들의 피드에 나타난다; 스토리에서는 24시간이 지나면 사라지게 된다; 그리고 디렉트 메시지. *Twitter*와 마찬가지로, *Instagram*은 특정 주제의 콘텐츠를 그룹으로 나누기 위해 해시태그를 사용한다. *Instagram*은 계정소유자가 각 스토리와 게시물의 도달률과 관중의 인구통계적 명세를 볼 수 있는 분석 기능을 가지고 있다.

*Instagram*의 모범 규준은 다음과 같은 사항을 포함한다:

- 고품질의 정성들인 이미지만을 게시한다.
- 1일 2회의 게시를 초과하지 않는다.
- 공감할 수 있는 어조를 사용한다.
- 일반적인 해시태그를 사용함으로써 참여와 게시율을 높인다.
- 도서관 고유의 해시태그를 만들고 그 사용을 장려한다.

10.9.3.4 블로그

*Blog*는 프로그램, 서비스, 그리고 장서를 강조하기 위한 편리하고 유익한 방법이다. 블로그는 다른 소셜 미디어 플랫폼 보다 더 많은 텍스트와 이미지를 허용하기 때문에, 이용자들에게 많은 정보를 제공할 우수한 방법이다. 따라서 블로그 게시물은 사용성 문제를 일으킬 도서관 웹사이트의 페이지 확장에 대한 올바른 대안이 될 수 있다. 마케팅 또는 홍보에

사용할 때는, 각 게시물이 도서관을 직접 반영하는 것이며 게시물의 품질이 좋아야 한다는 점을 기억할 필요가 있다.

도서관 유형에 따라, 블로그는 아주 다른 목적으로 사용될 수 있다. 공공도서관 사서들은 아웃리치 행사의 사진이나 독서자료 리스트를 게시할 수단으로 블로그를 사용하겠지만, 반면에 특수도서관과 지방 역사관 사서들은 고유장서를 홍보하거나 진행 중 연구과제를 공유하기 위해 블로그를 사용할 수 있다. 대학도서관 사서들은 블로그 게시물을 캠퍼스에서 일어나는 행사들과 조화시킬 수 있다. 예를 들어, 학기 중간 또는 기말에 맞춘 인용관련 게시물은 성공을 거둘 수 있을 것이다.

10.9.3.5 기타 플랫폼

도서관서비스 홍보에 이용할 수 있는 여러 가지 다른 플랫폼이 있다. 그 몇 가지 예는 다음과 같다:

- *Snapchat*: 현재 18세-24세 인구 중 78%가 이 플랫폼을 사용한다(Smith and Anderson 2018). 10대 및 청소년 담당 사서들은 서비스를 알리기 위해 *Snapchat* 활용을 시도하고자 원할 것이다.
- *Meetup*: 본래는 지역사회 행사일정표였던 *Meetup*은 *Facebook*을 이용하지 않는 사람들에게 도달하는 좋은 방법이다.
- *Tumblr*: 이것은 무료이며 사용하기 쉬운 짧은 블로그로서 텍스트는 물론 다양한 형태의 매체를 지원한다.
- *Goodreads*: 매우 활동적인 독서그룹이 있는 도서관들은 온라인으로 그룹을 조직하고 증진시키는 방법으로 *Goodreads*의 활용을 고찰하고자 원할 것이다.

10.9.4 입소문 마케팅

도서관계는 합당한 이유로 입소문 마케팅(WOMM, word-of-mouth marketing)을 용인하였다. 인쇄자료 또는 소셜미디어 게시물과 달리, WOMM은 인적 연결과 경험의 공유에 의존하는 홍보 방식이다. WOMM에 대한 여러 가지 정의가 있지만, 모두 적은 수의 사람이 나머지 많은 사람들에게 영향을 미친다는 기본적인 전제를 강조하고 있다. 효과적인

WOMM 캠페인은 인플루언서 집단과 관계를 맺고 그들의 새로운 지식을 지역사회의 나머지 사람들과 공유하도록 정보와 도구를 제공함으로써 인플루언서 집단의 힘을 활용한다(Dowd, Evangeliste, and Silberman 2010).

도서관 인플루언서의 한 예는 이야기시간에 항상 아이를 데리고 오는 부모가 될 수 있다. 이 사람은 학교위원회와 기타 지역사회 조직에 관여할 수 있으며, 거기서 빈번하게 이야기시간이 그의 가정에 얼마나 유익한가에 대해 사람들에게 이야기 한다. 이 이용자는 이미 도서관을 위한 WOMM에 참여하고 있지만, 만일 사서가 이용자와 적극적으로 어울릴 기회가 있어서 그에게 포스터나 활동일정표를 제공한다면, 그는 해당 정보를 다른 사람들과 공유할 준비를 더 잘 갖추게 될 것이다.

WOMM은, 그 명칭이 암시하는 것처럼, 단지 말로만 하는 활동이 아니다. 실제로, 도서관 인플루언서들은 사서들이 미술을 걸기 위해 만든 인쇄 및 디지털 홍보자료를 사용할 것이다. 예를 들면, 인플루언서들은 도서관이 게시했던 사진을 리트윗하거나 친구들에게 도서관에서 가져온 포스터를 제공할 수 있다. WOMM은 전통적인 홍보 채널은 아니지만, 사실은 도서관의 다른 모든 홍보 노력을 증폭시키는 수단이다.

모든 마케팅에 해당되지만, 특히 WOMM에서 주요 개념은 이용자들의 요구와 관심을 충족시키는 서비스와 프로그램을 제공하는 것이다. 이 주제는 본 장의 평가 부분에서 논의되었지만 다시 주목할 필요가 있다. 사서들은 적절한 모든 방식으로 행사 및 자원을 홍보할 수 있지만 만일 그 지역사회가 해당 요구를 갖고 있지 않다면, 의심할 여지없이 관심이 없을 것이다. WOMM은 도서관이 이용자들이 참여하기를 원하는 서비스나 프로그램을 제공할 경우에만 성공적일 수 있다.

10.9.5 비전통적 게릴라 마케팅

때때로 가장 비전통적 접근방법이 가장 많은 관심을 얻는다. 게릴라 마케팅은 많은 예산과 멋진 설계보다는 오히려 창의력과 정교함에 의존하는 홍보 방식이다. 도서관직원이 팬덤 행사가 시작될 즈음에 망토를 입거나 편물 그룹의 날에 도서관 밖의 나무에다 뜨개질로 만든 걸 입혀놓은 것은 모두 도서관프로그램에 대한 대화를 시작할 비용이 적게 드는 방법이다. WOMM과 유사하게 게릴라 마케팅은 지역사회의 토론과 참여에 의존한다. 이용자들 또는 지나가는 사람들조차도 도서관의 게릴라 마케팅 기법에 대해 질문할 것이며, 따라서 모든 부서의 직원들이 홍보대상 서비스와 프로그램에 대해 잘 알고 있을 필요가 있다.

게릴라 마케팅이 보통 갑작스럽게 이루어지거나 또는 대화를 시작하기 위해 전략적으로 설계되지만, 비전통적 인쇄자료 또한 도서관 홍보를 위한 하나의 흥미 있는 방법이 될 수 있다. 예를 들면, 씨앗 도서관의 출시는 특별한 씨앗 패킷을 인쇄함으로써 홍보될 수 있다.

10.9.6 지역사회 제휴기관

지역사회 기관들과 강력한 관계를 수립하는 것은 보다 광범위한 사람들에게 도달하는 비용이 들지 않고도 효과적인 방법이다. 지역사회 제휴기관을 고찰할 때, 사서들은 비영리기관 이외의 것을 생각해야 한다. 지역의 기업 또는 기업가들은 협동을 위한 훌륭한 자원이다. 한 예를 들면, 도서관의 북클럽은 지역의 양조장 또는 음식점에서 만날 수 있다. 북클럽의 장소가 계획된 결정처럼 보일 수 있지만, 그것은 마케팅전략을 배가시킨다. 이런 유형의 행사는 도서관 정규 이용자들과 양조 또는 음식점에 열성적인 사람들을 모두 끌어들인다. 기업을 태깅하거나 그들을 *Facebook* 행사 리스트에 공동주최자로 추가하는 것은 행사의 참여를 크게 증가시킬 수 있다.

10.9.7 전통적 미디어 공급자

신문, 지역 채널, 라디오방송국과 같은 전통적 미디어 공급자를 활용하는 것은 서비스 홍보의 유익한 방법이 될 수 있다. 지역사회 또는 기관에 따라, 이러한 미디어 공급자와의 연계는 더딘 과정이 될 수도 있다. 그렇지만 일단 관계가 수립되면, 그들은 주요 동맹 또는 협력자가 될 수 있다. 전통적 미디어 세계의 지도자들은 종종 연계가 공고하고 도서관에게는 당당한 인플루언서와 대변인이 된다.

10.9.7.1 신문
적절한 연락처를 식별한 후, 사서들은 지역 또는 단체의 신문에 주간프로그램 리스트 그리고 대규모 계획이나 새로운 자원의 경우에는 보다 공식적인 보도자료를 보내야 한다. 주간 또는 월간 도서관 칼럼은 온라인이나 인쇄물 신문을 지켜보는 독자들에게 접근하는 효과적인 방법이다. 이것은 신규 자료, 행사, 심지어 특수집서를 강조할 탁월한 방법이다.

편집자가 흔쾌히 받아들인다면, 집필에 관심이 있는 사서가 칼럼을 쓸 수 있으며, 따라서 신문사 측의 부하를 초래하지 않게 된다.

10.9.7.2 미디어센터

미디어센터 및 지역 TV방송국은 종종 사서들과 유사한 목적과 가치를 가지고 있으며, 이 기관들은 양측 모두에 대한 더 많은 이용자들을 접근하기 위하여 상호적 홍보서비스에 기꺼이 응할 것이다. 일단 긍정적 관계가 수립되면, 미디어센터도 또한 강력한 프로그램 협력자가 될 수 있다. 예를 들면 지역방송국은 시의 공공도서관에서 영양관련 프로그램을 녹화하고 그 영상을 자국의 웹사이트와 유튜브 채널에서 이용가능하게 만든다. 참여를 통해 지역 방송국은 비용을 들이지 않고 양질의 콘텐츠를 입수하는 혜택을 얻고, 반면에 도서관프로그램은 새로운 잠재 이용자들에게 홍보가 된다.

10.10 결론

마케팅 과정은 시간이 걸리는 일이진만, 이것은 또한 흥미롭고 대단히 보람있는 일이다. 잘 설계된 마케팅계획은 이용, 참여, 등록의 증가와 같이 가시적인 결과를 산출할 것이다. 이러한 성과는 차후에 주요 이해당사자들에게 현재와 미래의 예산이나 자원의 확장을 정당화할 때, 도서관의 명분을 지원하기 위해 활용될 수 있다. 이와 같은 성과는, 명백히 도움이 되는 것임에도 불구하고, 마케팅 과정의 이차적 부산물이다. 진정으로 유익한 것은 도서관이용자들과 의미 있는 관계를 조성하고, 사람들을 그들이 필요로 하는 올바른 도서관 산물과 서비스로 연결하고, 생애를 통해 계속되는 도서관 이용자들을 만들어 내는 것이다.

【참고문헌】

Canva. https://www.canva.com.

Dowd, Nancy, Mary Evangeliste, and Jonathen Silberman. 2010. *Bite-Sized Marketing: Realistic Solutions for the Overlooked Librarian*. Chicago: American Library Association.

Facebook. https://www.facebook.com.

Goodreads. http://www.goodreads.com.

Google Trends. https://trends.google.com.

Instagram. http://www.instagram.com.

Kennedy, Marie R., and Cheryl LaGuardia. 2018. *Marketing Your Library's Electronic Resources: A How-to-Do-It Manual for Librarians.* 2nd ed. Chicago: ALA Neal-Schuman, and Imprint of the American Library Association.

Kotler, Philip, Gary Armstrong, and Lloyd C. Harris. 2017. *Principles of Marketing.* 7th ed. Edinburgh, UK: Pearson.

Kotler, Philip, and Nancy Lee. 2007. *Marketing in the Public Sector: A Roadmap for Improved Performance.* Upper Saddle River, NJ: Wharton School Publishing.

Meetup. https://www.meetup.com.

Potter, Ned. 2012. *The Library Marketing Toolkit.* London: Facet Publishing.

Smith, Aaron, and Monica Anderson. 2018. "Social Media Use in 2018." Pew Research Center: Internet and Technology. Last modified March 1, 2018. http://www.pewinternet.org/2018/03/01/social-media-use-in-2018/.

Snapchat. https://www.snapchat.com/.

Solomon, Laura. 2016. *The Librarian's Nitty-Gritty Guide to Content Marketing.* Chicago: American Library Association.

Tumblr. https://www.tumblr.com.

Twitter. http://www.twitter.com.

YouTube. http://www.youtube.com.

【SUGGESTED READINGS】

Avrin, David, Jeffrey Gitomer, and Roger Sheety. 2016. *Visibility Marketing: The No-Holds-Barred Truth about What It Takes to Grab Attention, Build Your Brand, and Win New Business.* Wayne, NJ: Career Press.

Emphasizing the holistic marketing process, the authors explore the connection between market research, quality product offerings, customer service, and promotion. It is a great resource for librarians trying to demonstrate competitive advantage to users.

Barber, Peggy, and Linda K. Wallace. 2010. *Building a Buzz: Libraries & Work-of-Mouth Marketing*. Chicago: American Library Association.

 Barber and Wallace give an overview of word-of-mouth marketing for librarians. They include tips, best practices, case studies, and interviews from librarians across the country.

Bizzle, Ben, and Maria Flora. 2015. *Start a Revolution: Stop Acting like a Library*. Chicago: American Library Association.

 This book tells the story of the Craighead County Jonesboro Public Library in Arkansas, where Bizzle and his colleagues "revolutionized" their institution through marketing. It details a holistic approach to marketing, including traditional and nontraditional methods, with particular emphasis on community engagement and using humor to boost promotional efforts.

Media Relations Handbook for Libraries. 2012. American Library Association. http://www.ala.org/advocacy/advleg/publicawareness/campaign%40yourlibrary/prtools/handbook.

 This resource provides practical media relations guidance along with examples of press released, letters to the editor, and public service announcements.

Miller, Kivi Leroux. *The Nonprofit Marketing Guide: High-Impact, Low-Cost Ways to Build Support*. John Wiley & Sons. 2010.

 This book offers tips for nonprofit marketing, emphasizing effective, low-cost methods. Miller shares useful marketing basics, as well insights for those beginning to explore content marketing.

Scott, David Meerman. 2015. *The New Rules of Marketing & PR: How to Use Social Media, Online Video, Mobile Applications, Blogs, News Releases, and Viral Marketing to Reach Buyers Directly*. Hoboken, NJ: John Wiley & Sons.

 Meerman explains nuances between public relations and marketing in today's content-driven marketing world while providing marketing strategies for immediate implementation and several real-world case studies.

11

아동과 청소년을 위한 참고서비스

11.1 서론
11.2 아동과 청소년의 정체성과 정보요구
11.3 아동과 청소년의 정보접근: 장애와 도전
11.4 아동을 대신한 성인 서비스
11.5 아동과 청소년 서비스의 확장

참고정보서비스론

제11장 아동과 청소년을 위한 참고서비스

11.1 서론

아동과 청소년에 대한 참고서비스가 종종 정보업무의 한 "특수한 경우"(special case)로 간주되지만, 그 목적은 Dave A Tyckoson이 제1장에서 서술한 바와 같다: 도서관이용자들이 정보를 탐색하고 평가할 때 그들에게 "직접적 도움"(direct assistance)을 제공하기 위한 것이다. 이러한 직접적 도움은 다음과 같은 사항을 포함한다: 지시적 질문의 처리; 도서관과 자료에 대한 이용교육; 독자자문서비스제공; 이용자의 정보, 교육, 또는 오락적 독서 요구 및 흥미를 만족시키기 위한 자료 추천.

성인에 대한 참고서비스와 미성년자에 대한 참고서비스 간의 전문적인 구별은 성인과 미성년에 대한 제도, 문화, 그리고 사회적 차이에 따라 결정된다. 일반적으로 미성년자는 종종 "성인이 아닌 사람"과 같이 획일적인 용어로 인식되고 있으며, 아동과 청소년을 위한 참고정보서비스는 도서관과 정보센터가 성인들에게 제공하는 유사한 서비스와 다르다는 견지에서 이해되고 있다. 아동 연구의 문헌정보학 및 아동문학가와 비평가들에 대한 영향력 증가는 아동과 청소년들에게 봉사하는 도서관이 서비스를 위해 추구할 바를 보다 깊이 생각하게 만들었다. 추가적으로, 전에는 단지 미성년으로 분류되었던 집단에 관해 인종, 민족, 언어, 능력, 젠더, 성적지향성, 그리고 사회경제적 다양성에 따른 현대적 인식은 그들의 정보 요구와 흥미에 대하여 보다 더 상황에 주의를 기울이는 논의를 초래하게 되었다. 이와 같이 아동과 청소년의 다양한 정보생활에 대한 확대되고 명확해진 관심은 그들을 위한 참고정보서비스를 형성하고 계속 새로운 형태를 만들게 될 것이다.

11.2 아동과 청소년의 정체성과 정보요구

아동 및 청소년은 제도적, 사회적, 문화적으로 여러 가지 방식으로 구분되고 있다. 아동 및 청소년은 대체로 연령과 관련된 범주로 구별된다; 그렇지만 그들은 또한 능력, 인종, 민족, 젠더, 성적지향성의 견지에서 구별되기도 한다. 제 12장에서 Nicole Cooke가 지적하고 있는 바와 같이, 이러한 정체성 구별은 상호배타적인 것은 아니며, 이들을 포함한 대부분의 도서관이용자들이 중복되는 부분이 있다. 아동 및 청소년 그리고 성인의 정체성에 부여된 의미는 그것이 만들어진 제도적, 사회적, 문화적 맥락에서 나온 것이며, 그 맥락의 변천에 따라 그들의 정보세계에 대한 변수가 재구성된다.

11.2.1 아동과 청소년에 대한 발달적 접근

아동과 청소년을 대상으로 봉사하는 사서들을 위한 기준과 지침을 만드는 미국도서관협회(ALA)의 분과인 Association for Library Services to Children(ALSC)과 Young Adult Library Services Association(YALSA)은, 아동을 출생부터 8학년까지(ALSC) 그리고 청소년을 12세와 18세 사이로(YALSA) 구별하고 있다. 이와 같은 미성년자에 대한 연령 및 학년에 기초한 설명은 대부분의 전문적 서술이 구체화 되는 명시적 교육개발시스템과 함축적인 인지적 사회적 발달 구조 안에 자리 잡고 있다. 일정한 연령 또는 학년에 속한 전형적인 모든 사람들은 지리적으로 또는 발달적으로 유사하며 예측 가능한 순서대로 누적되어 자라고 변화한다는 이 자주 인용되는 체계가(표 11.1 참조) 가정하는 대로, 미성년자에 대한 연령 및 학년 기반 설명이 성인과 미성년들이 참고하고 차이를 단정하는 정체성의 지표가 되었다. 결과적으로 인지적, 사회적, 정서적, 그리고 문해적 발달 이론들은 장서개발, 프로그램, 참고정보서비스를 선도하는 유용한 틀을 사서들에게 제공하고 있다: 그렇지만 Developmentally Appropriate Practice(DAP)의 원칙은 실무자들에게 개인의 발달 다양성은 물론 문화적 언어적 맥락이 발달 및 발달 연계 과업에 미치는 영향을 인식할 것을 촉구한다(National Association for The Education of Young Children 2009). 이 원칙들은 미성년자와의 참고트랜잭션에 유용하게 적용될 수 있는데, 왜냐하면 이것은 어린 사람을 대상으로 일하는 사람들이 각 이용자를 자신의 정보행동을 알려주는 능력, 역량, 흥미, 경험의 독특하고 진화하는 캐시(cache)를 가진 한 사람으로 간주하도록 권장하기 때문이다.

표 11.1 영유아, 아동, 청소년의 사회/정서, 인지, 문해 발달단계

	사회적/정서적 발달	인지적 발달	문해 발달
영아기 (0-1세)	• 기본 정서를 나타낸다 (예 행복, 슬픔, 공포) • 타인의 표정과 음성에 나타난 기본 정서를 인식한다	• 원인과 결과에 대한 이해가 발달한다 • 시각 추적 능력이 발달한다 • 주의 집중 방법을 하기 시작한다	• 언어를 사용해서 부족한 것, 필요한 것, 흥미를 소통하는 능력을 점점 더 보여준다 • 노래와 간단한 표현을 통해 언어 "놀이"를 시작한다 • 알파벳 암송 및 문자 인식 능력이 발달한다
유아기 (2-3세)	• 자기와 타인을 구별한다 • 선택적 모방을 시작한다 • 친사회적이고 도움을 주는 행동을 보여준다	• 두 개 단어로 문장을 말할 수 있다	• 언어를 사용해서 부족한 것, 필요한 것, 흥미를 소통하는 능력을 증가시킨다 • 노래와 간단한 표현을 통한 언어 "놀이"를 계속한다 • 알파벳 암송 및 문자인식능력 발달을 계속한다
학령전기 (3-5세)	• 공감을 표현한다 • 협력 활동에 참여한다 • 자신의 감정을 식별하고 묘사하는 능력을 키운다 • "공평"에 대한 이해를 키운다 • 사회적 규범을 인식하고 적용한다	• 모국어를 유창하게 말한다 • 셈을 하고 단순한 수학 개념을 이해한다	• 언어를 사용한 소통능력 확대를 계속한다 • 노래와 간단한 표현을 통한 언어 "놀이"를 계속한다 • 알파벳 암송 및 문자인식 능력발달을 계속한다
학령기 (6-7세)	• 자신의 행동을 규제하기 시작한다 • 자신과 타인의 감정을 명확히 이해한다 • 또래 집단 관계를 중시한다 • 사회적 배제의 증거에 대해 민감성을 나타낸다	• 정보의 다양한 출처를 생각하는 능력의 증가를 보인다 • 자신의 사고와 추리과정과 전략에 대해 생각한다(메타인지)	• 문자와 단어들의 관계에 대한 이해를 연마한다 • 해독과 독해에 음운지식을 적용한다 • 해독력을 발전시키고 "자동적으로" 읽고 이해할 수 있는 단어의 수를 늘린다

	사회적/정서적 발달	인지적 발달	문해 발달
청소년기 (12-18세)	• 행동 규제에 대한 전략을 만들고 정교화 시킨다 • 정서적 경험을 더욱 내재화 한다 • 낭만적 또는 성적 관계에 관심을 보이거나 추구 한다	• 추상적 사고력이 증가된다 • 연역적 추리를 사용해서 결론을 내린다	• 형태와 장르 전체에 대한 문해력을 기른다 • 유창한 독자는 테스트에서 다수의 관점을 고찰한다

출처: Allen(2017), Bjorklund and Behring(2002), Byrnes(2010), Daum(2017), Farrall(2012), Henderson, Borrows, and Usher(2017), and Svetlova and Carpenter(2017).

아동과 청소년 대상 도서관장서는 종종 지배적인 발달모델을 반영하고 해당 틀에 속한 사람들에게 자료에 대한 독자적인 접근이 가능하도록 조직되었다. 예를 들면, 많은 도서관들이 읽기 쉬운 독서물을(본문을 이해하기 시작한 어린이를 위한 책) 읽기 학습 아동들이 쉽게 접근할 수 있도록 구분한다. 미국에서는 보통 초등학교 저학년에 읽기를 배우기 때문에, 미국도서관의 읽기 쉬운 독서물들은 종종 유치원생, 1학년생 또는 2학년생에게 추천되고 있으며, 이 집서는 해당 연령 및 예측가능한 능력과 관계가 있다. 쉬운 독서물의 주인공과 책에서 묘사하고 있는 경험들은 독자층에 대한 가정을 반영하고 있다: 유치원에서 2학년에 이르는 아이들의 공통적인 지식, 관심, 유머 감각을 가진 등장인물의 특징을 다루며, 연령으로 인해 제한된 경험을 가지고 있을 독자들에게는 정보에 기반한 개념들을 소개한다. 전형적인 미국의 도서관을 둘러보면, 하부 집서의 대부분이 발달적 가설을 반영하여 조직되었으며 해당 가설을 용인하는 방식으로 적용된 것을 알 수 있다: 유아들은 보드북(board book) 상자들을 살펴보고, 십대들은 "청소년"이라는 표시가 있는 서가의 자료를 훑어보며, 어른들은 일반 또는 "성인"(adult) 소설과 논픽션 서가로부터 책을 선택한다.

이러한 전통적 조직 형태가 전형적인 쉬운 독서물, 아동 소설, 그리고 청소년 문학 이용자들의 독립적 접근을 용이하게 하는 반면에, 아동과 청소년들이 이러한 집서의 경계선 밖의 자료를 찾거나 또는 고유의 능력에 맞는 자료를 발견하기 위해서는 도움을 필요로 한다. 예를 들면, 판타지 소설류에 익숙한 어린 독자는 아동, 청소년, 성인을 위한 장르 소설 집서에서 자료를 선택해서 읽을 수 있고; 대학에서 취득학점을 마무리하는 청소년들은 성인을 위한 집서에서 적합한 보충 참고자료를 발견할 수 있다. 아동과 청소년을 대상으로 봉사하는 사서들은 발달적 규범을 반영하고 DAP에 따라 조직된 장서의 유용성과 제한점을 모두 인식하고, 이러한 조직 형태를 의문의 여지가 없는 규칙으로 간주하지 말아야 한다. 독자에 기반한 조직이 이용자와 사서 모두에게 유용한 틀을 제공하고 있지만, 참고면담을 하는 사서는 도서관 전체에서 정보질의에 답변할 가장 적합한 자료를 어디서 발견할 것인지 결정하기 위해 이용자와 함께 작업해야 한다.

아동과 청소년은 모두 그들의 생애를 통해 또는 생애의 한 시점에서, 표준 발달모델의 기준치에 미치지 못하거나 기준치를 초과하는 능력과 역량을 가질 수 있다. 어떤 개인의 능력과 역량을 단지 겉모습으로 알 수 없기 때문에, 참고면담은 사서들로 하여금 예외적이거나, 전형적이거나 또는 장애가 있는 독자; 익숙하거나 또는 미숙한 정보탐색자; 다양한 주제에 대해 박식하거나 또는 잘 모르는 사람들에게 정보에 접근할 수 있는 기회를 제공한다. 아동과 청소년 대상 참고서비스에 DAP를 적용하는 것은, 유니버설 디자인의 원칙을 반영하는 형평성 기준을 도입함으로써, 다양성을 고려하는 것을 의미한다.

유니버설 디자인은 연령, 신체적 차이 또는 능력과 관계없이 자원이 최대로 많은 사람들에 의해 사용될 수 있도록 개발하는 과정을 말한다. 유니버설 디자인의 목적 중 하나는 "공평한 사용"(equitable use)인데, 이것은 상품과 서비스가 "능력이 다양한 사람들에게 유용하고 시장성이 있으며," "언제 어디서나 동일하고," "어떠한 이용자도 구분하거나 낙인을 찍지 않는다"(National Disability Authority 2012). 사서들은 모든 참고정보트랜잭션에 장애인 대상 참고서비스의 관행을 활용함으로써, 어린 사람 대상 참고업무 유니버설 디자인의 형평 원칙을 적용할 수 있다. 이러한 관행은(Box 11.1의 사례 참조), 개별 이용자들이 요구와 선호도를 주장할 수 있도록 발달에 적합한 기회를 제공하며, 유니버설 디자이너들이 소위 "동일한 이용수단"(same means of use)이라고 부르는 것이 모든 이용자들에게 가능해지도록 한다(National Disability Authority 2012).

Box 11.1
아동과 청소년 대상 발달적합 참고서비스 전략

- 각 이용자를 고유의 요구, 흥미, 능력을 가진 개인으로 간주하고 이용자에게 열린 마음으로 접근한다.
- 이용자의 연령, 환경, 또는 기능에 대한 인식을 바탕으로 이용자의 능력이나 역량을 추정하지 않는다.
- 참고면담을 하는 동안 이용자로 하여금 그의 요구, 지식, 능력, 그리고 역량을 전달할 기회를 제공한다.
- 보호자나 통역자보다는 이용자와 직접 소통한다.
- 도서관목록을 탐색하거나 서가에서 책을 찾는 것과 같은 과정을 설명할 때는 시연을 한다.
- 다양한 형태의 자료를 제공한다.

- 이용자에게 최근에 읽고 즐거웠던 것이 무엇인지 묻고 향후 읽을 자료 제안에 그 정보를 이용함으로써, 적합한 독서자료 추천에 이용자의 경험을 활용한다.
(Association of Specialized Government and Cooperative Library Agencies n.d.; Middleton 2014)

공평한 서비스를 목적으로 하는 DAP 기반 참고서비스는 전형적인 발전단계에 있거나 또는 장애를 가진 어린 사람들이 모두 당면하고 있는 정보 및 정보탐색의 장애물들을 완화시킬 가능성이 있다. 예를 들면, 경험, 키, 교육, 능력과 관련된 여러 가지 이유로 어린 사람들이 도서관 온라인목록을 사용하기 어려울 수 있는데, 온라인목록에서 이용자들은 때때로 마우스, 타자, 스펠링을 조작한 다음 탐색결과 및 도서관레코드에 나타나 있는 특수언어를 해독해서 이해할 필요가 있다. 도서관 서가에서 책을 찾는 것은 탐색자들의 알파벳과 수치 조합 이해를 가정하고 있으며, 종종 책등에 인쇄된 표제를 읽기 위해 머리를 기울이거나 책을 빼내기 위해 팔을 길게 뻗거나 쪼그려 앉아야 하는데, 이 모든 것들이 일부 이용자들에게는 문제가 된다. 이러한 장애를 인식하여, 참고데스크에서 어린 사람들에게 봉사하는 사서들은 책이나 정보를 요청하는 이용자들에게 무뚝뚝하게 "목록을 조사했습니까"라고 대응해서는 안 된다. 그 대신, 사서는 우선 함께 컴퓨터화면을 볼 수 있겠는지 여부를 묻고(어떤 이용자들은 컴퓨터모니터에 투영된 빛이나 움직임에 신경을 쓴다), 과정을 설명하고, 그리고 나서 책을 꺼내기 위해 함께 동행하는 것이 좋겠는지 묻는다. 이 과정에 대한 실례로 Box 11.2를 참조하시오.

Box 11.2
실습과제: 참고면담에 대한 DAP 적용

Developmentally Appropriate Practice(DAP)에 기초한 참고면담은, 도서관이용자에게 필요할 경우 도움의 수준을 말할 수 있도록 질문함으로써, 이용자가 좋아하는 것을 설정하고 요구를 정교화할 기회를 제공한다. 다음과 같은 가상의 참고면담을 읽으면서, 언제 그리고 어느 지점에서 Box 11.1에 열거되어있는 특정 DAP 전략과 연관이 되는지 식별해 보시오.

이용자: 도서관에 Rita Williams Garcia가 지은 *One Crazy Summer*가 있습니까?
사 서: 확실치 않은데, 조사해 볼 수 있습니다. 책의 소장여부를 알아보기 위해 목록을 어떻게 이용하는지 보여드릴까요?

이용자: 좋습니다.
사　서: 우리가 함께 볼 수 있도록 내 컴퓨터 화면을 같이 사용해도 괜찮을까요?
이용자: 괜찮습니다.
사　서: [목록화면으로부터 탐색을 시작한다] 당신이 전에 도서관컴퓨터를 사용한 적이 있다면, 당신은 도서관장서를 탐색할 수 있고 도서의 소장여부와 대출 여부를 알려주는 이 화면을 보았을 것입니다. 나는 당신이 방금 요청한 책의 저자명과 표제를 "목록 탐색"이라는 단어 밑에 있는 박스에 타자하려고 합니다[단어를 손가락으로 밑줄 긋고 탐색창을 가리키고 나서 탐색과정을 설명한다]. … 도서관은 이 책을 몇 가지 다른 형태로 소장하고 있습니다: 당신은 소프트커버, 하드커버, 녹음자료, 전자책 중에서 대출할 수 있습니다. 당신은 어떤 유형을 선호합니까?
이용자: 나는 소프트커버로 된 책을 원합니다.
사　서: [소프트커버에 대한 레코드를 띄운다] 이 화면은 도서의 대출여부와 관내 어디에서 이 책을 찾을 수 있는지 말해줍니다. 여기[지적한다] "청구번호" 밑에서 도서의 주소를 발견할 수 있습니다. 종이에 이것을 쓰겠습니다[청구번호를 쓴다].
이 글자들은 책을 발견할 장소를 말해줍니다: "J"는 이것이 "청소년 집서"에 있음을 의미합니다 - 창가의 서가에 있는 도서들[지적한다] - 그리고 WIL은 저자명 중 성의 첫 세 글자입니다. 창가의 서가에 있는 도서들은 저자명의 성에 따라 조직되어 있습니다. 성이 "A"로 시작되는 저자들의 책은 화분[지적한다] 근처의 서가에 있으며, 성이 "Z"로 시작되는 저자들의 책은 컴퓨터 근처의 서가에 있습니다.
함께 가서 서가에 있는 책을 찾아볼까요?
이용자: 이제는 내가 할 수 있을 것 같습니다.
사　서: 좋습니다. 문제가 생기거나 책을 발견할 수 없게 되면 돌아와서 알려주세요. 우리가 함께 살펴볼 수 있습니다.

11.2.2 다문화 아동과 청소년에 대한 접근

DAP는 아동과 청소년을 대상으로 일하는 성인들이 "가족, 커뮤니티, 문화, 언어습관, 사회집단, 경험… 그리고 환경의 맥락에서" 그들을 고찰하도록 권장하고 있는데, 왜냐하면 이러한 맥락들이 그들의 성장을 형성하고 또한 그들이 세계를 어떻게 이해하는가에 대한 정보를 주기 때문이다(National Association for the Education of Young Children, 2009, 10). 도서관서비스에 대한 적용은, Patricia Montiel Overall(2009, 181)이 지칭했던 "문화적으로 유능한"(culturally competent) 실무를 통해 수립되었는데, 이것은 정보와 리터러시에 대한 정의를 다양한 역사적, 사회적, 문화적 개념을 반영하도록 확장한 것이다. Overall은 다음과 같이 서술하고 있다: 문화적 역량을 갖춘 사서들은 자신들의 문화와 다양한 문화에 대해 깊이 생각하며; 자신의 문화환경이 개인적 그리고 전문적 신념과 실무에 미친 영향을 고찰하고; 그들의 신념과 실무시스템을 알게 해 주는 다른 사람들의 문화를 이해하려고 노력하며; 다양한 신념, 실무, 요구를 반영한 도서관 환경, 프로그램, 서비스를 구축하기 위해 다양한 커뮤니티 구성원들과 소통한다.

11.2.2.1 인종과 민족이 다른 아동과 청소년

미국의 아동과 청소년 인구는 점점 더 인종적으로 그리고 민족적으로 다양해지고 있다: Census Bureau는 2020년에는 18세 이하 아동과 청소년의 반 이상이 "민족적 또는 인종적 소수집단"에 속하게 되며, 2060년경에 그 비율이 64.4%가 될 것이라고 예측하였다(Colby and Ortman 2015, 11). 이 데이터는 미국이 거대한 다원사회를 향해 움직이고 있음을 암시하고 있지만, 역사적인 그리고 동시대의 인종차별은 증가일로에 있는 유색인 및 다양한 민족 커뮤니티에서 계속 감지되고 있다. 이러한 인종차별적 유산은 유색인 아동과 청소년들의 정보추구에 장애요인으로 작용하는데, Kafi Kumasi(2012)가 주장하는 바와 같이, 이들은 종종 학교나 공공도서관에서 환영받지 못하거나 또는 아웃사이더 처럼 느낀다. 한 도서관의 환경은 - 장서, 조직, 서비스를 포함하여 - 이용자들의 역사, 전통, 문학을 반영하고 존중하는 장서와 서비스를 갖춘 그들 자신을 위한 장소로서의 도서관에 대한 인식에 기여하기 때문에, 다양한 커뮤니티에 대한 문화적으로 유능한 서비스는 포괄적 장서와 서비스 개발을 위한 커뮤니티 구성원들과의 협업을 포함한다(Overall 2009).

아동문학의 기본문헌은 역사적으로 단일문화적이며, 주류 아동문학 출판사들이 기득권을 가진 백인들의 유럽중심적 시각과 전통을 반영하고 있다(Horning et al. 2018; Larrick 1965). 이러한 불평등은 도서관의 아동과 청소년 집서에서 되풀이되며, Kumasi(2012, 36)의 서술에서처럼 "백인이 아닌 테마와 주인공을 가진 책들을 단지 문화유산의 달 또는 문화유산주간 동안에만" 부각시킬 때, 도서관과 장서는 "백인을 표준적 우수 문화의 요인으로 옹호하는" 장소로서 인식될 수 있다. Kumasi와 여러 연구자들은(예, Mestre 2009; Overall 2009; Stivers 2017), 이와 같은 한 가지 역사, 경험, 문학 및 문화적 전통을 강조하는 것은 유색인 아동과 청소년들 간에 "단절과 소외의 느낌"이 생길 수 있게 하며, 그것은 정보접근에 대한 장애가 될 수 있다고 주장한다.

최근 전문분야의 저술과 We Need Diverse Books 운동과 같은 직접행동주의는 아동문학의 인종 및 민족 불균형에 대한 관심을 불러일으켰으며, 사서들로 하여금 유색인들에 관한 또는 유색인들이 저술한 책들을 지원하고 수집하고, 홍보하도록 장려하였다. 누구나 "자신의 이미지를 반영하는 그리고 자신에게 낯선 세계로 열려있는 책에 대한 권리를 갖고 있다"라고 주장하는 Rudine Sims Bishop(2012, 9)의 저술에 따라, 아동 및 청소년들과 더불어 일하는 사서와 일반인들은 문학의 힘을 이해하기 위해 Bishop의 "거울, 창, 그리고 슬라이딩 유리문"(mirrors, windows, and sliding glass doors)의 은유를 받아들였다. Bishop(2021, 9)은 다음과 같이 서술하고 있다: 책은 독자들에게 자신의 이미지를 반영하는 거울이 될 수 있으며; 독자가 살고있는 다문화 세계의 현실로 통하는 창이 될 수 있고; 독자들이 자신의 경험과 유사하거나 다른 문학적 경험으로 들어갈 수 있게 하는 슬라이딩 유리문이 될 수 있다. Bishop의 논의가 문학도서의 다양성에 대한 요구를 증진시키기 위해 가장 많이 인용되고 있지만, "거울, 창, 슬라이딩 유리문"의 은유는 정보자원에 대해서도 마찬가지로 적절하다. "다문화 세계의 현실"을 담기 위해서 아동과 청소년에게 봉사하는 도서관은 유색인종과 다양한 민족들의 견해를 전달하고 전통, 역사, 문화, 그리고 업적을 서술하는 소설, 시, 그리고 정보자료를 포함해야만 한다.

"아동들로 하여금 '책에서 자신을 보도록 하는' 것이 중요하다"(Coats 2010, 11)는 믿음은 장서를 다양화하고 다양한 문학 및 정보자료를 홍보하고 추천하는 사서들의 업무에 큰 동기를 부여하였다. 그렇지만, 사서들은 아동과 청소년에게 참고서비스와 독자자문서비스를 제공할 때 이러한 사고의 한계점에 대해 신중해야만 한다. 예를 들어, 만약 사서들이 독서체험을 오직 독자의 주인공과 상황에 대한 직접적 동일시를 통해서만 조성되는 것으로 생각한다면, 다양한 문학도서는 독특한 "틈새"(niche) 시장 가치로 축소되고 문학에서 생명을 지니고 관심을 끌었던 "다른 인종들의 경험"(experiences of other races)이 "그 밖의 인종에게는 관계나 의미가 없는"(no relevance or meaning to any other race) 것으로 인식된다(Overton 2016, 14). 독자들이 그들 자신의 경험을 비추는 자료에서 실제로 즐거움과 연결성을 발견한다 해도, 아동과 청소년 담당 사서들은 어린 독자들과 독서체험에 모두 중점을 두어 신중해야만 한다. Bishop의 은유 "거울, 창, 슬라이딩 유리문"을 명심함으로써, 사서들은 어린 독자들이 읽고싶어 하는 독서체험의 범위를 존중하고 독자들로 하여금 추구하는 문학적 경험을 설명하도록 기회를 조성할 수 있다.

사서들의 문학과 정보자료에 대한 인식은 동일한 자료에 대한 어린 사람들의 인식과 매우 다를 수 있으며, 특히 사서가 어린 사람이나 봉사대상과 차이 나는 제도적, 사회적, 문화적 지위를 갖고 있을 때 달라진다. 예를 들면, 역사적으로나 현시대에 소외되었던 사람들의 이야기나 체험을 공개하는 저작물은 Daniel G Solórzano와 Tara J. Yosso(2002, 32)가 "인종적 특권의 다수주의적 스토리"라고 지칭한 것을 논박하고 지배적(백인의) 서사와 경험을 나타내는 생각을 단절시키는 반동적 담론을 포함한다. 이와 같은 도전은 비판 없이 표명될 때, 특권으로 혜택을 받은 아동과 청소년을 대상으로 일하는 성인들이 반동적 담론에 당면하여 해당 자료를 이차적 선택으로 강등시키도록 만든다(Haddix and Price-Dennis 2013, 277). 유색인 그리고 민족적 문화적 종교적 소수자들이 쓰거나 그들에 관한 저작들을 포함한 다양한 문헌들이 보다 빈번하게 도전받거나 금지된다는 사실은 사서들로 하여금 보다 더 이러한 자료를 옹호하도록 장려하게 만든다(Adebayo 2016).

Kumasi와 Sandra Hughes-Hassell(2017, 16)은 사서들이 "인종차별 받은 어린 사람들의 문학적 유산을 존중하고" "그들의 혈통에 대한 질의를 진흥시키도록" 촉구한다. 이러한 유산을 존중하기 위해, 사서들은 아동과 청소년들이 정보와 독서 요구 및 흥미를 정교화시킬 메커니즘을 개발해야 한다. 정교화를 위한 일차적 메커니즘의 하나는 참고면담인데, 면담 중에 사서는 이용자들이 토픽에 대해 알고 있는 것과 그들이 알고 싶거나 읽고 싶은 것을 공유하도록 장려하기 위해 개방형질문을 사용할 수 있다. Julie Stivers(2017, 5)는 사서들에게 아동과 청소년들의 정보추구와 독서선호도를 알려주고 참고면담에서 개방형질문으로 드러난 사실과 맥락에 가치를 두며, 그들과 함께하는 작업을 "함께 그리고 서로 간의 학습과 발견에 기초한" 것으로 간주하도록 촉구하였다. 이와 같은 조언은 사서들을 아동과 청소년 대상 정보와 문헌에 대한 게이트키퍼라기 보다는 인도자로서 재정립시키고 있다.

11.2.2.2 이중언어/다중언어 사용 아동과 청소년

미국 인구조사는 영어가 2020년까지 대다수의 미국인들이 사용하는 언어로 남게 된다고 예측하였음에도 불구하고, 전국적으로 상당수의 아동과 청소년들이 ELLS(English Language Learners) 교육을 받는 것으로 확인되었으며 영어를 읽고 쓰고 말하는 능력의 수준이 다양하게 나타나고 있다. The National Center for Education Statistics(2018)의 가장 최근 데이터에는 공립학교에서 영어교습을 받는 아동과 청소년의 비율이 여전히 9%를 약간 상회하는 것으로 나타나 있지만, 아동과 청소년의 ELLS 비율은 지역에 따라 차이가 있고 California 주(21%), Texas 주(16.8%), Nevada 주(16.8%), New Mexico 주(15.7%)에서 높게 나타났다.

영어를 배우는 아동과 청소년들은, ELLS로 표현되기보다 오히려 이중언어 또는 다중언어 학습자로 더 잘 이해될 수 있는데, 이 용어는 Mariana Souto-Manning(2016, 263)이 가정 또는 커뮤니티 언어를 쓰면서 영어를 배우는 어린 사람들의 "여러 가지 복잡한 언어와 문해 습관"에 대한 연구에서 주장했던 것이다. 도서관 장서와 서비스 또한 이러한 습관을 존중할 수 있다. 도서관 봉사대상 인구의 다양한 지식, 문화, 언어 전통을 반영하는 이중언어 자료와 영어 이외의 언어로 쓰여진 자료는 아동과 청소년들의 이중언어 및 다중언어 학습에 도움이 된다. Jamie Campbell Naidoo가 주장하는 바와 같이, "모국어가 영어가 아닌 아동이 문해력을 개선하고 제2 언어 능력을 발전시키기 위해 모국어 학습 기회를 가지는 것은 매우 중요하다"(Payne and Ralli 2017, 27에서 인용). 유색인들이 저술하거나 유색인들에 관한 자료가 그들의 역사적 현실적 문화, 지식, 전통에 대한 도서관의 존중과 투자인 것과 마찬가지로, 이중언어 자료와 영어 이외의 언어로 된 자료는 점점 부각되는 이중언어 및 다중언어 아동과 청소년 및 그 가족의 문학적 전통과 경험을 존중하고 환영하는 도서관 환경 조성에 기여하며, 정보접근에 대한 언어적 장애 타파에 도움이 된다.

점차 부각되는 이중언어 및 다중언어 학습자들은 영어로 정보요구를 똑똑히 말하기 위해 애를 쓸 것이며, 그들이 받은 교육과 도서관 경험에 따라 참고데스크와 참고면담 상황에 대해 두려움을 느낄 수도 있다. 영어 그리고 이중언어 자료 및 영어 이외의 언어로 된 자료를 식별하고 참고데스크를 서비스포인트로 설정하는 봉사대상 지역사회 구성원들의 언어로 된 그래픽 표지판은 도서관에서 부각되고 있는 이중언어 및 다언어 학습자들이 경험하게 될 스트레스를 완화시키는데 도움이 될 수 있다. 참고면담 도중에 사서들은, Valentina Gonzalez(2017, 30)가 커뮤니케이션 촉진을 위한 영어 교육을 서술하면서 강조한 전략을, 적용할 수 있다. "우리가 정보를 전달하는 방법은 학생들이 얼마나 정보를 받아들이는가에 대한 열쇠"라고 주장하면서, Gonzalez는 교사와 사서가 이해를 돕기 위해 속어 또는 수식어가 없는 "균형 잡힌 말"과 "분명하고 명시적인 언어"를 사용하도록 권장하고 있다. 몸짓과 표정을 사용하거나, 그림을 그리거나, 컴퓨터상에 이미지를 불러오는 것 또한 정보를 전달하고 이해를 점검하는 데 도움이 될 수 있다(Carlyle 2013; Gonzalez 2017).

11.2.2.3 성소수자들과 청소년

20세기 후반으로부터 21세기 초에 이르는 행동주의와 법제화는 이전에 제한되었던 성소수자에 대한 인권을 확장시켰으며 그 가시성을 증가시켰다(성소수자를 의미하는 약어 LGBTQIA+에 대한 설명은 Box 11.3 참조); 그렇지만 ALA의 Gay, Lesbian, Bisexual, and Transgender Round Table에서 지적하고 있는 바와 같이, "성적지향성과 젠더 정체성에 대한 도서관 자료, 프로그램, 전시는 여전히 논란을 불러일으킨다"(n.d., 2). 이러한 진술은 특히 도서관서비스에서 사실로 나타나는데, 젠더와 성적지향성 관련 주제는 많은 사람들의 생각에 청소년들에게 부적절하고 위험한 성행위와 동일시되는 문제가 있다. 예를 들면, 성소수자 인물들이 등장하는 아동 및 청소년 대상 도서 또는 성소수자 내용을 포함하는 성, 젠더, 성 표현에 대한 정보자료는 불균형하게 빈약하거나 금지되어 있다(Adebayo 2016). 이와 같은 자료에 대한 대중의 우려는 모든 아동과 청소년 그리고 특히 청소년 성소수자들의 정보추구에 심각한 장애를 가져올 수 있다.

> **Box 11.3**
> **LGBTQIA+는 무슨 뜻인가?**
>
> LGBTQIA+는 lesbian, gay, bisexual, transgender, queer, intersex, asexual을 나타내는 약어이다. 플러스(+)는 자신의 정체성을 LGBTQIA+라고 밝힌 사람들의 다양성과 포용성을 반영하는 표시이다. LBBTQIA+는 성적지향과 - 개인의 타인에 대한 감정적, 낭만적, 성적 이끌림(레즈비언, 게이, 양성애자, 퀘어, 무성) - 젠더정체성을 - 남자, 여자, 또는 그 밖의 성(성전환자, 퀘어, 중성)과 같이 개인의 자신에 대한 확인, 표현, 지각- 모두 지칭한다.
> 역사적으로 그리고 현시대에서도, 젠더정체성, 젠더표현, 또는 감정적 낭만적 성적 관계에서 이성애규범주의(heteronormativity)에 도전하는 사람들은 비판을 받거나 병자로 취급되거나 소외되었다. 이성애규범주의는 이성애가 보편적이고 자연적인 규범이며 젠더 및 성적지향은 남성과 여성의 생물학적 성과 동일하다는 신념체계이다. "퀘어"(queer)라는 용어는 LGBTQIA+에 대한 차별의 산물이다. 과거에는 전적으로 경멸하는 말로 사용되었던 "퀘어"는 LGBTQIA+의 프라이드 및 정치적 행동주의를 이 용어와 결부시킨 많은 사람들에 의해 재생되었다(GLAAD 2016; Human Rights Campaign 2019; LGBTQIA Resource Center 2018).

Williams Institute(2016)와 Gallup(Gates 2017)에서 수집한 통계에는 인구의 약 4%가 성소수자로 나타나 있지만 LGBTQIA+로 확인된 사람들이 모두 커밍아웃한 것은 아니다. 청소년 성소수자들은 대상에 따라 다른 수준으로 정체성을 드러낼 수 있다: 그들은 가족 또는 가족의 일부에게는 드러내지만, 학교에서는 감출 수 있다; 아니면 그들은 가까운 친구들에게는 커밍아웃하지만, 급우 또는 교사들에게는 감출 수 있다(Human Rights Campaign Foundation 2018). 청소년들의 성 및 젠더 정체성 공개의 차이는 여러 가지 인간상호적 맥락에서 신체적 심리적 안전에 대한 그들의 인식과 직접 관련되어 있다: 성소수자로 식별된 청소년들은 그들이 커밍아웃한 커뮤니티와 그들의 정체성을 인식한 사람들로부터 종종 따돌림당하거나 폭언 또는 신체적 위협을 겪는다(Human Rights Campaign Foundation 2018). 유색인 성소수자들은 안전과 복지에 특별한 문제를 느끼게 되며 "인종주의와 차별에 당면하게 되고…: 이것은 그들의 성정체성을 표현하고, 알아보고, 관리하는 능력을 복잡하게 만들 수 있다"(Human Rights Campaign Foundation 2018, 11). 학교와 같은 공적 기관 환경에서 안녕에 대한 위협을 느끼는 청소년 성소수자들은 도서관도 마찬가지로 안전하지 못한 공간으로 여길 수 있으며, 이러한 위협에 대한 인식은 정보추구와 접근의 장애로 나타날 수 있다.

Human Right Campaign과 GLSEN(이전 명칭은 Gay, Lesbian, and Straight Education Network)은 포용적 커리큘럼, 교사연합, 성소수자 학생 따돌림과 괴롭힘에 대한 명시적 정책의 혜택을 주목하여 서술하고 있다(Human Rights Campaign Foundation 2018; Kosciw et al. 2016). 이러한 사례로부터 정보를 추출하여, 도서관과 사서는 성소수자로 표명한 청소년들이 도서관에서 안전과 지원을 느낄 수 있도록 전략을 개발해야 한다. 예를 들면, 청소년 성소수자들이 "누가 기꺼이 동맹이 될 사람이고… 누가 아닌지"(Chapman 2015, 32)를 확인하기 어려울 수 있기 때문에, 사서들은 이 집단에 대한 투자와 지원을 수립하기 위해 청소년 성소수자 커뮤니티에 대한 아웃리치에 관여할 필요가 있다. 성소수자에 대한 그리고 성소수자 경험을 지원하는 자료수집을 개발하고 진흥시키는 것은 또한 환영하는 장소로서의 도서관에 대한 청소년들의 인식에 기여할 수 있다(Oltmann 2016; Robinson 2016). Tracy Robinson(2016, 17)은 성소수자 관련 자료를 "년중 도서전시와 추천도서리스트를(인쇄물과 디지털) 통해 눈에 뜨이게" 만들도록 제안하였으며, 이용자의 성소수자 관련 자료에 대한 관심을 알리거나 가족과 친구들에게 커밍아웃하지 않았을 경우에 사생활과 안전에 위협이 될지도 모르는 독특한 책등라벨의 사용을 삼가도록 하였다.

청소년들의 성소수자 관련 독서에 대한 관심은 그들 자신이 성소수자일 수도 있고 아닐 수도 있기 때문에, 사서는 성소수자 정보나 문헌을 요청하는 이용자의 정체성에 대해 추측하지 말아야 한다. Joel A. Nichols(2016, 41)는 사서들로 하여금 도서관서비스에 대해 "젠더중립적"(gender neutral) 접근방식을 취하도록 장려하고 모든 이용자들을 위해 "도해가 있고 스토리가 있고 엄격한 젠더역할에 의존하지 않고 개성과 다양성 가치를 찬양하는 주제의 도서를 탐색하도록" 촉구하고 있다. 나아가 Nichols(2016, 41)는 "그 여자 또는 그 남자 대신 '그들'(they)이란 대명사를 사용할 것을" 옹호하고 "이것이 당신이 모르거나 또는 인식하지 못한 사람의 젠더를 칭하는 것을 중립화하는 방법이다"라고 하였다. 그들 자신이 사용할 대명사를 수립할 때까지 모든 이용자들을 "they"라고 부름으로써, 사서들로 하여금 이용자 정체성에 대한 마음속의 추측에 주의를 환기시키고 그런 추측을 수정하는데 도움이 될 수 있다.

11.2.3 도서관 서비스와 청소년 정체성

청소년들은 성인들처럼, 경험으로부터 생긴 지식, 역사, 능력, 역량을 가지고 있는 사람들이다; 장애인이나 전형적으로 발달한 사람, 유색인이나 백인, 단일언어 사용자나 이중/다중언어 사용자, 동성애가 아닌 사람이나 성소수자나 모두 마찬가지다. 청소년 대상 도서관서비스는 자신의 정체성에 대한 문제와 경험으로부터 생겨난 정보요구 및 정보추구 방식 뿐만 아니라, 다양한 정체성을 표명한 사람에 대한 타인들의 편중된 인식이 정보 및 정보서비스에 대한 장애를 초래하는 방식에도 주의를 기울여야만 한다. 그와 같은 정보장애는 어떤 기관, 직원, 또는 사서가 능력, 인종, 민족, 언어능력, 젠더, 성에 대한 자신의 인식에 기반하여 개인의 능력이나 역량을 추측할 때 발생한다. 연령은 개인의 생활상태와 정보요구 및 흥미에 영향을 미치는 추가 요인이다. DAP는 사서들이 한 개인의 생활상태와 정보요구 및 흥미의 관계를 고찰할 수 있는 모델을 제공하고 있으며, 사서들이 상대하는 청소년 각각을 한 개인으로 간주하고, 그들이 자신의 용어로 말하는 정보요구를 경험하고 평가하며, 그들의 정보요청에 대해 경의와 존경으로 응답할 것을 권장한다.

11.3 아동과 청소년의 정보접근: 장애와 도전

아동과 청소년에게 봉사하는 사서는 성인들에 봉사하는 사서와 동일한 유형의 실의를 협상한다; 그렇지만, 이 질의가 발생하는 맥락은 종종 아동과 청소년 고유의 것이며 정보접근과 참고질의협상에 모두 영향을 미친다. 예를 들면, 미국도서관협회의(2019b) "도서관 권리선언"(Library Bill of Rights)에서 "도서관 이용에 대한 개인의 권리는 출신, 연령, 배경, 또는 견해로 인해 거부되거나 축소되어서는 안 된다"라고 주장하고 있음에도 불구하고, 연방법과 도서관정책은 연령으로 인해 아동과 청소년의 정보자료 접근을 "축소"시키는 정보장벽을 조성할 수 있다. 아동과 청소년 정보요청의 특성과 본질에 대한 가정 그리고 그들이 요청하거나 그들에게 추천한 자료의 "적합성"(appropriateness)에 대한 염려 또한 정보자료에 대한 접근을 축소시키는 관행으로 이어질 수 있다.

11.3.1 아동과 청소년의 온라인자료 접근 활성화

성인과 청소년들은 즉답형질문에 답하고, 연구수행을 알리고 익명의 다수로부터 수집되거나 또는 자신의 독자상담을 제공하기 위하여 인터넷과 디지털자원으로 향한다. 학교와 공공도서관의 직원 및 이용자 사용 컴퓨터에 필터링 소프트웨어 장착을 요구하는 연방과 주의 법과 명령은 이용자들이 추구하는 정보에 대한 접근을 제한할 수 있다; 그렇지만, 이러한 명령에 대응하여 도서관이 개발한 정책은 아동과 청소년들에게 과도하게 영향을 미칠 수 있다. 온라인탐색기법 실습 기회의 부족과 온라인환경 관련 정보리터러시 교육의 부족은 또한 아동과 청소년들의 접근장애를 조성할 수 있다. 봉사대상 아동과 청소년들이 원하고 필요로하는 디지털 정보와 콘텐츠에 대한 접근을 보장하기 위하여, 사서들은 연방과 주의 법 그리고 지역 및 도서관의 정책을 준수해야 하며, 접근을 활성화하는 동시에 디지털자원의 안전하고 효과적인 이용에 대한 아동과 청소년 교육 전략을 개발해야만 한다.

11.3.1.1 인터넷 필터링, 정책, 그리고 접근

2000년 Children's Internet Protection Act(CIPA)가 시행되고 뒤를 이어 특정 디지털콘텐츠에 대한 이용자 접근을 제한하는 정책 개발을 학교 및 도서관에게 요구하는 주 법이 통과된 이후, 인터넷 필터링은 학교와 공공도서관에서 흔한 일이 되었다. "외설," "아동포르노그라피" 또는 "연소자유해물"로 간주되는 온라인 이미지에 대한 접근을 제한하기 위해 고안된 CIPA는, 일정 유형의 연방기금을 받은 학교와 도서관은 잠재 위험성 있는 콘텐츠에 대한 접근을 막기 위해 컴퓨터에 필터링 소프트웨어를 설치하고 온라인 안전 교육을 교과과정에 통합시키도록 규정하고 있다(Batch 2014). 단지 기금 프로그램에 참여하는 도서관들만이 CIPA를 준수하여 필터를 설치하고 온라인 안전 교육과정을 개발할 의무가 있지만, 한편으로 각 주에서는 학교와 도서관이 아동과 청소년에게 인터넷 접근을 제공하는 방법을 규정하는 법을 수립하였다. 비록 이러한 주의 대부분이 필터링 소프트웨어 사용을 의무화하지는 않지만, 그 대신에 학교와 도서관으로 하여금 유해 가능성이 있는 콘텐츠 접근 방지를 위한 인터넷 사용 정책을 개발하도록 규제하며, 다수의 주에서는 학교와 도서관이 자체적으로 인터넷 접근을 필터링하도록 요구한다(National Conference of State Legislatures 2016). 이와 같은 규정을 고수하는 도서관들은 전형적으로 어른들에게 인터넷 사용 세션 동안 필터링 소프트웨어가 꺼지도록 요청할 기회를 제공하며 "모든 연령의 이용자들을 위해 잘못 필터링 된 헌법상 보호받은 콘텐츠의 차단이 해제되는 것을" 허용한다(Batch 2014, 11).

필터링을 비판하는 사람들은, 필터링 소프트웨어가 합법적인 사이트를 과도 차단하고 제한하고자 하는 콘텐츠를 과소 차단하는 것으로 나타났다고 지적하며, 헌법상 보호된 연설문이 인터넷 필터링에 의해 제한되었던 사건들을 기록하였다(ALA 2015; Batch 2014). 보다 상세하게, 여러 연구에서 건강, 소수 종교, 성소수자 및 해당 커뮤니티를 지지하는 온라인 자료에 관한 정보가 필터에 의해 차단된 사례들을 서술하고 추적하였으며, 온라인으로 정보를 찾는 청소년에 대한 이 콘텐츠의 적합성과 중요성을 고찰하였다(Batch 2014; Hughes-Hassell, Hanson-Baldauf, and Burke 2008; Storts-Brinks 2010). 필터링은 또한 이용자들의 콘텐츠 탑재와 공유, 다른 콘텐츠에 대한 논평, 그리고 협동을 가능케 하는 소셜미디어와 인터랙티브 웹툴에 대한 접근을 제한할 수 있다. 이러한 제한 또한 도서관학 분야의 문헌과 ALA(2019c)에 의해 비판을 받았는데, 여기서는 아동과 청소년의 상호적 소셜네트워킹 툴에 대한 접근 통제는 "소수자들의 온라인 표현 자유권을 부정하고" "책임 있는 말, 시민 참여, 그리고 개인의 사생활 보호"에 필요한 기술을 배우고 발전시킬 기회를" 제공하는 교육 요구의 대응에 실패하는 것이라고 주장하고 있다.

아동과 청소년들은 인터넷 필터링에 의해 불평등하게 영향을 받고있기 때문에, 사서들은 필터링서비스의 구입 및 구독 임무를 가지고 있는 선정위원회에 봉사하거나 자관의 설치와 평가에 기여함으로써, 필터링 선정, 정책, 운영에 관한 선제적 자세를 강구해야 한다. ALA(n.d.)는, "지적 자유에 대한 인터넷 필터링의 부정적 효과를 최소화하기 위한 노력으로" 사서들에게 필터링 소프트웨어의 선정, 운영, 평가에 관한 자문을 하기 위해 지침서를 출판하였다. 예를 들면, 대부분의 인터넷 필터가 사전설정이 되어있지만, 디폴트 환경설정은 법이 인정하는 범위내에서 가능한 최대의 접근을 허용할 수 있도록 자관에서 조작될 수 있다. ALA(n.d.)는 도서관으로 하여금 "저자의 견해에 기반을 둔 내용이나 논란을 일으키는 주제로 인한 차단을 회피하도록" 장려하고 대역폭 문제가 심각하지 않다면 "콘텐츠 전체(예, 비디오 또는 소셜미디어) 또는 프로토콜(예, 뮤직 스트리밍)"의 차단을 저지한다. 이용자의 사생활 침해 가능성 때문에, ALA(n.d.)는 또한 도서관으로 하여금 해독 기능을 갖고 있는 필터에 대해 그 기능이 불가능하게 만들도록 조언한다. 아동과 청소년에게 서비스하는 사서들은, 어린 사람들이 영구적으로 또는 특정 목적을 위해 제한된 사이트의 차단 해제를 요청할 수 있는 접근정책을 확립하기 위해, 자관의 설치에 적극 참여할 뿐만 아니라 도서관의 행정,

위원회, 법률 자문에 협력해야만 한다.

11.3.1.2 디지털 정보리터러시

연구자들은 온라인탐색 초보자인 아동과 청소년들이 당면한 여러 가지 난관을 식별하였으며, 이러한 문제들이 온라인탐색에 어려움을 겪는 아동과 청소년들을 사서가 예상하고 대응하는 데 도움이 될 수 있다는 점을 이해하게 되었다. 일반적으로 아동과 청소년들은 효과적인 탐색을 하기 위해 애를 태우며 탐색결과 중에서 선택하고 평가하는 것을 어려워한다. 예를 들면, 이들은 종종 탐색엔진, 온라인목록, 데이터베이스에 자연어 질의를 입력하며 빈번히 유용한 탐색결과를 산출할 적절히 구체적인 용어 형식을 식별하기 위해 고생한다(Bilal and Gwizdka 2018; Bilal and Kirby 2002; Kammerer and Bohnacker 2012). 탐색결과가 나오면, 특히 경험이 없는 어린 이용자들은, 깊이 있는 평가와 탐구를 하지 않은 채로 습관과 편리에 따라, 상위에 있는 결과를 무분별하게 클릭하기도 한다(Gwizdka and Bilal 2017). 요약하면, 다수의 아동과 청소년들은 Dania Bilal과 Jacek Gwizdka(2018, 1038)가 칭했던 "탐색 리터러시"(search task literacy), 즉 "탐색 작업을 파악하고, 요구 사항을 식별하고, 복잡한 탐색(연구지향)과 단순한 탐색(사실발견)을 조정하는 능력"이 결여되어 있다.

사서들은 아동과 청소년들의 정보요구에 답변을 줄 안전하고 신뢰성 있는 콘텐츠를 담고 있는 웨브리오그래피(webliography)를 만들어서 이들의 온라인정보 접근을 활성화시키기 위한 소위 "소극적"(passive) 참고서비스를 할 수 있다. 문헌정보학 연구에서 아동과 청소년들이 정보시스템 탐색보다 브라우징에 더 성공적인 것으로 입증되었듯이(Martins 2012), 도서관웹사이트 첫 화면에서 쉽게 찾을 수 있는 브라우징가능 웨브리오그래피는 이들의 온라인 정보탐색을 도울 유용한 자원으로 나타났다. 정상적 발달단계에 있거나 또는 장애를 갖고 있는 아동과 청소년 모두 하이퍼링크된 작은 표적을 확인하고 클릭하는 마우스 조작에 필요한 정교한 운동능력이 결여되어 있기 때문에(Hourcade 2007, Martens 2012에 인용되었음), 도서관에서 개발한 웨브리오그래피는 브라우징이 쉽도록 적당히 행간을 띄운 큰 글자 그래픽하이퍼링크를 갖추어야 한다. 운동장애가 있는 도서관 이용자를 위해 트랙패드, 대형 트랙볼, 조이스틱과 같은 마우스 대용물이 항상 비치되어야 하며, 이러한 도구는 운동조절 능력이 발달 중에 있는 어린 사람들을 위한 유니버설 디자인의 표본이 된다.

온라인자료를 사용해서 "적극적"(active) 참고서비스를 하거나 또는 능동적으로 인터넷을 탐색하고 있는 아동과 청소년을 응대할 때, 사서들은 참고트랜잭션 중에 "탐색리터러시"

교육의 기회를 포함시켜야 한다. 예를 들면, 즉답형질문에 답변하기 위해 말없이 *Google*을 찾아 컴퓨터로 향하는 대신, 사서는 과정을 말해주고, 사용한 탐색용어를 서술하고, 어떻게 그리고 왜 해당 용어를 선택했는지를 설명하고, 탐색결과 리스트로부터 찾아볼 링크를 어떻게 선정하는지 시범을 보이기 위해 생각을 말로(think aloud) 표현할 수 있다. 공중용컴퓨터에서 이미 탐색하고 있는 이용자와 작업할 때, 사서는 교사나 연구협력자처럼 가능한 키워드나 탐색어 리스트를 브레인스토밍하도록 이용자를 돕거나, 사용 중인 정보시스템의 언어를 식별하도록 조언을 하거나, 또는 Bilal과 Gwizdka(2018)가 어리거나 무경험 탐색자에게 특히 유용하다고 서술한 *Google*의 "query suggestions"같은 기능을 활용함으로써 서비스를 제공할 수 있다.

11.3.2 아동과 청소년의 교육자료 접근 활성화

아동 및 청소년이 공립학교나 사립학교에서 교육받거나 아니면 가정에서 교육을 받거나 간에, 그들의 교육환경은 Melissa Gross(1995)가 "부과된 질의"(imposed query)라고 지칭했던, 즉 제3자(예, 교사)의 요청으로 개인이 정보를 찾고 발견하고 보고하는 상황의 정보추구 유형이 생기게 된다. 부과된 질의가 전부 그런 것은 아니지만, 아동과 청소년 대부분의 학교 관련 정보추구는 다소 한정된 부과된 질의에 의해 생긴다. 예를 들면, 학생에게는 종종 연습문제 완성을 위한 사실정보를 찾거나 중요한 인물로 알려진 사람에 대한 전기를 편성하여 제출하거나, 특정 문학작품을 읽고 보고하는 일이 부과된다; 이러한 전형적인 과제는 모두 부과된 질의의 표본이다. 부과된 질의에 관한 더 이상의 정보는 제3장을 참조하시오.

Gross(2000)는 부과된 질의를 협상하기 위해 사서들이 채택할 수 있는 몇 가지 전략을 제시하였다. 가능한 경우, 특히 질문이 특정한 교육적 필요를 반영하고 있을 때, 사서들은 자주 제기되었던 질문류에 관심을 기울임으로써, "질문에 앞서가야"(get ahead of the question) 한다. 예를 들면, 사서들이 일주일에 "식민지의 장인들"에 관한 다수의 질의를 응대하고 있다는 것을 알게 되면, 그들은 정보질의의 상세내용뿐 아니라 해당 질문에 가장 우수한 답변처럼 보이는 정보원을 기록하게 될 것이다. 장기간에 걸쳐 수집된 이와 같은 참고 통계는, 각 학교의 교과과정과 연간계획을 반영하는 것이기 때문에, 도서관이 정보요구의 경향을 식별하는 데 도움이 된다. 또한 이것은 도서관이 요구가 많은 자료에 대한 임시 참고집서를 구축하거나 정기적인 수요를 충족시키기 위해 자료를 구입함으로써, 반복되는 정보 추구를 대비하는 데 도움이 된다. Gross(2000)는, 공공도서관 사서들이 협동서비스 기회를 식별하거나 또는 사전에 주요 과제나 프로젝트에 대한 커뮤니케이션 활성화를 위해, 교사 및 학교도서관 사서들과 직접 작업할 것을 권장하였다. 이러한 조언은 다수의 아동과 청소년 서비스 편람에 여러번 서술되었으며(예, Larson 2015; Peck 2014), 학교와 공공도서관의 협력으로 초래될 수 있는 더 많은 기회를 서술하고 있다.

부과된 질의 협상에서 사서는 종종 이용자가 질문의 "맥락을 재현하거나 발견하도록" 도와줄 필요가 있는데, 이 과정은 처음 질문의 재구성을 초래할 수도 있다(Gross 1999). Brenda Dervin과 Patricia Dewdney(1986)가 서술한 참고면담 전략인 "중립적 질문하기"(neutral questioning)는 사서와 이용자가 모두 부과된 질의의 정보요구 맥락을 인식하고 재현하는 데 도움을 줄 수 있다. 왜냐하면 중립적 질문은 도서관 이용자에게 정보요구에 대한 자신의 이해를 표명할 보다 많은 기회를 제공하기 때문에, 사서가 이용자 정보요구에 대해 Dervin과 Dewdney(1986, 509)가 말했던 "조급한 진단"을(즉, 이용자가 요구를 스스로 정교화하기 전에 사서가 이용자 요구가 무엇인지 안다고 잘못 추측하는 것) 회피하는 데 도움이 된다. 사서는 각각의 참고트랜잭션을 주의 깊게 대처해야 하며 —부과된 질의인지 자가생성된 질의인지를 막론하고— Dervin과 Dewdney가 잘못돼서 문제가 되거나 무례할 수 있다고 경고했던 추측을 피해야 한다. Box 11.4는 중립적 질문의 사례를 제공하고 있다.

Box 11.4
중립적 질문 사례

Brenda Dervin과 Patricia Dewdney(1986)는 개인의 정보요구가 생긴 상황 또는 맥락을 명확히 하고, 정보추구자가 알고있거나 알아내려고 하는 것이 무엇인지 식별하고, 정보추구자의 질의에 답할 적합한 자료를 찾는데 필요한 정보의 사용 방식을 설명하도록 중립적 질문의 —자신의 정보요구와 질의를 이해하고 형식화하도록 정보추구자를 인도하기 위한 개방형 질문— 사용을 옹호한다.
Dervin과 Dewdney의 제안(1986, 510)으로부터 추출된 다음과 같은 질문들은 아동과 청소년 대상 참고트랜잭션에서 사용될 수 있는 중립적 질문의 예를 보여주고 있다.

- 이 주제에 대해 당신이 이미 알고 있는 것을 조금 말해주시겠습니까?
- 이 주제에 대해 당신이 알고 싶은 것을 말해 줄 수 있습니까?
- 이 주제에 대한 정보가 당신의 이해나 행동에 무슨 도움이 될까요?
- 당신이 이 주제에 대해 배울 수 있는 가장 좋은 방법은 무엇일까요?

- 토론 질문
1. 이와 같은 질문들은 사서가 이용자의 정보요구 맥락을 분명히 이해하고 이용자로 하여금 주제에 대한 사전지식, 특별한 관심, 획득하고자 하는 정보에 대한 의지를 정교화하도록 격려하는데 어떻게 도움을 주는가?
2. 당신은 참고면담에서 사용될 추가적인 중립적 질문을 생각할 수 있습니까?

11.3.2.1 재택학습자들의 정보요구

교육환경에서 부과된 질의에 따라 정보를 추구하는 아동과 청소년의 대부분이 공립학교, 사립학교, 또는 대안학교의 학생들이지만, 재택학습을 하는 학생들이 점차 증가하고 있다. National Center for Education Statistics(NCES)에 따르면 미국에서 2015-2016학년도에 재택학습자의 수는 1,689,729명으로, 전체의 3.3%에 이른다(McQuiggan and Megra 2017, 18). 학생과 그 가족은 여러 가지 이유로 재택학습에 참여한다: 그들은 전통적인 공·사립학교 환경과 교과과정이 자신들의 요구와 흥미에 부합하지 않는다고 보거나, 또는 특수한 종교적 정치적 철학적 상황에서 교육하거나 교육받기를 원한다(Baaden and Uhl 2009). 재택학습 학생들은 다양한 기관이 출판한 교과과정을 따르고 적용하는 부모나 보호자에 의해 가정에서 교육을 받는다; 학생들은 자신들이 커뮤니티 안에서 소집단 지도에 참여할 수도 있고; 또한 온라인으로 교육과정을 이수할 수도 있다. NCES가 조사한 데이터는 재택학습자들과 그 가족들이 공공도서관을 교재의 일차적 정보원으로 간주하여(Redford, Battle, and Bielick 2017, 13) 인쇄본과 오디오북, 학습지도자료, 참고자료를 위해 도서관으로 향한다는 것을(Marquam 2008) 제시하고 있다.

그들이 타도서관 장서에 대한 접근이나 서지교육과 정보리터러시교육 기회를 갖고 있는지 알 수 없기 때문에 공공도서관은 재택학습자와 그 가족들에게 중요한 정보원이 된다. 최근 도서관계 문헌에서는 공공도서관이 장서를 개발하고 재택학습 가정에 서비스하는 방식을 서술하고 있다. 그렇지만 자관의 서비스와 장서개발에 앞서, 사서들은 첫째, 해당 커뮤니티 안의 재택학습자 수를 알아내고 둘째, 이 다양한 집단의 요구를 만족시킬 수 있는 서비스의 본질과 유형을 결정하기 위해 요구평가를 수행해야 한다(Furness 2008). 재택학습자와 그 가족은 가정 내 교육을 지원하기 위해 수립된 다양한 조직에 참여하고 있으며, 해당 조직들은 지역사회 안의 재택학습을 조사하고자 하는 사서들이 가장 먼저 접촉할 기관이다.

재택학습자와 그 가족을 위한 장서와 서비스 개발에 관심이 있는 사서들은 하나의 본보기로 Johnsburg(Illinois) Public Library District's Homeschool Resource Center를 살펴볼 수 있다. 모든 도서관이용자들에게 개방된 Homeschool Resource Center는 다양한 재택학습 접근방법 및 철학을 위한 교과과정 자료, 게임과 교육실습교재, 과학기기, 목록, 도서와 잡지 등을 보유하고 있다.

11.3.3 독자자문과 적합성 문제

아동과 청소년을 위해 문헌을 선정하고 추천하는 사서들은 종종 적합성을 결정하는 사람으로 간주된다: 문헌에 대한 지식과 아동발달에 기초하여 어린 사람들에 대한 염려와 애착을 갖고 활동하는 공무수행자들은 아동과 청소년들을 덕성을 함양시키는 문헌으로 안내하고 해를 입히거나 타락시키는 자료로부터 보호할 수 있으며 또 그렇게 해야만 한다. 아동문헌의 "적합성"(appropriateness)에 대한 정의는 다양하며 역사적, 사회적, 문화적으로 불확실하다. Suzanne Stauffer(2014, 160)가 지적하였듯이, "적합성"은 "사회적으로 용인된 도덕적 가치와 해당 강령에 대한 결과"를 반영하고 보여주고 장려하는 자료를 설명하기 위해 사용되어 왔다: "성인의 관심과 위험을 모두 제거한 안전하고 교육적인 세계관을 보여주는" 정보와 문헌; 그리고 표준적으로 발달한 독자의 능력을 반영하는 어휘와 언어를 사용하고, 표준적으로 발달한 독자의 지식과 문학 경험을 반영하는 복잡성과 깊이와 범위에 맞는 정보와 이야기를 전달하는, 소설과 비소설.

아동과 청소년 대상 독자자문의 목적이 성인 대상 독자자문의 목적과 동일함에도 불구하고 —즉, 이용자의 요구와 흥미를 만족시키는 독서자료를 식별하고 소재를 확인하는 것— 가독성과 접근 가능성에 대한 고찰은 아동과 청소년 대상 독자자문과 성인 대상 독자자문을 차별화한다. 읽기를 배우거나 읽기 위해 애쓰는 어린 사람들은 접근 가능한 읽을 수 있는 자료를 찾는데 어려움을 겪는다. 아동과 청소년을 위한 수많은 도서가 "독자수준" 표시를 갖고있지만, 작품의 난이도를 설명하는 어떤 표준도 존재하지 않는다: 출판사들은 고유의 등급시스템이나 Lexile, Fountas & Pinnell 또는 Accelerated Reader와 같은 상업적 등급 시스템을 적용한다. 특정 등급이 부여된 도서를 읽은 학생에게 점수를 부여하는 Accelerated Reader와 같은 프로그램에 참여하는 학생들은 등급에 상응하는 독서자료를(예, "나는 등급 5에 해당하는 책을 읽기 원합니다") 요청할 수 있으며, 사서들은 이와 같은 상세한 요구를 지원하기 위해 "Accelerated Reader Bookfinder"와 같은 독서 프로그램에서 출판한 목록으로 향할 수 있다. 그렇지만 도서관장서를 상업적인 또는 기타 독서수준 등급에 따라 레이블링/조직하거나, 또는 개인의 능력에 대한 사서의 해석이나 독서에 대한 등급 처방에 기초하여 자료를 추천하는 것은 어린 사람들의 독서를 부정적 방식으로 제한시킬 가능성이 있다. American Association of Shool Librarians(2011)에서 지적하였듯이, "학생의 브라우징 행태는 독서수준등급 외적인 것을 추가함으로써 크게 변경될 수 있다: 그와 같은 등급은 "편파적인"것으로 간주될 수 있는데, 왜냐하면 등급이 독자층 제한을 암시하며 읽을 수 있거나 읽어야 하는 것에 대한 독자의 인식을 편협하게 만들기 때문이다.

장르, 컬랙션, 또는 형태를 설명하는 "중립적 관점"(viewpoint-neutral)과 같은 라벨은 독자자문 업무를 하는 사서들에게 도움이 될 수 있으며 브라우징을 하는 아동과 청소년에게 지침이 될 수 있다. 예를 들면, 독자 면담 중에 제시된 일반적인 질문은(예, "어떤 종류의 책을 읽고 싶습니까?") 사서나 도서관의 장서라벨로 인해 쉽게 처리될 수 있는데, 왜냐하면 사서는 이용자의 답변에 대응하여(예, "나는 장편만화를 좋아합니다") 이용자를 서가로 안내하고 몇 가지 도서를 추천한 후, 책등의 라벨을 보고 비슷한 책들을 어떻게 발견할지 설명하기 때문이다. 가독성이 문제가 될 수 있으므로, 아동 및 청소년 대상 독자면담은 이용가능성 결정을 위해 각 도서를 즉석에서 평가하게 될 수도 있다. 일단 사서와 이용자가 탐색이나 브라우징을 하게 되면, 사서는 흥미 있어 보이는 책을 펼치고, 해당 도서의 적합 여부를 알기 위해 격려하는 의도를 갖고 독자에게 도움이 될지 또는 문제가 될지 특색을 짚어볼 수 있다(예, "이 그림들을 봐요. … 여기 무슨 일이 생기고 있는지 궁금하네요!" "이 책의 첫 페이지를 살펴보고 이것이 당신이 읽고 싶은 종류의 것인지 봅시다").

여러 가지 이유로, 어린 사람들은 특정 주제 또는 특정 장르나 형태에 관한 독서를 피하고 싶어 하는데, 이것은 독자적이거나 또는 가족과 연결된 것이기 때문에 사서는 그들의 도서 요구 사항을 존중할 책임이 있다. 그렇지만, 독서요구를 분명히 하지 않은 독자를 대신해서 주제, 장르, 형태의 적합성을 결정하는 것은 사서의 책임이 아니다. 이용자에게 즐겨 읽었던 책이나 동경하는 작가를 제시하도록 묻는 것은 좋아할 만한 책을 식별하기 위해 이용자와 함께 노력하는 사서에게 도움이 된다. - 그 외에, 동일한 작가나 동일한 장르의 유사한 도서가 이용자 요구와 독서요구를 만족시킬 수 있다. 궁극적으로 Pat Scales(2010, 18)가 충고하는 바와 같이, 아동과 청소년에게 독서를 자문하는 사서들은 "이용자들이 현재 읽고 있는 것에 관해 대화하고, 그들이 재미있을 것이라 생각되는 책으로 인도하고, 그들이 좋아하지 않는 책을 거절하도록 허용하는 것이다."

11.3.4 아동과 청소년의 정보접근 보장

아동과 청소년을 대상으로 서비스하는 사서들은 정보 및 문학 자료에 대한 정보접근을 용이케하는 서비스 제공을 위해 노력해야 하며, 다음과 같은 ALA(2019a) "Access to Library Resources and Services for Minors" 정책을 반영시켜야 한다:

> 사서와 도서관 관리기관은 봉사대상 지역사회의 모든 구성원이, 내용 접근방법 형태와 관계없이, 다양한 도서관자료와 서비스에 대해 무료로 공평하게 접근하도록 보장할 공적이며 전문적인 의무를 가지고 있다. 이러한 도서관서비스 원칙은 모든 이용자, 즉 성인뿐만 아니라 미성년자들에게도 동등하게 적용된다.

연방과 주의 규정이 특히 인터넷에 대한 아동과 청소년들의 "평등하고 공평한 무료 접근"을 침해하는 도서관 정책과 실행을 통보할 수 있지만, 아동과 청소년 대상 도서관서비스는 사서들로 하여금 가능할 때는 언제나 접근 장애 극복을 위해 일하도록 요구한다. 정보접근 장애가 어디서 어떻게 발생하는지를 인식하는 것은(예, 어린 사람이 부과된 질문을 해석하기 위해 고생할 때 또는 어린 사람이 이용할 수 있는 책을 찾고 있을 때) 사서로 하여금 잠재적 이슈에 선행하여 아동과 청소년의 정보접근을 보장하는 정책 기관의 관행, 그리고 서비스에 영향을 미칠 수 있도록 해 준다.

11.4 아동을 대신한 성인 서비스

아동을 대상으로 봉사하는 사서들은 종종 성인들이 제기하는 아동이나 아동문학 관련 참고질문에 당면하게 된다. 부모나 보호자들은 아동서비스 사서에게 함께 읽을 도서의 추천을 문의한다; 교사들은 수업을 돕는 자료를 요청한다; 학교 및 학교시스템은 독서리스트 개발에 포함할 것을 요청한다; 부모, 보호자, 그리고 아동과 함께 일하는 성인들은 아동의 성장, 발달, 그리고 지역사회의 아동을 위한 교육과 기회에 관한 정보를 찾는다. 이와 같은 질문에 대해 도서관이 제공할 자료 중에는 의심할 필요 없이 아동을 대상으로 만들어진 것들이 있지만, 질문에 대해 사서가 추천할 정보원의 일부는 성인용으로 간주되는 자료이거나 또는 보다 일반적인 지역사회 정보자료의 일부가 될 수 있다. 도서관의 조직과 물리적 배치에 따라, 아동실에서 근무하는 사서들은 부모, 보호자, 그리고 아동과 일하는 성인들의 정보요구를 해결할 성인 대상 자료를 개발하여 이용가능하게 만들고자 한다.

다수의 도서관에서는 아동과 청소년 집서 중에 "부모들의 서가"(parents' shelves)를 조직해서 구별하며, 이 서가에 비치된 자료는 전형적으로 지역의 아동 및 청소년 조직에 대한 정보, 브로셔, 소책자들은 물론 아동발달, 육아, 교육에 대한 도서를 포함하고 있다. 도서관에 "부모들의 서가"를 배치하고 라벨링 하는 것은 이용자들이 "성인용"(for adults)으로 인식하는 접근제한 집서의 하나처럼 작용할 가능성이 있기때문에, 사서들은 "부모들의 서가"를 위한 자료를 선정할 때 자가검열에 신중을 기해야 한다. 자가검열은 사서들이 지역사회나 이용자에게 미치는 해악을 염려하면서 선정하고 배가하고 추천할 때 발생한다. 성소수자 가족이나 친구 및 가족의 죽음을 다루는 청소년 대상 픽션 또는 사춘기와 성에 대한 청소년대상 정보자료를, 청소년 대신에 성인들이 최선의 선택을 한다는 믿음에 따라, "부모들의 서가"에 배치하는 것은 자가검열의 한 형태에 해당된다. 예를 들면, 부모와 보호자가 재택 독서치료에 도움이 될 죽음에 대한 픽션과 넌픽션을 요청할 수도 있겠지만, 이 주제를 다루는 청소년 대상 자료를 부모들의 서가에 비치한다면, 해당 자료가 한 가지 기능을(독서치료) 갖고 있다고 가정하여 청소년들이 스스로 자료를 발견하지 못하게 한다.

11.5 아동과 청소년 서비스의 확장

초창기 공공도서관들은 아동과 청소년을 위한 장서와 서비스를 제공하지 않았으며, 대신에 성인 독서 및 교육 공간을 계획하였다; 실제로 일부 초기 도서관들은 방문자들에게 "아동과 개는 입장할 수 없다"고 경고하는 표지판을 비치하였다(Lundin 2004). 20세기 이후 아동과 청소년 서비스가 일상화되고 1941년에 ALA가 장차 ALSC로 발전하게 될 "Section for Library Work with Children"을 수립하였을 때(ALSC 2019), 아동과 청소년 서비스 담당 사서들은 프로그램과 서비스를 개발하고 개선하는 일을 하게 되었다. 비록 오늘날의 아동과 청소년 담당 사서들이 초기 사서들의 비범한 시민 조성을 목적으로 하는 장서 및 서비스에 대한 고집을 불쾌히 여기고 있지만, 이들은 모두 진가를 인정받지 못하고 불충분한 지원이 계속되었던 아동과 청소년들에 대한 투자에 대해서는 종종 의견이 일치할 것이다. 오늘날, 아동과 청소년들의 정보요구와 흥미를 일으키는 맥락을 주시하고 존중하는 참고서비스는, 어린 사람들로 하여금 필요와 선호하는 것을 말로 나타내도록 허용하며, 백여 년 전에 수립된 서비스 전통을 이어 다양한 자료에 대한 접근을 제공하고, 사서들이 정보 및 서비스 요구를 식별하기 위해 어린 사람들과 해당 커뮤니티에 직접 봉사함으로써, 서비스의 혜택을 확장하고자 노력한다.

【참고문헌】

Accelerated Reader. Renaissance. http://www.renaissance.com.

Accelerated Reader Bookfinder. Renaissance. http://www.arbookfind.com.

Adebayo, Olusina. 2016. "Why Diverse Books Are Commonly Banned." Association of American Publishers. Last modified September 21, 2016. http://newsroom.publishers.org/why-diverse-books-are-commonly-banned/.

Allen, Melissa L. 2017. "Cognitive Development beyond Infancy." In *Cambridge Encyclopedia of Child Development*, edited by Brian Hopkins and Ronald G. Barr, 2nd ed. Cambridge: Cambridge University Press. *Credo Reference*.

American Association of School Librarians. 2011. "Position Statement on Labeling Books with Reading Levels." American Library Association. Last modified July 18, 2011. http://www.ala.org/aasl/advocacy/resources/statements/labeling.

American Library Association. 2015. "Internet Filtering: An Interpretation of the Library Bill of Rights." Last modified June 30, 2015. http://www.ala.org/advocacy/intfreedom/librarybill/intepretations/internet-filtering.

American Library Association. 2019a. "Access to Library Resources and Services for Minors." Last modified June 25, 2019. http://www.ala.org/advocacy/intfreedom/librarybill/interpretations/minors.

American Library Association. 2019b. "Library Bill of Rights." Last modified January 29, 2019. http://www.ala.org/advocacy/intfreedom/librarybill.

American Library Association. 2019c. "Minors and Online Activity." Last modified June

24, 2019. http://www.ala.org/advocacy/intfreedom/librarybill/interpretations/minors-internet-activity.

American Library Association. n. d. "Guidelines to Minimize the Negative Effects of Internet Content Filters on Intellectual Freedom." http://www.ala.org/advocacy/intfreedom/filtering/filtering_guidelines.

Association for Library Services to Children. http://www.ala.org/alsc.

Association for Library Services to Children. 2019. "ALSC History." American Library Association. http://www.ala.org/alsc/aboutalsc/historyofalsc.

Association of Specialized Government and Cooperative Library Agencies. n. d. "Children with Disabilities." https://www.asgcladirect.org/resources/children-with-disabilities/.

Baaden, Bea, and Jean O'Neill Uhl. 2009. "Homeschooling: Exploring the Potential of Public Sibrary Service for Homeschooled Students." *Journal of Library Administration and Management Section* 5 (2): 5-14.

Batch, Kristen R. 2014. *Filtering Out Knowledge: Impacts on the Children;s Internet Protection Act 10 Years Later.* Chicago: American Library Association. http://www.ala.org/advocacy/sites/ala.org.advocacy/files/content/intfreedom/censorshipfirstamendmentissues/FINALCIPA_Report.pdf.

Bilal, Dania, and Jacek Gwizdka. 2018. "Children's Query Types and Reformulations in Google Search." *Information Processing and Management* 54 (6): 1022-41.

Bilal, Dania, and Joe Kirby. 2002. "Differences and Similarities in Information Seeking: Children and Adults as Web Users." *Information Processing and Management* 38 (5): 649-70.

Bishop, Rudine Sims. 2012. "Reflections on the Development of African American Children's Literature." *Journal of Children's Literature* 38 (2): 5-13.

Bjorklund, David F., and Jesse M. Bering. 2002. "Milestones of Development." In *Child Development*, edited by Neil J. Salkind. New York: Macmillan Reference USA. *Gale Virtual Reference Library*.

Byrnes, James. P. 2010. "Cognitive Development." In *The Corsini Encyclopedia of Psychology and Behavioral Science*, edited by W. Edward Craighead and Charles B. Nemeroff, 4th ed. Hoboken, NJ: Wiley. *Credo Reference*.

Carlyle, Cate. 2013. "Practicalities: Serving English as a Second Language Library

Users." *Feliciter* 59 (3): 18-20.

Chapman, Jan. 2015. "Become an Ally: Reach Out to Your LGBTQ Teen Community." *VOYA* 38 (4): 32-33.

Coats, Karen. 2010. "Identity." In *Keywords for Children's Literature*, edited by Philip Nel and Lissa Paul, 102-119. New York: New York University Press.

Colby, Sandra L., and Jennifer M. Ortman. 2015. "Projections of the Size and Composition of the U.S. Population: 2014 to 2060." U.S. Census Bureau. https://www.census.gov/content/dam/Census/library/publications/2015/demo/p25-1143.pdf.

Daum, Moritz M. 2017. "Cognitive Development during Infancy." In *Cambridge Encyclopedia of Child Development*, edited by Brian Hopkins and Ronald G. Barr, 2nd ed. Cambridge: Cambridge University Press. *Credo Reference*.

Delgado, Richard. 1989. "Storytelling for Oppositionists and Others: A Plea for Narrative." *Michigan Law Review* 87 (8): 2411-41.

Dervin, Brenda, and Patricia Dewdney. 1986. "Neutral Questioning: A New Approach to the Reference Interview." *RQ* 25 (4): 506-13.

Farral, Melissa Lee. 2012. *Reading Assessment: Linking Language, Literacy, and Cognition*. Hoboken, NJ: Wiley.

Fountas & Pinnell. Heinemann. http://www.fountasandpinnell.com.

Furness, Adrienne. 2008. *Helping Homeschoolers in the Library*. Chicago: American Library Association.

Gates, Gary J. 2017. "In U.S., More Adults Identifying as LGBT." Gallup. Last modified January 11, 2017. https://news.gallup.com/poll/201731/lgbt-identification-rises.aspx.

Gay, Lesbian, Bisexual, and Transgender Round Table. n. d. "Open to All: Serving the GLBT Community in Your Library." American Library Association. http://www.ala.org/rt/sites/ala.org.rt/files/content/professionaltools/160309-glbtrt-open-to-all-toolkit-on-line.pdf.

GLAAD. 2016. *GLAAD Media Reference Guide*. 10th ed. Last modified October 2016. https://www.glaad.org/reference#guide.

Gonzales, Valentina. 2017. "Secrets for ELL Success." *School Library Journal* 63 (8): 30-34.

Gross, Melissa. 1995. "The Imposed Query." *RQ* 35 (2): 236-43.
Gross, Melissa. 1999. "Imposed versus Self-Generated Questions: Implications for Reference Practice." *Reference & User Services Quarterly* 39 (1): 53-61.
Gross, Melissa. 2000. "The Imposed Query and Information Services for Children." *Journal of Youth Services in Libraries* 13 (2): 10-17.
Gwizdka, Jacek, and Dania Bilal. 2017. "Analysis of Children's Queries and Click Behavior on Ranked Results and Their Thought Processes in Google Search." Conference on Human Information Interaction and Retrieval. Oslo, Norway.
Haddix, Marcelle, and Detra Price-Dennis. 2013. "Urban Fiction and Multicultural Literature as Transformative Tools for Preparing English Teachers for Diverse Classrooms." *English Education* 45 (3): 247-83.
Henderson, Heather A., Catherine A. Burrows, and Lauren V. Usher. 2017. "Emotional Development." In *Cambridge Encyclopedia of Child Development*, edited by Brian Hopkins and Ronald G. Barr, 2nd ed. Cambridge: Cambridge University Press. *Credo Reference*.
Horning, Kathleen T., Merri V. Lindgren, Megan Schlesman, and Madeline Tyner. 2018. "A Few Observations: Literature in 2017." Cooperative Children's Book Center. http://ccbc.education.wisc.edu/books/choiceintro18.asp
Hourcade, Juan Pablo. 2007. "Interaction Design and Children." *Foundations and Trends in Human-Computer Interaction* 1 (4): 277-392.
Hughes-Hassell, Sandra, Dana Hanson-Baldauf, and Jennifer E. Burke. 2008. "Urban Teenagers, Health Information, and Public Library Web Sites." *Young Adult Library Services* 6 (4): 35-42.
Hughes-Hassell, Sandra, and Julie Stivers. 2015. "Examining Youth Services Librarians' Perceptions of Cultural Knowledge as an Integral Part of Their Professional Practice." *School Libraries Worldwide* 21 (1): 121-36.
Human Rights Campaign. 2019. "Glossary of Terms." Human Rights Campaign Foundation. https://www.hrc.org/resources/glossary-of-terms.
Human Rights Campaign Foundation and the University of Connecticut. 2018. "2018 LGBTQ Youth Report." Human Rights Campaign Foundation. https://www.hrc.org/resources/2018-lgbtq-youth-report.
Homeschool Resource Center. Johnsburg Public Library District. http://www.jognsburglibrary.

org/content/homeschool-resource-center.

Kammerer, Yvonne, and Maja Bohnacker. 2012. "Children's Web Search with Google: The Effectiveness of Natural Language Queries." Proceedings of the 11th International Conference on Interaction Design and Children. Bremen, Germany.

Kosciw, Joseph G., Emily A. Greytak, Noreen M. Giga, Chrisian Villenas, and David J. Danischweski. 2016. "The 2015 National School Climate Survey." GLSEN. https://www.glsen.org/article/2015-national-school-climate-survey.

Kumasi, Kafi. 2012. "Roses in the Concrete: A Critical Race Perspective on Urban Youth and School Libraries." *Knowledge Quest* 40 (4): 32-37.

Kumasi, Kafi, and Sandra Hughes-Hassell. 2017. "Shifting Lenses on Youth Literacy and Identity." *Knowledge Quest* 45 (3): 12-21.

Larrick, Nancy. 1965. "The All-White World of Children's Books." *The Saturday Review*, September 11, 63-65.

Larson, Jaennette. 2015. *Children's Services Today: A Practical Guide for Librarians*. Lanham, MD: Rowman and Littlefield.

Lexile. MetaMetrics. https://lexile.com.

LGBTQIA Resource Center. 2018. "LGBTQIA Resource Center Glossary." University of California, Davis. Last modified February 12, 2019. https://lgbtqia.ucdavis.edu/educated/glossary.html.

Lundin, Anne. 2004. *Constructing the Canon of Children's Literature: Beyond Library Walls and Ivory Towers*. New York: Routledge.

Marquam, Tamara. 2008. "Fable and Fact: Serving the Homeschool Population in Public Libraries." *Indiana Libraries* 27 (1): 12-18.

McQuiggan, Meghan, and Mahi Megra. 2017. "Parent and Family Involvement in Education: Results from the National Household Education Surveys Program of 2016." National Center for Education Statistics. Last modified September 26, 2017. http://nces.ed.gov/pubsearch/pubsearch/pubsinfo.asp?pubid=2017102.

Mestre, Lori. 2009. "Culturally Responsive Instruction for Teacher Librarians." *Teacher Librarian* 36 (3): 8-12.

Middleton, Kathy. 2014. "Making an Attitudinal Change to Disabilities." *Public Libraries Online*, September 11. http://publiclibrariesonline.org/2014/09/making-an-attitudinal-change-to-disabilities/.

National Association for the Education of Young Children. 2009. "Developmentally Appropriate Practice in Early Childhood Programs Serving Children from Birth through Age 8." https://www.naeyc.org/resources/topics/dap/position-statement.

National Center for Education Statistics. 2018. "English Language Learners in Public Schools." Last modified May 2019. https://nces.ed.gov/programs/coe/indicator_cgf.asp.

National Conference of State Legislatures. 2016. "Children and the Internet: Laws Relating to Filtering, Blocking, and Usage Policies in Schools and Libraries." Last modified October 20, 2018. http://www.ncsl.org/research/telecommunications-and-information-technology/state-internet-filtering-laws.aspx.

National Disability Authority. 2012. "The Seven Principles." Center for Excellence in Universal Design. http://universaldesign.ie/what-is-universal-design/the-7-principles/the-7-principles.html.

Nichols, Joel A. 2016. "Serving All Families in a Queer and Genderqueer Way." *Public Libraries* 55 (1): 39-42.

Oltmann, Shannon M. 2016. "They Kind of Rely on the Library: School Librarians Serving LGBT Students." *Journal of Research on Libraries and Young Adults* 7 (1): 1-21.

Overall, Patricia Montiel. 2009. "Cultural Competence: A Conceptual Framework for Library and Information Science Professionals." *The Library Quarterly* 79 (2): 175-204.

Overton, Nicole. 2016. "Libraries Need Diverse Books." *Public Libraries* 55 (1): 13-14.

Payne, Rachel G., and Jessica Ralli. 2017. "Beyond Bilingual." *School Library Journal* 63 (7): 26-28.

Peck, Penny. 2014. *Crash Course in Children's Services*. 2nd ed. Santa Barbara, CA: Libraries Unlimited.

Redford, Jeremy, Danielle Battle, and Stacey Bielick. 2017. *Homeschooling in the United States: 2012*. https://nces.ed.gov/pubs2016/2016096rev.pdf.

Robinson, Tracy. 2016. "Overcoming Social Exclusion in Public Library Services to LGBTQ and Gender Variant Youth." *Public Library Quarterly* 35 (3): 161-74.

Scales, Pat. 2010. "Mature Content: To Label or Not to Label, That Is The Question." *School Library Journal* 56 (5): 18.

Slattery, Ann. 2005. "In a Class of Their Own." *School Library Journal* 51 (8): 44-46.

Solórzano, Daniel G., and Tara J. Yosso. 2002. "Critical Race Methodology: Counter Storytelling as an Analytical Framework for Education Research." *Qualitative Inquiry* 8 (1): 23-44.

Souto-Manning, Mariana. 2016. "Honoring and Building on the Rich Literacy Practices of Young Bilingual and Multilingual Learners." *Reading Teacher* 70 (3): 263-71.

Stauffer, Suzanne M. 2014. "The Dangers of Unlimited Access: Fiction, the Internet, and the Social Construction of Childhood." *Library and Information Science Research* 36 (3-4): 154-62.

Stivers, Julie. 2017. "The Critical Piece: Building Relationships with Teens of Color and Native Youth." *Young Adult Library Services* 15 (2): 12-15.

Storts-Brinks, Karyn. 2010. "Censorship Online: One School Librarian's Journey to Provide Access to LGBT Resources." *Knowledge Quest* 39 (1): 22-28.

Svetlova, Margarita, and Malinda Carpenter. 2017. "Social Development." In *Cambridge Encyclopedia of Child Development*, edited by Brian Hopkins and Ronald G. Barr. 2nd ed. Cambridge: Cambridge University Press. *Credo Reference.*

We Need Diverse Books. https://diversebooks.org/.

Williams Institute. 2016. "LGBT Data and Demographics." University of California, Los Angeles. Last modified January 2019. https://wiliamsinstitute.law.ucla.edu/visualization/lgbt-stats/?topic=LGBT&compare=percentage#comparison.

Young Adult Library Services Association. http://www.ala.org/yalsa/.

【SUGGESTED READINGS】

Naidoo, Jamie Campbell. 2014. "The Importance of Diversity in Library Programs and Material Collections for Children." Association for Library Service to Children. American Library Association. Last modified April 5, 2014. http://www.ala.org/alsc/sites/ala.org.alsc/files/content/ALSCwhitepaper_importance%20of%20diversity_with%20graphics_FINAL.pdf.

This white paper, published by the Association for Library Service to Children, outlines research describing the benefits of culturally diverse programs and material for all young people, establishes the ALSC's position in support of cultural diversity, and offers n extensive list of resources to aid librarians in materials selection and service development.

National Association for the Education of Young Children. 2019. "Developmentally Appropriate Practice." https://www.naeyc.org/resources/topics/dap.

Created by the National Association for the Education of Young Children, this section of the organization's website features a link to the DAP (Developmentally Appropriate Practice) Position Statement, which describes research and theory underpinning DAP, as well as links to short descriptions of exemplary DAP practices with young people. While this website is directed to classroom teachers, specifically, many of its DAP-related recommendations can be applied to library programming and services.

Scales, Pat, Rebecca T. Miller, and Barbara A. Genco, eds. 2015. *Scales on Censorship: Real Life Lessons from* School Library Journal. Lanham, MD: Rowman and Littlefield.

A regular columnist for *School Library Journal*, Pat Scales is an expert and advocate for intellectual freedom. This book collects Scales's responses to questions submitted to School Library Journal by working librarians and describes best practices for handling common challenges related to collection development, book recommendation and displays, Internet filtering, and censorship.

12

다양한 인구집단을 위한 참고서비스

12.1 서론
12.2 다양한 이용자에 대한 서비스 원칙
12.3 다양한 민족에 대한 참고서비스
12.4 외국인 학생과 이민자에 대한 참고서비스
12.5 노숙자와 빈곤층에 대한 참고서비스
12.6 수감자들에 대한 참고서비스
12.7 성소수자들에 대한 참고서비스
12.8 장애인에 대한 참고서비스
12.9 노인에 대한 참고서비스
12.10 결론

참고정보서비스론

제12장 다양한 인구집단을 위한 참고서비스

12.1 서론

　이 책의 기본이 되는 철학은, 제2장에 가장 명시적으로 나타나 있는 바와 같이, 모든 사람을 위한 고품질 서비스를 위해 노력하는 것이다. "모든"(all)이란 다양한 요구를 가지고 있는 개인들을 망라하는 것이기 때문에, 성공적인 참고서비스는 그러한 요구들을 충족시켜야만 한다. 그렇지만 "모든"은 참고서비스 전체가 이용자집단 전체에 적합함을 의미하는 것은 아니다. 참고서비스의 경우에는, "한 가지 사이즈"(one size)가 모든 사람에게 맞는 것이 아니다. 모든 상황에 적합한 참고서비스 표준 청사진은 존재하지 않는다. 우리 지역사회 안에 있는 특수하거나 다양한 집단을 위한 특화된 참고서비스 개발은 다수를 위한 서비스 개발의 필연적인 결과이다. 명확한 주요 이용자집단에 대한 기본 참고서비스 제공 이외에, 사서들은 공통적인 동등하게 중요한 요구를 가진 특수한 이용자집단을 식별하고 해당 집단에게 맞춤 참고서비스를 제공할 필요가 있다.

　특수 인구집단 참고서비스에 대한 관심의 근거는 윤리적이며 또한 합법적이다. 참고서비스를 제공하는 사서는 종종 정보와 자료에 대한 평등한 접근을 보장하기 위해 이 집단구성원들의 옹호자가 되어야 한다. 제2장에 적시된 바와 같이 사서직은 모든 이용자에 대한 자원의 공정한 이용과 개방에 헌신을 강조하기 위하여 "도서관 권리선언"을 제정하였다. 특히 제1조에서, 자료는 지역사회의 모든 구성원에게 제공되어야 하며 "창작에 기여한 사람들의 출신, 배경, 견해 때문에 배제되어서는 안 된다"라고 서술하고 있다. 제5조에서는 계속해서 사람들은 "출신, 연령, 배경 또는 견해"와 관계없이 도서관에 대한 완전하고 동등한 접근을 가져야 한다고 서술하고 있다(American Library Association 2019). 광의로 해석하면, 이러한 조항들은 참고서비스를 포함한 도서관서비스는 모든 이용자들에게 가능해야 하며 지역사회 구성원들의 요구와 관심을 반영해야 한다. 또한, 공적 자원으로 지원되는 도서관들은 계급, 인종, 성별, 종교 또는 기타 사회적 또는 신체적 특징에 기반한 차별 없이 서비스를 제공할 법적 의무를 가지고 있다.

본 장에서는 당연히 요구가 인식되거나 명확히 정의되지 않고 항상 충족되지를 못하는 집단에 대한 참고서비스 전달 모델들을 살펴본다. 본 장은 전형적으로 특수도서관의 봉사대상이 되는 기업 또는 기술 분야 종사자들의 참고서비스 요구를 다루지 않는다. 그 대신 사회경제적, 민족적 또는 신체적 관점에서 정의된 집단에 초점을 둔다. 본 장을 통해 논의된 구체적 집단들은 문화적, 사회적, 성적 정체성에 기초하여 구별되었으며, 이것은 언어능력(비영어 사용자와 성인문맹자) 성적지향 장애상태(신체장애와 발달장애) 연령 등을 (여기서는 성인 학습자와 노인을 다루며 아동과 청소년에 관한 것은 제11장 참조) 포함한다. 이들 각 집단에 대하여, 전형적인 특성을 설명하고 관련 참고서비스 기법과 정책을 논의한다.

12.2 다양한 이용자에 대한 서비스 원칙

어떠한 도서관 커뮤니티에도 고찰해야 할 비전통적 또는 눈에 띄지 않는 집단이 있으며(시설에 수용되어있는 사람, 특수한 민족이나 종교집단, 등등), 여기서 논의되지 않은 집단이 도서관서비스 대상의 일부가 될 수 있다. 또한 유감스럽게도, 본 장에서 전 세계 도서관이 봉사하고 있는 다양한 인구집단을 모두 망라할 수는 없다. 본 장의 목적은 다양한 집단의 표본에 대한 참고서비스 관련 문제의 개요를 제공하는 것이다. 그 가정은, 어떤 한 집단에 대한 서비스는 참고서비스 일반에 대한 축소판이며(참고서비스 기본원리가 나타나 있는), 해야 할 업무는 우수한 참고기술과 장서를 각 서비스집단에 적용하는 것이라는 점이다. 초점은 평등한 서비스 보급에 주어져야만 하며, 특수집단에 대한 서비스들이 바로 그 초점의 일부이고 또한 모든 사람에게 봉사하고 필요시에 전문가와 지식과 능력을 개인화 서비스에 제공하는 체계적 접근의 일부라는 것이다. 이러한 접근 방식은 도서관을 애용하는 여러 가지 다양한 이용자들에 대한 유연성, 문화수용력, 개방성, 공감을 필요로 한다. 본 장의 서술은 이러한 정신에 기반한 것이다.

공공도서관, 대학도서관 학교도서관, 특수도서관 및 기록관의 참고서비스 제공에 어느 정도 차이가 있기는 하지만, 다양한 집단에 대해 공평하고 부합하는 참고서비스 모델은 다음과 같은 사항을 포함하도록 노력해야 한다:

1. 도서관이 제공하는 정보와 서비스에 접근을 시도할 때 다양한 집단의 구성원이 경험한 문제점 진단.
2. 다양한 범주의 이용자들을 위한 서비스 개선 방안(그리고 비이용자들을 유인하기 위한 방안)에 대해 협회 및 서비스 제공기관과의 접촉을 포함하는 연구 수행.
3. 참고면담, 장서개발, 그리고 서비스 보급을 변화시킬 방법 계획.
4. 특수한 요구 또는 문화적 차이를 갖고있는 이용자들과 일하는 직원 교육.
5. 다양한 집단의 구성원들에게 대한 정기적인 참고서비스 평가시행(부분적으로 Fitzgibbons 1983, 5-6에 기초하였음).

이를 위해 다양한 이용자들에게 서비스할 도서관전문직들은 그들 자신과 그들이 봉사할 사람들 간에 존재할 차이점에 대해 깨달아야만 한다. 다양한 집단의 이용자들은 추가적인 관심, 색다른 정보원 탐색, 다른 문화의 이해, 공감 등을 필요로 하거나 도서관 이용을 주저하게 만들 수 있는 여러 가지 가시적 또는 비가시적 차이(또는 장애)를 가지고 있을 것이다. 이러한 망설임은 다수의 도서관이용자(그리고 비이용자)가 경험하는 도서관불안을 초월한다. 참고트랜잭션 및 기타 도서관 상호작용을 이용자들로 하여금 마치 그들이 환영받고 도움을 받을 수 있는 것처럼 편안하게 느끼도록 만들기 위한 노력이 훨씬 더 중요하게 되었다.

도서관 전문직들은 공감과 문화 역량을 개발하고(Box 12.1), 인내심을 보여주고, 이용자들을 격려하고, 이용자가 도서관의 돕는 역할을 알고 있음을 확인하고, 이용자를 추적하고, 제한점을 인정하기 위해(예, "아니오, 우리는 그 책을 소장하고 있지는 않지만 유사한 책을 갖고 있습니다") 노력해야만 한다. 그 밖에도 도서관 전문직들은 다른 작업스타일, 언어장벽, 엑센트, 그리고 이용자가 갖고 있을지 모르는 문화적 규범에(예, 이슬람 신앙을 갖고 있는 남자는 여성사서와 말하는 것이 불편하고 남성사서와 말하는 것이 더 편안할 수 있다) 대비하여 기꺼이 일할 수 있어야 한다(Brothen and Bennett 2013). 이러한 전문적 속성은 모든 이용자에게 특히 다양한 집단의 이용자들에게 도움이 된다.

Box 12.1
문화 역량

간호, 상담, 사회복지, 공중보건을 포함한 여러 분야에서 논의되는 문화 역량이란 개념은 도서관과 정보 전문직에서도 또한 중요하다. The American Library Association(n.d. -a)은 문화 역량을 "다양성의 수용과 존중, 문화에 대한 지속적 자가평가, 그리고 다양한 집단의 요구를 효과적으로 충족시키기 위한 지식과 자원과 서비스 모델의 계속 개발로 정의한다. 문화 역량은 평등한 도서관 정보서비스 제공에 필수적이다."

문화 역량에 대한 더 이상의 논의는 Nicole A. Cooke(2016)를 참조하시오.

12.2.1 교차 사회의 참고서비스

본 절은 몇 가지 다양한 이용자집단에 초점을 두며, 이 집단들의 공통부분에 주목할 가치가 있다(그림 12.1 참조).

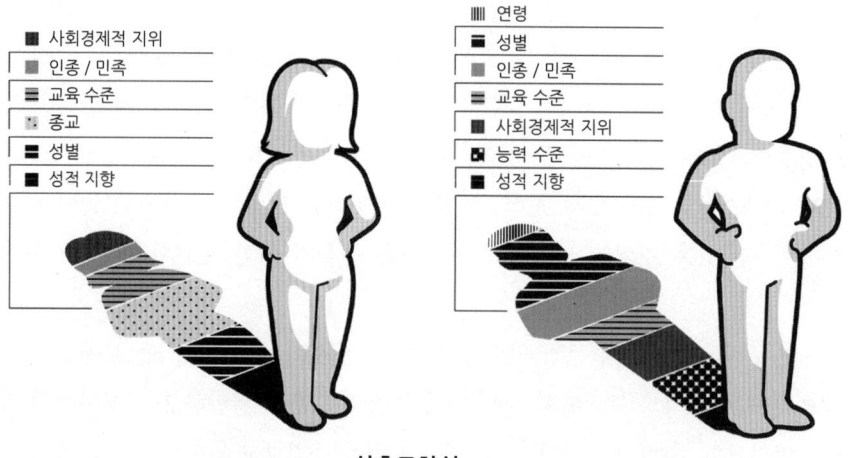

상호교차성

그림 12.1 다양한 이용자집단의 상호교차성(David Michael Moore의 그래픽)
개인이 다수의 정체성으로 어떻게 구성되어 있는가를 묘사함으로써 상호교차성을 보여준다.

다양한 이용자들은 집단별로 따로 존재하는 것이 아니다; 대다수의 이용자들은 오히려 여러 가지 다양성과 동일성을 나타내고 있다(예, 아프리카계 노숙 퇴역군인은 외상 후 스트레스 장애(PTSD)를 겪고 있으며 복지수당 신청을 위한 도움을 필요로 한다). 이러한 동일성은 장점과 단점을 함께 가지고 있다. 참고 서비스에 일률적인 접근 방식이 바람직하지 않다는 점을 상기하면서, 다양한 이용자집단을 배려하며 능숙하게 봉사하는 방법을 배우는 것은 도서관전문직들로 하여금 모든 이용자에게 봉사할 수 있는 능력을 부여하게 될 것이다.

12.2.2 참고면담

기본적으로, 다양한 이용자집단과 참고면담을 수행하는 것은 일반 이용자들의 경우와 차이가 없다(Saunders and Jordan 2013). 제3장에서 강조한 바와 같이, 사서는 모든 사람과 질의를 존중하고 진지하게 취급해야 한다. 그렇지만, 다양한 이용자들은 공공기관과 도움 요청에 대해 일종의 수줍음과 말을 아끼는 경향이 있음을 예상할 필요가 있다. 문화적인 그리고 개인적인 차이를 인식하고 이해하는 것은 매우 중요하다. 예를 들면, 미국에 있는 히스패닉과 라틴계 사람들은 멕시코, 푸에르토리코, 도미니카공화국, 쿠바, 카리브해, 그리고 중·남미 국가들로부터 온 사람들이다. 문화 집단들은 각각 자신의 전통, 가치체계, 사회계급을 갖고 있으며, 또한 스페인어 외의 언어로 이야기할 수 있다. 이러한 다수의 문화정체성과 더불어 고유의 요구와 질문을 가진 개인들이 도움을 위해 참고데스크로 온다.

다양한 이용자들이 도서관에 대해 무엇을 알고 있는지에 대해 가정을 하지 않는 것이 또한 중요하다. Donna L. Gilton(1994)은; 누구나 외국을 방문하거나 익숙치 않은 환경에 임할 때 겪게 되는 충돌 또는 불편과 마찬가지로, 다양한 집단 이용자들이 처음 도서관을 이용할 때 문화 쇼크(또는 충돌)가 발생할 수 있음을 암시하고 있다. 이것은 추가로 도서관 이용에서 다수의 이용자들이 경험하는 도서관불안을 야기할 수 있다. "문화의 다섯 가지 양상이 문화 쇼크 또는 충돌을 초래할 수 있다: 언어 커뮤니케이션; 비언어적 커뮤니케이션; 사고방식, 즉 시간과 공간의 사용; 사회적 행동에 대한 성문화되거나 관습적인 규칙을 포함하는 사회적 가치 패턴; 문화에 의해 가치가 부여된 학습스타일을 포함하는 지적인 방식"(Gilton 1994, 55). 이것은 모두 도서관 이용과 참고상호작용에 적용될 수 있다.

상황에 따라, 다양한 배경의 이용자들은 청구번호의 개념을 이해하지 못하거나, 흔히 사용되는 도서관 용어를 파악하지 못하거나, 또는 인쇄되어있는 성과 이름을 구별하는 방법을 모를 수도 있다. 참고질문에 답변할 때는, 속어는 자제되어야 하며, 도서관자료 이용을 설명하고 시범을 보일 때는 이용자들에게 관찰하고 나서 따라 해 보는 기회를 제공해야 한다. 가능하다면 사서는 신규 도서관이용자들을 과정의 마지막까지, 예를 들면 서가에 있는 책이나 잡지를 발견하는데 까지 인도해야 한다. 끄덕임이나 미소가 이해를 암시하는 것으로 착각하기 쉽다. 이와 같은 위험은 이용자로 하여금 그들이 이해한 것 또는 이해하지 못한 것을 보다 정확하게 소통할 수 있도록 개방형 질문을 물어봄으로써 방지될 수 있다. 신체언어, 눈맞춤, 익살, 기타 일상적 커뮤니케이션 습관들을 오해하기는 매우 쉽다(Strong 2001; Walker 2006). 사서는 추측을 버리고 이용자질문의 의도에 집중해야만 한다. 질문에 답변한 다음 후속조치는 특히 중요하고 면담의 올바른 종결에 필수적이다. 물리적 도서관 환경에서 다양한 이용자들에게 제공된 동일한 주의와 고찰이 가상 참고서비스에서 도움을 요청하는 이용자들에게도 제공되어야 한다(Shachaf and Horowitz 2007)(다양한 인구집단에 대한 참고면담에 관한 더 이상의 논의는 Brook, Ellenwood, and Lazzaro 2015와 Lan 1988을 참고하시오).

12.3 다양한 민족에 대한 참고서비스

우리 사회는 예전보다도 다양하며, 이 다양성은 도서관 특히 공공도서관이 봉사하는 지역사회에 반영되어있는 것 이상이다. U.S. Census Bureau는 미국 인구가 2030년에 히스패닉은 21.1%, 아프리카계 미국인은 13.8%, 그리고 아시아계는 6.9%로 구성될 것으로 전망한다. 히스패닉은 이미 소수집단으로서의 아프리카계 미국인을 대체하였다. 인구 중 비히스패닉계백인의 비율은 계속 감소될 것이며, 2060년에 이르러 비히스패닉계 백인은 인구 전체의 44.3%가 될 것이다(U.S. Census Bureau 2018). 이 소수집단들은 신속하게 "이머징 다수"(emerging majority)가 되고 있다(Turock 2003, 494). 종교적 다양성 또한 증가되었으며 보다 더 현저해지고 있다. 1990년에 527,000명의 미국인이 이슬람교도임을 표명하였다. 2008년에 이 수치는 156% 증가된 1,349,000명으로 늘어났다(U.S. Census Bureau 2018, Table 75). 같은 기간 동안, 힌두교도 또한 156% 증가되어 227,000명에서 582,000명으로 늘어났다. 반면에 기독교도의 수는 151,225,000에서 173,402,000으로 늘어났다(Table 75). 비록 기독교도의 수가 여전히 압도적 다수이긴 하지만, 수치는 단지 15%만 증가된 것을 알 수 있다.

이런 중요 데이터는 사서들로 하여금 각기 다른 요구에 맞는 그리고 앞서 언급하였듯이 정형의 일괄적인 서비스가 아닌 참고서비스를 제공하지 않을 수 없게 한다. Mengxiong Liu(1995, 124)는, 배경이 다른 이용자들은 북아메리카의 도서관들이 어떻게 작동하는가를 이해할 수조차 없는데, 왜냐하면 이것은 다르고, 이상하고, 또는 달갑지 않은 교육과 서비스 모델일 수도 있기 때문이라고 지적한다. 그들의 정보추구 행동은 개인적으로 "다른 문화적 경험, 언어, 문해수준, 사회경제적 지위, 교육, 사회화 수준, 그리고 가치시스템의 영향을 받는다."

Phoebe Janes 와 Ellen Meltzer(1990)는 도서관 직원들이 다양한 이용자들의 요구를 식별하고 필요에 따라 참고서비스를 개인화하거나 응용할 수 있도록 훈련받을 것을 제안하였다. 저자들은 눈에 띄지 않는 장애와 맹목적인 가정이 본의 아니게 이러한 이용자들에 대한 서비스에 영향을 미칠 수 있음을 시사한다. 예를 들면, 참고직원은 그들의 도서관 경험, 습관, 커뮤니케이션 스타일이 모든 사람들과 동일하며 그들이 이해하지 못할 가능성이 거의 없다고 가정할 수 있다. 동질성에 대한 이같은 가정은 개별 직원들 간에 존재할 뿐 아니라 종종 범위가 넓은 조직 문화의 문제가 된다. 기관이 방치되거나 또는 용인된 문화규범 외부에 있는 이용자들을 환영하지 않거나 이해하지 못하면, 아무리 프로그램과 장서가 훌륭하다 해도, 잠재이용자들은 도서관을 빈번하게 방문하지 않을 것이다(Elteto, Jackson, and Lim 2008). Yolanda J. Cuesta(2004)는 직원훈련이 세 가지 유형의 기법을 포함하도록 권장하고 있다: 지역사회에 참여하는 기법, 다양한 이용자집단과 효과적인 커뮤니케이션을 위한 기법, 그리고 지역사회의 관점에서 도서관을 분석하는 기법. 훈련은 문화차이의 이해와 감수성, 지역사회 분석에 대한 정보(Box 12.2 참조), 다문화 지식, 그리고 다문화 이용자들이 쉽게 이해하는 방식으로 정보를 전달하는데 도움이 되는 언어능력을 포함할 수 있다(지역사회 분석에 대한 보다 많은 정보는 Giesecke and McNeil 2001; Goodman 2011; Grover, Greer, and Agada 2010; McCleer 2013; and McDonald 1981을 참조하시오). Gusta(2004, 113)는 "도서관이 수행하는 모든 것은 지역사회에 하나의 메시지로 전달되어야 한다."고 서술하였는데, 직원들은 이것을 인식하고 상황에 맞추어 계획을 세워야만 한다.

> **Box 12.2**
> **학습과제: 지역사회 분석**
>
> 지역사회 분석은 지역사회의 요구와 경향에 대해 사서들에게 포괄적인 전망을 제공하는 공식적인 그리고 비공식적인 기법의 혼합체이다; 이러한 통찰은, 장서개발과 프로그램에 추가하여, 참고서비스를 위한 정보를 알려준다.
> Library Research Services 웹사이트에 있는 *Community Analysis Scan Form* (http://www.lrs.org/public/ca.form.php)을 사용하여 당신이 거주하거나 근무하는 지역을 고찰해 봅시다.
>
> • 토론 질문
> 1. 당신의 지역사회는 어떻게 구성되어 있습니까?
> 2. 현재 지역의 공공도서관은 나타나 있는 다양한 인구집단에 얼마나 잘 대처하고 있습니까?
> 3. 당신은 어떤 개선책 또는 강화방안을 제시할 수 있습니까?

궁극적으로 소수자들의 정보요구는 일차적으로 인종이나 민족 때문이 아니라 오히려 개인의 생활 때문에 차이가 있는 것인데, 생활 상황은 문화적 경험, 언어, 문해, 미국 입국 후 경과된 시간, 사회경제적 지위, 교육, 그리고 사회화의 수준 등과 같은 인종 또는 민족과 관련된 요인들을 포함한다(Carlson 1990)(일례로 Box 12.3 참조). Gillian D. Leonard (1993)는, 소수집단의 참고질문과 정보요구는 전문적으로 훈련받은 사서에게 특별한 문제를 제기하지 않는다고 언급함으로써, 논의를 확장하였다. 오히려 Patrick Andrew Hall (1991, 320)이 제시한 것처럼, "개인적 관계 및 공감과 같은 보다 비가시적인 자질"인 정서의 역할이 문화적 경험과 차이에 대한 민감성과 마찬가지로 중요하다. 그러므로, 비록 유색인들이 전문가들의 서먹함을 "무례 또는 경멸의 표시"로(Hall 1991, 322) 간주할 수 있다는 것을 인식하는 것도 유용하지만, 선의의 "편견 없는" 또는 문화역량을 갖춘 효과적인 상호작용을 구축하는 것이 바로 사서와 이용자 간의 특수한 관계이다.

> **Box 12.3**
> **학습과제: 참고데스크의 회피 - 선입견**
>
> Patricia Katopol(2014, 1)이 제시한 이 시나리오를 고찰해 보시오. 일전의 부정적이고 좌절감을 느꼈던 경험 이후, Keisha는 연구논문 완성을 위해 정말 도움이 필요했기 때문에 다시 학교에 있는 도서관을

방문하였다. "그는 직원들을 쳐다보았다; 그들 중 몇몇은 젊어 보이는 데 - 그들이 실제로 사서들일까? 학생보조원일까? 그리고, 여느 때처럼, 그들이 모두 백인이라서 Keisha는 미국흑인에 대한 그의 주제를 그들 중 한 사람에게 제시해야할지 여부에 의문이 생겼다. 그들이 Keisha가 수행하고 있는 것을 이해하고 실제로 그를 도울 수 있을까? 그들은 그의 질문을 초보적이고 대학원생의 것으로서 가치가 없다고 생각할까? 그는 한숨을 짓고 참고데스크로의 힘든 여행을 위해 짐을 챙겼다.

- 토론 질문
1. 당신이 Keisha를 돕게 될 사서라면, 당신은 그와 더불어 어떻게 작업을 할 것입니까?
2. 당신은 이 시나리오를 개선하기 위해 어떠한 자기성찰과 학습에 착수할 것입니까?

12.4 외국인 학생과 이민자에 대한 참고서비스

미국은 인류의 "용광로"(melting pot)로 널리 알려져 있으며, 따라서 도서관들은 세계의 이민 이용자들에 매우 익숙하다. 특히 다양한 이용자들은 종종 영어에 유창하지 않은 채로 미국에 온다. English as a Second Language(ESL), English for Speakers of Other Language(ESOL), English as an Additional Language(EAL), 또는 English as a Foreign Language(EFL) 학습자로 알려진 이러한 인구집단들은 빈번한 도서관 이용자들이며 아마도 도서관 직원과 쉽게 소통할 수 없기때문에 정보를 얻는데 매우 어려운 시간을 가질 것이다.

12.4.1 외국인 학생

대학도서관 사서들은 특히 해당 대학에 재학 중인 외국인 학생들에 친숙하다. 모국어로는 성공적인 학자들이 미국에서 연구하는 동안에 영어가 유창하지 못하거나 문화 규범의 차이로 지장을 받을 수 있다. "문화는 우리가 다른 배경과 교육을 받은 학생들에 대한 이해를 못하게 하는 장막이 될 수 있으며, 이것은 또한 그들이 우리를 이해하는 것을 방해할 수 있다. 문화 소통의 차이에 익숙치 못함은 해석오류, 오해, 그리고 의도하지 않은 무례를 야기할 수 있다"(Osa, Nyana, and Ogbaa 2006, 23). 연구 결과들은 또한 외국인 학생들이 여성사서에 대한 것을 포함하여 미국 도서관 환경에 대해 제한된 지식을 갖고 있으며

(Carder, Pracht, and Willingham 1997), 참고데스크와 참고사서들이 돕기 위해 존재하며 정보상담이 가능하다는 것을 이해하지 못할 것이라는 점을 암시하고 있다(Dunbar 1986; Lewis 1969). 따라서 이러한 이용자들은 아웃리치와 훈련이 없이는 미국 도서관의 참고데스크에 도움을 요청하려 들지 않을 것이다(Ganster 2011; Ishimura and Bartlett 2014; Knight, Hight, and Polfer 2010; Pyati 2003). 커뮤니케이션 실패 가능성에 대한 불안으로 외국 학생들은 개인적 도움을 찾지 않고 그 대신 정보를 얻기 위해 인터넷과 친구들에게 의존하는 경향이 있다.

외국인 학생들의 정보행동에 대한 연구에서, 이들 중 일부는 "강의, 암송, 무턱대고 외우기, 기억에 익숙한 반면에, 미국인 학생들은 분석, 종합, 비평, 확장에 익숙하다"는 것을 보여주었다(Macdonald and Sarkodie-Mensah 1988, 426). 인쇄자료를 선호함에 따라 외국인 학생들은 유인물, 가이드, 슬라이드, 시각보조자료를 동반하는 도서관 이용교육과 오리엔테이션에 좋은 반응을 보인다. 외국인 학생들을 대상으로 일할 때, 도서관전문직들은 개방형 질문을 하고 이해를 점검해야만 한다.

12.4.2 이민자, 난민, 새로운 국적 취득자

도서관, 특히 공공도서관은 이민자, 난민, 그리고 새로 시민이 된 사람들을 환영하고 도와주는 오랜 전통을 가지고 있다(Shen 2013; Wang 2012). 새로운 거주자들은 종종 재정적으로나 정보면에서 빈약하며, 따라서 이 집단은 인터넷 접근 및 컴퓨터 그리고 일상생활에 필요한 기본적 정보를 도서관에 의존하고 있다(Bowdoin et al. 2017). 추가적으로, 난민 또는 이주민들은 영어학습(ESL 교실), 기본교육(GED 또는 상당하는 과정), 그리고 시민권 정보에 도움을 요청할 수 있다. 도서관은 또한 지역사회, 보건, 고용, 그리고 법률 정보의 일차적 정보원이다.

New York Public Library, 특히 59가지 언어로 뉴아메리칸 집단에 봉사하는 Queens Public Library를 예로 들면(Berger 2012), 도서관은 이러한 이용자들을 위한 적응과 통합의 장소로 쓰여질 수 있다. 효과적이기 위해서 그리고 참고서비스 제공을 활성화시키기 위해서, 사서들은 해당 지역사회를 조사하고 이용자들을 가능한 한 많이 수용하고(예, 십대들을 견습생 또는 자원봉사자로, 지역사회 게이트키퍼들을 이사회와 위원회에 봉사하도록 초청한다), 지역사회와 제휴관계를 수립해야 한다. Xiwen Zhang(2001)은 봉사 대상 지역사회와 친숙해지고 문화리터러시를 수립할 필요가 있음을 강조하고 있다; 예를 들면, 문화적으로 다른 다수의 스페인어 지역사회가 존재하며 22개의 민족 집단이 거대한 아시아인 지역사회를 구성하고 있다. 각 집단은 언어가 다르고 정보요구가 다를 수 있다.

언어 장애를 경험하게 될 이용자들에게는, 도서관이 간단히 쉽게 이해할 수 있는 어조로 말하고 속어, 유행어, 또는 도서관 전문용어를 피하는 것이 도움이 될 것이다. 언어장벽은 이용자들의 자의식을 유발하고 도움 요청을 방해할 수 있다. Ajit Pyati(2003)는 도서관이 다양한 이용자들에게 웹사이트를 통한 특수자료 제공과 같은 별도의 아웃리치를 제공하도록 제안하였다. 그 밖에 사서들이 택할 수 있는 손쉬운 정책과 행동은 다음과 같다: 전용 웹페이지 및 튜토리얼, 특화된 교육, 그리고 다른 언어로 하는 오리엔테이션 제공(Knight, Hight, and Polfer 2010); 참고 및 열람 집서에 외국어 자료 포함; 다언어 표시판과 유인물 제작; 제스처와 손가락으로 가리키기(제스처와 손가락으로 가리키는 것은 종종 무례하게 인식되지만, 언어장벽이 있을 때는 실제로 도움이 될 수 있다). 보다 많은 시간과 비용을 필요로 하는 다른 투자계획으로는 이중언어 직원 고용과 다언어 온라인목록 제작 등이 있다.

12.5 노숙자와 빈곤층에 대한 참고서비스

도서관은 종종 노숙자 또는 식량이 부족하거나 거주환경이 열악한 빈곤층들과 빈약한 관계를 가지고 있다. 특히 노숙자들은 강한 냄새를 풍기거나 갖가지 소유물을 지니고 있거나, 개관시간 내내 도서관에 머무르거나, 공중화장실을 목욕하는데 사용할 경우, 종종 문제를 일으키는 이용자집단으로 간주되었다. 1990년대 초에 도서관계는 공공도서관과 노숙자들이 일련의 심각한 소송에 연루된 것을 목격하였다. 도서관은 노숙자가 냄새가 나고 도서관을 개인 라운지로 사용하며 타인들에게 불편한 환경을 조성한다는 회원들의 강력한 대항과 불평에 따라 그들을 내쫓았다. 노숙자들은 내쫓김으로써 정보접근에 대한 그들의 기본권이 거부되고 있다고 대응하였다(Hanley 1992). 이러한 경우가 종종 인용되었는데, 여러 도서관들이 가지고 있는 노숙이용자들과의 관계를 나타내고 있다.

노숙자들이 실제로 정신적으로 병이 든 경우가 간혹 있긴 하지만 그다지 흔치는 않다. 노숙자들은, 정신질환자와 마찬가지로, 일반 이용자들 보다 본질적으로 폭력적이거나 지능이 부족한 것은 아니다. 노숙자들은 또한 상호중복되는 집단이다 - 노숙하는 십대가 높은 비율을 차지하며(Eyrich-Garg and Rice 2012; Woelfer and Hendry 2011), 특히 동성애자 또는 성전환자의 비율이 높다(Winkelstein 2014). 다수의 노숙자들이 적합한 직업을 찾을 수 없었던 퇴역군인들이며; 노인, 이민자, 또는 최근에 형무소에서 석방된 사람들이 다수이고 모든 인종과 민족 집단을 망라한다. 직업이 있지만, 불완전고용 상태이거나 거처를 확보하고 유지할 만큼 충분히 벌지 못하는 노숙자들이 많다. 노숙자 집단은 예전보다 더 다양하다. 2013년과 2014년에 두 가지 전국 규모의 보도가 이 사실에 전력을 기울였는데, 하나는 Desani라는 이름의 소녀와 그 가족을 다룬 *New York Times*의 5부작 기사였으며(Elliot 2013), 다른 하나는 세계 선수권 Little League 야구팀 선수 중 한 명이 노숙자였음을 보여주었던 *Chicago Sun Times*의 기사였다(Sfondeles 2014). 이러한 보고는 노숙자들이 얼마나 만연되어 있으며, 또한 모두가 노숙자처럼 보이거나 노숙자로 행동하는 것은 아니라는 점을 강조하고 있다. 이런 아동들이 노숙자라는 이유로 도서관에서 지목을 받거나 달리 취급되어야만 할까?

모든 유형의 도서관에서 모든 연령의 노숙자들이 고품질의 참고서비스를 필요로 한다(Dowd 2018; Hersberger 2003; Hersberger 2005; Muggleton and Ruthven 2012). Keith A. Anderson, Chaniqua D. Simpson, 그리고 Lynette G. Fisher(2012, 180)는 다음과 같은 사항에 동의하였다: "노숙 도서관 이용지들의 요구에 봉사하는 문제는 복잡하다. 도서관 직원은 전문적으로 그리고 윤리적으로 노숙이용자들의 정보 및 지원 요구를 충족시키지 않을 수 없으며, 동시에 도서관 예의범절을 지키고 다른 이용자들의 요구에 봉사해야 한다."

정보전문직들은 노숙자, 정신질환자, 또는 기타 빈곤층들과 배려하면서도 효과적으로 상호작용하는 방법을 배울 수 있을 것이다. 여러 사람들이 이와 같은 다양한 집단에 봉사하는 것을 사회복지사의 영역으로 여기며, 실제로 사서와 사회복지사 간에는 업무가 중복되는 부분이 많이 있다. 또한 도서관직원 및 다양한 이용자들과 함께 일하기 위해서 사회복지사나 공중보건간호사를 고용하는 도서관시스템들도 있다(American Library Association n.d.-b; Blank 2014; Jenkins 2014; Knight 2010; Nemec-Loise 2014; Shafer 2014). 그렇지만 이것은 대부분의 도서관들은 가질 수 없는 일종의 사치에 가깝다. 적절한 교육을 갖춘 사서들은 효과적인 정보의뢰서비스 제공자가 될 수 있다. 도서관직원은 경제적, 신체적, 가정적, 직업적, 정서적, 약물 남용 및 정신건강 문제를 갖고 있는 노숙이용자들을 적합한 기관으로 의뢰하고 인간적으로 공감함으로써 도움을 줄 수 있다(Anderson, Simpson, and Fisher 2012). 노숙자들과 빈곤층이 동일하게 양질의 품격있는 서비스를 받을 자격이 있다는 점을 강조하기 위해 Glen E. Holt는 다음과 같이 진술하였다(2006, 184); "이 시점에서 많은 공공도서관들이 물을 수 있는 잘못된 질문은 '우리 도서관이 가난한 사람들에게 무슨 서비스를 해야만 하는가'이다. 올바른 질문은 한층 복잡한 '우리가 알고 있는 방법으로부터 가난한 사람들이 혜택을 받을 수 있도록 우리 도서관이 어떻게 도서관 서비스를 개발하고 그들의 생활에 맞출 것인가'이다. 이것은 단지 표현의 차이가 아니다. 첫 번째 질문은 도서관 서비스에 대한 소극적인 '공급 측면'의 사고, 즉 '우리가 서비스를 제공하면, 그들이 올 것이다'를 나타내고 있다. 두 번째 질문은 과정과 결과를 포함하는(필요로 하는 것이 무엇인지 발견해 내는) 적극적인 것이다."

이 목적을 달성하기 위해서, John Gehner(2010)는 도서관 전문직들이 빈곤과 노숙의 결핍과 원인들을(그 징후가 아니라) 이해하기 위하여 그들의 겉모습 이면을 살펴볼 수 있도록, 도서관으로부터 벗어나 다양한 이용자집단을 인식할 것을 제안하였다. 상황에 대한 보다 깊은 이해가 사회적으로 배제된 특정 집단의 장벽을 제거하는 데 도움이 될 수 있다. 도서관 직원은 "자선이 아니라 포용이 존엄한 것임을 이해할" 필요가 있다(Gehner 2010, 45). 노숙자와 빈곤층 대상 참고서비스에 대한 다른 사항으로는, 이용자들에게 보다 편리한 시간과 장소에서 서비스하기, 노숙자와 빈곤가정에 적합한 서비스에 초점을 두기, 그리고 이 새로운 계획을 홍보하기 등이 제시되었다(Holt 2006). Peter Willett와 Rebeca Broadley(2011)는 도서관들이 도서관정책, 특히 도서관 카드 취득을 위한 거주지 확인 정책을 평가해야 한다고까지 제의하였다; 노숙자들에게 이것은 불가능하다. 다른 방법 즉 임시회원이 가능한가? Julie Ann Winkelstein(2014)은 이에 동의하며 직원들은 이러한 지역사회 구성원들과 더불어 일할 수 있도록 특별히 훈련받고, 주변 지역사회와 제휴 관계를 수립하고, 기타 적절한 자원과 공동으로 사용될 용어집을 만들도록 제안하였다. 전반적으로 목적은 안전하고 우호적인 환경을 조성하기 위한 것이어야 한다.

12.6 수감자들에 대한 참고서비스

투옥되거나 감금된 사람들에 대한 도서관서비스는 중요한데, 부분적으로는 봉사대상의 다양성, 도서관의 소재지, 그리고 자원 및 직원의 부족 때문에 종종 간과되었다. 교도소 도서관은 사회정의의 문제로 종종 언급되었으며 교과과정, 취미와 여가독서, 법률적 업무,

그리고 서비스 사용자들의 전반적인 학습 및 향상을 지원할 수 있다. 교도소도서관은 또한 치유프로그램을(예, 약물남용, 분노조절) 제공하며 지극히 필요한 조용한 공간으로 이용될 수 있고 감금되어 있는 사람들에게 정상상태의 느낌을 제공한다(Lehman 2011). 정신질환, 노숙자, LGBTQIA+, 청소년, 소수자 등 기타 다양한 집단과 중복되는 소외된 빈곤층은 특히, 정보가 재활에 도움을 줄 수 있고 따라서 그들이 사회로 재진입하여 상습적 타락을 피할 수 있다는 점에서, 도서관서비스를 통해 혜택을 받는다(Clark and MacCreaigh 2006). 사람들이 일단 출소하면, 도서관은 또한 구직 기법 및 컴퓨터능력 개발로 도움을 줄 수 있다. 한 예로 Denver Public Library를 들 수 있는데, 여기서는 이전에 재소자였던 사람들을 세 가지 측면에서 지원하고 있다: "구직 탐색 기법 및 준비, 컴퓨터와 인터넷 기술, 그리고 도서관 인식 및 이해"(Morris 2013, 120). 도서관은 이 다양한 집단으로 하여금 수치심을 버리고 신뢰를 구축하여 함께 일할 수 있도록 직원을 훈련시킨다.

교도소도서관들은 종종 전임직원이 없다; 일부 도서관에서는 파트타임직원, 자원봉사자, 또는 임시로 교도소에 출입하는 이동도서관 사서들로 보충한다(Rubin and House 1983). 다른 서비스는 독자자문서비스 또는 외부 기관이나 우편을 통한 기본적인 질문응답서비스를 하는 봉사단체의 지원을 받는다. 이 환경에서 참고서비스는 특히 문제가 될 수 있다. Rebecca-Dixon과 Stephanie Thorson(2001)은, 참고서비스가 사서의 스케줄과 이용가능한 자원에 따라 단축되거나 산발적이 될 가능성이 있다고 서술하였다. 참고상호작용은 5분~10분간 지속될 수 있었으며 1달에 한 번 정도로 드물게 발생하였다. 이것은 참고면담을 매우 중요하게 만들고 우편 형식을 통한 보조적인 서비스를 필요하게 한다. Sheila Clark과 Erica MacCreaigh(2006)는 남녀 입소자들이 제기한 질문의 범위를 서술하였는데, 그중 대부분은 신뢰(또는 애착)문제를 가지고 있다. 저자들은 도서관이 이용자들의 기본적인 정보요구, 즉 그들의 범죄혐의, 가족, 변호사에 대한 의사결정에 도움이 될 정보를 충족시키고 있다고 서술하였다. 저자들은 도서관전문직들로 하여금 "사서는 이러한 질문에 대해 어떤 답변을 할 수 없고 또 해서도 안 되며, 우리는 이용자들이 스스로 질문에 답변하는데 조사자료를 제공할 의무가 있다"고 진술하면서 서비스하도록 조언한다(Clark and MacCreaigh 2006, 194). 이와 같은 질문은 소송 절차와 형사적 책임에 대한 문의를 포함할 수 있다.

이러한 상황은, 법률 정보 및 조사를 도와주고자 시도할 때, 한층 더 어렵다. 저자들은 계속하여 배경, 커뮤니케이션 기술, 교육수준이 매우 다양한 이 집단과 더불어 일하는 동안

동정심, 유연성, 종종 비밀보장의 필요성을 논하고 있다. "이 사람들을 응대하는 사서들은 모두 공정 관념과 더불어 다음과 같은 자질을 갖추어야 한다; 융통성, 보통 이상의 관용, 우수한 소통능력, 모든 사람에 대한 문화적 쟁점 인식과 편견 부재, 정서적 성숙, 그리고 유머 감각. 이러한 능력은 교도소 사서들에게 더욱더 필요한데, 왜냐하면 사서가 응대할 이용자들의 극한 상황과 억압된 환경 때문이다. 그리고 종종 일부 수감자들의 한정된 소통능력은 특수한 문제를 초래하며, 참고면담을 더욱 중요하게 만든다"(Clark and MacCreaigh 2006, 51).

즉시응답, 독자자문, 그리고 법률정보는 이러한 집단에 특히 중요하다. Glennor L. Shirley (2003, 71)는 위험하게 생각되는 자료에 대해 경고하고 있는데, 왜냐하면 해당 자료들이 폭력적인 사람, 성범죄자, 또는 정신적 문제가 있는 수감자들을 과도하게 자극할 수 있기 때문이다. 따라서 교도소도서관은 자료의 검열을 겪게 되고, 나아가 사서의 영향과 능력을 제한하게 된다. 감옥이나 수용소 또는 공공도서관에서 일하는 사서들은 "지역사회 제휴기관 특히 재활훈련소, 정보기관, 교정기관, 그리고 기타 범죄자에게 서비스하는 기관들과 더불어" 관계를 형성함으로써 이 지역사회 구성원들을 도울 수 있다(Morris 2013, 120)(Box 12.4 참조). 제휴 관계는 이 이용자집단의 발전과 사회로의 재진입을 돕기 위해 특히 중요하다.

Box 12.4
학습과제: 수감자들을 위한 도서

UC Books to Prisoners (http://www.books2prisoners.org)는 Illinois 주 Urbana에 있는 자원봉사 프로젝트인데, 주 전체의 수감자들에게 도서를 제공한다. 수감자들은 이 기관의 자원봉사자들에게 서면으로 독서물을 요청할 수 있다. 이러한 활동은 도서관서비스를 갖춘 감옥과 수용소에 혜택을 주지만, 도서관과 직원이 없는 시설에 특히 필요하다. 유사한 기관이 Seattle(http://www.bookstoprisoners.net), New York, Louisiana, Oregon 등 미국의 여러 주에 존재한다(http://prisonbookprogram.org/resources/other-gooks-to-prisoners-programs/). Wisconsin 주 Madison에 위치한 *LGBT Books to Prisoners* 는 (http://lgbtbookstoprisoners.org) 이 아이디어를 확장시켜 미국 전체의 LGBT 수감자들에게 독서물을 보낸다.

- 토론 질문
1. 당신이 속해 있는 지역에는 투옥되거나 또는 최근에 석방된 사람들의 정보요구 충족을 위한 어떤 서비스가 존재합니까?
2. 만약 해당 서비스가 존재하지 않으면, 당신은 지역사회의 도서관이 투옥되거나 또는 최근에 석방된 사람들 대상 서비스에 참여하도록 어떤 제안을 하겠습니까?

12.7 성소수자들에 대한 참고서비스

증가되고 있는 다양한 이용자집단의 하나는 LGBTQIA+(lesbian, gay, bisexual, transgender, queer/questioning, intersex, and asexual)이다. 이 명칭에 대해서 논쟁이 있는데, 왜냐하면 해당 지역사회 안에서조차도 이 용어가 성적 다양성을 충분히 포함하지 못하는 것으로 여겨지기 때문이다. 그 외의 정체성으로는 transsexual, nonheterosexual 그리고 non-cisgender가 있다. 본 절에서는 이러한 집단에 대한 참고서비스를 논하기 위해 성소수자란 용어를 사용한다. 내재적인 다양성에 추가하여 성소수자 사회는 특히 중복되는 부분이 많은데, 이 집단 대상 서비스는 노숙자, 정신질환자, 또는 수감자들에 서비스와 상당 부분 연관이 있다. Becky McKay(2011, 394)가 지적하는 바와 같이, "성소수자들은 연구 및 지원을 목적으로 집단화되어 있지만, 성소수자 사회는 성별, 인종/민족, 연령, 사회경제적 계층, 종교, 지리적 영역 등 몇 가지 차이점만 보더라도 매우 다른 사람들로 구성되어 있다. 그렇지만, 인식은 이러한 다양한 구성요소를 결합시키는 한가지 상태에 머물러 있다." 그는 성소수자 집단은 특히 의료시스템에 대한 두려움 때문에 신체적 정신적 건강 문제를 일으키기 쉬우며, 따라서 자살률이 높다고 서술하고 있다(성소수자 집단의 뉘앙스에 관한 더 많은 사항은 Greenblatt 2011, Taylor 2002, Thompson 2012를 참조하시오).

Ann Curry(2005), Jeanie Austin(2012, 2018), 그리고 또 다른 저자들은 젊은 성소수자들에 집중하고 있지만, 도서관에서 그들에게 봉사하는데 사용되는 모범사례들은 성소수자 전체에 적용된다. Curry는 또한 사서가 성소수자 커뮤니티에 속한 이용자들을 서비스할 때 영향을 미칠 수 있는 암묵적 편견을 논하고 있다. 그는 비록 참고데스크의 사서가 이들에게 대한 봉사나 상호작용을 고의로 무례하게 거절하지는 않는다 하더라도, 사서들의 태도나 신체언어가 불쾌함, 적개심, 또는 비꼬움을 암시할 수 있다고 서술하고 있다. 그와 같은 비언어적 커뮤니케이션은 참고면담 및 상호작용을 단념시키거나 억제하도록 만들 수 있다. 신체언어, 그리고 연속되는 탐색전략(또는 전략 부족), 그리고 맺음말 또는 추적조사의 결여는 객관성 부족 및 이용자를 돕기 싫은 마음을 나타낼 수 있다. 참고대면의 실패는, 도서관 장서 또는 목록이 최신성이 없거나 해당 커뮤니티를 하지 못할 때 또는 심지어 성소수자 커뮤니티와 그들의 요구 및 관심을 배제할 때, 가중될 수 있다. Cal Gough와 Ellen Greenblatt(1992, 61)는, 도서관 장서가 기존 장서 및 분류체계에 맞지 않는다고 해서 적합한 자료가 결여되어 있는 경우를 "시스템적 서지 불가시성"(systemic bibliographic invisibility)이라고 지칭하였다.

Curry(2005, 72)의 연구는, 우수한 사서들은 우호적이고 "개인적이면서도 참견하지 않았으며," 참고면담을 잘 수행하고, 게이 또는 레즈비언이란 용어를 사용할 때 한결같은 편안함을 보여주었고, 적합한 정보원을 발견하였으며, 이용자에게 무엇을 할지 말해주는 대신에 함께 작업하였고, 더 이상의 정보가 필요한 경우 이용자를 타 기관으로 의뢰하였다는 점을 발견하였다. 일반적으로 청소년 또는 성인 성소수자와 더불어 작업할 때, 사서들은 질문에 흥미를 나타내야만 한다; 성소수자 관련 주제에 편안함을 나타내고; 시선을 계속 마주치고; 느긋한 자세를 취하고; 이용자에게 모든 관심을 집중하고; 분리된 곳에서 사생활을 유지하며; 상호작용하는 동안 이용자로 하여금 여유 있게 느끼도록 만든다(Curry 2005, 73). 물론 이러한 모범사례들은 모든 유형의 도서관에서 이루어져야 한다.

도서관 및 직원은 SWOT(strengths, weaknesses, opportunities, and threats) 분석을 통해 행동과 자원을 고찰해 보고 그 결과에 따라 조절해야 한다(Mehra and Braquet 2011). 이 커뮤니티와 상호작용에서 한 가지 중요하지만 간과될 가능성 있는 사항은 채팅참고서비스, 논문 데이터베이스, 온라인 튜토리얼을 포함하는 강력한 가상서비스와 정보원을 구축하고 유지하는 것이다. 성소수자에 대하여 일반적인 그리고 전문적인 탐색 보조자료와 도서관 안내서가 도서관에 비치되거나 도서관 웹사이트에 탑재될 수 있다. 이러한 자료는 이용자들로 하여금 내밀하게 독립적으로 정보를 찾을 수 있게 해준다; 이것은 성소수자 커뮤니티에게 중요한 부분이다. "편견과 거부반응에 대한 두려움으로 인하여, 성소수자들은 문제를 대면하여 얘기하기보다는 온라인 참고서비스의 익명성이 질문제기에 보다 안전하고 편안하다는 것을 알게 된다"(Thompson 2012, 11).

마지막으로, Kelly J. Thompson(2012)은 도서관이 이 집단과 효과적으로 작업하고 도서관 전체를 우호적인 환경으로 만들기 위한 노력으로 직원훈련을 제안하였으며, Gough와 Greenblatt(1992)는 사서들이 자료와 질문을 중립적으로 평등하게 다루고 광범위한 동성애 차별 사회에 내재되어 있는 추측, 고정관념, 편견을 중단할 것을 건의하였다.

12.8 장애인에 대한 참고서비스

사서들이 전폭적인 참고서비스를 개발할 필요가 있는 인구집단 중에 신체적 발달적 차이를 갖고 있는 사람들이 있다; 이들은 시력장애인(Davies 2007), 청각장애인(Day 2000; Saar and Arthur-Okor 2013), 다양한 이동장애인(이 중 일부는 관찰자가 분간할 수 없다), 그리고 자폐스펙트럼장애(ASDs)로 진단받은 사람들을 포함한다(Anderson 2018; Anderson and Everhart 2015; Remy, Seaman, and Polacek 2014). 1990년에 제정된 the Americans with Disabilities ACT(ADA)는 "모든 시민에게 완전하고 평등한 기회를 부여하는 미국의 책무에 하나의 획기적 사건"으로 나타났다(U.S. Equal Employment Opportunity Commission and the U.S. Department of Justice 1992). ADA는 제 2조에서 장애를 가진 개인에 대한 공공서비스를 규정하고 있다. Michael G. Gunde(1991, 99)는, "도서관서비스는 장애를 가진 이용자가 지역의 도서관으로부터 동등한 혜택을 받을 수 있도록 제공되어야 한다. … ADA 준수에 관한 모든 결정은, 서비스 및 프로그램 관련 요소와 장애를 가진 도서관이용자의 요구를 고려하며, 사례별로 이루어져야만 한다." 장애인을 위한 특정 서비스 제공이 요청되었을 때, 도서관에 과도한 부담이 초래됨을 입증할 수 있는 경우에만 응하지 않을 수 있다. 그렇지만, "요청"에 기초를 두고 생각하는 것은 단순한 현실을 엄폐할 수 있다. Katty Lenn(1996, 14)이 논평한 바와 같이, "장애인을 위한 법률의 목적은 특권을 만드는 것이 아니라 평등한 권리를 만들기 위한 것임을 기억할 필요가 있다."

12.8.1 시각장애인과 청각장애인

스피치 인식 시스템, 화면 확대 소프트웨어, 그리고 자동 점자인쇄기와 같은 어댑티브테크놀로지의 발전은 여러 가지 장애인 이용자들의 정보접근을 변모시켰다. 그러나 첨단기술을 위한 재원 부족이 장애인 이용자들에 대한 서비스를 방해해서는 안 된다. ADA 준수의 여러 가지 양상은 기술집약적인 것이 아니며 신체장애가 없는 사람들에게도 도움이 된다. 확대경과 조절 가능한 가구는 두 가지 사례이다. 다른 방안들은 비용 이상의 계획을 필요로 한다. 흰색 배경의 검은 글씨 키보드를 갖춘 버튼식 높이조절가능 테이블과 범용 마우스와 트랙볼 같은 두 가지 장치를 갖춘 워크스테이션은, 휠체어 이용자들은 물론 반복사용긴장증후군, 손목수근관증후증, 그리고 기타 손놀림장애인들의 요구를 충족시킬 것이다(Goddard 2004). Rob Imrie(2004)는 유니버설 디자인 원칙을 옹호하였는데 이것은 제품, 환경, 그리고 커뮤니케이션시스템이 다양한 이용자들을 위해 설계된 것이다. 그는, 포용의 정서 안에서 디자인원칙과 기술적용이 이루어지려면, 사회적, 의식적, 정치적 변환이 선행되어야 한다고 강조한다. 이러한 권고를 따름으로써 도서관은 신체장애가 없는 이용자와 장애인 이용자들의 요구를 동시에 만족시킬 수 있을 것이다.

일반 이용자들에게 새로운 서비스와 기술 중에는 장애인들에게 예상치 못했던 혜택을 가져다준 것이 있다: 예를 들면, 실시간 온라인체험 참고서비스는 종래의 TTY참고서비스에 혁신을 가져왔다. 그렇지만, 뜻밖의 결과들이 환영받지 못했는데, 예를 들면 컴퓨터망이용자 워크스테이션은 종종 재구성하거나 개인화하기가 어려웠다(Goddard 2004, 4). 음성인식 소프트웨어는 컴퓨터가 "인식"할 수 있게 이용자가 음성파일을 구축해야 하는데, 이것은 공유사용 환경에서 또 다른 문제가 된다. 기술 중 일부는, 예를 들어 점자프린터와 음성출력시스템처럼, 노이즈를 생성한다(헤드폰은 음성출력시스템의 문제를 경감시킬 수 있지만). 따라서, 학습장애를 갖고있는 이용자를 위한 워크스테이션은 주의가 산만하지 않은 조용한 장소에 설치되어야 한다.

각 도서관은, 사서를 돕기 위해 작성된 출판물과 더불어 ADA를 지침으로 활용하여, 자관의 서비스정책을 수립할 필요가 있다. 한 도서관은 예를 들어, 직원이 동등한 즉시 서비스 전달을 할 수 없을 때, 참고질문의 답변으로 정보의 사진복제를 24시간 이내에 제공하는 정책을 채택할 수 있을 것이다. 업무가 지향할 목표는 모든 사람을 동등하게 대접하는 것이며, 핵심 요소는 직원이 긍정적 태도를 갖는 것이다. 어떤 도서관에서라도 참고부서는 확실히 장애인을 위한 서비스 개발과 구현에 중심적 역할을 할 것이다.

법적으로 그리고 윤리적으로, 사서는 그들이 제공한 참고서비스를 장애인 이용자의 관점에서 평가해야 한다. 이것은 어려운 임무인데, 어떠한 커뮤니티에도 무력하게 만드는 조건이 무수히 많고, 한 가지 힘든 상황이 발생할 비율은 상대적으로 낮기 때문이다.

12.8.2 발달 장애인

발달 장애를 가진 사람들은 다양한 범주에 속한다: 이러한 장애에 공통되는 특징은 언어, 커뮤니케이션, 지각, 인지에 대한 어려움이다. 일부는 또한 정서적 그리고 사회적 발달 문제를 겪는다. 다양한 특징으로 인해 참고서비스 요구가 달라질 것이며, 그에 따라 사서는 적절히 계획할 필요가 있다.

정보를 다루는 제한된 능력에도 불구하고, 발달 장애인들은 정보에 대한 권리를 갖고 있으며, 참고사서는 그들의 요구에 맞게 서비스를 조절할 수 있다. 참고면담 세션은 짧으면서 집중될 필요가 있다. 고쳐말하기 또는 반복하기가 필요할 수 있으며, 창의적 경청이 커뮤니케이션을 용이하게 한다. 가장 성공적인 자료는 글자가 크고, 본문이 간단하고, 난해하지 않은 그림을 갖고 있는 것이다. 비록 아동대상 자료가 종종 우수한 참고도서로 판명되고 있음에도 불구하고, 발달장애를 갖고있는 성인들은 직업, 사회관계, 성, 자산관리, 육아 등과 같은 다양한 어른들의 관심사를 가지고 있다; 따라서 그들은 빈번하게 아동 참고집서 이상의 자료를 포함할 수 있다. 발달장애 이용자들은 정보처리 면에서 느리기 때문에, 대출이 되는 참고자료를 구비하거나 또는 관내에서 시간을 연장해서 자료를 이용할 수 있는 공간을 갖추도록 할 필요가 있다.

사서들은 그들이 부모나 보호자와 같은 중개인을 통해 장애인에게 봉사할 수 있다는 점을 인식할 필요가 있다. 도서관은, 가족과 보호자들이 상태를 이해하고 관리에 적절한 결정을 내릴 수 있도록, 지역 및 전국의 관련 기관을 포함한 발달장애 관련 정보를 제공해야 한다. 참고사서는 보호자, 교육자, 발달장애인을 위한 조직들이 사용하도록 서지와 도서관서비스에 관한 특수 정보브로셔 작성을 제안할 수 있다.

12.8.3 정신질환자

장애의 다른 한 가지는 정신질환인데, 이것은 ADA의 장애에 대한 정의에 포함되어 있다. 수용할 수 있는 충분한 지역사회 자원이 제공되지 못해 다수의 심각한 정신병자들이 시설에서 해방됨에 따라, 많은 사람들이 사회에서 소외되었으며 노숙자가 되기도 하였다.

The Association of Specialized Government and Cooperative Library Agencies (ASGCLA)는 도서관전문직들에게 정신질환자들이 다른 사람들에 비해 조금이라도 폭력에 더 노출되어서는 안 되며 자동적으로 차별되어서도 안 된다는 점을 상기시킨다. ASGCLA는 정신질환자들을 다음과 같이 일반 이용자들과 동등한 존경과 관용으로 대우할 것을 제안한다: 이 사람들이 문제가 있거나 안전상 위험하다고 급하게 가정하지 않는다; 정신질환을 일탈 또는 범죄 행동과 동일한 것으로 가정하지 않는다; 쉽게 혼란에 빠지는 이들에게 여분의 시간과 인내를 허락한다; 정신질환과 관련된 여러 가지 행동에 친숙해지고 또한 다른 이용자들도 그렇게 하도록 장려한다; 도서관 표지판을(이용자들을 독립적으로 만드는) 충분히 만든다; 이용자와 관련된 노력을 지나치게 강조하지 않는다; 추가적 자원을 제공할 지역사회 제휴관계를 수립한다(예, 정신건강클리닉, 수용시설, 노숙자쉼터, 사회복지사)(Association of Special Government and Cooperative Library Agencies 2018).

도서관은 참고실과 열람실에 유랑자들의 유입을 겪게 되었다. Thomas E. Hecker (1996)는 도서관의 "문제이용자"(problem patron) 응대를 서비스 및 보호가 적절하게 제공되는 장애 관점의 상황으로 대체하도록 제안하였다. 그렇지만 그는 도서관으로 하여금 극한 상황에 직면하여 사회복지기관으로서 봉사하도록 주장하는 것은 아니다: "오히려 나는 정신병을 갖고 있거나 또는 회복해서 사회 안에서 어느 정도 기능할 수 있는 이용자들에게 장애 모델을 적용할 것을 제안한다. 이 사람들은 우리의 관용을 한계에 도달하게 하는 징조를 보이기도 하지만, 관용이 그들로 하여금 사회에서 허용할만한 생활을 할 수 있게 만들 수 있다면, 관용은 그들에게 맞는 조절방안이다."(Hecker 1996, 10)

Anne M. Turner(2004, 12)는, 도서관에서 일어나는 문제적 상황 처리에 대한 책에서, 전문적 윤리와 원칙을 희생하지 않고 있음직한 모든 상태를 언급하는 엄격한 정책과 절차를 만들지 않으면서도, 도서관에 정신질환 이용자의(범위가 넓고 서로 중첩되는 부류의 사람들) 출현과 같은 예상치 못한 사회정책의 결과에 대처하는 것이 가능함을 제시하고 있다. 그는 도서관이 서비스에 대해 접근할 때 다소 큰 주제를 고찰하도록 제안하고 있다: 모든 사람은 도서관을 이용할 권리가 있다; 직원은 다양한 집단을 상대할 때 접근방법의 유연성이 있어야 한다; 도서관과 도서관 직원의 과제는 문제이용자가 아니라 문제적 상황의 처리 방법을 배우는 것이다.

12.9 노인에 대한 참고서비스

사서들은 성인 학습자의 특수한 요구에 대해 인식해야만 하는데(Cooke 2010), 이것은 도서관을 자주 방문하는 노인들에 대하여도 적용된다. 실제로, 노인들은 친절하고 우호적인 도서관 서비스를 필요로 하는 또 다른 특별한 요구를 가지고 있다. 센서스에 따르면, "노인"(elderly)이란 용어는 65세 이상의 성인을 지칭한다. 노인은 인구 중 가장 빠르게 증가하고 있는 부분으로 2010년 미국 인구의 12.9%를 차지하고 있다(U.S. Census Bureau 2012, Table 9); 이 비율은 2050년에 20.2%까지 증가될 것으로 예상된다. 도서관은 향후 25년 안에 가장 중요한 위치에 있을 증가하는 인구집단의 요구를 만족시키기 위해 참고서비스를 변화시켜야 한다(Decker 2010).

노인과 더불어 작업할 때는 각 이용자에게, 보편적 노인과 관련된 특성이나 흥미를 공유하지 않는, 한 사람으로 접근하는 것이 중요하다. 어느 누구도 노인은 인지적 능력이 저하되었다고 가정해서는 안 되는데, 왜냐하면 실제로 그렇지 않기 때문이다. 질병이 뇌를 침범하지 않는다면, 지적 능력은 연령과 더불어 향상될 수 있다(Mates 2003, 13). 그 밖의 다른 추측들 또한 배제되어야 한다; 예를 들면, 독서 흥미는 나이듦에 따라 변할 수도 있고 변치 않을 수도 있으며, 이 인구집단은 성 건강과 질병 예방에 관한 정보를 필요로 할 수 있다. 노인들이라고 해서 반드시 퇴직한 것은 아니다; 그들은 전일제 또는 시간제로 일을 할 수 있고, 또는 불완전고용 상태이거나 적극적으로 직업을 찾고 있을 수도 있다. 마지막으로 다수의 조부모들이 현재 손자들을 양육하고 있으며, 따라서 기술, 게임, 그리고 이 연령집단과 별로 관계가 없었던 기타 활동에 깊이 관련되어 있다. 이러한 노인들은 틀에 박힌 시니어 유형에 맞지 않는 참고서비스 요구를 가지고 있다.

노인을 위한 우수한 참고서비스는 성인 일반에 대한 우수한 참고서비스의 기본적 요소를 모두 포함하고 있다. The Reference and User Services Association(2017)의 노인 대상 도서관서비스 가이드라인은 도서관이 노인들에게 통합도서관서비스 전체를 제공하도록 강력히 권장한다. The ALA Office for Diversity, Literacy, and Outreach Services(n.d.)는 노인서비스를 위하여 큰글자자료와 확대장치를 갖추고, 안락하고 받쳐주는 의자를 구비하고, 접근 가능한 서가배치를 하고(자료를 찾아 과도하게 굽히거나 뻗치지 않도록), 적합한 정보를(예, 브로셔 또는 낱장 정보) 센터에 배치하고, 건물이 도움을 주고 접근 가능하도록(화장실, 엘리베이터, 접수대는 보조난간을 갖추어야 하며 컴퓨터스테이션은 ADA를 준수하며, 컴퓨터는 관절 질환자를 위해 코드리스 마우스를 장착한다) 주의할 것을 제안하였다.

참고사서는, 노인 이용자를 정형화하거나 또는 지배하는 것을 피하고, 노인들이 질문을 하도록 장려하며 또한 답변이 충분히 이해되었는지 확인하기 위하여 효과적인 커뮤니케이션 기술을 개발해야 한다. 예를 들면, 일부 노인들은 컴퓨터 사용경험이 한정되어 있으며 젊은 도서관이용자들 보다 더 많은 컴퓨터불안을 겪을 수 있다. 도서관이 한때는 친근하고 환영받는 레크리에이션 및 여가를 위한 장소였던 반면에, 지금은 위협적이고 비인간적인 곳으로 여겨질 수 있다. 노인 대상으로 특화된 온라인목록 교육 세션은(또는 워드프로세싱 교실, 이메일 워크샵, 인터넷탐색, 소셜미디어 등) 이용자들이 질문을 하고 자기 진도에 따른 실습과 일대일 코치를 경험할 수 있는 편안한 분위기를 만들 것이다.

도서관에서의 컴퓨터 이용이 너무 중요해졌기 때문에, Barbara T. Mates(2003)는 그가 저술한 책에서 챕터 2개를 노인 관련 주제에 할애하였다. 그는 하드웨어, 노인이 네비게이션과 조합에서 겪는 문제, 훈련과 마케팅 접근방법, 그리고 웹사이트 설계 권장사항을(색채 및 폰트 선택에 대한 유의사항) 논하고, 대다수의 노인들이 온라인상의 오보와 피싱 사기꾼의 만연에 준비되어 있지 않다는 점을 감안하여, 온라인 보안과 평가기법 교육의 중요성을 강조하였다. 건강정보와(성 건강정보를 포함한) 관련된 정보 접근과 훈련은 또한 점점 더 필요하다(Xie and Bugg 2009). 베이비부머들이 퇴직 연령에 도달함에 따라, 노인과 컴퓨터의 관계에 대한 양상이 변화되고 있다.

노인들에게 참고서비스를 제공하기 위하여, 자료와 서비스의 원거리 전달이 필요하게 되었다. 확실히, 노인에 대한 원거리 참고서비스의 가장 보편적인 형태는 전화를 통한 것이다. 대면 참고서비스가 많고 이것을 전화 질문응답 보다 우선시하는 도서관에서는 가정과 기관에 있는 노인들에게 봉사하기 위한 특별한 조처가 이루어져야 한다. 전화 응답에 앞서 방문 이용자들을 서비스하는 일반 규칙은 논리적이지만, 노인들의 도서관 접근을 어렵게 만들 수 있다. 쉽게 도서관을 방문할 수 없는 노인을(또는 장애인) 위한 특수 전화서비스를 구축할 필요가 있다. 또한, 이동도서관 집서에 참고자료를 포함시켜서 노인주거시설, 양로원, 요양원, 또는 노인센터에 정차하도록 만들거나 또는 이러한 기관에 채팅 참고서비스와 이메일 참고서비스를 제공함으로써 노인들에 대한 서비스를 수행할 수 있다. 이동도서관 직원에 대한 기본적인 참고서비스 훈련과 돌봄서비스 직원에 대한 온라인참고서비스 보조 교육은 질문이 적시에 예상할 수 있는 방식으로 답변되는 것을 보장할 것이다.

노인들에게 참고서비스 이용이 가능하다는 점을 알리고 또한 그들이 환영받는다는 점을 느끼게 하는 것은 중요하다. 도서관은 노인들에게 특히 관심이 있을 서비스를 도서관브로셔, 도서관에서 개최되는 특수 정보프로그램, 그리고 외부 기관들을 통해 효과적으로 마케팅할 수 있다. 참고사서는 지역사회 내의 다른 서비스 기관들과의 커뮤니케이션을 발전시켜야 한다; 종종 노인서비스 전문가들이 노인 담당 도서관 직원을 위한 훈련을 제공하며, 기관 간 협력이 되면 도서관에 적절한 의뢰를 할 수 있다. 노인들이 도서관에서 무엇을 이용하는지를 주의 깊게 평가하는 것은 기존 서비스를 홍보할 필요성 또는 노인의 요구와 수용력에 맞도록 서비스를 조절할 방법을 알려줄 수 있다. 도서관은 노인들이 연령차별을 겪는 장소가 되어서는 안 되며, 오히려 생애학습과 건강하고 독립적인 생활을 장려하고 촉진시키는 장소가 되어야 한다. 이러한 환경을 달성하기 위하여, Connie Van Fleet(1995)는 노인에 봉사하는 사서들은 인내심이 필요하며, 말로 표현되지 않은 요구에 민감해야 하고, 서비스를 구현할 때 유연할 필요가 있다고 제언하였다.

12.10 결론

참고서비스는 주변환경이나 정체성에 관계없이 도서관이 봉사하는 커뮤니티에 있는 모든 사람들에게 제공되어야 한다. 해당 커뮤니티의 특정 집단이 참고서비스에 대한 동등한 접근을 가지도록 보장할 책임이 있는 사서들이 집중할 몇 가지 이슈가 있다. 첫째, 사서들은 참고서비스가 특정 집단의 요구에 능력에 따라 적합하게 변화되거나 또는 적어도 평가될 필요가 있다는 점을 인정하지 않으면 안 된다. 사서들은 커뮤니티 안에서 자유롭고 완전한 정보접근에 장애를 가진 집단을 식별할 필요가 있다(Box 12.5 참조). 이러한 평가는 도서관 참고자료 또는 서비스의 현재 이용자들을 조사하거나 관찰하는 것 이상으로 확장되어야 한다. 물리적 또는 의사소통의 장애가 존재한다면, 해당 장애의 영향을 받는 집단구성원들은 종종 도서관 비이용자들이며, 따라서 단지 이용자집단의 행동을 관찰하는 사서들은 그들을 볼 수 없다.

Box 12.5
학습과제: 그 밖의 다양한 집단

모든 커뮤니티는 다르고 또 역동적이다; 실제로 다양한 이용자집단은 매우 규모가 작고 또한 특정 커뮤니티의 고유한 집단이다. 본 장은 도서관을 이용하는 집단 전체가 아니라 그중 일부를 포함하고 있다. 예를 들면, Illinois 주에 있는 Arthur라는 마을에는 특정한 정보요구를 가지고 있는 대규모 Armish 커뮤니티가 있다(Miller and Aguilar 1984). California 주에 있는 Oakland Public Library는 (Oakland Public Library n.d.) 아시아계 10대들을 봉사하기 위하여 주목할만한 투자를 하였다. 그리고 다수의 커뮤니티가 자택에서 교육받으며 지역 도서관에 크게 의존하는 상당수의 아동을 가지고 있다(Jennings 2013).

- 토론 질문
1. 당신의 커뮤니티에는 어떤 다양한 집단이 있습니까?
2. 당신은 이러한 집단의 구성원들에게 앞서 언급한 모범사례와 서비스 권장사항을 어떻게 적용할 것입니까?
3. 당신이 이 집단의 요구에 친숙하지 않다면, 당신은 어떻게 더 배울 수 있습니까?

일단 집단이 식별되면, 사서는 각 집단에 있는 사람들의 특수한 요구를 만족시킬 서비스를 계획할 필요가 있다. 이 계획은 각 집단의 필요에 맞는 적용 사항을 결정하고, 식별된 요구를 만족시킬 도서관의 능력을 평가하고, 도서관이 취할 행동의 우선순위를 수립하는 것을 포함한다. 특수한 이용자들의 요구를 식별하고 해당 집단의 참고 요구를 만족시킬 장서와 서비스를 설계하기 위하여, 지방과 지역 또는 전국의 기관을 포함한 타기관들과 함께 작업하는 것이 중요하다(Box 12.6은 도서관이 협의할 수 있는 전문기관의 일부를 열거한 것이다). 도서관은 직원교육을 포함한 정책과 절차를 갖추어야 하는데, 이것은 참고서비스 전체에 대한 접근을 강화시킨다. 식별된 집단의 요구를 적용하기 위한 도서관 절차의 변경을 도서관 핸드북이나 편람에 편입되어야 한다. 사서는 편견을 갖거나 가정을 하지 말고, 다양한 이용자집단의 이용자들과 더불어 열심히 업무에 임해야 한다; 공감과 개방이 모든 참고트랜잭션과 도서관서비스를 이끌어 나가야 한다. 마지막으로, 사서들은 서비스와 시설에 대한 정기적 평가를 계획해야 하는데, 그렇게 함으로써 최신성을 유지하고 해당 집단의 변화는 물론 관련 도서관기술의 변화를 예측할 수 있다.

사서는 참고서비스를 계획하고, 참고집서를 수집하며, 해당 커뮤니티의 다양한 집단에 적합한 참고서비스 기법을 개발할 필요가 있다. 이러한 계획 과정은 커뮤니티를 구성하는 다양한 집단에 대한 이해로부터 시작되어야만 한다.

Box 12.6
다양한 인구집단 관련 전문단체

다음과 같은 기관이 모두 명시적으로 참고서비스와 관련된 것은 아니지만, 이 기관들은 일정 부분 다양성과 문화에 초점을 두고 있으며 도서관에서 참고서비스 및 관련 활동을 담당하는 전문직 사서들로 구성되거나 또는 그들에게 도움을 준다.

American Indian Library Association(AILA)
http://ailanet.org
Asian Pacific American Library Association(APALA)
http://www.apalaweb.org
Association of Specialized Government and Cooperative Library Agencies
http://www.aia.org/asgcia/
ASGCLA Library Services to the Incarcerated and Detained Interest Group
http://www.ala.org/asgcla/interestgroups/iglsid
ASGCLA Library Services for Youth in Custody Interest Group
http://www.ala.org/asgcla/interestgroups/iglsyc

Association of Tribal Archives, Libraries, & Museums(ATALM)
http://www.atalm.org/
Black Caucus of the American Library Association(BCALA)
http://www.bcala.org
Chinese American Librarians Association(CALA)
http://cala-web.org
Ethnic and Multicultural Information Exchange Round Table(EMIERT)
http://www.ala.org/emiert
The National Association to Promote Library & Information Services to Latinos and the Spanish Speacking(REFORMA)
http://www.reforma.org

【참고문헌】

American Library Association. 2019. "Library Bill of Rights." Last modified January 29, 2019. http://www.ala.org/advocacy/intfreedom/librarybill.

American Library Association. n. d.-a "B.3 Diversity (Old Number 60)." http://www.ala.org/aboutala/governance/policymanual/updatedpolicymanual/section2/3diversity.

American Library Association. n. d.-b. "Extending Our Reach: Reducing Homelessness Through Library Engagement." http://www.ala.org/offices/extending-our-reach-reducing-homelessness-through-library-engagement-6.

Anderson, Amelia. 2018. "Autism and the Academic Library: A Study of Online Communication." *College & Research Libraries* 79 (5): 645-58.

Anderson, Amelia, and Nancy Everhart. 2015. "Project PALS: Ensuring Success in Libraries for Patrons with Autism." *Teacher Librarian* 43 (2): 24-25.

Anderson, Keith A., Chaniqua D. Simpson, and Lynette G. Fisher. 2012. "The Ability of Public Library Staff to Help Homeless People in the United States: Exploring Relationships Roles and Potential." *Journal of Poverty and Social Justice* 20 (2): 177-90.

Association of Specialized Government and Cooperative Library Agencies. 2018. "Overview." Mental Health Issues. https://www.asgcladirect.org/resources/mental-health-issues/.

Austin, Jeanie. 2012. "Critical Issues in Juvenile Detention Libraries." *The Journal of Research on Libraries and Young Adults* (July 26). http://www.yalsa.ala.org/jrlya/2012/07/critical-issues-in-juvenile-detention-center-libraries/.

Austin, Jeanie. 2018. "Restorative Justice as a Tool to Address the Role of Policing and Incarceration in the Lives of Youth in the United States." *Journal of Librarianship and Information Science*: 1-15.

Berger, Joseph. 2012. "Libraries Speak the Mother Tongue." *The New York Times*, January 3, A18.

Blank, Barbara T. 2014. "Public Libraries Add Social Workers and Social Programs." *The New Social Worker* (Fall 2014). http://www.socialworker.com/feature-articles/practice/public-libraries-add-social-workers-and-social-programs/.

Bowdoin, Natalia Taylor, Chris Hagar, Joyce Monsees, Trishanjit Kaur, Trae Middlebrooks, Leatha Miles-Edmonson, Ashanti White, Touger Vang, Musa W. Olaka, Charles A. Yier, Clara M. Chu, and Barbara J. Ford. 2017. "Academic Libraries Serving Refugees and Asylum Seekers." *College & Research Libraries News* 78 (6): 298.

Brook, Freeda, Dave Ellenwood, and Althea E. Lazzaro. 2015. "In Pursuit of Antiracist Social Justice: Denaturalizing Whiteness in the Academic Library." *Library Trends* 64 (2): 246-84.

Brothen, Erin, and Erika Bennett. 2013. "The Culturally Relevant Reference Interview." In *Library Services for Multicultural Patrons: Strategies to Encourage Library Use*, edited by Carol Smallwood and Kim Becnel, 297-302. Langam, MD: Scarecrow Press.

Carder, Linda, Carl Pracht, and Robert Willingham. 1997. "Reaching the Whole Population: Adaptive Techniques for Reaching Students Who Fall Through the Cracks." Paper presented at the Twenty-Fourth National LOEX Library Instruction Conference, Ann Arbor, MI, May 16-18.

Carlson, David. 1990. *Adrift in a Sea of Change: California's Public Libraries Struggle to Meet the Information Needs of Multicultural Communities*. Sacramento: California State Library Foundation.

Clark, Sheila, and Erica MacCreaigh. 2006. *Library Services to the Incarcerated: Applying the Public Library Model in Correctional Facility Libraries*. Westport,

CT: Libraries Unlimited.

Cooke, Nicole A. 2010. "Becoming an Andragogical Librarian: Using Library Instruction as a Tool to Combat Library Anxiety and Empower Adult Learners." *New Review of Academic Librarianship* 16 (2): 208-27.

Cooke, Nicole A. 2016. *Information Services to Diverse Populations: Developing Culturally Competent Library Professionals.* Santa Barbara, CA: Libraries Unlimited.

Cuesta, Yolanda J. 2004. "Developing Outreach Skills in Library Staff." In *From Outreach to Equity: Innovative Models of Library Policy and Practice*, edited by Robin Osborne, 112-15. Chicago: American Library Association.

Curry, Ann. 2005. "If I Ask, Will They Answer? Evaluating Public Library Reference Service to Gay and Lesbian Youth." *Reference & User Services Quarterly* 45 (1): 65-75.

Davies, J. Eric. 2007. "An Overview of International Research into the Library and Information Needs of Visually Imaired People." *Library Trends* 55 (4): 785-95.

Day, John M., ed. 2000. *Guidelines for Library Services to Deaf People.* The Hague, Netherlands: The International Federation of Library Associations and Institutions.

Decker, Emy N. 2010. "Baby Boomers and the United States Public Library System." *Library Hi Tech* 28 (4): 605-16.

Dixen, Rebecca, and Stephanie Thorson. 2001. "How Librarians Serve People in Prison." *Computers in Libraries* 21 (9): 48-53.

Dowd, Ryan. 2018. *The Librarian's Guide to Homelessness: An Empathy-driven Approach to Slowing Problems, Preventing Conflict, and Serving Everyone.* Chicago: ALA Editions.

Dunbar, H. Minnie. 1986. "Bibliographic Instruction for Freshman Students at Florida International University." Paper presented at the National Conference on the Freshman Year Experience, Columbia, SC, February 18.

Elliot, Andrea. 2013. "Invisible Child." *The New York Times*, December 9. http://www.nytimes.com/projects/2013/invisible-child/index.html.

Elteto, Sharon, Rose M. Jackson, and Adriene Lim. 2008. "Is the Library a 'Welcoming Space'? An Urban Academic Library and Diverse Student Experiences." *portal:*

Libraries and the Academy 8 (3): 325-37.

Eyrich-Garg, Karin M., and Eric Rice. 2012. "Cyber Behavior of Homeless Adolescents and Adults." In *Encyclopedia of Cyber Behavior*, edited by Zheng Yan, 284-91. Hershey, PA: IGI Global.

Fitzgibbons, Shirley. 1983. "Reference and Information Services for Children and Young Adults: Definition, Services, and Issues." *The Reference Librarian* 2 (7/8): 1-30.

Ganster, Ligaya. 2011. "Reaching Out to International Students: A Focus-Group Approach to Developing Web Resources and Services." *College & Undergraduate Libraries* 18 (4): 368-84.

Gehner, John. 2010. "Libraries Low-Income People, and Social Exclusion." *Public Library Quarterly* 29 (1): 39-47.

Giesecke, Joan, and Beth McNeil. 2001. "Core Competencies for Libraries and Library Staff." In *Staff Development: A Practical Guide*, edited by Elizabeth Fuseler, Terry Dahlin, and Deborah A. Carver, 49-54. Chicago: American Library Association.

Gilton, Donna L. 1994. "A World of Difference: Preparing for Information Literacy Instruction for Diverse Groups." *Multicultural Review* 3 (3): 54-62.

Goddard, Marti. 2004. "Access through Technology." *Library Journal Net Connect* 129 (Spring): 2-6.

Goodman, Valeda D. 2011. "Applying Ethnographic Research Methods in Library and Information Settings." *Libri* 61 (1): 1-11.

Gough, Cal, and Ellen Greenblatt. 1992. "Services to Gay and Lesbian Patrons: Examining the Myths." *Library Journal* 117 (1): 59-63.

Grover, Robert, Roger C. Greer, and John Agada. 2010. *Assessing Information Needs: Managing Transformative Library Services*. Santa Barbara, CA: Libraries Unlimited.

Greenblatt, Ellen, ed. 2011. *Serving LGBTIQ Library and Archives Users: Essays on Outreach, Service, Collections and Access*. Jefferson, NC: McFarland.

Gunde, Michael G. 1991. "Working with the Americans with Disabilities Act." *Library Journal* 116 (December): 99-100.

Hall, Patrick Andrew. 1991. "The Role of Affectivity in Instructing People of Color: Some Implications for Bibliographic Instruction." *Library Trends* 39 (Winter):

316-26.

Hanley, Robert. 1992. "Library Wins in Homeless-Man Case." *The New York TImes*, March 25. http://www.nytimes.com/1992/03/25/nyregion/library-wins-in-homeless-man-case.html.

Hecker, Thomas E. 1996. "Patrons with Desabilities of Problem Patrons: Which Model Should Librarians Apply to People with Mental Illness?" *The Reference Librarian* 53: 5-12.

Hersberger, Julie. 2003. "Are the Economically Poor Information Poor? Does the Digital Divide Affect the Homeless and Access to Information?" *Canadian Journal of Information and Library Science* 27 (3): 45-64.

Hersberger, Julie. 2005. "The Homeless and Information Needs and Services." *Reference & User Services Quarterly* 44 (3): 199-202.

Holt, Glen E. 2006. "Fitting Library Services into the Lives of the Poor." *The Bottom Line: Managing Library Finances* 19 (4): 179-86.

Imrie, Rob 2004. "From Universal to Inclusive Design in the Built Environment." In *Disabling Barriers-Enabling Environments*, edited by Jogn Swain, Sally French, Colin Barnes, and Carol Thomas, 2nd ed. 279-84. London: Sage.

Ishuimura, Yusuke, and Joan C. Bartlett. 2014. "Are Librarians Equipped to Teach International Students? A Survey of Current Practices and Recommendations for Training." *The Journal of Academic Librarianship* 40 (3-4): 313-21.

Janes, Phoebe, and Ellen Meltzer. 1990. "Origins and Attitudes: Training Reference Librarians for a Pluralistic World." *The Reference Librarian* 30: 145-55.

Jenkins, Mark. 2014. "D.C. Adds a Social Worker to Library System to Work with with Homeless Patrons." *The Washington Post*, August 27. https://www.washingtonpost.com/local/dc-adds-a-social-worker-to-library-system-to-work-with-homeless-patrons/2014/08/26/2d80200c-2c96-11e4-be9e-60cc44c01e7f__story.html.

Jennings, Cynthia. 2013. "Homeschoolers and Public Libraries: A Synergistic Relationship." *Maine Policy Review* 22 (1): 92-93.

Katopol, Patricia F. 2014. "Management 2.0: Stereotype Threat." *Library Leadership & Management* 28 (3): 1.

Knight, Heather. 2010. "Library Adds Social Worker to Assist Homeless." *San Francisco Chronicle*, January 11. http://www.sfgate.com/bayarea/article/Library-addssocial-worker-to-assist-homeless-3275950.php.

Knight, Lorrie, Maryann Hight, and Lisa Polfer. 2010. "Rethinking the Library for the International Student Community." *Reference Services Review* 38 (4): 581-605.

Lam, R. Errol. 1988. "The Reference Interview: Some Intercultural Considerations." *RQ* 27 (3): 390-5.

Lehmann, Vibeke. 2011. "Challenges and Accomplishments in US Prison Libraries." *Library Trends* 59 (3): 490-508.

Lenn, Katy. 1996. "Library Services to Disabled Students: Outreach and Education." *The Reference Librarian* 53: 13-25.

Leonard, Gillian D. 1993. "Multiculturalism and Library Services." *The Acquisitions Librarian* 5 (9-10): 3-19.

Lewis, Mary Genevieve. 1969. "Library Orientation for Asian College Students." *College & Research Libraries* 30: 267-72.

Liu, Mengxiong. 1995. "Ethnicity and Information Seeking." *The Reference Librarian* 23 (49-50): 123-34.

MacDonald, Gina, and Elizabeth Sakodie-Mensah. 1988. "ESL Students and American Libraries." *College & Research Libraries* 49 (5): 425-31.

Mates, Barbara T. 2003. *5-Star Programming and Services for Your 55+ Library Customers*. Chicago: American Library Association.

McCleer, Adriana. 2013. "Knowing Communities: A Review of Community Assessment Literature." *Public Library Quarterly* 32 (3): 263-74.

McDonald, Martha J. 1981. "Structural Approaches to Community Analysis." *Indiana Libraries* 1 (2): 51-59.

McKay, Becky. 2011. "Lesbian, Gay, Bisexual, and Transgender Health Issues, Disparities, and Information Resources." *Medical Reference Services Quarterly* 30 (4): 393-401.

Mehra, Bharat, and Donna Braquet. 2011. "Progressive LGBTQ Reference: Coming Out in the 21st Century." *Reference Services Review* 39 (3): 401-22.

Miller, Jerome K., and William Aguilar. 1984. "Public Library Use by Members of the Old Order Amish Faith." *RQ* 23 (3): 322-6.

Morris, Jen. 2013. "Free to Learn: Helping Ex-Offenders with Reentry." *Public Library Quarterly* 32 (2): 119-23.

Muggleton, Thomas H., and Ian Ruthven. 2012. "Homelessness and Access to the Informational Mainstream." *Journal of Documentation* 68 (2): 218-37.

Nemec-Loise, Jenna. 2014. "A Little Extra Help-Why Public Libraries Need Social Workers." *Public Libraries Online*, September 23. http://publiclibrariesonline.org/2014/09/a-little-extra-help-why-public-libraries-need-social-workers/.

Oakland Public Library. n. d. "Asian Branch." http://www.oaklandlibrary.org/teens/your-library/teen-zones/asian-branch.

Office for Diversity, Literacy, and Outreach Services. n. d. "Services to Older Adults." American Library Association. http://www.ala.org/advocacy/diversity/librariesrespond/services-older-adults.

Osa, Justina O., Sylvia A. Nyana, and Clara A. Ogbaa. 2006. "Effective Cross-Cultural Communication to Enhance Reference Transactions: Training Guidelines and Tips." *Knowledge Quest* 35 (2): 22-24.

Pyati, Ajit. 2003. "Limited English Proficient Users and the Need for Improved Reference Services." *Reference Services Review* 31 (3): 264-71.

Reference and User Services Association. 2017. "Guidelines to Library Services for Older Adults." American Library Association. Last modified September 2017. http://www.ala.org/rusa/guidelines/guidelines-by-topic.

Remy, Charlie, Priscilla Seaman, and Kelly M. Polacek. 2014. "Evolving from Disability to Diversity." *Reference & User Services Quarterly* 54 (1): 24-28.

Rubin, Rhea Joyce, and Connie House. 1983. "Library Service in US Jails: Issues, Questions, Trends." *Library Journal* 108 (3): 173-77.

Saar, Michael, and Helena Arthur-Okor. 2013. "Reference Services for the Deaf and Hard of Hearing." *Reference Services Review* 41 (3): 434-52.

Saunders, Laura, and Mary Jordan. 2013. "Significantly Different?" *Reference & User Services Quarterly* 52 (3): 216-23.

Sfondeles, Tina. 2014. "Family of Little League Champ without a Home Base of their Own." *Chicago Sun Times*, August 28. http://archive.is/yiHQb.

Shachaf, Pnina, and Sarah Horowitz. 2007. "Are Virtual Reference Services Color Blind?" *Library & Information Science Research* 28 (4): 501-20.

Shafer, Scott. 2014. "Urban Libraries Become De Facto Homeless Shelters." *NPR News Around the Nation*. Podcast audio. April 23. http://www.npr.org/2014/04/23/

306102523/san-francisco-library-hires-social-worker-to-help-homeless-patrons.

Shen, Lan. 2013. "Out of Information Poverty: Library Services for Urban Marginalized Immigrants." *Urban Library Journal* 19 (1): 1-12.

Shirley, Glennor L. 2003. "Correctional Libraries, Library Standards, and Diversity." *Journal of Correctional Education* 54 (2): 70-74.

Strong, Gary E. 2001. "Teaching Adult Literacy in a Multicultural Environment." In *Literacy & Libraries: Learning from Case Studies*, edited by GraceAnne A. DeCandido, 110-115. Chicago: American Lirbary Association.

Taylor, Jami K. 2002. "Targeting the Information Needs of Transgender Individuals." *Current Studies in Librarianship* 26 (1/2): 85-109.

Thompson, Kelly J. 2012. "Where's the 'T'? Improving Library Service to Community Members Who Are Transgender-Identified." *B Sides*, 1-17. http://ir.uiowa.edu/bsides/22.

Turock, Betty J. 2003. "Developing Diverse Professional Leaders." *New Library World* 104 (11/12): 491-98.

Turner, Anne M. 2004. *It Comes with the Territory: Handling Problem Situations in Libraries*. Jefferson, NC: McFarland & Company.

U.S. Census Bureau. 2012. *Statistical Abstract of the United States 2012*. Washington, DC: Government Printing Office. https://www.census.gov/library/publications/time-series/statistical_abstracts.html.

U.S. Census Bureau. 2018. *Demographic Turning Points for the United States: Population Projections for 2020 to 2060*. Washington, DC: Goverment Publishing Office. https://www2.census.gov/library/pblications/2018/demo/p25-1144.pdf.

U.S. Equal Employment Opportunity Commission, and the U.S. Department of Justice. 1992. *Americans with Disabilities Act Handbook*. Washington, DC: Government Publishing Office.

Van Fleet, Connie. 1995. "A Matter of Focus: Reference Services for Older Adults." *The Reference Librarians* 23 (49-50): 147-64.

Walker, Billie E. 2006. "Using Humor in Library Instruction." *Reference Services Review* 34 (1): 117-28.

Wang, Hong. 2012. "Immigration in American: Library Services and Information Resources." *Reference Services Review* 40 (3): 480-511.

Willett, Peter, and Rebecca Broadley. 2011. "Effective Public Library Outreach to Homeless People." *Library Review* 60 (8): 658-70.

Winkelstein, Julie A. 2014. "Public Libraries: Creating Safe Spaces for Homeless LGBTQ Youth." Paper presented at the 2014 IFLA Conference, Lyon, France, August 8.

Woelfer, Jill Palzkill, and David G. Hendry. 2011. "Homeless Young People and Living with Personal Digital Artifacts." In *Proceedings of the SIGCHI Conference on Human Factors in Computing Systems*, 1697-706. New York: ACM.

Xie, Bo, and Julid M. Bugg. 2009. "Public Library Computer Training for Older Adults to Access High-Quality Internet Health Information." *Library & Information Science Research* 31 (3): 155-62.

Zhang, Xiwen. 2001. "The Practice and Politics of Public Library Services to Asian Immigrants." *Contributions in Librarianship and Information Science* 97: 141-50.

【COMPETENCIES, STANDARDS, AND GUIDELINES】

Alter, Rachel, Linda Walling, Susan Beck, Kathleen Garland, Ardis Hanson, and Walter Metz. 2007. *Guidelines for Library Services for People with Mental Illnesses*. Chicago: Association of Specialized and Cooperative Library Agencies, American Library Association.

American Library Association. 2010. "Prisoners' Right to Read." http://www.ala.org/advocacy/intfreedom/librarybill/interpretations/prisonersrightoread.

Association of College and Research Libraries. 2012. "Diversity Standards: Cultural Competency for Academic Libraries." American Library Association. http://www.ala.org/acrl/standards/diversity.

Association of Specialized and Cooperative Library Agencies. 2011. *Revised Standards and Guidelines of Service for the Library of Congress Network of Libraries for the Blind and Physically Handicapped*. Chicago: Association of Specialized and Cooperative Library Agencies.

Goddard, Martha L., ed. 1996. *Guidelines for Library and Information Services for the American Deaf Community*. Chicago: Association of Specialized and Cooperative

Library Agencies.

Lehmann, Vibeke, and Joanne Locke. 2005. *Guidelines for Library Services to Prisoners*. IFLA Professional Reports, No. 92. The Hague, Netherlands: International Federation of Library Associations and Institutions.

Reference and User Services Association. 2007. "Guidelines for Library Services to Spanish Speaking Library Users." American Library Association. http://www.ala.org/rusa/resources/guidelines/guidespanish.

Reference and User Services Association. 2007. "Guidelines for the Development and Promotion of Miltilingual Collections and Services." American Library Association. http://www.ala.org/rusaresources/guidelines/guidemultilingual.

Reference and User Services Association. 2008. "Guidelines for Library and Information Services to Older Adults." American Library Association. http://www.ala.org/rusa/guidelines/guidenines-by-topic.

【SUGGESTED READINGS】

Drabinski, Emily, and Debbie Rabina. 2015. "Reference Services to Incarcerated People, Part I: Themes Emerging from Answering Reference Questions from Prisons and Jails." *Reference and User Services Quarterly* 55 (2): 42-48; Rabina, Debbie, and Emily Drabinski. 2015. "Reference Services to Incarcerated People, Part II: Sources and Learning Outcomes." *Reference and User Services Quarterly* 55 (2): 123-31.

Starting with a service learning assignment for LIS students, the authors analyzed reference queries from incarcerated individuals In Part I, the authors discuss the type of queries received; in Part II, the authors discuss how the assignment met the learning outcomes for the course. The two articles reveal that information poverty can affect marginalized and vulnerable patron groups and emphasize the need to proactively expose library professionals to strategies and resources that can assist with reference provision to diverse populations.

Paris, Django. 2012. "Culturally Sustaining Pedagogy: A Needed Change in Stance, Terminology, and Practice." *Educational Researcher* 41 (3): 93-97.

    An education scholar, Paris builds upon classic texts in the disciplines and advocates for actively incorporating learners' cultures into the teaching and learning process. This approach is something that reference and instruction librarians should be considering and embracing in their professional practices, inside and outside library classrooms. The more library professionals understand and appreciate their patrons' backgrounds and cultural wealth, the better position they will be in to assist them with their information needs.

Press, Nancy Ottman, and Mary Diggs-Hobson. 2005. "Providing Health Information to Community Members Where They Are: Characteristics of the Culturally Competent Librarian." *Library Trends* 53 (3): 397-410.

    Because cultural competence emerged from the applied health sciences, it is not surprising that medical library professionals were among the first to embrace the concept and that they have been discussing cultural competence in the literature for almost two decades. The authors provide concrete steps for acquiring cultural competence; the steps require effort, but they are accessible and approapriate for library professionals in any setting that provides reference and instruction services.

Sanchez, Joe. 2018. "'What Are They Doing, Like, in a Library?' Mexican-American Experiences in their High School Library." *Young Adult Library Services* 16 (4): 26-30.

    Sanchez explores the experiences of Mexican-American high school students and specifically investigates their social media use, study habits, and experiences with their school library. Children and young adults of color have specific historical and cultural experiences and information needs that library professionals shoud be aware of in order to provide the most effective and compassionate services possible to minority youth. LIS professionals need to look beyond stereotypical labels, such as "at risk." when serving non-white youth.

색 인

국문색인

【ㄱ】

가상참고서비스, 161-174
간접 지도, 20
개방접근, 142
검열, 45
게릴라 마케팅, 310-311
경영과 지도력, 207-211
계속교육, 26, 136
계층적 참고서비스, 22, 156-157
공공도서관, 7-8
공동 아카이빙, 135
공동 편목, 131-132
공유라이선싱, 133-134
공정사용, 49-50
관찰, 240-241
교사로서의 사서, 60, 99-100
교육가능 모멘트, 103-106
교육내용, 271
국제도서관협회연맹 윤리강령, 43, 55-56
기술 발전, 12-13

【ㄴ】

난민, 360-361
노숙자와 극빈층, 361-363
노인, 371-373

【ㄷ】

다양성, 13, 47
대공중서비스, 138-139
대면 참고서비스, 153-161
데이터 관리, 142
도서관권리선언, 42, 53-54
도서관불안, 110-111
도서관상호대차, 132
도서관 오리엔테이션, 97
도서관 지역사회, 4, 29
도서관 웹사이트, 304-305
도서관 이용교육, 97
도서관 출판기능, 6
독자자문서비스, 337-339
디지털 리포지토리, 135
디지털 정보리터러시, 333-334

【ㄹ】

리터러시 프로그램, 20

【ㅁ】

마케팅과 홍보, 11, 285-312
메타포, 109
문자 참고서비스, 77
문화적 역량, 354
미국 헌법, 42, 54
미국도서관협회 윤리강령, 40, 52-53
미국법률도서관협회, 41
미국정보학회 전문직가이드라인, 41
미디어센터, 312
미스터리 쇼핑, 240-241

【ㅂ】

발달 장애, 369-370
보수적 서비스철학, 16-17
보스턴공공도서관, 7-8
보편교육, 7-8
부과된 질의, 81-82
블로그, 308
비밀유지, 50-51
비판적 정보리터러시, 99

【ㅅ】

사생활, 50-51
사용성, 232-233
상호교차성, 354-355
서베이, 237-239
서지교육, 98
서지 확인과 인용, 19
선언적 내용, 271-272
성과, 226
성적 지향, 328, 366-367
세계인권선언, 43, 54-55
소셜미디어, 305-309
수감자, 363-365
수정헌법 1조, 54
수정헌법 4조, 42-43, 54
스냅챗, 309
스카이프, 170
시각장애, 368-369
시장조사, 289-294
신문, 311-312

【ㅇ】

아동과 청소년 서비스
    교육자원, 334-336
    다양성, 324-325
    독자자문, 337-338
    디지털정보리터러시, 333-334
    문화적 접근, 323-324
    발달적 접근, 318-323
    이중언어와 다중언어, 326-327
    인종과 민족, 324-326
    인터넷 필터링, 331-332
    재택학습자, 336
    정보접근, 331
연구상담, 18, 157-158
연간 프로그램, 137
예약 참고서비스, 22
오리엔테이션, 258-259
온라인 실시간 채팅참고서비스, 166-170
외국인 학생, 359-360
외부 보관소, 135
워크샵, 136-137
원거리 이용자, 22-23
원거리 참고면담, 77-80
원문전달서비스, 132
웨비나, 136, 209
웹폼 참고서비스, 163-165
위기 커뮤니케이션, 198-199
윤리
    강령, 39-42
    기밀유지, 50-51
    보안, 50-51
    사생활, 50-51
    사서, 37-39
    접근권, 48-49
    접근평등, 48
    정책서술, 43-45
이동하는 사서, 22, 158-161
이메일 참고서비스, 79-80, 163-165
이민자, 360-361
이용자 다양성
    노숙자와 극빈자, 361-363
    민족 배경, 356-359
    서비스 원칙, 352-356
    성소수자, 366-367
    외국학생과 이민자, 359-361

장애인, 367-371
이용자 만족, 229-230
이용자 세분화, 291-292
이용자 페르소나, 292-294, 297-299
이중언어와 다중언어, 326-327
인스타그램, 308
인스턴트 메신저, 166
인종과 민족 배경, 356-359
인테넷 필터링 정책, 331-333
인포그래픽스, 114-115
입소문 마케팅, 309-310

【ㅈ】

자료조직, 5-6
장서, 5
장애인, 367-370
재택학습자, 336-337
저널과 상업 출판물, 209
저작권, 49-50
적응 프로그램, 258-259
전문협회, 208
전자 뉴스레터, 305
전화 참고서비스, 77
접근권, 45-48
접근 평등, 48-49
정보리터러시 교육, 98-99
정신질환, 370
제휴관계, 199
젠더 정체성, 327-328
조건적 내용, 271-272
주제전문사서, 18-19
중개라이선싱, 134
중도적 서비스철학, 16-17
중립적 질문, 335
지역사회 관계, 200-201
지역사회 분석, 358
지역 제휴기관, 199
지적 자유, 38-39

직접 지도, 20
진보적 서비스철학, 16-17

【ㅊ】

참고데스크, 21, 154-157
참고면담
　　공감적 서비스, 85-87
　　답변 전달, 73-74
　　대리인, 82-83
　　문화적 맥락, 87
　　부과된 질의, 81-82
　　사후조사와 종결, 75-76
　　상호작용, 84-85
　　시작, 61-69
　　정의, 66
　　질문협상, 69-71
　　탐색과 정보소재확인, 71-73
참고면담 교육전략
　　교육가능 순간, 103-116
　　교육의 역할, 96-100
　　기법, 106-110
　　기준, 101
　　패스파인더와 튜토리얼, 113-115
　　행동, 108
참고사서, 10-12
참고업무, 15
참고트랜잭션, 15
채팅참고서비스, 23, 77-79, 165-170
청각장애, 368-369
최대봉사철학, 16

【ㅋ】

컨설팅, 137
컨소시엄
　　대공중서비스, 138
　　도전과 미래, 139-142
　　배경, 129-130
　　사례, 128, 131

역사, 129
자원공유, 131-135
협동도서관서비스, 131-139
훈련과 전문성개발, 135-136

【ㅌ】

트랜스크립트 평가, 242-244
트위터, 307-308
팀과 팀경영, 192-195

【ㅍ】

페이스북, 306-307
평가, 222-223
포커스집단, 239-240
폭발물제조 윤리 사례, 47
품질, 226, 230-231

【ㅎ】

현장 커뮤니케이션, 197-198
협동, 199
협동 도서관서비스, 131-139
협동 라이선싱과 구입, 133-134
확장 서비스, 21
훈련과 전문성 개발, 135-136, 257-279
휴대용 음성커뮤니케이션 장치, 160

영문색인

【A】

Affordable Learning Georgia, 139
Alliance Digital Repository(ADR), 135
American Association of Law Libraries (AALL), ethical principles, 41
American Library Association Code of Ethics, 40, 52-53
Americans with Disabilities Act(ADA), 367-368

Association for Information Science and Technology(ASIS&T) professional guidelines, 41
Association of Specialized Government and Cooperative Library Agencies(ASGCLA), 370-371

【B】

Big Ten Academic Alliance, 130-132
Boston Public Library, 7-8
British Columbia Libraries Cooperative, 138

【C】

California Digital Library(CDL), 138, 142
Children's Internet Protection Act(CIPA), 331
Collaborative Summer Library Program (CSLP), 138
Colorado Alliance of Research Libraries, 135
Colorado Library Consortium, 137
Colorado State Library, 137

【D】

Developmentally Appropriate Practice (DAP), 318-323
Dewey, Melvil, 9-10
Digital Commonwealth, 135

【E】

E-mail reference, 79-80, 163-165
E-newsletter, 305

【F】

Facebook, 306-307
First Amendment, 54
Florida Department of State, Division of Library and Information Services, 136

Focus groups, 239-240
Fourth Amendment, 42-43, 54

【G】

Goodreads, 309
Green, Samuel, 10-12
Guerilla marketing, 310-311

【I】

Infographics, 114-115
Information Search Process(ISP), 75, 98, 110-111
Instagram, 308
Instant Messengers, 166
Integrated library system(ILS), 128, 131-132
International Federation of Library Associations and Institutions(IFLA): Code of Ethics, 43, 55-56

【J】

Johnsburg(IL) Public Library District Homeschool Resource Center, 337

【K】

Kuhlthau, Carol, 75, 98, 110-111

【L】

LGBTQIA+, 366-367
Library Bill of Rights, 42, 53-54
Library Leadership & Management Association(LLAMA), 208
Listserves, 208

【M】

Massachusetts Higher Education Consortium, 134
Massachusetts Library System(MLS), 130, 134
Medical Library Association Code of Ethics for Health Sciences Librarianship, 141
Meetup, 309

【O】

Online real-time chat reference services, 166-170
OCLC, 129, 132
Open Access(OA), 136
Open Educational Resources(OER), 139, 141
Orbis Cascade Alliance, 130
Orientation, 258-259
Outreach, 21

【P】

Pay it Forward project, 142
Pennsylvania Academic Library Consortium, 140
Pennsylvania Sate University, 238
POSDCoRB model, 186-187
Print Archives Preservation Registry, 135
Public Information Network for Electronic Services(PINES; Georgia), 132

【R】

Reference and User Services Association(RUSA) Professional Competencies, 44-45, 208
Reference transactions: definition, 15
Remote reference interviews, 77-80
Research Institute for Public Libraries (RIPL), 137
Roving reference, 158-161

【S】

Skype, 170
Snapchat, 309

Society of American Archivists, 41-42
Southeast Florida Library Information
　　　　　Network(SEFLIN), 137
Strengths, weaknesses, opportunities, and
　　　　　threats(SWOT) analysis, 290
Sun Seeker Leadership Institute, 137

【T】
Tampa Bay Library Consortium, 136
Teen Summit, 137
Telephone reference, 77
Text reference service, 77
Tiered reference service, 22, 156-157
Transcript reviews, 242-244
Triangle Research Libraries
　　　　　Network(TRLN), 129
Tumblr, 309
Twitter, 307-308

【U】
Universal Declaration of Human Rights, 43,
　　　　　54-55
University of California(UC) Libraries, 142
Usability, 232-233
U.S. Constitution, 42, 54

【V】
Virtual reference service, 161-174

【W】
Web form reference service, 163-165
Webinars, 136, 209
WebJunction, 209
Westchester Academic Library Directors
　　　　　Organization(WALDO), 134
Wisconsin-Ohio Reference Evaluation
　　　　　Program(WOREP), 238
Word-of-mouth marketing(WOMM),
　　　　　309-310